汉语双音复合词构词及词汇语义的认知研究

张巍　著

学林出版社

国家社科基金青年项目(13CYY035)资助成果

序

张巍的国家社科基金青年项目（13CYY035）是2013年申请到的。那年5月，我也正好在北京京西宾馆参加国家社科基金项目会评。张巍的申报书已经上会的消息，我是在评审会最后一天大组讨论时才知晓的。河北大学苏宝荣教授是这份申报书的评审专家，记得苏老师在大组会上简单介绍这份申报书时说的几句话：题目选得不错，基础扎实，研究方法上有突破。这个评价，至今我还记忆犹新。评审会结束后我回到学校遇到张巍时，还将苏老师的评价做过"传达"，嘱咐他要珍惜这个机会，尽自己最大努力，将这个项目圆满完成。

2013年到现在，已经将近8年了，其间发生了很多事情。2016年我从上海师范大学对外汉语学院退休，旋即被杭州师范大学聘为国际教育学院院长，办公地点也从上海迁到了杭州，我跟张巍也从天天见面的同事，变得见上一面颇有困难的朋友了，尤其在疫情期间，朋友间的交往正在悄悄地改变形式，减少次数。但我们的联系没有间断过，他这几年的工作、学习、研究乃至家庭生活的情况我还是了解的。2018年，项目顺利结项；2020年年末，张巍跟我说，希望我给他的专著写个序，我答应了；2021年春节刚过，他的书稿已经发我的信箱了。给《汉语双音复合词构词及词汇语义的认知研究》这本书作序，我十分情愿。说"情愿"是有原因的：一是这部书值得推荐，一是这位作者值得介绍。

在推荐这部书之前，先跟读者介绍下作者张巍的学科背景：他是训诂学专业出身的，硕士阶段就读于陕西师范大学，是著名语言学家郭芹纳的弟子；2005年负笈南下，博士学位是在复旦大学取得的，导师是著名训诂学家吴金华。郭芹纳教授和吴金华教授在训诂学界都是著作等身的专家，作为他们的学生，张巍的训诂学功底应该也是一流的，这在这本书中也有流露，常年的学术训练会留下抹不去的痕迹。

训诂学是研究中国传统古书中词义的学科，训诂学在译解古代词义的同时，也分析古代书籍中的语法、修辞现象。从书名《汉语双音复合词构词及词汇语义的认知研究》可以了解到，这本书的研究内容，是就双音复合词的构成及其对构词语素的选择着手加以分析的。作者认为，双音复合词在构成的时候选择什么语素充当词根，所要考虑的条件有语法的、语义的、语音的、风格的、修辞的、文化的、认知心理的等，以及一些非语言要素，这些对复合词的构成都具有影响和制约作用。可以明显地看出，这本书研究的对象，和传统的训诂学还是有关联的。作者认为，"以汉语为第二语言的词汇学习中出现的大多数偏误现象与双音节复合词相关，究其根源，是对汉语双音复合词的构词理据及词汇语义的历时发展不甚了了"，而"深入探讨复合词的构成不仅要分析句法结构，还要注重内部语义关系的研究"。作者的这种语言观，明显受到了训诂学的影响。翻看本书的目录，可以看到作者“除了继承前人的研究成果之外”，在很多方面展开更加深入的分析。特别是从本体角度出发的那几章，例如对“带宾动结式与‘形容词＋得＋程度补语’结构的认知分析”，除了分析“VR＋O”结构的语义组合情况，包括“VR＋O”结构的分类、补语的选取及语义指向、动词的特征和物性角色、宾语的类型和物性角色外，还详细解释了这个结构中形容词和补语之间的制约条件及其语法意义、表达功能和认知基础，考察了形容词特别是双音节形容词及程度补语的特征。观察细致，论证周全，在探讨联合式双音词中的反素副词与偏义复词的词汇语义和认知问题上，在论述动名两字组的组合关系上都有所表现。由此，这部专著的第一个特点鲜明地凸显出来，那就是“学术传承鲜明，问题意识强烈”，这成了我着力推荐这部专著的主要原因之一。

“双音复合词”的研究可以说是词汇学里一个较为传统的研究课题了，张巍长年致力于这方面的研究，可以说有很多研究心得，他本可沿着这条路驾轻就熟地走下去的，因为训诂学的学术熏陶带来了他熟谙的研究方法：“考察历史演变”“分析双音复合词的内部结构特征”“注重内部外部相互验证”。但是张巍不满足于这些传统的研究方法，他认真体会当年章太炎、黄季刚将“小学”易名为“语言文字之学”的“现代科学”思想，在他的这本专著中，现代语言文字学学科观念的意识已经十分强烈了。认知语法的很多理论在这个“双音复合词构词及词汇语义”传统研究里，显示了旺盛的生命力：作者用意象图式及其隐喻、转喻等认知模式来说明一个词语相互关联的多个义项之间的关系，描述词的语义特征；对词义引申进行认知解释，通过事实表象，力求探索多义范畴产生的认知方式与动因，以说明人们是如何基于经验，通过隐喻、转喻等认知方式，在不同的认知域之间建立起连通关系，进而构成以家族相似性为范式的多义范畴系统；通过范畴层次与词语组配的选择性分析，说明汉语词汇双音化的发展倾向。本书还将广泛调查汉语词汇化的事实，研究词汇化的类型、模式、机制和动因，通过词汇化和语法化的界面研究，来说明这两个演变过程的互动关系。很多章节的描写论述都很精彩，例如作者认为“凸显原则”(Prominence)表现在汉语的构词及词语的组合搭配上。汉语中一些并列式双音复合词，如“东西”“兄弟”“买卖”等，当后一音节轻读，凸显前一音节，构成“重轻”模式，意义就分别是“物品”“弟弟”“生意”，不同于“中重”模式所表示的意义“东和西”“兄和弟”以及“买和卖”。同样，从重音模式来看，“争斗”“亮光”“负担”等也通过凸显后一音节，在意义上区别于它们的逆序词“斗争”“光亮”“担负”的。这样，“理论背景科学，研究方法新颖”自然地成为这本专著的另一个特点。

其实，这本书还有第三个鲜明的特点，我把它归纳为“历时共时结合，本体应用并重”。书稿的主要内容分为六章，前三章从本体的角度出发，主要内容我们前面已经有所介绍。后三章则是从应用的角度出发，开展了相关的实验、测试、问卷调查及实地考察和访谈。第五章通过实验测试分析来华留学生汉语联合式与偏正式双音复合词识别的规律和特点，分别对联合式与偏正式复合词在不同启动效果下的反应时加以分析，考察首尾词素启动对词汇通达的作用。第六章通过收集语料考察含同一语素同义单双音节副词的对应关系、释义类型及偏误情况；进行问卷测试并加以统计分析，探讨形成含同一语素同义单双音节副词偏误的主要原因，提出相应的教学建议。第七章是双音词习得的国别研究，主要分别针对缅甸学生汉语双音词习得情况与学习策略、汉越词对越南学生学习双音汉语词的影响、韩国汉语学习者汉韩同形异义双音词习得的偏误问题加以分析。正如作者自己所说，"本书的出发点是外国留学生及国内少数民族学习使用汉语双音复合词的实际情况"，从教学实际出发，再回到教学，在这本书里，真正体现了"科研引领教学，教学反哺科研"的互动关系。有关应用这些章节的讨论，和前三章本体的讨论融为一体，相得益彰，一下子拉近了传统研究课题与现代教学的距离，拉近了作者与读者之间的距离。

我和作者张巍的相识是从2002年的初夏开始的。那一年陕西师大中文系邀请我去那里讲学，郭芹纳老师介绍他的学生张巍和我认识，说张巍考上了复旦的博士，在上海读书时请我稍加关照。之后的三年我和张巍没有联系，再次见面已经是2005年初了，张巍到上海师大对外汉语学院求职，除了在正式的求职会上见面，我还叫他到我的办公室专门谈了一次，询问他到上海在复旦学习的情况。自那之后，张巍是这个学院的一员了，很长一段时间内，我们几乎天天见面，对张巍的熟悉、了解也日渐加深。将近20年的时间了，张巍在成长，在变化，永恒的是留在我们两人之间的一种信任。

张巍是陕西渭中人，标准的关西大汉。看似少言寡语，实则古道热肠；初接触会觉得过于稳重，稍嫌木讷，熟识了才知道情感丰富，童心未泯。张巍喜欢体育，篮球、田径都可以玩上一手，但是他经常负伤，脚上的筋都断过几次，在学院的大楼看着他拄着拐杖行走的情景，很多人都习以为常了。不少人跟他说，玩球的时候悠着点，别忘了脚上有旧伤，但是他依然是"好了伤疤忘了疼"，依然不断地挑战运动的极限，依然经常负伤。看得出来，张巍这个关西大汉身上有种不服输的精神，有种敢于挑战新事物的精神。这种精神其实在这部专著中有所表现：运用概念整合理论、隐喻、转喻理论，分析双音复合词对于词汇习得的影响；运用生成词库理论，使用物性结构描写体系论述动名两字组的组合关系；运用语法化理论，探讨双音节反素副词如何由实义词发展为意义较虚的副词的语法化演变过程；运用偏误分析理论、中介语理论，讨论双音复合词的教学及习得问题。用新的理论来研究传统的课题，没有一种挑战精神，是断然不敢尝试，也不会去尝试的。这正是张巍的为人所在，为学所在。

时代变了，学习也在发生变化。一次性的学校教育将成为历史。在学习化社会里，终身教育将会成为人们普遍的观念，学习是每一个人从出生到死亡持续进行的全过程。张巍把学习看成他终身的任务和职责。张巍工作的上海师范大学对外汉语学院，有很好的语言学研究环境。那里有很多张巍的同道，几乎任何语言的问题，在那里都能找到讨论，请教的另一位。张巍在这个学术的海洋里自由自在地徜徉，在他的词汇学的专著里，看得到很多相邻学科的影响，看得到很多新的语言理论和语言学习理论的影响，这种影响，正是他善于学习、愿意学习的结果。记得2013年张巍新婚，我的证婚词上曾把张巍称作为“学习达人”，这确实是我对张巍的一种深切的认识。作为新上海人的张巍，常年需要学习的东西很多，文化的、风俗的、语言的、饮食的、礼节的……，乃至观念上的、工作上的，等等，他都需要学习，他都在努力学习，而且学得很好。张巍家庭美满，夫妻恩爱，是学院年轻教师羡慕学习的榜样，其实，真正要羡慕的，应该是张巍的这种学习能力，不仅体现在他的专业上，也体现在他的生活和待人接物上。

张巍到上海师大之后，承担过教研室主任、专业负责人等很多为大家服务的社会工作，现在担任学院的教学副院长。对教师来说，这些工作都和自己的评职称、上教授没有直接关联的，其琐碎，其耗时，其烦人，没有一定的奉献精神是难以长久的。在这个学院工作多年的教师们都有体会，有什么需要帮忙的事情去叫张巍，他一定会乐呵呵的应承下来。前些年学院组团出国考察，上下车负责摆弄行李的“男人帮”里，肯定会有张巍的身影，笑吟吟地，不吝力气地，这也是他对人真诚的一面。这次这本专著问世，他愿意将自己在词汇研究的一些探索，一些体会，真诚地拿出来，与读者共享，何尝不是张巍奉献精神的一种表现呢？

有挑战之勇，有学习之能，有奉献之举，是本书的风格，更是作者的为人。给张巍作序，心情愉快。

辛丑年正月未过，尚在疫情期间，但艰辛的庚子年终于过去了，生活学习定会正常，愿张巍今后学习之路长青。

是为序。

齐沪扬　2021年3月8日于杭州师大

目　　录

第一章 前 言

1. 本书的价值和意义

随着第二语言习得研究对语言习得过程的关注，人们越来越重视学习内容的难易程度，包括对词汇习得难度的关注。根据我们的调查，以汉语为第二语言的词汇学习中出现的大多数偏误现象与双音节复合词相关，究其根源，是对汉语双音复合词的构词理据及词汇语义的历时发展不甚明晰。深入探讨复合词的构成不仅要分析句法结构，还要注重内部语义关系的研究。本书就双音复合词的构成及其对构词语素的选择着手加以分析。双音复合词在构成的时候选择什么语素充当词根，所要考虑的条件有语法的、语义的、语音的、风格的、修辞的、文化的、认知心理的等，以及一些非语言要素，这些对复合词的构成都具有影响和制约作用。近年来国内认知语言学的研究已取得了令人瞩目的成果，当然，运用认知语言学的理论和方法来有效地解释或解决汉语的实际问题，尚有很大的空间，值得我们去进一步深入探索。把对汉语双音复合词历时研究放在认知的视角之下，揭示双音复合词衍生的认知机制，便是一种有益的尝试。对词的语义特征的描述体现了人类认知特点的多维释义结构，本书拟用意象图式及其隐喻、转喻等认知模式来说明一个词语相互关联的多个义项之间的关系，描述词的语义特征；对词义引申进行认知解释，通过事实表象，力求探索多义范畴产生的认知方式与动因，以说明人们是如何基于经验，通过隐喻、转喻等认知方式，在不同的认知域之间建立起连通关系，进而构成以家族相似性为范式的多义范畴系统；通过范畴层次与词语组配的选择性分析，说明汉语词汇双音化的发展倾向。本书还将广泛调查汉语词汇化的事实，研究词汇化的类型、模式、机制和动因，通过词汇化和语法化的界面研究，来说明这两个演变过程的互动关系。进一步探析汉语双音复合词的构词规律，揭示和分析认知规律在汉语双音复合词成词过程中的作用，梳理双音复合词的历史发展脉络，厘清复合词结构关系及词与词组之界限，并为基于计算机自然语言处理的汉语自动分词研究提供支持。结合学习的认知过程，分析学习者区分使用双音复合词的难点所在，考察造成习得偏误的难点与原因，有利于加强词汇教学的针对性。

2. 国内外研究现状述评

汉语的词汇研究，迄今已取得了丰硕的成果。孙常叙(1956)、陆志韦(1957)、周祖谟(1959)、张永言(1982)、武占坤、王勤(1983)、葛本仪(1985)、刘叔新(1990)、苏新春(1992)、周荐(1995)、张志毅、张庆云(2001)、符准青(1996)等语言学家都做出了突出贡献。关于复合词的研究近几年有朱彦(2004)、朱志平(2005)、颜红菊(2008)等对汉语复合词的语义构词法、属性、语义结构诸方面问题进行了分析。

在汉语构词的研究方面，一些国外学者也进行了有益的尝试。苏联语言学家和汉学家在20世纪五六十年代就开始关注汉语的形态学；柯彼德(《试论汉语语素的分类》1992)据德语等语言中语素分类方法，对汉语语素进行了基本的分类；William H. Baxter & Laurent Sagart, Jerome L. Packard在汉语构词法方面进行了探索。

语素与构词研究成果还表现在：一方面是与计算机技术相结合，利用数据库进行分析。如苑春法、黄昌宁(《基于语素数据库的汉语语素及构词研究》1998)建立了“汉语语素数据库”，并进行相关的统计；俞士汶等(《现代汉语语素库的开发及应用》1999)建立“现代汉语语料库”，对语素的读音、类别、语素组合成词等加以标注。

另一方面是从词汇习得角度进行研究，这又包括：(1)对外汉语词汇教学中问题分析，如胡明扬的《对外汉语教学中语汇教学的若干问题》(1997)；(2)“语素教学”或“字本位”如吕文华(《建立语素教学的构想》2000)，邢红兵(《留学生偏误合成词的统计分析》2003，《〈汉语水平词汇等级大纲〉双音合成词语素统计分析》2006)等；(3)对词汇习得难度的关注，学习内容的难易程度对语言习得效果的影响受到越来越多的关注，如周小兵的《学习难度的测定和考察》(2004)、朱志平的《汉语双音复合词属性研究》(2005)等；(4)词汇的心理认知研究，如张必隐(*Decomposed storage in the Chinese lexicon*, 1992)，王春茂、彭聃龄的《合成词加工中的词频、词素频率及语义透明度》(1999)、《重复启动作业中词的语义透明度的作用》(2000)等。近年来，认知科学对语言研究产生了重要的影响，语言教学也开始关注学习者的认知过程。《语言学习认知法》(Skehan, P.)就强调语言学习过程中的认知心理作用。对词汇习得难度的认知研究是词汇习得研究的重要课题之一。汉语教学界也加强了对学习过程的认知研究(如《对外汉语研究的跨学科探索——汉语学习与认知国际学术研讨会论文集》)。汉语中诸多双音复合词的问题可以从认知的角度加以研究。

总体来看，就现代汉语共时平面探讨居多，从历时角度来谈“双音复合词”尚不够充分，而从认知视角关注汉语双音复合词的历时研究则是本书的一个有益的尝试。语素的属性、组合方式、构词序位、语素的多义性等决定了合成词的复杂多样性。汉语合成词中大多数为复合词，本书以汉语双音复合词语素构成、语素义类、语素选择的倾向性以及双音复合词的历史发展作为主要研究对象，以总结出汉语双音复合词的构词理据及词汇语义的历时发展规律；在此基础上探讨汉语作为第二语言教学中双音复合词的教学和学生的习得情况、习得特点及规律。

3. 研究的主要内容

从历时的角度揭示双音复合词构词规律及其与构词语素在不同时期的语义关系和发展情况。通过对双音复合词产生、发展和嬗变进行追踪考察，厘清其发展脉络，寻求语义的发展轨迹，总结历时演变的规律性及其制约机制。深入探讨复合词的构成不仅要从句法结构入手，还要注重内部语义关系的研究。本书除了继承前人的研究成果之外，就以下方面展开更加深入的分析：

(1) 双音复合词的构成对构词语素是有选择性的。双音化之初，在语义内涵的联系上两字一般有相辅相成或相对相反(联合)、语义相关附加(类化)以及其他语义关系(陈述、支配、补充、偏正等),黎锦熙先生曾在《复合词构成方式简谱》中提到"比类合谊,融为一词"。那么对于语素语义的选择是什么制约机制在发挥作用呢?有无规律可循,合成理据有哪些?两个构词语素的序位由什么决定?我们将从语法、语义、语音、韵律、修辞、文化、认知心理等多方面加以分析。语素的属性、组合方式、构词序位、语素的多义性等决定了复合词的复杂多样性。

(2) 揭示双音复合词的结构和语素构词的构成方式以及构词理据的认知规律。一个多义词的许多义项是通过隐喻或转喻获得的(Taylor 1989:122),从认知语言学隐喻和转喻的角度,如探讨实义词发展为意义较虚的副词(比如反素副词)的语法化过程及其虚化的等级,并借助概念整合理论对其整合度高低加以分析;又如对高整合度述宾式双音复合词语义形成上表现出的隐喻、转喻现象加以分析。作为认知语言学中"焦点—背景"理论的基础,"凸显原则"(Prominence)表现在语言的各个层面,当然也表现在汉语的构词及词语的组合搭配上。汉语中一些并列式双音复合词,如"东西""兄弟""买卖"等,当后一音节轻读,凸显前一音节,构成"重轻"模式,意义就分别是"物品""弟弟""生意",不同于"中重"模式所表示的意义"东和西""兄和弟"以及"买和卖"。同样,从重音模式来看,"争斗""亮光""负担"等也通过凸显后一音节,在意义上区别于他们的逆序词"斗争""光亮""担负"。再如用"认知凸显(cognitive prominence)"来解释"复词偏义"现象。意象图式理论与认知凸显原则密不可分,运用该理论可以更清晰地了解发生语义偏指的复合词语义中心的位置。有了"凸显"才会有"隐退",两者同时存在才是一个完整的整体。偏义复词中的一部分语义被凸显,引起人们的注意,语义被记得,信息被提取,从而使得另一部分语义"退隐",意义脱落,只起陪衬完形的作用。偏指部分并不由语素所在位置决定而是由凸显位置决定,偏义复词的偏指规律符合人们的认知凸显规律。也可运用认知参照点(conference point)、图形—背景(figure-ground)、认知凸显等相关理论对本书所涉"形容词+得+程度补语"结构进行分析解释。

(3) 双音复合词整合度高低的层级序列。概念整合是一种极为普遍的认知过程,在自然语言的意义建构过程中具有重要的作用。作为整合要素的单词是以义项为单位的,因而具有层级性。汉语双音复合词内部有的是本义或基本义之间的整合,有的则是本义与引申义(比喻义或转喻义)或引申义与引申义之间的整合,因此它们的整合度有高低之分,其分布也是有层级性的。结合概念整合理论对双音复合词进行系统研究,如对联合式、偏正式、动结式双音复合词内部整合度高低进行细致区分很有意义。

(4) 构词理据对双音复合词的识别和理解影响较大。词汇通达的测试表明,双音复合词的构词法类型对词汇判断和识别影响较大,在联合式双音复合词中,前字频率高低直接影响词汇判断的反映时与错误率;而偏正式中后字的频率变化对于词汇的判断反应时影响显著;双音复合词整合度高低对留学生词汇学习存在的显著影响(如本书关于述宾式双音复合词整合度高低对于留学生词汇习得影响的论证)。

(5) 以词汇习得理论和认知心理学为背景,结合教学实践、中介语语料、实验测试研究及问卷调查,在对汉语双音复合词进行对比分析的基础上,根据学习者学习使用的实际情况,分析习得难点的形成原因。母语非汉语者学习使用汉语双音复合词的困难,不仅跟词语的语言学属性有关,也跟学习者的习得过程和认知心理有关。双音复合词的习得难度体现在习得过程中,并对习得过程产生影响。研究双音复合词习得难度的形成原因有助于制定适当的教学策略。

本书主要内容分为六章,前三章从本体的角度出发,第二章探讨联合式双音词中的反素副词与偏义复词的词汇语义和认知问题:分别考察了反素副词的句法、语义、语用、篇章功能及其语法化和相关的认知问题,现代汉语偏义复词的类别、语义结构和、功能特点及其形成机制。第三章基于概念整合、物性角色论述动名两字组的组合关系,述宾式动名两字组整合度高低及层级分布、组合类型;探讨了偏正式动名两字组的物性关系及结构义,并通过实验和相关语料的分析统计来考察整合度高低对词汇习得的影响。第四章是带宾动结式与"形容词 + 得 + 程度补语"结构的认知分析,首先分析"VR + O"结构的语义组合情况,包括"VR + O"结构的分类、补语的选取及语义指向、动词的特征和物性角色及其对结构的影响、宾语的类型和物性角色、VR 的整合度;然后探讨"形容词 + 得 + 程度补语"结构中形容词和补语之间的制约条件及其语法意义、表达功能和认知基础,考察了形容词特别是双音节形容词及程度补语的特征。后三章从应用的角度出发,开展了相关的实验、测试、问卷调查及实地考察和访谈。第五章通过实验测试分析来华留学生汉语联合式与偏正式双音复合词识别的规律和特点,分别对联合式与偏正式复合词在不同启动效果下的反应时加以分析,考察首尾词素启动对词汇通达的作用。第六章通过收集语料考察含同一语素同义单双音节副词的对应关系、释义类型及偏误情况;进行问卷测试并加以统计分析,探讨形成含同一语素同义单双音节副词偏误的主要原因,提出相应的教学建议。第七章是双音词习得的国别研究,主要分别针对缅甸学生汉语双音词习得情况与学习策略、汉越词对越南学生学习双音汉语词的影响、韩国汉语学习者汉韩同形异义双音词习得的偏误问题加以分析。

4. 研究思路、理论和方法

本书的出发点是外国留学生及国内少数民族学习使用汉语双音复合词的实际情况。为了保证选择标准的一致性和研究的有效性,本书以《汉语国际教育用音节汉字词汇等级划分》(参考《汉语水平词汇与汉字等级大纲》)为选词范围,甄选高频双音复合词作为考察习得情况的依据。

以结构主义语法理论为基础,在词汇语义分析的前提下,对双音复合词的语义结构框架、句法搭配、语用功能进行描写和解释,力求做到形式到意义,意义到形式的互相验证;以认知语言学为背景,运用概念整合理论、认知模式中的隐喻(metaphor)和转喻(metonymy)理论分析双音复合词的隐喻、转喻现象、整合度层级及其对于词汇习得的影响,借助意象(image)和图式(schemas)理论,来更清晰地认识和了解偏义复词发生语义偏指的复合词语义中心的位置,以及双音词相关结构(如"形容词+得+程度补语")的意义构建;基于生成词库理论,使用物性结构描写体系论述动名两字组的组合关系、带宾动结式中动词的特征和物性角色、宾语的类型和物性角色;运用语法化理论探讨现代汉语中的偏义复词如何由一种偶发的语言现象固定为词,双音节反素副词如何由实义词发展为意义较虚的副词的语法化演变过程。在双音复合词的教学及习得方面,采用第二语言词汇习得中的偏误分析理论、中介语理论等。

研究方法上,要真正把握双音复合词的概况,必须考察其历史演变,共时分析和历时研究相结合。描写和解释相结合,在分类描写的基础上,分析双音复合词的内部结构特征,为进一步深入研究做好铺垫;在解释方面,注重内部外部相互验证,侧重于对语言事实的分析,试图从语义、认知等方面做出合理的解释。

宏观与微观相结合,以词性为经,义类为纬,用统计的方法分析构成双音复合词的语素义类,探讨双音复合词词汇化过程中语素组合成词选择规则、序列规则及其制约机制,对词语义项以及构词语素的义位之间的复杂关系加以分析;共性和个性相结合,对研究语料进行共性分析,然后通过个案研究来印证共性,使更具说服力。另外,还需努力做到定性和定量相结合、形式和意义相结合。

采用对比研究的方法,比较双音节汉语词汇和韩国汉字词、汉越词和对应双音汉语词,求同辨异,将重点放在不同点的比较上;应用研究部分还采用了问卷调查法、语料收集和统计法、实验测试法、语素表征的认知心理学研究方法。根据中介语语料,并结合教学实践,辅以一定的实验手段,从词语认知和习得的角度,分析学习者学习、区分和使用各组、各类双音复合词的难点及成因;通过测试实验法分析语素在整词加工与识别中的角色,检验双音复合词中联合式、偏正式等词汇识别的选择检索假说(the selective-access hypothesis)。

第二章　联合式双音词中的反素副词与偏义复词词汇语义和认知问题

第一节　反 素 副 词

1. 反素副词相关研究概况

迟早、大小、多少、反正、高低、贵贱、好歹等由两个相反或相对的语素组合而成的词语，张谊生(2004)称之为反素词，这些词语经过语法化，已经具备了副词的用法和功能。从现有研究成果来看，这类词在命名上有不同的说法，有"反义复合词"(刘才秀 1987;张金竹 2012)、"反义合成词"(齐红飞 2006)、"反义相成词"(谭达人 1989;郭奕晶 2000)、"反义连文词"(兰玉英 1998;汪梅枝 2005)、"反义语素构词"(武建勇 2006)、"反义语素合成词"(王冠 2006;张谦 2006;肖潇 2012)、"反义语素并列双音词"(魏达纯 1998)、"反义并列复词"(徐山 2006)以及"反义对立式语气副词"(龚俊恒 2009)等，分别主要从意义、形式、结构、词汇化和语用等方面以及针对专书中的词汇现象进行了分析论证。也有该类词的个案研究，关注较多的"反正"，李宏(1999)和陈晓桦(2007)讨论其语义和语用;宗守云、高晓霞(1999)探讨其语篇功能;董正存(2008)与刘善涛、李敏(2010)均对"反正"的使用情况及副词的成因问题加以分析。另外还有关于"好歹"的语法化问题(方一新、曾丹 2007a)、"多少"的虚化和认知问题(方一新、曾丹 2007b;陈昌来、占云芬 2009)、"早晚"的词汇化(袁嘉 2009a)以及"生死""存亡"与"死活"(袁嘉 2009b)等词的语法化或副词化(李宗江 2009)问题。本书采用张谊生的说法，将这类反素词中语法化了具备副词功能的词语称为"反素副词"。下面在语料调查的基础上进一步对其句法分布、语义、语用功能等方面加以分析，找出它们的差异;并从认知语言学隐喻和转喻的角度，探寻其如何由实义词发展为意义较虚的副词的语法化过程及其虚化的等级，并借助概念整合理论对其整合度高低加以分析。

文中例句主要来源于北京大学汉语语言学研究中心 CCL 语料库，北京语言大学 BCC 现代汉语语料库、国学备要以及人民网、新浪等网站检索到的报道、博客、微博等。为了便于行文和节省篇幅，所引现当代例句一般不标具体出处，个别过长的例句略有删节。

2. 反素副词的句法分析

通过查检筛选最终确定长短、迟早、大小、多少、反正、高低、贵贱、好歹、好赖、横竖、横直、是否、始终、死活、先后、早晚、左右等 17 个符合条件的词语作为研究对象，虽然都有不同程度地语法化为副词的用法，但意义、功能和位置仍然具有一定的区别。这里面需要特别关注的是无条件类语气副词长短、好歹、好赖、横竖、横直、高低、反正、贵贱、死活、左右等，这些词语的一个共同点是经历语法化之后其语义都发生了一定程度的变化，有“无论如何”的意思在里面，且语气较重。迟早、早晚、大小、多少等主要表时间或程度，仍或多或少地保留词语的本义，语义变化较小，也表语气，但语气相对较轻。

2.1　反素副词的语法分布

语气副词在语法分布上具有一定的灵活性，“无条件”类反素副词在语义上的共性，是结果不因条件的不同或变化而发生改变。受语义上共性的影响，这类词的句法分布也有相似之处。语气副词反正、高低、贵贱、好歹、好赖、横竖、横直、死活、左右等词可置于主语之后，谓语之前。除了“贵贱”以外，这几个副词也可以置于主谓短语之前。例如：

(1) 反正我觉得男人掉眼泪不像女人掉眼泪那么从容，肯定会不好意思。
(2) 好歹她把二大的伤裹上。
(3) 横竖我家是北门的首富，有的是用不完的钱。

另外，“反正”“好歹”和“横竖”三个词语后面还可以停顿或者添加语气词，如：

(4) 没数，反正，一月得交他十几块钱。
(5) 横竖呢，她这纸片人一当就当了 20 年。
(6) 好歹，薪水总不能比老东家低一个档次吧。

个别语气副词可以出现在句末，有追述的意味，语气加强。试比较：

(7) a. 听了以后那感觉，很不舒服反正。
    b. 反正听了以后那感觉很不舒服。

折中类语气副词同样以置于主语后，谓语前为常。其中“迟早”还可以放在句首：

(8) 不过不要放弃希望。迟早一切总会治愈的。

2.2　共现、配合使用及重叠形式

各类副词共现的一般先后顺序为语气副词在最前(语气＞时间/总括＞限定＞程度＞否定＞协同＞重复＞方式)(见黄河 1990：494—523)，这一观点已经得到学界的论证和认可，也就是说语气副词和其他副词共现有一个显著的特点，那就是前置性，一般总是位于最前列。(张谊生 2000：44)反素语气副词当然也符合这一特点，值得注意的是，当不同的反素语气副词(主要是“反正”与其他反素语气副词)在语篇中连用共现时，一般“反正”在前(例 9)。不同的反素副词还可以配合使用(下文会进一步论述)，见下例：

(9) 反正横竖只是一出戏,你就认命地穿上红袍拜堂吧!

(10)"你知道什么!好歹横竖有我呢。"

反素时间副词"始终""先后"与其他副词共现,可分三种情况讨论。一是与其他时间副词如"经常""一直""已经"等,和语气副词如"居然",和关联副词如"却"共现,并置于其后。例如:

(11) 应该说有一个从二十世纪五十年代到现在一直始终不断地有一个"阿炳热"。

(12) 在茫茫的人海中,这两个人居然先后同她有了联系。

二是和情态副词共现,以放在情态副词前面为常。如:

(13) 检察长赵长风不畏权势,不惧风险,不徇私情,始终亲自挂帅,坐镇指挥。

(14) 邓老忧心如焚,先后亲自到山西、河北、江苏等地作调查研究。

三是和范围副词共现,则可前可后。以"都"为例:

(15) 直至百岁高龄,周秀英老人都始终保持着一颗不老童心。

(16) 精明的人一心想得到西瓜,却始终都只拣到芝麻。

副词"是否"一般出现在其他副词前面,如"是否也""是否马上""是否必须"等;"是否"也有放在后面的个别情况,如"究竟是否"。

反素副词中,表时间和表程度的副词"迟早""大小""多少""先后"等具有重叠形式AABB:迟迟早早、大大小小、多多少少、先先后后,重叠的作用不尽相同,主要取决于上下文语境。如"多多少少"重叠之后,表示至少,在某种程度上,程度上比"多少"轻,语气上也有所差别;相对于"大小"而言,"大大小小"是强调数量之多。"无条件"类语气副词一般不重叠使用。例如:

(17) 20世纪任何重大的教育改革都多多少少伴随着科学主义与人文主义碰撞的弦外音。

3. 反素副词的语义问题

3.1 语义分类

符淮青(1981)曾把合成词的词义与构成它的语素义的关系概括为四种类型:(1)语素义直接地完全地表示词义。例如尘垢:灰尘和污垢。(2)语素义直接地但部分地表示词义。例如哀怨:因委曲而悲伤怨恨。(3)语素义和词义的联系是间接的,语素义间接(如比喻、借代等方式)表示词义。例如风雨:风和雨,比喻艰难困苦。(4)完全不用语素原有的意义来表示词义,包括部分语素在构词中失落原义和所有的语素的意义都不显示词义,即语素义完全失落或语素的现有意义同词义没有联系。例如，反水：叛变。参照符淮青对于合成词的词义构词语素义关系的分类，本书将反素副词词义与构词语素义之间的关系归纳为以下两种：

一是“词义 C≈语素义 A＋语素义 B”，始终、先后、迟早、早晚、多少、是否、大小等两个语素义的组合语义是相加的，但并不完全一样，语素义与语义的关系可称为反义的类同关系。二是“词义 C＞语素义 A＋语素义 B”，如反正、高低、横竖（直）、左右、长短、好歹（赖）、死活、贵贱等，两个构词语素的语素义已融合成一个整体，共同表示一个完整的语义类范畴，我们称之为反义的融合关系，跟两字组合的起始义相比，语法化成副词后语义发生了较大的变化，与“反正，无论如何”相近，强调在任何情况下都不改变结论或结果，表现出了强烈的主观色彩。

另外，反素副词语素义具有同一性。董秀芳（2001）指出，如果并列项都是有指成分，各自指向客观世界中存在的某个事物，那么两个成分之间的分立性较强，就不容易发生黏合，而只能作为短语存在。这就要求不论是名词、动词还是形容词其语义都是指向同一语义核心。具体说来，就是名词的两个语素须指向同一类事物，动词语素须指向同一动作，形容词语素须指向同一性状。反素词的语素之间是相对相反关系，同时满足了并列项、指向同一语义核心以及分立性弱的要求。从语素义上可将其分为空间类（反正、高低、横竖（直）、左右、前后）、时间类（始终、先后、迟早、早晚）、量度类（大小、多少、长短）、事理类（好歹（赖）、死活、贵贱）以及判断类（是否）等；从语素性质的角度可分为名＋名（始终、先后、左右、反正）、动＋动（是否、死活）、形＋形（迟早、早晚、大小、多少、长短、贵贱、横竖/直、好赖/歹、高低）等三种情况。

3.2 梯度理论与语义透明度

语言是动态发展的，且具有模糊性。美国学者鲍林格（D.Bolinger）在扎德（L.A.Zadeh）1965 年提出的模糊理论的基础上进一步提出了梯度理论。后经夸克（R.Quirk）等语言学家的实践，运用梯度理论解释了英语中存在的模糊现象。（见宋志平 2000）所谓模糊现象，其实质是存在着一个语法范畴到另一语法范畴的过渡现象，一些性质两可的项目，既部分地具有此语法范畴的特征，又部分地具有另一语法范畴的特征。汉语中有些词语，其语法范畴处于渐变状态，可同时具有两种语法范畴的典型特征。处于渐变状态的双音节组合其语义发展方向普遍为：从两个语素义的简单相加向语素义消失的融合义（语素义→融合义）。

“语义透明度”（semantic transparency）这一概念出自认知心理学，德国心理学家 Zwitserlood（1994）对其定义为：“Semantic transparency of compounds is defined by the semantic relationship between a compound and its component morphemes.”加拿大心理学家 Gary Libben（1998）认为“语义透明度”是指“是否能根据复合词的构成语素义来理解词义”。国内语言学界多采用王春茂、彭聃龄（1999）的定义：语义透明度指的是复合词的词义与其构词语素义间的关联程度，即复合词整词意义可由其构词语素意义推知的程度。那么从构词语素义可以推知词义的词称为透明词(transparent word),反之则为不透明词(opaque word)。从语义透明度的角度来看,上文中语义类同关系的反素副词为透明词,语义融合关系的是不透明词。实际上,有的词融合义上还存在偏义现象,有的语素义与语义之间似乎看不出关联。这说明反素词在语义透明度上是有等级的。

据宋志平(2000)的观点,连续关系矩阵法、聚类分析法和定量分析法是语法梯度理论研究的主要手段。经考量,下文采用连续关系矩阵法和聚类分析法方法来判定反素副词中的渐变关系。

3.2.1　非语气类反素副词语义透明度

对于非语气类反素副词语义透明度的判定,可看表 2-1-1。第一个语素的语素义表示为语素义 a,第二个语素的语素义表示为语素义 b, c 为语素义之外的蕴含补充成分,词汇义是语素义的加和表示为 x,词汇义是引申义表示为 y,那么从语义透明度来看,x>y。作为副词表示“是不是”的“是否”,表示“时间上前后相继”的“先后”,其语义均可表示为 x = a + b;而表示“从开始到结束”的“始终”加入了补充成分“从……到……”,语义表示为 y = a + b + c。因此,“始终”的语义透明度低于“是否”“先后”。

表 2-1-1　非语气类反素副词语义构成

词义构成 词汇义	语素义 a	语素义 b	补充成分 c
x	+	+	−
y	+	+	+

3.2.2　无条件类反素副词语义透明度

作为无条件类语气副词的“高低”“横竖”“左右”表示“无论如何”,词义已不能直接从语素义推知,称为融合义 r,与“反正”的语义接近,甚至可以相互替换。

(18) 她要做饭,她们高低不肯,说已经吃过了。

(19) 现在我们横竖总不落好,索性给他一个一不做二不休。

表 2-1-2 中,a 代表首语素的语素义,b 代表尾语素的语素义,c 代表补充成分,r 为词汇义是融合义(从融合程度来看 $r>r_2>r_1$)。

表 2-1-2　无条件类语气副词语义构成

<table>
<tr><th colspan="2">词义构成
词汇义</th><th>语素义 a</th><th>语素义 b</th><th>补充成分 c</th></tr>
<tr><td colspan="2">x</td><td>+</td><td>+</td><td>−</td></tr>
<tr><td colspan="2">y</td><td>+</td><td>+</td><td>+</td></tr>
<tr><td>r_1</td><td>+</td><td>+</td><td>+</td><td>+</td></tr>
<tr><td colspan="5">r_2</td></tr>
</table>

(20) 但即使跌到每公斤四五元,一亩田好歹也可以收入上万元,依然比过去种田划算。

(21) 但无论徐提出什么条件,王忠海就是死活不承认捡钱一事。

例(20)中“好歹”义为“无论如何,不管怎样”,不过该词仍保留了一定的语素义,也可以理解为“不论好坏”,可以看出词义由“好或坏”引申出了“无论好坏”的意思,且语义有所偏向,接近于说“最差或最低”。故“好歹”语义可表示为 $r_1 = b + c + y$。例(21)中的“死活”与“好歹”类似,也表示“无论如何,不管怎么说”,不过语义更倾向于“死”,即“死也不承认”,故表示为 $r_1 = a + c + y$。

(22) 今天晚上下了班孩子不在家,不知道去哪里了,可把我给吓死了,……我的妈呀,我以后长短就是不上晚班了!

(23) 这椅子不给,贵贱不给,桌子没了,又拿椅子,这屋里还有啥值钱的货呀?

例(22)中的“长短”表面上已看不出语素“长”和“短”的语素义,表示无条件,其语义记为 $r_1 = c + y$。例(23)“贵贱不给”指卖贵了卖贱了都不给,尚可看出情态副词“贵贱”是由价钱的贵或贱引申而来,语义可表示为 $r_2 = c + y + r_1$。

以上几个副词的语义透明度等级为 $b + c + y/a + c + y > c + y + r_1 > c + y > r$。所以语义透明度为:死活/好歹>贵贱>长短>高低/横竖/左右/反正。

3.2.3 其他反素副词语义透明度

其他反素副词“迟早”“大小”“多少”“早晚”等,主要表时间或程度,仍或多或少地保留词语的本义,语法化为副词后语义变化较小,虽然也表语气,但语气相对较轻。请看例句:

(24) 生产力的发展迟早会引起生产关系的变化和一切社会关系的变化。

(25) 是那样性格的人,可能早晚都要迈出这一步。

(26) 村民组长管着三十几户人家,大小是个干部,一年还有400块工资。

(27) 指出哪怕一件多少能影响到我的整个观点的不确切的事实吧。

上例中,“迟早”和“早晚”都表示“或早或晚”,含有说话人“深信结果必然如此”的语义,这说明二词还保留了基本语素义,并添加了其他补充成分,其语义可表示为 $a + b + c + y$。“大小”作为副词是“或大或小,表示还能算得上”,在例(26)中可以看出,“大小”在一定程度上保留了语素义,只是语义倾向于偏“小”,还有“不管怎么说”“再往小了说”的意思,其语义可表示为 $b + y + r$。“多少”指“或多或少,稍微”,例(27)中也是倾向于“少”,可表示为 $b + c$。故语义透明度等级为 $b + c > a + b + c + y > b + y + r$,即多少>迟早/早晚>大小。

总体来看,反素副词的语素义保留越多越明显,则透明度越高,因此,在语义透明度上,无条件类语气副词<其他语气副词<非语气副词。词的引申义和构词语素义之间具有一定的联系,这说明引申义的透明度高于完全融合义(通过隐喻、转

喻等途径产生的语义)。

4. 反素副词的语用和篇章功能

4.1 主观性

主观性(subjectivity)指的是说话人在说出一段话的同时表明自己对这段话的立场、态度和感情,从而在话语中留下自我的印记(沈家煊 2001)。张谊生(2000:46)认为主观性主要分为传信和情态两个方面。传信是说话人同信息来源或事实之间的关系,而情态是句中命题之外的成分,也是句中的非事实性成分,是说话人主观态度的语法化,也是说话人对句子命题和情景的观点和态度。他把传信功能分为三类,一是说话人交代信息来源,二是表达说话人对正在谈论的事件真实性之态度,三是说话人对事件的确信程度。从语言事实出发,可看出反素副词主要表达说话人的态度,其传信功能主要表现在释因、推测、总结等。

“反正”“左右”“横竖”等词有追溯原因的释因传信功能,如:

(28) 但他口上却说:慢点也不要紧,左右是消磨。

上例中后一分句是对造成前面情况原因的说明。“早晚”“迟早”等反素副词可以表达确定性的推测,如:

(29) 这种缺少扎实基础疲于奔命的超速发展,早晚要把企业拖垮,到头来,欲速则不达。

上例对发展变化的结果进行了主观预测,语气肯定,只是具体时间不确定。“长短”“高低”“反正”“横竖”“左右”等词语后面可以是对事实、情况或现象的概括和总结。如:

(30) 一些爱情,分开了就散了。所以,长短珍惜现在所拥有的缘分。

可见,除了“先后”等表达说话人主观意向作用较弱而客观性较强的词语,其他反素副词多少都带有说话人的主观态度,表达一定的释因、推测、总结以及一定程度的让步(如多少、好歹)等传信功能。

反素副词的情态功能主要表现在主观意愿上的强调态和将就态。“长短”“贵贱”“横竖”“死活”等往往表示对事物或动作行为的强调和突出。

(31) 庄稼人,这地,贵贱也得种,有空再出去打点工。

上例中的反素副词语义上相当于“无论如何,不管怎样”,均可看出说话人态度坚定,不容置疑。“多少”“好歹”“大小”则可以表达“将就态”,即由于某种原因或条件限制,说话人或者谈论对象主观意愿难以得到满足和实现,表现出勉强凑合或者容忍的语气。例如:

(32) 你会甘心吗？好歹你也是影帝啊，还演这种角色。

4.2 反素副词的信息传递

焦点凸显和指称限定是从反素副词的信息传递功能的具体表现。焦点是信息传递的中心，是说话人着重表达的部分。说话人可以通过语音（重音或语调）、词法（具有标记性的词语）、句法（把表示焦点的语词放在某一确定的结构位置）等不同手段来强调焦点。其中，具有标记的词语，一般称之为焦点敏感算子。金基梅(2006)指出汉语中用作焦点敏感算子的词有两类，一类是非判断的“是”，一类是表示强调的副词。反素副词在表达中起到了强调的作用，故也属于焦点敏感算子。说话人用反素副词来凸显话题的重点，表明主语的主观态度和意愿等，即为焦点凸显。

(33) 他执意要朝自己认定的一个方向走，他的母亲拽着他死活不让他走。

动作行为或意愿，都是用副词来强调焦点。例(33)用“死活”表明母亲不愿意他走的强烈态度。张谊生(2000)指出限定指称是指一部分句子因语气副词的出现，使得名词性主语的“指称”受到了某种限定。即主语指人，且大都有定。

(34) 玉宝见刘叔叔没有衣服换，高低不穿。

上例主语“玉宝”是有定的。“死活”“好歹”“反正”等反素副词在句中的主语所指称的人一般也均有定。

4.3 反素语气副词的篇章衔接和连贯功能

反素副词特别是其中的语气副词具有承上启下、前后关联的功能。无条件类语气副词“反正”“高低”“横竖”“好歹”“早晚”“左右”等句法位置较为灵活，除了句中也可用在句首或置于主谓短语之前。例如：

(35) 横竖我家是北门的首富，有的是用不完的钱。

另外，“反正”“好歹”和“横竖”后面还可以停顿或者添加语气词，如：

(36) 没数，反正，一月得交他十几块钱。
(37) 好歹，薪水总不能比老东家低一个档次吧。
(38) 横竖呢，她这纸片人一当就当了20年。

个别语气副词甚至偶尔可以出现在句末。下面以“反正”为例，试比较：

(39) 反正徐小平是朋友，说了他也没关系。
(40) 王杰：好酒，好赌，好打人，然后有什么忧郁症、躁狂症，什么都来反正。

“反正”在上面例句中各有其独特作用。用在句首辖域是整句话，对整个命题进行评述；用在句中其辖域是谓语部分“要回来”，修饰述题部分；用在句末，起追述作用，加强语气。

可以看出，反素语气副词比其他反素副词语义透明度低，其句法位置相对灵活，除了句中也可用在句首或置于主谓短语之前。而反素副词中其他语义透明度比较高的如“多少”“始终”“死活”等衔接功能则较弱，以出现在谓语前为常。

4.4 连用与合用

反素语气副词在语篇中可以是同一个词连用，也可以是不同的词连用。例如：

(41) 脱离实际太久了。民众左右是受苦的机体左右是没发展的、不断走弱。

(42) 常遇春大声道：“这位小爷反正不成了，最多治不好，左右也是个死，又有甚么可担心的？”

(43) 小镇上的大夫老早对鸨母判了田晚晚死刑，反正左右是个死，不如死马当活马医。

连用无疑可以加强语气，起强调作用，突显说话人的观点。合用则是反素语气副词配合连词一起使用，衔接语篇上下文，同时也使得语义表达更完整和准确。例如：

(44) 如果横竖能勉强合起来，倒不如早点撒手，免得双方痛苦！

5. 反素词的语法化及认知分析

众所周知，副词的虚化具有三个过程，首先是名词、动词、形容词向副词转化；其次是副词内部由略虚向较虚转化，最后是副词向更虚的词类(如连词、语气词)转化。张谊生(2004:344)认为最终虚化为反素词的形容词，其原短语基本上都具有价值评价和空间度量的语义基础。本节讨论这些反素词是如何从表示实义的价值评价和空间度量虚化为副词的。

“反素词”虚化为副词有两个必要条件：一是词义包含反义关系；二是句法环境即是相反词义成对出现，并且出现在动词性结构之前。当然，虚化的动因和制约因素是多方面的，比如高频使用也是虚化的一个重要条件。(沈家煊 1994)本节则主要关注反素副词在语法化过程中的认知解释。

5.1 空间度量义反素副词的语法化

左右、高低、横竖、反正、长短、大小这几个词语本义均属空间域，具有空间度量义(虚化之前的名词、形容词阶段，“反正”和“左右”表空间方位，“高低”“横竖”“长短”和“大小”表度量)。这符合了张谊生(2004:344)所说的虚化为反素词的重要条件之一。现代汉语中，这几个反素词语均有语气副词的用法。“反正”是比较成熟的语气副词，使用频率相对于其他反素副词来说也最高，其使用情况以及语法化过程、副词的成因有不同的学者(如董正存 2008；刘善涛、李敏 2010)进行过较为深入的探讨。

5.1.1　左右的语法化

“左右”连用可以表方位，表“周围、旁边”义，进而引申指“周围的人”，先秦并不少见。到了汉代可用于数量词之后表估量的概数，如：

(45) 太平之时，人民侗长，百岁左右，气和之所生也。(《论衡·气寿篇》)

在元明时期，“左右”有了语气副词的用例：

(46) 你左右将到村里去卖，一般还你钱。便卖些与我们，打甚么不紧。(《水浒传》第16回)

上例中“左右”已是明显的语气副词，相当于“反正”，表示“无论如何”，情况不同，结果不变。下面谈谈语气副词“左右”形成的认知动因。

一个多义词的许多义项是通过隐喻或转喻获得的(Taylor 1989：122)，“左右”最初属于空间范畴，指以某个事物为中心轴，事物平等的左右两边。在部分转指整体的概念转喻机制作用下，“左右”两个方位转喻指某个事物的周围，再借助转喻机制中部分和部分的关系，从地点转喻到处于该地的人。即“左右”指“周围的人”。

“左右”从空间方位义到估量义是隐喻在起作用。汉代出现的表示估量义的“左右”用在数词之后，表示约数，是由空间域向度量域的映射。以某事物为中心的左右两边一般是比较平衡的，借助这一相似性，通过隐喻将凸显方位居中的空间域映射到表示量度居中的量度域。到了元明时期，“左右”作为语气副词出现，隐喻发挥了很大的作用。例句中“左右将到村里去卖”换句话说就是“不论如何\反正你将到村里去卖”，这里是以一个事情为中心，左右两种情况加以对比，结果不变。“左右”的隐喻很可能的原因是借助量度居中这一相似点，从凸显度量平衡的度量域向表示情态域映射。

左右(空间方位)———→左右(估量，约数)———→左右(语气，反正)
凸显方位居中　隐喻　凸显度量居中　隐喻　凸显事件中心

5.1.2　高低的语法化

就现有语料来看，“高”“低”连用魏晋已有，隋唐渐多。起初属于空间范畴，是两者语义的叠加，表示具体的空间量度义。唐代以后，“高低”渐趋凝固，表现出词汇化倾向，其语义由具体的空间域投射到其他认知域，进而产生出不同的引申义。例如：

(47) 不论富贵与高低，皆似水中墨一片。(《敦煌变文》)

例(47)表示社会地位的尊贵卑贱。当“高低”出现在状语的位置上修饰谓语动词时，就为逐渐发展出副词的用法创造了句法环境。如：

(48) 凉风吹落叶，高低任意游。(《祖堂集》卷七)

(49) 见空中数行塞雁，不依次序，高低乱飞，都有惊鸣之意。(《水浒传》第一百十回)

（50）辩口利舌问，高低总不亏。（《五灯会元》卷十五）

例（48）“高低”处于动词前作状语修饰其后动作的状态，表情状，此时的“高低”仍较多地保留了空间度量义，是“高高低低”的意思，含有遍指意味。这种用法给“高低”语法化为副词创造了条件，奠定了基础。例（49）中的“高低”就已经是副词用法了。由客观上的遍指投射到主观上所认为的没有例外和绝对条件也是一种基本的认知框架，比如“高低”由客观遍指隐喻主观上的没有例外。例（50）中的“高低”可以看作这一隐喻过渡阶段，似乎作“无论如何”解也讲得通，语义上“高低”逐渐虚化，不再表具体的空间度量，从整个句子的语义中也推测不出具体的空间义。随着语义的虚化，结构上也进一步凝固了。“高低”真正语法化为表主观强调的语气副词最晚见于明代。例如：

（51）今日到十郎书院，见他家青儿，到也眉目干净爱人子，不如明日十郎到我府中，高低把青儿舍与我吧！（汤显祖《紫箫记·捧盒》）

上例中“高低”是“不管怎样，无论如何”的意思。这和现代汉语中“高低”的语气副词用法已基本没多大差别。

“高”“低”本来是指空间中“从上到下距离大或者小”，具有空间度量义，在隐喻的作用下，从具体的空间域投射到其他抽象的认知域（社会地位域、价格域等），语义有了进一步的发展，可以对事物的情况进行评价。随着“高低”使用频率的增加，使用范围的不断扩大，“高”与“低”之间的关系越来越紧密，语义关系变模糊，不再是“高”“低”的简单加合，最终凝固成词。“高低”由具体的空间度量义引申出“水平高下”“深浅轻重，利害得失”及事情的来龙去脉等意义，其引申机制主要是隐喻。当“高低”所指是一个整体的概念时，转喻也同时发挥作用，因为以极性对立的两个语素来涵盖整个语义场，是一种基本的认知方式。转喻机制中的标量转喻就是用其标量的两极“高”和“低”构成该事物的整体，对事物进行评价或衡量。如下例中的“不知高低”是指不知那大汉被武松打得怎么样，情况如何。是用“高低”表示事情的具体情况。

（52）那三四个村汉叫声苦，不知高低，都下溪里来救起那大汉，就搀扶着投南去了。（《水浒传》第三十二回）

（53）你只说是那里见来，或是听见谁说，我好到那里刨着根子，就使一百千钱，我高低买一套与你。（《醒世姻缘传》第六十五回）

近代汉语中“高低”用作情态副词，从认知上来看，也是隐喻机制在发挥作用。在隐喻的作用下，“高低”完成了从表示空间位置的高低到对事物好坏优劣衡量的语义上的映射。对某事物的衡量存在多种可能性，或好，或坏，或正面，或负面，也可能不好不坏，包含多种可能性。“高低”表示“高高低低、或高或低”的意思，含有遍指意味，由客观上的遍指投射到主观上所认为的没有例外和绝对条件也是一种基本的认知框架。元明时期“高低”表示“不管怎样、无论如何”，其结果也包含各种可能性。如例(53)中的“高低”已经由表一般情状的副词发展为表主观情态的语气副词，意义完全虚化，结构已经凝固。因为语气副词表达的是说话人的主观态度，出于语用的需要，“高低”表达的语气出现了强化的倾向。

5.1.3　“横竖”及其他

本来表空间上的横和直，两字连用后引申指“纵横交错”。元明时期，“横竖”有了语气副词的用法。例如：

(54) 莫哭，莫哭！一哭就挫了锐气。横竖想只在此山，我们寻寻去来。(《西游记第22回》)

“横竖”语法化的过程和“左右”“高低”有相似之处，遵循从客观到主观，具体到抽象，从空间域到情态、语气映射的模式。在形容词阶段，“横竖”借部分转指整体，转喻机制发挥作用，由初始义扩大到“纵横交错”。语义进一步扩大，表情态、语气，转变过程和“左右”“高低”等具有相似性，“高低”表示“纵横交错”时，表现出多种可能性，而“不管怎样，无论如何”义也表现出事物的多种可能性，借此相似之处发生隐喻映射。这符合形式相似，意义相近的象似性原则。(注：Haiman(1980)把象似性分为成分象似(iconicity of isomorphism)与关系象似(iconicity of motivation)。其中关系象似指结构之间的关系反映概念的关系。)其他诸如“长短”“大小”的副词用法类此，均从初始表空间义语法化而来。值得一提的是，“长短”早在隋唐时期已经开始具有虚化为语气副词的趋势。如：

(55) 若为教月夜，长短听猿声。(隋・崔仲方《夜作巫山》)

(56) 饱暖饥寒何足道，此身长短是空虚。(唐・白居易《即事寄微之》)

例(55)“长短”可作两解，一是哀猿啼鸣之声时长时短；二是月夜过巫峡，总是或不管怎样都能听见猿啼之声。而例(56)的“长短”则只能理解为“总是、无论如何都”，即不论温暖寒冷饥饿，总是或者说都会觉得空虚。

无条件类语气副词长短、好歹、好赖、横竖、横直、高低、反正、贵贱、死活、左右等语法化程度和分布以及使用频率都有所差异。总体来看，现代汉语普通话(口语使用为主)中，相对其他的几个而言，“反正”“死活”和“好歹”的使用频率较高，“长短”“好赖”“横竖”“高低”“贵贱”等作为语气副词还多少存在一些方言色彩，使用上有南北差异。①

5.2　时间度量义反素副词的语法化

5.2.1　“迟早”和“早晚”的语法化及认知分析

“迟早”和“早晚”两个词在现代汉语中词义和用法基本相同，只是语素序相反。

---

① 关于反素副词的方言分布情况，可以参阅张谊生(2004:328—338)。

人们对事物的认知一般以时间上的先后顺序为优先顺序，如“早晚”；但“迟早”凝固成词，不说“早迟”，应该还有韵律和平仄的影响。（见张巍 2010）

“早晚”起初是时间上的反义关系，对举使用或者连用，可指“早晨”“晚上”，还表示引申义“时间顺序上的先后”。例如：

（57）无早晚之失、寒温之灾，则入多。（《韩非子·难二》）

魏晋以后，“早晚”连用渐多，句法位置上开始出现用在动词之前，并开始出现时间副词用法：

（58）尔从山中来，早晚发天目；我屋南窗下，今生几丛菊？（《晋·陶潜《问来使》）

（59）其子必复袭世，袭世之后，早晚当灭？（北齐·魏收《魏书》卷 36）

随着使用频率增加，唐五代已发展出语气副词的萌芽，表示“或早或晚，迟早”，语气上说话人认为事情最后结果必然如此。明代以后，情态义加强，表示深信某事必然发生，可与“迟早”替换。例如：

（60）师曰：“汝今那得入邪道乎?”禅客曰：“某甲早晚入于邪道也?”（《祖堂集》卷 3）

“早”和“晚”最初就是一天中的早晨和晚上，“早晨”在时间上处于一天中的前面，“晚上”处于一天中的后面。“早”和“晚”都是时间轴上的一部分，表示“时间上的先后”，是部分转喻出整体义。时间副词阶段的“早晚”形成是一个重新分析以及转喻的过程。魏晋时期“早晚”出现用在动词之前的用法，为实词虚化准备了句法及重新分析的条件。状中结构使用频率的不断增加，使副词用法渐渐成熟。“早晚”通过部分和整体的转喻表示“时间先后”，再经隐喻，将时间域映射到情态义，表示事情“或早或晚，迟早”会发生，确信事情最后结果必然如此。“早晚”成词与“早晨”“晚上”的时间规律相符合，时间的运转不以人的意志而转移，“深信某事必然发生”也表示事情发展没办法改变。这也符合象似性原则。

“迟早”相比之下成词较晚，其语法化也随之较晚出现。笔者所见，宋代有“迟早”连用，意思是“时间上的先后”；约到明朝时期，“迟早”出现少量副词的用法，时间上“或早或晚”，表示深信事情最后结果必然会如此，这一用法延续至今。例如：

（61）花间不问春迟早。（宋·王义山《长春花诗》）

（62）你怎言包罗万象，迟早飞升。（明·许仲琳《封神演义》第 13 回）

“迟”在《说文解字》中被解释为“徐行也”，即慢慢走。通过因果转喻，“缓慢”引申出结果“晚”，即时间上在后的语义；“早”自然是“时间上靠前”，“迟”“早”连用之后分界逐渐消失，词义开始融合，但是最初仍是语素义的叠加。“迟早”的词汇化是认知中的隐喻、转喻和重新分析起作用的过程。首先是语境吸收，为其句法结构的转变提供了条件。“迟早”出现在谓语之前的句法环境为词汇化准备了必要的基础。另外,借助隐喻将时间上的认知域投射到主观上的情态域。事情发生的早晚是不可改变的;明清以后,情态副词的"迟早"多表将来事情发展的结果必然如何是不可改变的。基于此,将时间域投射到事件域,就有了"深信事情最后结果必然会如此"的意义,表达说话人的态度。

5.2.2 "始终"的语法化及认知分析

"始""终"二字词分开来表示时间度量义,凝固成词是"从开始到结束一直不变",表示情态义。该词与"早晚""迟早"具有共同之处,都是由两个时间节点是单音词连用发展到一个具有完整语义的双音词。上古时期有"始终"和"终始"两种逆序形式,可表示开头和结尾,进而也表示从开头到结局,事物发生演变的全过程。

(63) 物有本末,事有终始,知所先后,则近道矣。(《礼记·大学》)

汉以后,"始终"词义范围扩大,主要指事情"从开始到结束",仍为名词,多用于动词之后。

(64) 咸表始终,当世仁义成功之著者也。(《史记·惠景间侯者年表》)

魏晋以后,"始终"放在动词之前的用法剧增,开始用作副词,义为"自始而终,一直"。

(65) 故宠敬日隆,始终无衰。(《后汉书·皇后纪上·明德马皇后》)

宋元以后,"始终"还出现了情态副词的用法,表示"毕竟、终究"。如:

(66) 始终不我负,力与粪壤同。(苏轼《元修菜》)
(67) 可成良心顿萌,早知这东西始终还是我的,何须性急!(《警世通言》卷31)

"始终"词义范围扩大之后,语义已经开始融合,出现词汇化的倾向。这一过程主要是部分到整体的转喻机制在发挥作用。"始"与"终"本表示事情的开始与结束,在转喻机制的作用下,将开头和结尾两部分扩大到事情从开始到结束的整个过程。

魏晋南北朝时期,表示事情从开始到结束的"始终"置于动词之前的用法大量增加,名词性的"始终"便有了发展成动词状语的副词用法的句法环境,由于认知角度的变化,经过重新分析,N + V→[N]V,出现了新的解释,N 词性随之发生了变化,在隐喻机制的共同作用下,名词的时间域映射到了副词的时间和频率域,有了频率副词的用法,表示"自始而终,一直"。而"始终"表示"毕竟、终究"的情态副词用法,则是进一步语法化的结果。如例(67),"始终还是我的"可以理解成"一直是我的",但这里强调最终的结果,认知上属于"整体——部分"。即经历整个过程之后,"最终还是我的",因此不必"性急",包含着说话人的主观情态。

5.3 其他价值状态评判义反素副词的语法化问题

5.3.1 "贵贱"的语法化及其认知动因

作为反素副词的"贵贱"主要是方言用法(西北官话),表示无论如何。早在元秦时期,“贵”“贱”就有连用现象,表示价格或者身份地位的高低。如:“料多少,计贵贱。”“涉乎万物贵贱之位。”

作为名词的“贵贱”,本指价格的高低,身份地位的高低和“贵”“贱”的本义具有相似性,在语义上是通过隐喻引申而成。而表“无论如何,不管怎样”的情态副词“贵贱”既是方言口语用法,则语料保存下来较少见。用在动词之前作状语,多出现在西北作家的作品中,例如:

(68) 贵贱不敢冒问乱打听她。(陈忠实《白鹿原》第27章)
(69) 这椅子不给,贵贱不给。(贾平凹《秦腔》)

用价值的两极“贵”和“贱”表示周遍义“无论如何,不管怎样”这属于转喻;而从价值域发展到无条件语气义,认知模式中的隐喻发挥了一定的作用。同时,语言的类推性也是一个原因:在近代汉语中,相当一部分反义语素构成的双音词虚化成情态或语气副词,“贵贱”“好歹”“死活”等也不例外。或许,我们从以下二例中能够感受到名词“贵贱”向副词用法发展的一点蛛丝马迹:

(70) 村中田舍娘,贵贱不敢争。(元稹《相和歌辞·估客乐》)
(71) 贵贱都来同幻化,何须多要积珠金。(《敦煌变文集·八相变》)

“贵贱不敢争”既可以理解为“贵的和贱的都不敢去争”,也可以理解成“不论贵贱都不敢争”;同样,“贵贱都来”既可以指“贵的和贱的都来”,也可以表示“不管贵贱等级,不论什么地位都来”。

5.3.2 “好歹”的语法化及认知分析

“好歹”成词较晚,大约在宋元时期才开始连用并逐渐凝固下来,表示“好坏”:

(72) 地也,你不分好歹何为地。(关汉卿《窦娥冤》)

成词之后,还有偏义用法,多偏义于“歹”,下例就表示意外的变故甚至是死亡:

(73) 孩儿也,不争你有些好歹啊,着谁人侍养我也。(关汉卿《五侯宴》第4折)

话本小说中已出现“好歹”的语气副词用法,表示不管怎样,无论如何。元明以后使用逐渐广泛。例如:

(74) 今夜好歹来也,则管里作念的眼前活现。(白朴《墙头马上》)

上例中“好歹”作为无条件语气副词表示说话人较强的主观态度。“好歹”起初是语素义的加和,后来出现偏义现象,认知上主要依赖于说话的语境,一般来说,哪个语素义与语境关联性较强,则语义偏向哪个。但“好歹”多偏向于“歹”,是因为该词语境一般是将然态,如“不争有些好歹”“若有些好歹”,表现了说话人对于未发生的事件的“好”与“坏”两种结果中最坏结果的预测和假设,即“防患于未然”。在名词转变为副词的过程中,同样首先经历了进行重新分析的过程,将主谓结构重新分析为状中结构。“好歹”语气副词的用法，认知上象似性与类推均发生作用，“好歹”语义上的“好与坏”代表评价域整体，而“无论如何”亦包含所有情况具有周遍义，借助这一相似性，通过隐喻将语义映射到“无论如何，不管怎样”。表达说话人的主观态度和语气。当然，若将“好”与“歹”两种情况放在语义场中解读，在转喻机制下，人们很容易进一步引申，将“指代所有情况”的意义解读添加出来。

5.3.3　“死活”的语法化及认知分析

在现代汉语中语义和“反正”“横竖”等类似，为语气副词，表达说话人的主观态度。唐五代以后[①]，“死活”开始连用，作为名词出现，表示“生与死”。例如：

(75) 蚁子在水中，绕转两三匝，困了浮在中心，死活不定。(《祖堂集》卷 3)

跟“好歹”一样，近代汉语中“死活”也发展出偏义用法，语义多倾向于“死”。面对优劣局势，人们往往考虑最差的结果，把事情往最坏处想。相对于“好歹”来说，“死活”语气更为强烈。

(76) 这怪不知死活！莫说嘴！吃吾一棒！(《西游记》第 66 回)

元明时期，“死活”产生副词的用法，下例中“死活”犹言“拼命”，“尽力”或者“想方设法”。

(77) 韩伙计费心，买礼来谢我。我再三不受他，他只顾死活央告。(《金瓶梅》第 35 回)

“死活”进一步虚化，可以指“无论如何，不管怎样”，表示说话人的主观态度和强烈语气。例如：

(78) 我是死活打定主意的了。你到底叫我去不去？(《红楼梦》第 82 回)

动词之前的位置给“死活”语法化为副词创造了句法环境，“死活”可以是主语，如“死活不定”；也可以是修饰动词的状语，如“死活央告”“死活打定主意”，主要看上下文语境。名词“死活”只能是“X 的死或者活”。从以上例句可见，名词“死活”语法化为副词的过程中，首先虚化为情态副词，如例(94)，此时的“死活”还保留了些许“拼死拼活”意味；发展出语气副词用法，表示“无论如何，不管怎样”，其主观语气和态度进一步增强。

第二节　偏 义 复 词

1. 研 究 概 说

偏义复词是指由两个意义相反、相对或相关的语素构成的联合式双音词，只有

① 王天佑(2010)认为两汉、魏晋以后，“死活”开始结合成词。但所列语例并无唐以前者。

其中一个语素表义，另一个只作陪衬（即上文提到的词义是其中的一个语素义，另一个语素义石化模糊或失落）。古代汉语中偏义复词本不固定，只是在一定语境中，为了句式的整齐或行文的需要，是文言实词运用的一种特殊现象。发展到现代汉语，有些固定下来依旧是偏义复词，有些已不再偏义。相对于古代汉语中的偏义现象，现代汉语中的偏义复词具有稳定性，不是随文释义，而是结构固定，词义凝固的一类复合词，基本不会受语境的影响，在任何情况下都是偏义的，并且偏义的位置是固定的。本节力求对现代汉语偏义复词进行细致深入分析，在分类的基础上梳理其语义结构，讨论其功能，并通过典型个案的演变过程的描写分析，从认知角度探求偏义复词的形成机制，以期对现代汉语偏义复词有更全面深入的了解。

1.1 研究目的及意义

首先，可以深化对现代汉语偏义复词的认识。偏义复词在口语和书面语中都是使用频率高、使用范围广的一类特殊复合词，作为现代汉语词汇系统中的重要组成部分，在现行的多种现代汉语教材合成词部分均有介绍，对偏义复词的关注与研究具有实际的应用价值。通过现有成果的整理发现，对于古代汉语中的偏义复词研究较多，关于现代汉语中的偏义复词的研究大多局限于与古代汉语的对比研究或成因来源分析，缺少较为系统性的研究。

其次，通过整理语言材料，结合词汇语义学和认知语法学的相关理论，分析构成语素的结构、作用，探讨偏义复词形成和识别的认知机制，对词汇现象进行详尽描写与系统解释，有助于推动现代汉语偏义复词研究和并列式复合词研究的深入。

再次，将历时探索与共时分析相结合，通过对现代汉语偏义复词中典型个案的成词过程的考察，有利于对现代汉语偏义复词在现代汉语词汇系统中的地位和本质有更为清晰和深入的认识。

1.2 研究现状

对偏义复词的研究最早见于传统训诂学，从三国时期注释家王肃发现古书中偏义之例到唐、宋学者对偏义复词的关注，直至清代学者俞樾提出“因此及彼”的偏义复词训诂条例，古代学者对偏义复词的研究可谓历时久远。尽管受到时代背景、语言学整体发展程度的限制及研究资料少等因素的制约，古人的研究多停留在传统训诂层面，往往以疏字注经或例释的方法解说偏义复词。但其研究的重要性仍不可忽视。如《左传·昭公十三年》“郑伯男也”，王肃注曰：“郑，伯爵，而连男言之，犹言曰公侯，足句辞也。”所谓“足句辞”，用今天语言学的观点来看，是说“男”在句中并不表意，只起音节陪衬作用。“足句辞”这一提法，对后世训诂学和语言学理论具有重要的开创启迪之功。随后，唐代孔颖达的“连言、省文”说以及南宋王楙、明代徐场也都有相似见解。另有宋代陈騤、北宋孔平仲的“病辞”说及修辞照应观、清代顾炎武的“宽缓不迫”说及节律观、清代阎若璩“连类而及”说、清代俞樾《古书疑

义举例》中关于偏义复词的系统论述都具有深远的影响，并为后世相关领域及研究打下了基础。(参阅许建础 2012)

八十多年前黎锦熙先生曾在《国语中复合词的歧义和偏义——古书疑义举例的理董和扩张》(《女师大学术季刊》1930 年第 1 卷第 1 期)一文中指出："复合词中之并行词，有偏用其一字之义，而他字则连举而不为义者"，并首次将这种语言现象称为"复词偏义"。时至今日，有关偏义复词的研究进入了系统化阶段，单篇论文及相关著作不断涌现。研究内容主要集中在以下几个方面：

1.2.1 偏义复词的概念和名称

黎锦熙先生(1930)主张对古代汉语复词偏义现象的研究不能仅仅停留在训诂学及行文修辞的角度，而应该将其放在词汇学领域结合大量古文献例句进行充分论证。"偏义复词"这一名称渐渐便被语言学界普遍接受。也有人认为把偏义复词称为合成词的说法在逻辑上存在语义描述与归属上的矛盾，对"偏义复词"的提法提出质疑。如肖晓阵(2003)认为"意义偏指现象"的说法更合适，而"偏义复词"这一术语和它所指称的语言现象并不十分契合，因为它除了复合词的词汇意义还涉及语义、语用等多个层次。杜纯梓(2004a，2004b)也指"偏义复词"将短语与复合词相混淆，将造词法与构词法相混淆，将语言分析与言语分析相混淆。不过目前看来，学界对于"偏义复词"的内涵和外延已经基本取得共识。

1.2.2 偏义复词的构成类型

徐越(1986)、尹艳燕(2000)、王卯根(2007)等曾对这个问题加以讨论；丁忱(1980)、张军、张家太(1982)、徐朝华(1982)、沈多瑞(1983)、勾俊涛(2000)、梁振杰(2000)、蔡群发(2001)等都涉及古汉语偏义复词的构成类型。综合各家的意见，"复词偏义"现象的内部构成即并列式双音组合的构成，两个构成成分之间的语义关系总体来说有相对、相反与相关、相类两大类；从构成成分原本的词性上来看可分为"名 + 名""动 + 动"和"形 + 形"三种主要类型。

1.2.3 偏义复词的特点及作用

综观现有研究成果，偏义复词的特点主要表现在以下几个方面：从形成的角度看，偏义复词由两个意义相关相类或相对相反的单音词连用发展来的。最初两个构词语素结合不稳固，用作语义偏指出现的频率不高，因此词义上具有一定的模糊性和随意性，意义偏指灵活(可偏指前一成分，也可偏指后一成分)，只有借助上下文具体语境来消除模糊性和随意性。这一特点恐怕仅适用于古汉语中的偏义复词；现代汉语中的意义基本固定(如窗户、国家、妻子)。偏义复词属于并列式双音合成词，两个构成语素具有多义性，但词义比构成语素的意义狭窄，表现出了词义的狭义化。常洪(2006)、叶荣勋(2006)、刘海燕(2010)等均有论及。

偏义复词在使用上具有显著的修辞效果。偏义复词的修辞作用，一是虽语义偏指，但双音节协调音律，增强语势，避免行文时措辞重复呆板，使语言生动活泼而富有变化；二是缓冲语气，使表达更加含蓄委婉；三是对照衬托，突出强调，加强词义，使语义更鲜明突出。丁忱（1980）、刘明权（1984）、勾俊涛（2000）、蔡群发（2001）、刘海燕（2010）等均有所讨论。

1.2.4 偏义复词的成因

关于复词偏义的成因的研究成果不少，学者们多方面多角度进行了探讨和论述。可以综合概括为以下几种：

一是“修辞需要”。认为古代汉语中“复词偏义”现象的产生是修辞的需要，主要从修辞功能的角度探索其成因，最早出现，也最具影响力。具体又可分为“调谐节律”说（如吴三立，1978、陆惠宁，1981、徐越，1986、彭伟量，1994、柯莉，2005、任坚，2009 等）和“讳饰”说（李运富，1998、杜纯梓，2004、柯莉，2005、刘道锋，2005、杨吉春，2007、任坚、2009 等）两种。“讳饰”说主要是就相反相对类型的偏义复词而言的，杨树达（1954）称之为“事名连及”实则暗含“讳饰”意，如：利害，害也；得失，失也；缓急，急也等。并指出：“此种对待之辞，一正一负，连类用时，往往意在负而连及其正，以上所举例皆然。”之后吴三立（1978）和徐朝华（1982）明确提出“讳饰”说，认为古汉语“复词偏义”现象的出现是因为古人使用词语时有意换用意义相反、相对的词语或者连带使用一个语义为积极的、正面的单音词，用以避讳，消解负面消极意义带来的不适或不悦感。

与肯定修辞用法相反，也有学者认为是由于古人语言使用时的错误和疏忽、行文上有失照应或语法上的错误导致了古代汉语中“复词偏义”现象的出现。陈望道先生（1932）在论述“伦次通顺”时即视复词偏义现象为有失照应。不过古汉语中复词偏义不是个别现象。

二是因同类而由此及彼，表义成分连带提及不表义成分的“连类而及”。杨树达（1954）把复词偏义现象当作一种“连及”（私名、公名、事名和物名）的修辞手段，道尔吉（2004）也认为“连类而及”是产生“复词偏义”现象的原因之一。

三是语义的演变、虚化和脱落。王力先生（1946）曾经指出：“并合语是由于吞并作用而成的。本来是两个词构成一个仂语，后来因为其中一个词的意义占了优势，另一个词的意义渐被侵蚀，结果是只剩躯壳，毫无意义可言了。”陆惠宁（1981）、徐越（1986）、梁春域（1988）、彭伟量（1994）、柯莉（2005）、丁喜霞（2006）、杨吉春（2007）等都将语义的转化、虚化脱落列为复词偏义形成的原因之一，认为在并列式（联合式）双音组合中一个成分的意义随着社会和语言的发展而演变、虚化、脱落，最终只有另一个成分的意义在起作用，从而形成了偏义复词。

四是认知凸显。进入 21 世纪以来，认知语言学理论得到广泛的发展和应用。魏丽（2009）、谢薇薇（2010）等用“认知凸显”来解释“复词偏义”现象的成因，就是一种尝试。在认知当中凸显了某种意象，使得相类相关或相反相对的并列式双音结构语义偏向了表达该意象语义的结构成分。勾俊涛（1999）、束定芳和黄洁（2008）提出运用经济学上的“劣币驱逐良币（Gresham's Law）”定律解释偏义复词，认为并列式双音结构在语义演变过程中表消极负面意义的结构成分意义得以凸显，而表示积极正面的结构成分的意义被隐退和排斥，从而形成了双音复合词的偏义现象。"同义词的挤压"观点与此类似。（曾晓洁，2009）

五是双音化大趋势的推动。钟如雄（1991）、彭伟量（1994）、道尔吉（2004）、柯莉（2005）、任坚（2009）、曾晓洁（2009）等认为这是古代汉语中偏义复词产生的重要原因。在双音化的大背景之下，单音节的双音化趋势使原本一个音节表义转而使用两个音节，两个单音词组合以后经过重新分析而削弱以至丧失词汇边界，最后成为一个语言单位，单音词则转化为构词语素。

六是语境制约。陈伟武（1989）认为"复词偏义"现象的出现是语境对复合词的一种语义选择和限制。上下文语境对语义的制约现象普遍存在，双音并列式组合语义偏指前一成分抑或偏指后一成分取决于语境的需要。

其他还有主张"民族传统思维方式"，如王钟坤（2003）、柯莉（2005）、任坚（2009）等认为古代汉语中"复词偏义"现象的形成是汉民族传统思维方式的体现，受汉民族和谐对称、整体辩证、委婉含蓄等传统思维方式的影响；以及主张"句内表层呼应"者（如夏凤梅，2004）等。偏义复词成因比较复杂，有些研究者主张这是几种原因共同发挥作用的结果。

1.2.5　古今汉语中的偏义复词

古代汉语中的偏义复词现象历来关注较多，邓细南（1994）、张新（2001）、柯莉（2005）、李冰燕、杨英法（2009）、刘海燕（2010）等均对古今偏义复词的差异进行了对比分析。以上研究认为，古今汉语中偏义复词的差异主要在于构词语素的凝固性、"复词偏义"的判定依据、"复词偏义"现象的语义偏指的稳固性以及语用性质等几个方面。复合词的形成有一个长期凝结的过程，在其形成的初期，联合式复合词大都经过一个连用的过程，发生语义偏指的联合式概莫能外，有相当大的灵活性，可偏指其一也可不偏指（固有词汇意义）甚至还可逆序；而现代汉语中的偏义复词两个构词语素关系稳固，偏指稳定。关于判定依据，古汉语中的偏义现象对于语境的依赖性很强，脱离了上下文语境就难以判定是否偏指以及语义偏指的重心；现代汉语中偏义复词一般不需要语境就可以明确判定其身份及语义所指。而且在现代汉语中偏义复词语义偏向于前一语素或后一语素偏指稳固，不再受特定的语言环境制约，其中一个语素的意义已经退化，只起陪衬作用；古代汉语中的复词偏义现象其语义指向不定位，根据上下文的需要受到语境的制约。语用性质上古代汉语中的"复词偏义"算得上一种积极的修辞现象。

1.3　研究理论、方法和语料来源

目前来看，现代汉语偏义复词的研究深度还有推进空间。应开拓新的视角，适当引进借鉴其他相关学科的理论方法，更多地从理论层面上探讨其内在规律，为偏义复词的研究努力推进一步。在词汇语义分析的前提下，重点借鉴认知语言学的理论，对偏义复词的语义结构框架、形成原因、语法化过程进行描写和解释，力求做到形式到意义，意义到形式的互相验证。主要借助如下理论：

原型是范畴中的典型成员，是与同一范畴成员有最多共同特征的实例，具有最大的家族相似性(Langacker 1987)。范畴内部的各个成员因家族相似性联系在一起，其相似程度虽有所差异，但成员之间是享有某些共性的。比其他成员享有更多的共性的成员属于该范畴的原型，即中心成员和典型成员，反之则为边缘成员或非典型成员。

作为最重要的认知模式，隐喻(metaphor)是用一种概念喻指另一种概念，这种认知方式重在概念之间的相似性；转喻(metonymy)则是用一种概念转指另一种概念，这种认知方式利用概念之间的相关性。

意象(image)和图式(schemas)分别是人脑中反映客观事物和情景的形象印记和人脑中反映事物之间基本结构关系的认知结构模式。意象是概念和概念结构形成的具体方式，其形成和视角、凸显有关，也和属性选择、详细程度有关；图式是一种抽象的认知结构。意象图式理论与认知凸显原则密不可分，运用该理论可以更清晰地了解发生语义偏指的复合词语义中心的位置。

研究方法上，一是描写和解释相结合：在描写方面，以分类为重点，试图找出不同偏义复词的内部结构特征；在解释方面，注重内部外部相互验证，侧重于对语言事实的分析，试图从语义、认知等方面做出合理的解释。二是共时和历时相结合，要真正把握偏义复词成词的过程及脉络，必须考察其发展演变的历史。另外，对研究对象首先进行共性宏观分析，然后通过个案微观分析来印证共性。

本节所用语料，大部分来自北京大学汉语语言学研究中心的 CCL 汉语语料库，部分语料检自网络，以及《现代汉语词典》(第 7 版)。

2. 现代汉语偏义复词的界定及分布

主要从偏义复词的界定问题和用例分布情况进行概述，对《现代汉语词典》(第 7 版)和《汉语国际教育用音节汉字词汇等级划分》搜集到的符合研究对象界定条件的偏义复词进行详细的描写，大致的了解现代汉语偏义复词的使用分布情况。

2.1　偏义复词的界定

偏义复词在现代汉语中比较独特，在一些前人的研究中偏义被视为一种特殊的语言现象。例如，王勤(1983)、邢福义(1992)、武占坤(2003)、肖晓阵(2003)、杜纯梓(2004a, 2004b)、丁喜霞(2006)等都曾对偏义复词作出解释。构成偏义复合词的两个语素之间的关系必然是并列的，体现为相似、相关、相反、相对四种。综合已有研究成果的观点及通过对偏义复词语料的分析，我们认为偏义复词应有如下特点：

(1) 偏义：两个构词语素凸显了其中一个语素的意义，另一个语素的意义消失，词义发生偏指。

(2) 复词：偏义复词是一种特殊的联合式双音复合词，两个语素之间的关系是并列的，虽然两个构词语素只有一个表义，但不表义的语素也有存在的必要，不能省略或删去。

(3) 现代汉语偏义复词的意义和结构都已固定，且词典中已收录偏义复词的意义(如释义中使用“多偏指”标示)。

我们依据《汉语国际教育用音节汉字词汇等级划分》(以下简称《划分》)和《现代汉语词典》(第7版)(以下简称《现汉》)对现代汉语偏义复词进行了统计。其中对于有两个或两个以上义项的词，只要有一个义项是偏义，就把它纳入现代汉语偏义复词的范围，作为研究对象。

2.2 偏义复词的选定及分类

共整理出符合条件的词语32个。其中《划分》收录20个，普及等级词汇分别为干净、国家、教学、紧张、女儿、人物、舒服、睡觉、忘记等9个，占总数的45%；中级词汇分别为窗户、妻子、舍得、诗歌、图书、兄弟、质量等7个，占35%；高级词汇是动静、好歹、手臂3个，占15%；高级“附录”词汇中有“恩怨”1个词，占5%。《现汉》中29词，其中名词22个，分别是安危、长短、窗户、动静、恩怨、国家、好歹、狐狸、缓急、面目、女儿、妻子、人物、事物、手臂、手脚、兄弟、眼睛、杨柳、衣裳、异同、质量，占79%；动词4个，分别是褒贬、舍得、睡觉、忘记，占14%；形容词3个，分别为干净、紧张和舒服，占10%。除去重复，符合研究对象条件的偏义复词计32个。如下表2-2-1所示：

表2-2-1 《汉语国际教育用音节汉字词汇等级划分》中的偏义复词

窗户	动静	恩怨	干净	国家
好歹	教学	紧张	女儿	妻子
人物	舍得	诗歌	手臂	舒服
睡觉	图书	忘记	兄弟	质量

表2-2-2 《现代汉语词典》(第7版)中的偏义复词

安危	褒贬	长短	窗户	动静
恩怨	国家	好歹	狐狸	缓急
教学	紧张	面目	女儿	妻子
人物	舍得	诗歌	事物	手臂
手脚	睡觉	图书	忘记	兄弟
眼睛	杨柳	衣裳	质量	

根据不同的语法功能对偏义复词分类，名词比例最高，动词次之，形容词最少。《划分》中的偏义复词根据学习使用的频率和等级分类，普及化等级词汇占比最高，

中级、高级词汇次之，高级"附录"里最少。这说明，现代汉语中的偏义复词是一类使用频率较高、较常见、名词居多的双音复合词。

2.3 偏义复词用例分析

在认知语言学中的"经典范畴理论"认为："特征"是可以被分为两大类的，"范畴"具有明确的边界，范畴成员虽然根据特征可被二分，但隶属于整个集体的程度却是相等的，它们之间并没有核心和边缘之区别。（王寅 2011：34）维特根斯坦首先对此理论提出质疑，他反对"共同特征"的提法，而将范畴中的成员拥有的相似性称为"家族相似性"。范畴内部的各个成员通过"家族相似性"聚集在一个集合内，组成一个相互关联的集体。成员之间必然是享有某些相似性而归入同一范畴的，但即便如此，各成员之间的相似程度仍有差异，地位是不相等的。并非所有成员都具有同等的"家族相似性"，其中部分成员可能具备更多的"家族相似性"。那些相较于其他成员原型程度更高、享有更多共性的成员是某一范畴中的典型成员；而其他成员与典型成员相比特征不那么明显，就被视为非典型成员或边缘成员。

把搜集到的 31 个偏义复词放在一个范畴中来看，其中多数的成员如"国家""窗户"等，它们的表义语素位置固定，无论在哪种语境中都只有一个语素表义，另外一个语素完全不表义，这样的偏义复词可称之为典型偏义复词；而另一些成员像兄弟、恩怨等，它们在词典中同时存在偏义与非偏义两个义项，在语言使用中，其偏义用法与典型偏义复词一样，只有一个表义语素起主导作用，另一个语素不表义，是否偏义用法需要通过语境或者语音的变化来确定，这一类偏义复词可称其为非典型偏义复词。虽然数量有限，但通过"家族相似性"的相似程度高低对偏义复词进行划分，可以让我们看到其内部成员间的地位是不相等的。在以往的研究中，有学者质疑偏义复词是否为一类词时，便将这种情况作为论据，许建础（2006）认为"偏义复词"中有一类在不同的语言环境当中，语义是否发生偏义和偏指哪一个组成成分是不确定的，因此"偏义复词"的称谓不尽科学，应当称为"复词偏义现象"。许文所说这一类正是该范畴中的非典型成员。

2.3.1 典型偏义复词例析

[安危] "安"与"危"并列表示安全与危险，作为偏义复词实际运用中往往偏指"危险"的一方面。语料检索可见，"安危"一词最常与"个人""国家"两词连用，表示可能威胁到个人或集体安全的危险事件：

（1）舍弃一切，身赴国家<u>安危</u>，魂魄归国，化作护国之鬼。

既是"身赴"，自然是"赴危"，并无"赴安"一说，在国家危难时刻舍弃一切，身赴国难，精忠报国。句中的"安危"凸出"危"。

[恩怨] 恩惠和仇恨（一般多指仇恨），在大多数情况下，"恩怨"偏指"怨"。可重叠为 AABB 式。例如：

(2) 看法不一致是经常出现的,只要不是出于个人恩怨,提出不同意见本是一件好事。

例(2)是因"看法不一致"而"提意见",这里的"恩怨"自然偏义于"怨"。

[好歹] 即好与坏,通常偏指"坏"的一面。名词"好歹"一般作宾语,如"若是有个好歹",是说如果有危险或发生意外灾难。另外,值得注意的是,副词"好歹"出现频率也比较高,如:

(3) 你会甘心吗? 好歹你也是影帝啊,还演这种角色。

这里"好歹"表示"无论如何,不管怎样",是由偏义复词"好歹"语法化后的产物,详见下文。

[紧张] 词义偏向"紧"。"紧"与"松"相对,引申表达经济上的拮据;或两个动作先后并且紧接着彼此发生;或事件状态的紧张。"张"引申表扩大义或夸张义。复合词"紧张"常用义项主要有三,一是指人的精神处于高度准备、注意的状态("不要紧张");二是事件、情况激烈或紧迫,使人感到精神紧张("紧张施工");三是东西紧俏,供不应求,往往可受程度副词的修饰("住房十分紧张")。

[动静] 整词语义偏指"动",一般指说话或动作的声音,或指情况;"静"在词中并不表义。如:"观察四周动静""没有动静""动静很大"等,名词"动静"分别作宾语、主语。

[干净] "干净"可以指清洁,形容没有灰尘、未被弄脏的状态;也可以指言行干脆利落。"干净"均偏指"净",而其中"干"的"没有水分或者水分很少"义在词中不显示。

[睡觉] "睡觉"一词,有人认为并不是偏义复词,而是述宾结构,因为可以说"睡他一大觉"等。实际上,"觉"的本义是"睡醒","睡觉"应做联合式解,至于"睡了一觉"这样的说法,可以看作是"仿动宾式"(见张巍 2016)。故"睡觉"意义偏向"睡","觉"起陪衬作用。

其他还有"窗户"(偏指"窗",下同)"国家"(国)、"狐狸"(狐)、"缓急"(急,紧急、困难的事)、"教学"(教)、"面目"(面)、"女儿"(女)、"妻子"(妻)、"人物"(代表性或具备某种特点的、重要的人;主人公)、"舍得"(舍,愿意付出,不吝惜)、"诗歌"(诗)、"手臂"(臂)、"舒服"(舒,伸展、宽解,轻松愉快)、"图书"(书)、"忘记"(忘)、"眼睛"(眼)、"杨柳"(柳树)、"衣裳"(衣)、"质量"(质)。

2.3.2 非典型偏义复词例析

偏义复词里还有一些成员具有双重身份,既可以在特定语境中或条件下发生语义偏指,又在其他语境中有非偏义的用法。如:

[褒贬] 偏义复词"褒贬"是动词,"贬"念轻声。意思是批评缺点;指责。语义偏指"贬","褒"义脱落。例如:

(4) 老大,你怎么老在背后褒贬老人呢? 谁穷得乱出主意呀?

句中说话人表达了鲜明的态度,对于"老大"的批评和不满。因为"老大"总是在"背后褒贬老人",显然这里的"褒贬"并没有"褒"的意思。"褒贬"偏义于"贬"。

[长短] 一词有两个义项,表示东西的长短或时间的长短时,"长"与"短"均表意;而表示"意外的灾祸、事故"或"是非、好坏"时,为偏义用法,语义上偏指"短",从认知上来看,意外、灾祸、事故、坏处、缺点、不好的是为"短"的。例如:

(5) 他在文人圈中的口碑极好,因为他从不在背后说人长短。

"褒贬"通过词性和读音的轻重就可以区分是否偏义复词用法,而"长短"偏义复词或非偏义用法都是名词,要从词义上结合上下文语境来判定其具体用法。

[兄弟] 不偏义的"兄弟"就是哥哥和弟弟;偏义复词"兄弟"中"弟"念轻声,指的是"弟弟",故"兄"不表义。两种情况,一是亲弟弟;二是称年纪比说话人小的男子,带有一种亲切口吻。跟"褒贬"一样,可以通过读音来区分"兄弟"是否偏义。

3. 偏义复词的语义结构

偏义复词作为复合词中的一类特殊的词,在考察其语义结构框架之前,我们先来考察一下复合词的语义结构特征,为更好地解析偏义复词的语义结构做好铺垫。偏义复词既然属于复合词的范畴,那么在考察偏义复词的语义结构之前,对复合词的语义结构进行分析是非常有必要的。复合词的语法单位可以分解为两层,即语素和词。那么相应的语义单位自然也有两层,即语素义和词义。各语素之间首先产生联系,而后词义通过语素间的联系来进行表达。换言之,复合词语义结构其实是构成复合词的各语素之间的意义结构关系,以及各语素与整词词义之间的意义结构关系。

3.1 复合词语义结构的特性和基本框架

复合词的语义结构的关系可以被划分出以下两个层面:"语素义"层面探讨的是复合词构成成分之间的关系,也就是各个语素之间的语义结构的关系;"语素义——词义"这一层面指的是复合词各构成成分也就是各个语素与整词语义结构之间的关系。复合词语义结构关系的这两个层面,前者实质上讨论的是复合词的内部结构,后者其实则是着眼于复合词语义结构的整体功能。两者互相联系和制约,不可分割;内部结构同时又是整体功能得以实现的具体渠道。由于复合词语义结构的这两个层面的存在,可以说复合词具有二层性的特性。

复合词的整词词义必然是通过语素义来体现的,但是最终表达出的这个词义并不说明所有构词的语素其语素义在表达词义的过程中发挥的作用、做出的贡献程度都是相同的。这里讨论复合词的语义结构,就是为了揭示是否所有构词语素都表义,以及参与表义的构词语素又是如何表义的。正是语素义的不同功能造成了部分语素意义突出，而部分语素意义模糊或脱落，偏指便由此而来。颜红菊(2007)将复合词的构成语素分为特征语素和义类语素。两者各司其职，各有侧重，分别代表复合词构成成分的具体属性和功能类属。

在此基础上，颜红菊将复合词语义结构的基本框架表示为：

一个特征语素义 + 一个义类语素义 = 一个词义

特征语素与义类语素两者彼此作用，表示为一个完整的复合词词义。该框架对于分析偏义复合词的语义结构框架具有参考意义。

3.2　偏义复词语素义——词义分析

偏义复词是并列式复合词，表面上看，两个构词语素之间存在着反义、类义的关系。下面对偏义复词的两个层面，即“语素义”层面和“语素义——词义”层面进行分析，旨在更好地把握偏义复词的语义特点。

3.2.1　偏义复词语素义之间的关系

偏义复词属于并列式(联合式)复合词，关于其语素义之间的关系学界多有论述。万献初(2004)认为构成偏义复词的两个语素之间意义有相近、相对与相反关系；齐红飞(2004:57)和王冠(2006)依据两个语素之间在语义上的结构关系，将其分为相类、相关与相反、相对两大类；耿聪(2013)将偏义复词的两语素间关系划分为同类并列和异类并列。综合各家观点，我们将偏义复词语素义之间的关系归纳为以下两类：

(1) 反义关系

安危	褒贬	长短	动静	恩怨	好歹
缓急	教学	紧张	舍得	睡觉	忘记

(2) 类义关系

窗户	国家	干净	狐狸	面目	女儿
妻子	人物	诗歌	手臂	舒服	图书
兄弟	眼睛	杨柳	衣裳	质量	

3.2.2　偏义复词语素义与词义之间的关系

偏义复词是两个构词语素之间的并列联合，在长期的使用过程中，因为某种原因，整词的语义发生了偏义现象，只提取了一个语素的意义，该语素的语素义和整个复合词词义之间是一种相同等价关系。可以用公式表示为：

词义 c = 语素义 a 或语素义 b

基于上文论述的复合词语义结构的基本框架，特征语素义不作为语义核心成分而是语义附加成分，不表达语义的意义类属和语法功能，是表达词义过程中逐渐隐藏脱落的部分，最终表现为一个韵律成分，对整词起到完形的作用。因此，我们参考以上公式，将偏义复词的语义结构基本框架表示为：

一个事物（动作行为/情状程度）义 c = 一个事物（动作行为/情状）语义类（a 或者 b）+ 一个韵律成分（a 或者 b）

按照构成语素的语法结构具体分类为：

（1）n1 + n2　两个表示事物语义的名语素并列，并且语义发生偏义，两个语素构成的偏义复词又表示一个事物语义，那么其语义结构表示为：

人/事物语义类 a + 韵律成分 b = 人/事物义 c

如：窗户　国家　狐狸　面目　女儿　妻子　人物　诗歌　眼睛　衣裳　质量

或者：

一个人/事物语义类 b + 一个韵律成分 a = 一个人/事物义 c

如：恩怨　图书　手臂　兄弟　杨柳

（2）v1 + v2　两个表行为动作语义类的语素偏义并列，表示一种动作行为义，语义结构表示为：

一个动作行为语义类 a + 一个韵律成分 b = 一个动作行为义 c

如：教学　舍得　睡觉　忘记

或者：

一个动作行为语义类 b + 一个韵律成分 a = 一个动作行为义 c

如：褒贬

或者：　一个动作行为语义类 a + 一个韵律成分 b = 一个事物义 c

如：动静

或者：

一个动作行为语义类 a + 一个韵律成分 b = 一个情状义 c

如：舒服

（3）两个表示情状语义类的形语素 a1 + a2 并列且语义发生偏指，偏义复词表情状义，语义结构表示为：

表情状语义类 a + 韵律成分 b = 表情状义 c

如：紧张

或者：

一个情状语义类 b + 一个韵律成分 a = 一个情状义 c

如：干净

或者： 一个情状语义类 b + 一个韵律成分 a = 一个事物义 c

如：安危 长短 好歹 缓急

从上述分类描写可以发现，有几个较为特殊的偏义复词：动静、舒服、长短、安危、好歹、缓急。这几个词均由表示反义关系的并列语素构成，两个语素的语法质与整个偏义复词的语法性质却并不一致：由两个动语素构成（“静”是使平静或安静）的偏义复词“动静”是名词；分别由两个形语素构成的偏义复词“安危”“长短”“好歹”和“缓急”都是名词。词的内部构造和外部功能不一致，由动作行为、性状的陈述描写转为动作行为、性状的指称。由两个动语素构成的偏义复词“舒服”是形容词，动作行为转而成为性状的描写。

“动静”即为行为动作的转指，两个语素分别提取两种行为动作，转指为通过此动作行为获得的结果。“安危”“长短”“好歹”与“缓急”等是表示性状的语素转指具有该性状的事物。

3.3 偏义复词的语义特点

偏义复词的语义结构决定了其中一个语素仅仅作为陪衬。柯莉（2005：15）将语义消失的语素称为“陪衬语素”；郭良夫（2000）则把这类语素称为“磨损语素”，因为这种无意义的成分本来都是有意义的，只是在复合词里意义被磨损了。无论是被称为“陪衬语素”或是“磨损语素”，能够确定的是该语素不表义，只起凑够音节的陪衬作用。整个偏义复词的语义特点表现为：两语素中一个语素的语义流失脱落，但陪衬语素并不能随意删去或被替代，同时偏义复词这一特殊词类能产性较低，并非所有语言成分都能进入这一偏义结构。

3.3.1 语义流失性

当一个复合词被确定为偏义复词后，那便说明了这个词的整词词义其中一个构词语素的语素义，另外一个构词语素的语素义缺失，那么从这一点上看，偏义复词在语义上是具有流失性的。偏义复词在形式上是并列复合词；意义上，整词义是 $1+1<2$，而不是 $1+1=2$ 或 $1+1>2$。例如“人物”一词指人不指物，词义偏向“人”，“物”在整词中语素义流失，并非“人”和“物”语素义的简单加合而成。

构成偏义复词的其中一个语素意义消失，另一个语素的语素义与整词的词义之间的关系也并不是简单的对等关系，在语义发生流失之后，整词语义偏指的过程中，某些词的语素义已发生了引申。具体来看：

(1) A + B = A 的本义

［狐狸］ 狐的统称 = 狐[本]：狐类动物。

［教学］ 教师把知识、技能传授给学生的过程 = 教[本]：把知识或技能传给人。

［忘记］ 经历的事物不再存留在记忆里；不记得 = 忘[本]：不记得；遗漏。

(2) A+B=A 的引申义

[动静] 动作或说话的声音;(打听或侦查的)情况=动:[本](事物)改变原来位置或脱离静止状态(跟"静"相对);[引]动作;行动。

[国家] 指一个国家的整个区域=国:[本]古代诸侯所受封的地域;[引]有土地、人民、主权的政体。

[睡觉] 进入睡眠状态=睡:[本]坐着打盹;[引]闭目休息;睡着。

(3) A+B=B 的本义

[安危] 安全和危险(多偏指危险的一面)=危:[本]危险;不安全。

[褒贬] 批评;责怪=贬:[本]批评指责。

[干净] 没有尘土、杂质等=净:[本]清洁;干净。

(4) A+B=B 的引申义

[好歹] 指危险=歹:[本]不好、坏、恶;[引]不好的事、不利的情况等。

[缓急] 急迫的事情;困难的事情=急:[本]褊急;急躁[引]急难,危急的事。

[兄弟] 称呼年纪比自己小的男子(亲切口气)=弟:[本]弟弟[引]称同辈比自己年纪小的男性。

3.3.2 对象选择性和结构完形性

偏义复词在古代汉语中便已出现,发展到现代汉语仍是一类较为常见的复合词,但至今数量较为有限,可以穷尽,一般不能轻易增加和衍生新的成员。这与它的结构具有完形性的特点密切相关,偏义复词结构成分并不能随意或轻易删减或更改,究竟哪个语素意义被隐藏,什么情况下语素意义被隐藏,都具有一定的规律和机制,对于表义或不表义的语素是有选择性的。

尽管只有一个语素表义,另一个语素的意义流失,但偏义复词中的两个构成部分都是语素——语言中最小的音义结合体,语素不仅表达意义,也是语法单位,也就是说尽管某一个构词语素不表义,它对偏义复词的构词还是起作用的:语音上,作为一个韵律成分起到陪衬的作用;语义上,不表义的语素作为一个特征语素起附加的作用;语法上,该语素作为音义结合体也参与了构词。因此偏义复词在结构上是具有完形性的,两个构成部分无论是否表义都有存在的价值和必要性,不可随意删减。

4. 偏义复词的形成机制

4.1 偏义复词的形成的语义提取机制

布龙菲尔德(L. Bloomfield)(1980:239)提出了向心结构理论,该理论的主要内容为:一个结构如何被界定为是向心结构(endocentric construction)还是离心结构(exocentric construction),主要依据这个结构的整体功能与构成它的主要成分的功能是否一致。布龙菲尔德指出,"合成短语可能属于一个与任何成分(直接成分)不同的形类",则该结构即为离心结构。"合成短语可能和一个(或多个)成分(直接成分)同属于一个形类",则该结构即为向心结构。布龙菲尔德(1980:239)认为,"任何一种语言的离心结构都是不多的。"向心结构分为从属与并列两类。从属的向心结构中,合成短语只和其中某一个直接成分同属一个形类,这个成分叫中心词。并列的向心结构中,合成短语可能和两个或两个以上的成分同属于一个形类。

布龙菲尔德(1980:241)还主张,因为大多数语言结构都是向心的,所以多数短语就会有中心词。因此,短语的句法形类可以从词的句法形类推得而来。向心结构与离心结构之间是有一定区别的,并且此种区别是非常重要的,它可以被运用到梳理复合词上去。

4.1.1 复合词语素义提取的向心性原则

既然复合词结构是向心结构,那必然有向心性属性,以此来阐述复合词的生成机制便也有了理论基础与依据。复合词的中心语素同时包含了功能与词义,复合词的语义性质、语法功能正是被它决定。词义由语素义表示,哪些语义成分显示,哪些语义成分隐藏,基本遵循如下原则:

(1) 一个语义类范畴语义成分和多个特征语义成分可以用来表达一个词义。

(2) 表示语义的范畴中语义成分或被提取,或被隐藏,换句话说,复合词或包含一个义类语素义或不存在义类语素义,但双音节复合词不可以同时拥有两个义类语素义。

以上原则便是"复合词语素义提取的向心性原则",复合词的语素义的提取机制都是围绕着语义中心来进行,与这个复合词是不是向心结构无关。而复合词中的向心结构语素义可以被提取出一个义类语素义和一个特征语素义。

4.1.2 并列式复合词的语义结构

根据复合词语素义提取的向心性原则,"复合词不能有多于一个的义类语素义"。并列式复合词与并列结构词组在语义上的根本差别也正在于此。并列式词组中的每一项都有相对应的指称对象,且各自独立存在概念上互不关联,因此,也可以说并列结构的每一项有且仅有一个核心。而并列式复合词的并列项只能共同表示同一概念,即只能有唯一的语义核心。董秀芳(2001)指出:"如果并列项为名词性成分,则指称性越弱,越容易成词。……与之类似的,动词性并列成分也不可以指向两个独立的行为,形容词性成分也不可以指向两个独立的情状,它们必须指向同一事物、动作或情状,即指向同一语义核心。"

并列式复合词中两个并列项在语义和语法上地位是平等的,而语义结构要求词的语义核心必须是同一的,因此两者产生了矛盾。为了统一语义核心,并列式复合词的各并列项在语义上就要通过各种方法减少各自的独立性。方法主要有以下三种:

(1) 使构成复合词的两个并列语素成为意义相同而语音形式不相同的语义核心,近义语素的语义差异消失。但这一类型的关系,难以看出偏义复合词与并列式结构的区别。

(2) 让反义语素或类义语素中的一个语素语义脱落乃至完全消失,这个语素成为并列式复合词中的一个韵律成分并不表义,另一个语素表义并成为语义核心。

(3) 类义或反义语素两者同时变成了语义特征,它们所代表的语义脱落,使得本来类义并列和反义并列的两个语素之间的对立消除了,表示同一个概念或范畴,而不表示两个不同的概念或范畴。

4.2 偏义复词形成的认知机制

在探讨偏义复词的成因问题时,有一个问题必然涉及,那便是偏义复词究竟是复词偏义现象还是一类特殊的复合词呢? 已有的研究中也有相关论述,肖晓晖(2003)、许建础(2006)认为"偏义复词"之称离不开语境,正是语境造就了"偏义复词"。古代汉语中的"偏义复词"只是一种现象并不是词,是古人行文中临时使用的一种特殊的语言现象,即这类语言成分在指称时必须在特定或具体的语言环境中才能实现。我们认为这种看法并不能准确地把握偏义复词语义偏向的原因和规律,因此偏义复词的形成和理解机制这个问题还有讨论的必要。

4.2.1 隐喻和转喻机制

认知语言学关于转喻的研究认为,转喻已经不仅仅停留在语言表达层面,转喻并不只是修辞现象中的特殊存在,而应当将其视为人类的一种认知机制,可以说是人类认知世界的一种极为基本的方式和手段。在这个认知机制中,凸显的概念被用来转指被隐藏的概念,同时这些概念的凸显程度高低具有一定规律性。

当两个语素组合在一起表达词义时,人类的认知机制会对其中的某一个部分构词语素义,产生认知上的凸显,从这个角度上来说,原本的并列式复合词在意义上发生了偏指。通过对研究对象的梳理研究可以发现,偏义复合词的偏指规律和认知的凸显规律其实是一致的,因此,下面便尝试使用认知语言学中的"凸显"规律来描述偏义复词的语义偏指规律。

Lakoff 和 Johnson(1980:53)曾指出转喻是我们日常认知事物、思考事件的一种方法。这种认知方式首先是以人的认知经验为基础,其次必须遵循客观事物的抽象性和系统性的特点。对于转喻的本质,历来的学者们从各个方面进行了探索,主要认为转喻是凸显认识事物过程中最重要的、最先或最易感知到的、相比而言较易记忆的、较易辨认的部分代替整体或整体中的某一部分。

Radden 和 Kovecses 在 *Towards a Theory of Metonymy* 书中关于转喻的相关理论指出,转喻是比隐喻更为基础且常用的认知策略,将其分为两类:

一是概念转喻:(conceptual-mapping),主要用于指称,在这里转喻被看成是一种概念与概念之间的邻近(contiguity)关系。

二是符号转喻:指词语符号的三个组成部分之间存在的转喻规则。又可分为以下三类:

(1) 构造转喻,符号的三个组成部分中的能指部分和所指部分,此二者之间存在的转喻关系,便是我们所说的构造转喻。

(2) 表义转喻,符号的三个组成部分中的符号组成部分的字面含义与所指的外部世界对象之间的隐含意义,此二者之间存在的转喻关系便是我们这里所说的表义转喻。符号的表义便是用凸显的字面义来转指不凸显的隐含义。

(3) 符号之间的转喻,用符号串中的某一部分的能指部分来转指其整体的能指部分和所指部分,或者用符号串整体的能指部分转指其中部分的能指和所指部分。

4.2.2 意象和凸显

Langacher(1987、1991)还指出,凸显的事物一定是相对而言更易容引起人注意的,更容易提取进行心理处理的事物。沈家煊(2006)用汉语中的实例来阐明认知凸显原则在结构整合中的关键作用。有“显”才有“隐”,有了“凸显”才会有“隐退”,两者同时存在才是一个完整的整体。偏义复词中的一部分语义被凸显,引起人们的注意,语义被记得,信息被提取,从而使得另一部分语义“退隐”,意义脱落,只起陪衬完形的作用。

如上文所述,第三类符号之间的转喻具有双向性,这类转喻的主要规律是用被凸显的部分代替整体。偏义复词的构造所运用的转喻机制可以视为这一类型的符号转喻,它的形成机制就是用部分代替整体,整体部分作为更凸显的部分被局部的抽象组成部分转指出来。下面我们就借助这样的“凸显”规律来描述偏义复词语义偏指的规律。

4.3 偏义复词语义偏指的认知规律

从上一节的论述中,我们已经大致了解了属于符号转喻第三类的偏义复词的转喻机制。下面通过偏义复词的个案分析进一步说明和论证。

4.3.1 指人类语素与非指人类语素

指人类语素与非指人类语素,语义偏指指人一方。这类偏义复词为名词,两个构词语素必定是名词性的,两者的凸显度差异体现在所表示的生命力高低,人们的认知与指人类语素建立的心理联系更容易,因此语义自然更容易偏向这一部分。具有代表性的是“人物”一词,意义已完全偏指“人”。“人”与“物”相对,显而易见“人”比“物”生命力高,语义的偏指说明了生命力的高低决定了两个语素凸显程度的高低。

4.3.2 表整体的语素与表部分的语素

表整体的语素与表部分的语素,语义偏指表整体一方。

［国家］ “国”相对于“家”是整体,是更宽泛的概念,“家”是“国”的组成部分。整个词的意义由表示整体的“国”承担,“家”的意义消失。

［面目］ “目”,眼睛,人脸上最重要的器官之一,属于组成部分。“面目”的两

个主要意义“面貌”和“面子、脸面”都是“面”的引申义，与“目”的语义基本没有关联。

还有“图书”“眼睛”“衣裳”等，也分别凸显表整体的语素。

4.3.3 表消极负面的语素与表积极正面的语素

认知规律受人的主观因素的影响，因此凸显度的大小是受制于人的注意力或主观感情的。当一些违背人们意愿的消极因素出现时，人的情感会影响到注意力的关注点，原本不会被凸显的部分反而会成为更显著的焦点。日常生活中，消极的或者负面的事物或情绪总能比积极的更引起人们的注意力，出于趋利避害的天性，人总是希望避开一些不好的、消极的事物，一旦发生了不能让人受益反而有害的事情，必然会引起人的注意。于是消极有害的一方成为关注的焦点，整词的语义就会偏向它。这一类偏义复词语素义之间的关系一般为反义。

例如“危”表示危险、危难，与“安逸、平安”相比，更容易引起人们的关注，“安危”整词的语义偏向“危”而非“安”（“身赴国家安危”）。还有“褒贬”（“别在背地里褒贬人”）“恩怨”（“出于个人恩怨”）“甘苦”（“明白其中的艰难甘苦”）“好歹”（“万一有个好歹”）等。

实际上，这里所说的“消极、负面”是广义上的，这两个语素之间对比下，人们更倾向于或希望获得的则称为积极，另一方则视为消极。如“缓急、紧张、舍得、忘记、质量”等。

［缓急］ “缓”表示和缓，反之为“急”。在中国哲学中，平和的、和缓的优于急躁的、急迫的，相对于“缓”而言，“急”是消极的、负面的一方。

［舍得］ 虽说“有舍才有得”，不过，从认知常态上看，“得到”“获益”总比“失去”或“舍弃”好，从这个意义上来说，“舍”被标记为“消极”的一方，从而被凸显为焦点。

另外还有“紧张”（与“缓急”类似）“忘记”（从信息获得和持有的角度来看，“记”是积极的，而“忘”是被动消极的）与“质量”。“质量”一词较为特别，“量”与“质”难说孰积极孰消极，往往因人而异、因时而异；不过更多情况下，“质”一旦出现问题，会因此遭受明显的损失。因此，“质”更多地引起人的主观注意，“质量”词义偏向于“质”。

4.3.4 表运动的语素与表静止的语素

表运动的语素与表静止的语素，语义偏指表运动的、动态的。

［动静］ 意为动作或说话发出的声音。“静”的意义已完全消失，这是因为在人的认知中移动的、动态的事物比不移动的、静态的事物更易引起注意，因此凸显度就高，语义偏指“动”。

［舒服］ “舒服”一词与“动静”有所不同。“舒”表示“舒展、伸展、宽解”，“服”有“从”意。两者相比，“舒”显外张，“服”显内敛。因此“舒”成为凸显度更高的一方。

4.3.5 表主导的语素与表从属的语素

占主导地位的语素与表从属的语素，语义偏指“主导”一方。

［教学］　在教学过程中，教师处于主导地位，教师承担的“教”也处于主导。

［妻子］　“妻”为“子”之母，“妻”处于主导地位被凸显，是偏指的一方。

［诗歌］　“诗”对于“歌”而言是处于主导地位的，是主体，因为“诗”往往被“歌以咏之”。

［睡觉］　“睡”的动作先于“觉”所表示的“醒”的行为发生，“觉”须依赖于“睡”而存在，因此在从入睡到睡醒的整个睡眠过程中，“睡”占据主导地位。

4.3.6　表常见的语素与表非常见的语素

认知离不开经验，对于常见的熟悉的事物，信息更容易更快被识别，意味着这一部分的凸显程度更高，这符合认知规律。因此代表常见事物的语素成为偏指的一方。例如“狐狸”是“狐”类动物的统称，它包括各种常见的狐；而“狸”特指“狸猫”这一种动物。比较之下，“狐”更为常见。“窗户”（“户”本指单扇门）“杨柳”等类此。

综上所述，人们根据自身的切身经历，形成了一定的认知经验，在认识事物的过程中还会受主观情感、态度、注意力焦点发生变化的影响。偏指部分并不由语素所在位置决定而是由凸显位置决定，偏义复词的偏指符合人们的认知凸显规律。

本 章 小 结

汉语词汇中，联合式双音复合词的数量和增长速度在各类双音词中都占有突出位置。本章主要探讨联合式双音词中的反素副词与偏义复词的词汇语义和认知问题。分别考察了反素副词的句法、语义、语用、篇章功能及其语法化和相关的认知问题，现代汉语偏义复词的类别、语义结构和、功能特点及其形成机制。

在语料调查的基础上，探讨了反素副词的句法分布、共现、配合使用及重叠形式。受语义上共性的影响，这类词的句法分布也有相似之处，语气副词反正、高低、贵贱、好歹、好赖、横竖、横直、死活、左右等词可置于主语之后，谓语之前，除了“贵贱”以外，这几个副词也可以置于主谓短语之前；当不同的反素语气副词（主要是“反正”与其他反素语气副词）在语篇中连用共现时，一般“反正”在前；不同的反素副词还可以配合使用。将反素副词词义与构词语素义之间的关系归纳为“词义C≈语素义A＋语素义B”与“词义C＞语素义A＋语素义B”两种，在此基础上结合语法梯度理论进一步解释了该类词的语义透明度，对其作出了层级划分，总结了无条件类反素副词在语义上的共性，是结果不因条件的不同或变化而发生改变。并从主观性、信息传递、衔接和连贯等角度讨论反素副词的语用和篇章功能。结合语言事实，可看出反素副词主要表达说话人的态度，其传信功能主要表现在释因、推测、总结等；情态功能主要表现在主观意愿上的强调态和将就态；反素语气副词具有承上启下、前后关联的功能。最后讨论了讨论这些反素词是如何从表示实义的价值评价和空间度量虚化为副词的，根据语料分析总结出“反素词”虚化为副词有两个必要条件：一是词义包含反义关系；二是句法环境即是相反词义成对出现，并且出现在动词性结构之前。

本章对现代汉语偏义复词进行了定量研究，将《现代汉语词典》（第 7 版）和《汉语国际教育用音节汉字词汇等级划分》进行参照搜集整理，从功能、语义、形成识别机制及历时演变等方面对展开分析。偏义复词中名词所占比例最大，其中大多数成员不论在何种语境中都只有一个语素表义，且表义的语素位置一直固定，而另一个语素的语义完全消失，如“窗户”“国家”等属于典型偏义复词；而另一些成员同时存在偏义与非偏义两个义项，在语言使用中有一个表义语素起主导作用，需要通过语境或者语音的变化来确定是否为偏义，像“恩怨”“兄弟”等可称之为非典型偏义复词或是边缘成员。复合词的语义结构关系有两个层面：一是“语素义”层面，一是“语素义—词义”层面，据此可将偏义复词的语素义关系分为反义关系和类义关系，语素义与词义之间的关系可表示为：语素义 a 或语素义 b = 词义 c；又根据向心性原则，将偏义复词的语义结构表示为：一个事物（行为动作/情状）语义类（a 或者 b）+ 一个韵律成分（a 或者 b）= 一个事物（行为动作/情状程度）义 c。偏义复词的语义呈现出语义流失性、结构完形性、对象选择性的特点。从认知角度对偏义复词进行考察可以看到，当两个语素组合成词时，人的认知会对整体框架中的某一部分产生凸显认知，从而产生词义上的偏指。偏义复词构造的转喻机制属于符号之间的转喻，其形成机制是以部分代替整体，整体部分作为更凸显的成分被局部的成分转指出来。借此来描述偏义复词语义偏指的规律可知：指人类语素与非指人类语素，语义偏指指人类一方；表整体的语素与表部分的语素，语义偏指表整体一方；表消极的语素与表积极的语素，语义偏指表消极一方；表运动的语素与表静止的语素，语义偏指表运动且运动度大的一方；表主导的语素与表从属的语素，语义偏指“主导”一方；表弱势的语素与表强势的语素，语义偏指表弱势一方；表常见的语素与表非常见的语素，语义偏指表常见一方等。通过偏义复词的历时演变分析，发现多少、好歹、早晚、死活、长短等部分偏义复词已经由实词逐渐虚化，在语法化的过程中发生了转喻、隐喻，由实而虚，由比较虚而更加虚，主观性也体现出来。

落实到联合式双音复合词的对外汉语词汇教学上，由实验测试可知，由于不同类型的联合式合成词的启动效应和正确率有所差别，在教学中最好有意识地加以区别对待。对于语义透明度较低的词语，在教学中应关注两个词素构词理据的清晰度，需结合词汇语义分析采取循序渐进的方法。类型 3 的词语产生整合效应时意义分化了，功能也多少发生了转化。如反正、始终、横竖、高低、好歹、死活等，各自意义相对或相反的两个语素单独成词时或为名词，或为形容词、动词；而作为情态副词，是功能上的转指。实验测试可知，在类型 4 中，首词素启动效果不够明显，而尾词素启动则产生了明显的抑制效果。由于类型 4 为偏义复合词，词汇的含义偏重于一个语素，而在实验中选择的这一类型目标词中，有相当一部分是偏重于首词素的词语（如：窗户、国家、人物、忘记等）。因此，在尾词素启动时，留学生脑海中短暂留有的尾词素，对目标词的判断并无作用，甚至妨碍了目标词词义的激活，抑制了他们对联合式合成词的识别。详见第五章的实验分析。

第三章 基于概念整合、物性角色的动名两字组组合关系①

第一节 现代汉语常用述宾式动名两字组整合度分析及其在词汇教学中的应用

认知科学中的概念整合理论(Conceptual Blending)指的是对两个来自不同认知域的概念有选择地提取部分意义整合起来进而形成一个复合概念结构的过程。沈家煊(2006)指出,概念整合是一种极为普遍的认知过程,在自然语言的意义建构过程中具有重要的作用,语言的意义不是通过组合而是通过整合获得的。"整合"强调整体大于部分之和,但不同词的整合度又存在差异,张云秋、王馥芳(2003)认为,如果两个概念在其本义或基本义基础上进行整合,是一种相对低级的整合;如果两个概念在其引申义(包括隐喻义或转喻义)基础上进行整合,则是一种相对高级的整合。

在现代汉语双音复合词中,述宾式是重要的构词方式之一。由于词汇化程度不同,述宾结构中有相当大数量的离合词(董秀芳,2002:165)。述宾结构的双音词在词性、用法和扩展程度上都存在较为明显的差别,一些学者运用了概念整合理论对双音词的语义、认知方式、构词理据等方面进行了解释(刘海燕 2004;许艳华 2014);还有学者运用概念整合的理论对汉语中的述宾结构层级分布进行划分,研究的对象涉及述宾两字组、述宾三字组等(陈颖 2008;李军征 2009;章丽燕 2011)。现有研究成果多集中于汉语本体部分,将概念整合理论运用到汉语教学研究的则很少看到。本节以《汉语国际教育用音节汉字词汇等级划分》(即上文的《划分》)初、中级词汇中述宾结构动名两字组作为研究对象(普及化等级所选取的词均为常用的日常交际用词,能够最大限度地贴合外国人最基本的交际需要),首先筛选出其中的述宾结构动名两字组(232 个),按照词性的不同分别标注。②然后参考吴为善、陈颖(2007)对述宾两字组的等级划分标准,从概念整合的角度对这些两字组的整合度高低进行划分,并且将划分结果与对外汉语词汇教学相联系,通过语料库检索和实验的方法进一步探究词语整合度和留学生词汇学习之间的关系。文中例句

---

① 本章内容第一节作为前期成果发表在《对外汉语研究》第 17 期(2013 年)。

② 为行文方便,笔者将述宾式双音复合词和述宾结构双音节词组(低整合度如 A 级中的吃饭$_1$)一律称为述宾式动名两字组。兼类词和一词多义不同的义项可存在不同的结构和组合关系,因此将兼类词及一词多义分列为不同词项。如"录音"为动词兼名词,标注为:"录音$_1$"表示动词性"录音","录音$_2$"表示名词性"录音";存在不同的义项的词,如"读书"表示"阅读、朗读书籍"和"学习",分别标为"读书$_1$""读书$_2$"。另外,有些词如"洗澡""游泳""睡觉""考试"等受到离合用法的类推作用,其实本来并不是述宾式,张巍(2016)将其归入"仿动宾式",这类词所蕴含的组合关系并不是述宾关系,排除在外。这样一来,下文要作整合度划分的述宾式动名两字组共计 266 个。

均来自北京大学中国语言学研究中心(CCL)现代汉语语料库。

1. 述宾式动名两字组整合度高低及层级分布

“的”在名词、动词、形容词三个基本词类内部的应用体现出了语法功能的同一，因此吴为善、陈颖(2007)利用功能标记“的”在每一个层级上的句法表现差异来鉴定内部成员的整合度高低，主要依据句法鉴定制定了分层依据。本节运用认知语言学的概念整合理论，参考吴、陈对述宾式两字组的等级划分标准，在此基础上结合语义方面的分层依据，对现代汉语述宾式动名两字组的整合度高低及其层级分布加以探讨，将整合度从低到高分为四个等级：A 级(低整合度)，B 级(次低整合度)，C 级(次高整合度)，D 级(高整合度)。分级依据如下：

A 级：

语义依据：两个成分均表本义；

句法依据：两字组中间可以插入“的”，动词性成分 1 后可加体标记或补语，成分 2 前可加数量或指量修饰语，可变换为把字结构。

B 级：

语义依据：构成成分存在引申义；

句法依据：两字组中间可插入“的”，构成“V + 的 + N”，放在“主语 + 是 + 状语 + V 的 N”这一格式中使用，从时间、方位、工具、方式、身份等方面对动词性成分所指认知域的成员加以确认。

C 级：

语义依据：动词性成分的语义引申方式为隐喻、转喻、融合；

句法依据：两字组中间不宜插入“的”，但可以放在构成成分 2 的后面构成“的字结构”，用来转指行为或状态的主体。

D 级：

语义依据：从表示动作行为转变为对事物的指称和事物性质状态的描写；

句法依据：词性转变为名词或其他词性；“的”不能插入两字组中间，可黏附于整个组合之后，只能作为一般的修饰性成分，对中心语所指认知域的成员加以确认。

研究对象中有些两字组不完全满足某一级的句法特点，而是处于两级之间，在处理时按相对较低的等级处理，由于整合度的高低是一个连续统，并不能完全分割为清晰的四个层级，因此这些两字组其实正在向更高层级发展变化。具体划分结果如下①：

---

① 列出的两字组中，如标注形式为“XX_1”，表示这里是其述宾结构的最基本用法，如“$说法_1$”指“讲授佛法”，“$签证_1$”指“签发证明”。大部分 A 级两字组符合上述三个句法标准，但还有部分词语如“招手、离婚、结婚、$开机_1$、$关机_1$”等，只能符合构成成分 1 后加体标记或补语，构成成分 2 前可加数量或指量修饰语这一标准，比如：“招手—招了三次手”，“结婚—结了两次婚”。这些词虽不完全符合句法标准，但其构成成分语义未发生引申，符合低整合度的要求，仍归入 A 级。

1.1　A 级:低整合度

爱国　搬家　办事　闭幕$_1$　唱歌　吵架　乘车　吃饭$_1$　充电　抽奖　抽烟
存款$_1$　打牌　打球　打针　贷款$_1$　登山　点名　点头　动手　读书$_1$　堵车
犯规　犯罪　放假　分组　关机$_1$　过年　划船　回国　回家　回信　汇款$_1$
加班　加油$_1$　减肥　见面　讲话$_1$　讲课　交费　结婚　救命　举手　捐款$_1$
开车　开会　开机$_1$　开幕$_1$　离婚　录音$_1$　爬山　排队　排名$_1$　签名$_1$
签证$_1$　签字$_1$　敲门　请假　请客　上班　上课　上学　省钱　识字　收费
刷牙　说法$_1$　说话　送礼　抬头　跳舞　停车　退票　问路　握手　休假
修车　招手　照相　做饭　做梦

A 级低整合度两字组共 81 个,其整合度最低,可以进行扩展,两个结构成分原型性较强,动词性成分和名词性成分的整合较松散,构成成分 1 后面可以出现起描写和限制作用的成分。可见有不少是从短语发展而来,有一些凝固性很低,仍处于演变过程之中。

判定这些两字组属于 A 级还需要从句法角度来进行论证:

其一,两字中间插入"的"转化为偏正结构:

唱歌—他唱的歌　爬山—他爬的山　排队—他排的队　开会—他开的会
说话—他说的话　上课—他上的课　上班—他上的班　上学—他上的学
请假—他请的假　休假—他休的假　停车—他停的车　照相—他照的相

以上这类两字组转为偏正结构后可以单独做主语,也有的虽可以转化为偏正结构,但不能单独做主语,比如:

问路—他问的路　请客—他请的客

其二,动词性成分前可加修饰语,后可加体标记或补语,可变换为"把"字结构,名词性成分可以受到名量词或动量词修饰(有些词既可以受名量词修饰也可以受动量词修饰,比如"开了一个小时会、开了三次会"):

唱歌:开开心心地唱了三首歌/把歌都唱错了
爬山:慢吞吞地爬了三座山/把山爬完了就去吃饭
休假:幸福地休了两个月的假/把假休完就要上班了
离婚:平静地离了婚/把婚离了就清静了/离了两次婚
开会:认认真真地开完会/把会开完就下班/一周开了五次会
招手:兴奋地招着手/把手招了招/招了三次手

1.2 B级:次低整合度①

报名 吃饭$_2$ 出国 出门 出名 出事 出院 辞职 打包$_1$ 打车 打工
打雷 得分$_1$ 发电 发言$_1$ 发炎 放学 负责 告别 鼓掌 回头$_1$ 获奖
降价 开花 开学 看病 聊天$_儿$ 留学 起床 签约 求职 取款 让座
散步 上车 上街 上台$_1$ 上网 生病 受伤 谈话$_1$ 叹气 通话$_1$ 通信$_1$
吸烟 下班 下车 下课 下雪 下雨 消毒 招生 住院

B级两字组共53个,两字组的整体意思不仅仅是两个字组合起来的意思,其构成成分的意义会发生变化,存在引申义,不具有原型性。A、B两级中还有部分两字组的第一个构成成分属于泛义动词和抽象动词,A级有"上学""上班""上课";B级有"上车""上网""上街""下班""下课""下车"。这些词同属于"上/下+N"结构的词语,但是分属A、B两个等级,整合度上略有差别,"上"和"下"都不属于原型性意义强的词语,他们在双音词中作为构词语素的常用义并不是表方位的本义,张华(2004)认为"上"的"到、去"义是从表示"方位"引申到而来的,表示"到达这一位置的动作",比如"上车""上街"。而表"到、去"义的词语进入到语境中后发展出表示"到规定时间开始日常的工作或学习"意义,如"上班""上课""上学"。与"开始"的意义相对,"下"就发展出表示"结束"的意义,即:"下"表示"到规定的时间结束日常的工作或学习"。"上课、下课"结构相似,"上课"却属于A级,这是因为在现代汉语中,"上"的常用义是"进行、做……","上课"可以拓展为"把课上好/上了三节课了"这样的扩展形式,因此归为A级,"上学""上班"也是一样。"下"的结束义是从上的开始义发展而来,并不具备"上"表"进行"的意义,不能表示持续性的动作,因此下课的整合度要略高。由此我们可以看到泛义动词和抽象动词的义项比较丰富,作为构成成分时对两字组的整合度有比较大的影响。

还有些两字组的构成成分2的意义发生了变化,比如说:"吃饭","饭"指米饭,可以说:"今天中午吃饭还是吃面啊?"(这里"吃饭"是述宾式词组),也可以说:"明天中午我请你吃饭。"第二个"吃饭"指的就不是"吃米饭",而是指"用餐",饭可以是其他的很多食物,而且第二个意思的使用频率更高,由于宾语的变化,这一类词的整体意思也产生了变化。

可用以下方式进行句法论证:双音节中间插入"的",构成不自由形式,进入"主语+(是)+状语+V的N"的格式,用于确认"状语"所表达的信息,如:时间、处所、工具、方式、身份、目的等。例如:

(1) 小明是九月一号开的学。

---

① 标注形式为"XX_1"表示该述宾式两字组的一个基本义项,其"XX_2"用法分布在其他整合度层级;另外,"吃饭$_2$"已经是述宾式合成词,不同于词组"吃饭$_1$"。

（2）小李和老师在学校见的面。
（3）老王是在上海打的工。
（4）学生们是下午五点放的学。
（5）我用滴滴打车打的车。

这类格式也可以变换为特指疑问句形式。如：

（6）小明是什么时候开的学？
（7）小李在哪儿和老师见的面？
（8）老王是在哪儿打的工？
（9）学生们是几点放的学？
（10）你怎么打的车？

1.3　C级：次高整合度①

罢工　搬家$_2$　办学　保密　闭幕$_2$　变形　参赛　参展　炒股　成功$_1$　成功$_2$
吃惊　吃力　充电$_2$　出场　出口$_1$　出色　出生　出台　出席　创业　打包$_2$
打架　代驾　担心　到期　点头$_2$　得意　定期　定位　动人　动员　读书$_2$
放心　分手　干杯　购物　关机$_2$　关心　观光　害怕　好奇　合法　合格
合理　加工　加盟　加油$_2$　建议$_1$　进步$_1$　进口$_1$　救灾　就业　具体　开机$_2$
开幕$_2$　开心　开业　联手　满意　没错　没法$_儿$　没月　评价$_1$　去世　认真
入门　伤心　上台$_2$　摄影　生气　随便　提问　听讲　通信$_2$　投资$_1$　违法
违规　无效　消费　延期　移民$_1$　用心　有利　有名　有效　有用　着急
注意　做客

C级次高整合度两字组共90个，整合度更高，前后两字的意义已融为一体，表示单一的新概念。由于意义的较为高度整合，整体功能开始从行为向状态漂移，意义开始虚化。词义主要通过整体隐喻、整体转喻、抽象融合三种方式形成，如“入门、出口$_1$ 进步$_2$（V）、成熟（A）、加油$_2$、评价$_2$”等属于整体隐喻；“干杯、报名、出口、

① 标注形式为“XX$_1$”表示该两字组为述宾结构基本用法，如“闭幕$_1$”是“闭上舞台幕布”；“成功$_1$”表示“获得预期结果”；“出口$_1$”指“运货出国，出边塞关口”；“评价$_1$”指“评估价值”；“XX$_2$”主要是构成成分的引申用法，如“搬家$_2$”“充电$_2$”“上台$_2$”等是比喻义；“通信$_2$”指“利用电波、光波等信号传送文图”不同于“通信$_1$”（互通音信）；“开机$_2$/关机$_2$”指“开始/结束拍摄影视”；“打包$_2$”指将点的食物或物品装入方便携带的容器中带走的行为；“成功$_2$”虽为形容词，但更符合C级的语义和句法标准。部分离合词如“参赛、参展、炒股、打架、分手、入门、延期、移民”等，之所以归入C级是因为“炒股”“入门”的词义产生方式为隐喻，“分手”“点头”的词义产生方式是转喻，按照语义标准归入C级；“参赛、参展、打架、延期、移民”等在口语中似乎也可以放入“主语+（是）+状语+V的N”的格式，但是接受度有限，在CCL和BCC两个语料库中检索可放入该格式的语料，除“移民”一词仅有2条之外，其余词语均未见该用法的语料，故将其归入C级。

点头、通信$_2$”等属于整体转喻；而“动人、得意、满意、好奇、认真”等则是抽象融合，两个构成成分的意义高度抽象，不再指某个具体的事物，整合后发展出新意。

隐喻往往是选择用较具体的概念去表现比较抽象的概念，比如“加油”“干杯”（详见下节）。还有“有利、有名、有效、有用”等，这些词和“有车”“有鱼”这类词组不同，章丽燕（2011）认为前者是“有”和抽象名词构成具有评述性的词，后者是“有”和具体名词表示对某具体的事物的领属。“有”原表具体领属义，但在“有名”“有利”这些词中主观化程度较高，不再指对某些具体事物的领属，而是对一些抽象性质、品格的领属，这些性质与品格本身是抽象的，不能具体化，也没有客观的标准来衡量，因而，“有”只是对于这些性质与品格的确认。这类词的词义产生方式是抽象融合，但与其他词不同，这里主要是“有”的意义发生比较大的变化，“有”与后面的名词性语素联系紧密，使得词的整体凝固性较强。

C级中很多两字组的功能发生变化，如“成功$_1$”“得意”“动人”“及时”等转变成形容词；“放心”“害怕”“伤心”“关心”“满意”“着急”等转变成心理动词；还有转变成区别词的，如“定期”“合格”“合法”等。

句法论证：“的”不能插入两字组中间，但可以黏附于两字组之后构成“的”字结构，转指行为的主体，可以进入判断性构式“XX的+是+NP”。例如：

（11）赵大爷是在去年年底去世的。→去世的是赵大爷。

（12）歌迷们在为他们的偶像加油。→为偶像加油的是歌迷们。

1.4 D级：高整合度①

按时　办公　保险$_1$　保险$_2$　出口$_2$　存款$_2$　贷款$_2$　到底　得分$_2$　发言$_2$
航空　回头$_2$　汇款$_2$　及时　建议$_2$　讲话$_2$　结果$_1$　结果$_2$　进步$_2$　进口$_2$
捐款$_2$　决心　录音$_2$　排名$_2$　评价$_2$　签名$_2$　签证$_2$　签字$_2$　说法$_2$　司机
随时　随手　随意　谈话$_2$　投资$_2$　无数　无疑　想象　依法　移民$_2$　逐步
作文

D级的整合度最高，上面列出了42个，其中不少是名词，存在较多的兼类词，比如“评价”，有动词的用法（评定价值），也有名词用法（评价的话语），词义从动词性的义项上发展出名词的义项。这说明这组词的整体意义完全融合，动词性成分转化为名词性成分，跨越了人类两个最基本的认知领域，因为行为动作是在时间范畴内演绎前因后果，个体物质是在空间范畴内占据一席之地，两者有本质区别（吴为善2011：62）。由动词转化为名词，词语的整合度最高，句法功能差异也最大。

① 词语标注中形式为“XX_2”除“回头$_2$”（副词）外，一般为名词；“保险$_1$”是形容词，“结果$_1$”是连词。

另外，“的”也不能插入 D 级词中间，但可以附于整个词后，作为一般的修饰或限定性成分，对中心语所指认知域的成员加以确认，如：

保险的金额　存款$_2$的数目　司机的工资　住房的面积　作文的成绩
得分$_2$的高低　发言$_2$的时间　评价$_2$的好坏　讲话$_2$的内容　排名$_2$的先后

2. 述宾式动名两字组整合度对词汇习得的影响

述宾式动名两字组内部整合度存在较大差异，这可能会对语言的词汇习得产生影响，我们将从留学生汉语词汇学习的角度，通过实验和相关语料的分析统计来考察整合度高低与词汇习得之间的关系。

2.1　实验

2.1.1　实验目的

已有学者考察过语义透明度对留学生新词词义学习的影响（干红梅 2008；张金桥 2010），从理论上来说，整合度和语义透明度呈负相关，整合度越高的词语义透明度越低，整合度越低则语义透明度越高，本节希望通过实验的方法，探究整合度对留学生词义学习会产生怎样的影响，并结合实验结果从词汇教学的角度提出几点建议。

2.1.2　实验设计

本实验为单因素实验，自变量是词语的整合度，分为 A、B、C、D 四个等级，因变量是学生猜测词义的正确率。

2.1.3　被试

为了确定参与测试的留学生等级，首先调查了本校留学生中等一级、初等三级、和初等二级的班级，被试需满足以下两点要求：(1)已学过本实验研究对象的所有构成成分，(2)已学过的双音词数量不超过初级动名两字组总数的 80%。调查结果显示，初等二级学生掌握的语素过少，不能猜测词义；中等一级的学生已经学习过了绝大部分词语，可使用的实验语料过少，初等三级的大部分学生学过所有构词语素，且有约 1/3 的词语没有学过，所以调查对象的汉语水平为初等三级（来华学习汉语一年左右），参与本次实验的共 21 名留学生。

2.1.4　实验材料

首先按 20%的比例在每层级选出部分备选词语，然后让 21 名学生通过选择删去含未学习过成分的两字组；接着请两位任课教师对剩下的词语进行评估，删去在教材中出现过，学生已学过的词语；其余，按总数的 10%在每个层级中随机选出词语，最后确定 10 个词为测试目标词：

A 级：休假、举手、开机
B 级：负责、发言、告别

C 级：定期、合法、开业

D 级：保险

2.1.5 测试方法

将这 10 个词随机排列，让留学生们逐个猜测词义，可以用汉语或者英语来描述他们猜测的词义，并造出完整的句子；若不能准确用英语或汉语表达，也可以造两个句子，句子语义通顺，用法正确则认为词义猜测正确，如词语为多义词，任一义项使用正确也认为词义猜测正确。留学生口头表述，内容由记录员记录在问卷上。

2.1.6 实验结果

采用量表评定的方法给留学生猜测的词义进行评分：5 分：语义完全正确且使用无误；4 分：语义正确但在句子中语义不通顺；3 分：可以说出两个构词语素在词语中的意思但不能说出整体语义；2 分：说出词语中任一语素在这个词语中的意思；1 分：不能说出整体词义且语素义错误。按五分量表计算出每个词语的均值以及完全正确的数量，结果如表 3-1-1 所示：

表 3-1-1 各层级词语的测试结果

等级	名词	正确数(个)	平均正确率	得分	均值
A 级	休假	13	38.09%	73	3.42
	举手	5		41	1.95
	开机	6		47	2.23
B 级	负责	12	33.33%	71	3.38
	发言	6		47	2.04
	告别	3		33	1.57
C 级	定期	4	19.1%	40	1.9
	合法	4		38	1.8
	开业	4		37	1.76
D 级	保险	3	14.28%	34	1.61

从表 3-1-1 中可以得出以下结论：

其一，就述宾类双音词来说，整合度的高低确实会对留学生词汇学习产生影响。因为从 A 级到 D 级，正确率逐层递减，A 级词正确率最高 38.09%，B 级词次之 33.33%，D 级词正确率最低 14.28%。

其二，A、B 两级的正确率虽有差别但相差不是很大，仅 4.76%，C、D 级之间也是如此，相差 4.82%，但是 B、C 级之间的正确率则相差 14.2%。B 级词仅一个语素的意义发生变化不会对词义猜测产生很大的影响，但次高整合度的层级中学生猜测词义的正确率就大大降低。这表明，如果一个双音节中两个构成成分语义都发生变化或者其语义是通过隐喻转喻的方式产生，就这就很难从语素的层面直接推测词义。

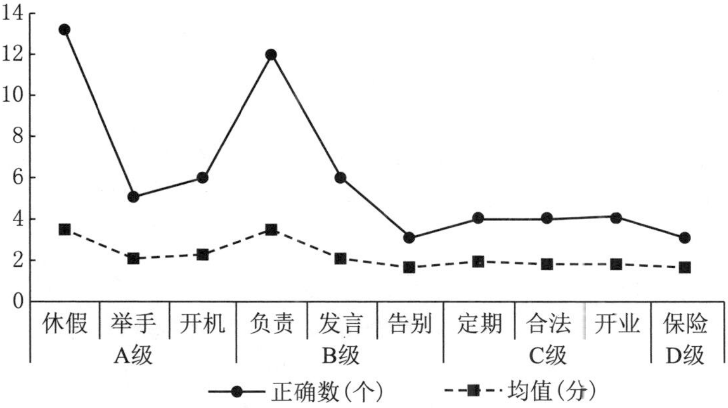

图 3-1-1　正确数量及均值走势图

从图 3-1-1 中可以清晰地看到，随着词语整合度的提高，词义正确率以及各词语的均值都呈现递减的趋势，但是也可以发现同一层级中的词语的正确率也有差距，比如 A 级词"举手"只有 5 个人回答正确，正确率低于 B 级词"负责""发言"，总体来看，整合度高低会对学生的词汇学习产生影响，但就具体的某个词而言，还会涉及词语的使用频率，是否常见等因素的影响。

2.2　语料统计

为进一步验证实验结果，考查学生在学习过这些词语之后的使用情况，我们在 HSK 动态作文语料库中逐条检索了初级的 126 个述宾式动名两字组的所有语料，找出全部语料，计算这些两字组在留学生作文中的使用错误率，并算出各层级的平均错误率，统计结果如下：

其一，使用错误率为 0 共 50 个词语。

其二，错误率在 10%以下共 62 个词语。

其三，使用错误率 10%以上共 14 个词语。

在留学生的写作中这些初级词的使用错误率很低，大部分在 10%以内，少部分词达到 10%以上，一般来说错误率维持在 10%以下。各层级的平均错误率如下：

表 3-1-2　各层级的平均错误率

层　级	A 级	B 级	C 级	D 级
平均错误率	3.29%	3.64%	3.7%	5.91%

从各层级的平均错误率来看，总的趋势是随着整合度的提高，错误率也随之提

高，和本次实验测试结果相似，所以整合度对留学生词语使用情况也存在影响。语义整合度存在差异的原因是语义产生方式不同，也就是构成成分之间存在不同的组合关系，要解决整合度对词汇教学的影响则需要对各层级两字组的组合关系做更深入的研究。

2.3 分析及建议

从以上数据可以看出，在留学生词汇学习中高层级词的错误率相对较高，主要是因为这些词的词义大多是通过隐喻、转喻的方式产生，整合度高，语义透明度低，是词汇教学的难点。

第一，观察实验数据可以发现，整合度和词义猜测正确率之间总体来说是负相关的，整合度越低的两字组正确率越高，整合度越高则正确率越低；和两字组使用错误率成正相关，整合度越高，使用错误率越高。整合度低的两字组由于两个结构成分的意义没有发生太多变化，组合理据性较强，学生们只要学习过构成两字组的两个字便可以大致猜出词义，学习难度较低；而对于整合度较高的词语，学生虽然学过了两个语素，但是由于词义在此基础上进行了整合，不能仅仅通过语素义来推导词义，还可能被语素误导，比如“选手”，学生看到“选”会想到“选择”，就认为是“选择”的意思。

第二，一词多义会对留学生学习词义产生影响。汉语中存在很多多义词，复合词的两个构词语素、两字组的前后两字有的时候会有多种意义，这对学生学习词义产生了干扰，比如“开机”一般指打开手机、相机以及其他机器等；而“开”又有驾驶和操纵的意思，比如“开汽车”“开轮船”，“机”可以表示“手机”，也可以是“飞机”，所以“开”和“机”这两个语素的多义给学生们造成了干扰。

第三，语素策略的泛化。整合度比较低的两字组可以通过两个结构成分相结合推导出整体意义，有的学生已经发现了这样的现象，但是对于整合度比较高的两字组（双音词）词使用这样的策略就会遇到困难，比如说“开业”一词不少学生给出的答案是“开始写作业”，这就是完全根据两个字的意义推测词义，这样的策略不适用于高整合度的词。

第四，在词汇教学中教学方法应该多样化。近年来在对外汉语教学中借鉴了西方“以词为本位”的第二语言教学理论和方法，这一理论方法在汉语教学中遇到了不少问题，于是有很多学者根据汉语自身的特点提出“字本位”教学法，具体到词汇教学中比较显著地差别在于：“词本位”教学法中生词注解只给词义，不给字义，不考虑构词因素，不对汉字和构词法进行解释，不介绍汉语词语的内部结构规则；而“字本位”教学法则突出字的书写，字的理据和字的扩展，理解汉字的字义。基于本节的调查，述宾类双音复合词的教学方法可以多样化，根据词语的特点选择更适合的教学法，在 A、B 等级中，由于词语的整合度低，可以采用“字本位”的教学法，对复合词中的两个汉字进行解释，也可以简单介绍词语的结构规则，便于学生理解词语的构造理据，学生们也可以使用语素策略学习积累更多的新词，大大提高学生的词汇量，而对于C、D等级的词，由于这些词的构词语素本身发生的变化较大，词义的产生比较复杂，则以整体词义认知为主，不必刻意让学生们了解两个语素的意义，否则会对学生词汇习得造成不必要的干扰。

第二节　从生成词库角度看现代汉语常用动名两字组组合关系

1. 从生成词库角度看高层级词语的隐喻转喻规律

1.1　高整合度两字组的整合方式

动名两字组的隐喻、转喻现象主要出现在C、D级，C、D级动名两字组共有132个，这部分词的整合度高，语义透明度较低，上文的实验和数据都表明高整合度的词语是留学生词汇学习中难点，学习难度主要体现在对词义的理解不够准确，原因在于这类词的词义产生已不是构成成分的简单相加，有些甚至转变为偏正结构。吴为善、陈颖(2007)、陈颖(2008)总结了高整合度两字组的词义产生方式主要有三种：隐喻、转喻和抽象融合。

隐喻是利用一种概念表达另一种概念，往往选择用较具体的概念去表现比较抽象的概念，产生隐喻的基础是两个事物之间存在相似性，比如“加油”一词，属于整体隐喻，本义为“给运作的机器或是车子之类的添加燃料油或加入润滑油”，因为添加燃料可以使汽车开得更快、动力更足，类似的，用言语动作鼓励别人也可以使他表现更好，因两个行为的目的存在相似性，“加油”可以用来表示鼓励的含义，属于整体隐喻。转喻如“干杯”一词，原义是喝完杯中的酒，这样的行为多用于劝酒或庆贺的场合，干杯和庆祝之间形成了特定的联系，因此现在宴会庆祝时人们说“干杯”，并不一定会把酒喝完，甚至只是举杯而不饮酒，“干杯”的词义“从喝完杯中的酒”衍生出“宴会祝酒之辞”，属于整体转喻。

抽象融合是指，构成成分的意义高度抽象，不再指具体事物，如“吃惊”的“吃”不是通常意义的吃，而是指“感受、感到”，“惊”也高度抽象表示惊讶的情绪，通过抽象融合的词共有以下67个：

罢工、办学、保密、保险$_1$、变形、参赛、参展、成功$_1$、吃惊、出生、创业、打架、代驾、到期、得意、定期、定位、动人、动员、购物、观光、害怕、好奇、合法、合格、合理、建议$_1$、进步$_1$、救灾、就业、开业、满意、没错、没法儿、没用、评价$_1$、去世、认真、摄影、随便、提问、听讲、投资$_1$、违法、违规、无效、消费、延期、移民$_1$、用心、有利、有名、有效、有用、着急、注意、做客、按时、办公、航空、随时、随手、随意、无数、无疑、想象、依法。

隐喻、转喻式动名两字组共67个，其中隐喻式两字组21个，“漏洞$_2$”“出路$_2$”

属于偏正结构但也产生隐喻现象，故放入本节加以分析说明。

转喻式动名两字组 46 个。其中部分词语存在一词多义的情况，不同的义项产生方式可能不同，比如“结果”一词有两个词义：(1)植物长出果实；(2)事物发展的后续影响或阶段终了时的状态。其中本义的“结果”并不是隐喻式的词，所以本节只研究隐喻义即结果的第二个词项，其本义作为描写解释的参考出现，如果一个词有多个义项是通过隐喻产生的，则根据义项的数量分列为不同的词。比如“出口”一词，有两个义项是通过隐喻产生的：(1)运货出国；(2)建筑物或场地所经过的门或口，标注为：出口$_1$ 和出口$_2$。

1.2 生成词库理论

由美国布兰代斯大学的 Pustejovsky(1991)创立的生成词库理论(Generative Lexicon Theory, GLT)被誉为“当代语义学中最精细的形式化分析范式”，生成词库理论认为词义并不是静态地、缺乏联系地被列举出来，而是具有动态生成性特征，即词语在不同语境下的意义都可以通过一套语义生成机制被生发出来(宋作艳 2015)。生成词库理论主张的词汇语义表达主要包括四个层面，即论元结构(argument structure)、事件结构(event structure)、物性结构(quality structure)和词汇类型结构(lexical typing structure)。物性结构是其中的核心内容，由四种角色组成：构成角色、形式角色、功用角色和施成角色。构成角色描写的是所指对象与其组成部分之间的关系，包括材料、重量、部分和组成成分等要素；形式角色指的是指称对象区别于其他对象的属性，如方位、大小、形状和维度等；功用角色描写的是所指对象的用途和功能；施成角色描写指称对象是如何形成或产生的(宋作艳 2015)。袁毓林(2013)根据汉语名词在真实文本中的词语搭配情况，将物性角色扩展到十种，除上述四种外还有单位、评价、材料、行为、处置、定位。

词语所指对象有不同的物性角色，生成词库理论将词分为三类：自然类、人造类和合成类。自然类主要继承了物性结构中的形式角色和构成角色，如“山”的形式角色是“隆起状的”，构成角色是“土、石”。人造类增加了物性结构中的施成角色和功用角色，如“门”的形式角色是“扁平状的、可开关的”，构成角色是“木头、塑料、铁、不锈钢等”，施成角色是“建造”，功用角色是“防风、遮雨、遮掩”。合成类是指从两个或两个以上自然类和人造类继承角色(赵青青 2015)。

物性角色和语义类是词义的重要属性，为进一步研究动名两字组的词义组合情况，参照宋作艳、赵青青、亢世勇(2014)设计的基于生成词库理论的汉语复合名词语义信息标注框架，根据研究需要，本节主要标注分析以下几种属性：

(1) 构词成分 1 语义类：N 自然类、A 人造类、C 合成类。

(2) 构词成分 2 语义类：N 自然类、A 人造类、C 合成类。

(3) 两字组语义类：N 自然类、A 人造类、C 合成类。

(4) 结构关系：动宾、偏正。

(5) 产生方式:隐喻、转喻、概念融合。

我们对物性关系这一属性采取了宋作艳的说法,把原来的物性修饰关系改成了物性关系,因为前者只适用于偏正结构,关注的是修饰成分与中心名词之间的语义关系,即修饰成分修饰了中心名词的哪种物性角色,如"白"修饰的是"纸"的形式角色(颜色)。后者适用于各种结构的复合名词,关注构词成分与复合名词之间的语义关系,即构词成分显示了复合名词的哪种物性角色信息,如"白"是"白纸"的形式角色,动词"编辑"是名词"编辑"的功用角色。

1.3　隐喻式动名两字组

认知语言学认为隐喻是两个概念域之间的映射(Lakoff 1993:232),是人们用一种事物来理解和体验另一种事物。(Lakoff & Johnson 1980:5)隐喻往往是用具体的概念去理解抽象的概念,这是我们理解抽象概念和进行抽象推理的主要机制(Lakoff 1993:232)。Lakoff 明确指出,这两个概念域之间之所以能产生映射是因为人们对这两个事物产生了相似的联想,利用已知的熟悉的事物来解释、评价另一事物。隐喻式动名两字组有:

漏洞$_2$、炒股、吃力、充电$_2$、出口$_1$、出路$_2$、出色、出台、到底、关心、回头$_2$、加盟、加油$_2$、结果$_1$、进步$_1$、进口$_1$、具体、开心、入门、通信$_2$、逐步等。

(此处"出口$_2$"和"进口$_2$"是偏正结构,指"进入建筑物或场地所经过的门或口儿";"漏洞$_2$"指"说话、做事不周密的地方,破绽"。)

1.3.1　隐喻式动名两字组的分类

述宾式动名两字组的隐喻方式以整体隐喻式为主,两个构成成分形成一个整体概念,在整体概念的基础上产生相似联想,形成新的概念,新的概念和本义之间存在某些相似性。考察这类两字组可以发现其隐喻都基于一个相同的语义角色:目的或者结果。比如:"加油"("为机器添加燃料"与"给别人鼓励和支持"两个行为目的相似——为了让某人某事物更有动力)、"出台"(字面意义是登台表演,引申义是某活动或政策经过酝酿后正式提出,其结果也是面向大众)。因此整体隐喻类述宾双音词的语义基础是动作行为的目的和结果存在相似性。

名词的物性角色共十种,产生隐喻时可能涉及某一个物性角色,也可能同时涉及两个物性角色。如整体隐喻式中"进步",字面意义为迈进步伐,隐喻义为"向前发展、比原来好",其隐喻涉及行为角色,本义和隐喻义的相似。又如,后项隐喻式中的"进口","口"发生了隐喻,同时涉及形式和功用角色,本义和引申义都具备"用来进出事物"的功用,作为器官的"口"通过隐喻表示进入通过的部位,因功用相似,"口"可表进入建筑物或场地所经过的门或入口、港口以及关口。从形式上看,通道、国家或地区的海关、港口与人和动物的"口"具有相似性。

隐喻可以分为整体隐喻和部分隐喻,整体隐喻就是这个词义来源于其本义融合之后整体隐喻产生的意义，如“加油$_2$”“漏洞$_2$”。部分隐喻即词语的某一构成成分发生隐喻，构成成分 1 发生隐喻，构成成分 2 意义不变，则为前项隐喻，如“炒股”一词，构成成分 1“炒”的意义从“把东西放在锅里搅拌弄熟”变为“倒买倒卖”，意义发生改变，构成成分 2“股”意义不变，指“股票”。构成成分 2 发生隐喻，构成成分 1 意义不变则为后项隐喻，如“出口”，构成成分 2“口”意义改变，构成成分 1“出”意义不变，指“从里面到外面”的行为动作。

整体隐喻类词共有 12 个：漏洞$_2$、加油$_2$、结果$_1$、出台、进步$_2$、出路$_2$、出色、回头$_2$、加盟、入门、逐步。整体隐喻的两字组数量最多，两个构词成分形成一个整体概念，在整体概念的基础上产生相似联想，产生新的概念，新的概念和本义之间存在某些相似性。考察这类词时我们可以发现这些词的隐喻都基于一个相同的语义角色：目的或者结果。以下列举 5 例加以说明：

［**加油$_2$**］ “加油”本指机器添加燃料，标为“加油$_1$”，隐喻义是给别人鼓励和支持，标为“加油$_2$”，两个行为的目的相似，都是为了让某人某事物更有动力。

［**出台**］ 词典释义为某活动或政策经过酝酿后正式提出，出台的字面意义为登台表演，两个意义所表示行为的结果都是面向大众，行为的结果相同。

［**出色**］ 词典释义为“特别好，超出一般”，“出”表示“超出”，色表示颜色、物品的质量，字面意义为能够显示出颜色，显眼，和人或事物让人眼前一亮的效果相似。

［**出路$_2$**］ 本义为“通向外面的道路”，隐喻义为“生存或向前发展的途径”，所指事物的用途相同。

［**入门**］ 词典释义为：“初学者刚刚进入某一行业学习”，与字面意义的进门，结果相似，都是刚刚开始。

前项隐喻的词较少，前项隐喻主要涉及前项动词性成分，如：炒股、吃力、开心和关心。后项隐喻的词有 5 个：出口$_1$、进口$_1$、到底、具体、通信$_2$，产生隐喻的是其中的名词性成分，隐喻基础在于构成成分 2 包含的某个或某些物性角色存在相似性，具体分析见下文。

1.3.2 隐喻式动名两字组的物性角色分析

整体隐喻的 12 个词语中有 3 个名词：漏洞$_2$、进步$_2$、出路$_2$。名词的物性角色共十个，产生隐喻时可能涉及某一个物性角色，也可能同时涉及两个物性角色。下面予以具体分析说明：

［**漏洞$_2$**］ 词典释义为“能让东西漏过去的不应有的缝隙或小孔”。隐喻义是“说话、做事不周密的地方，破绽”。其隐喻同时涉及形式和功能两个物性角色，本义和隐喻义之间的相似在于形式和功用，形式上的相似在于“漏洞”是小缝隙或小孔，隐喻义中则是把说话做事比作一个平面，事件中的缺漏或考虑不周比喻成平面上缝隙或小孔；功能上相似在于，缝隙和小孔能让东西漏过去，做事的不周密之处也会让机会或事件遗漏，两个意义中缝隙的用处是相似的。

［**进步$_2$**］ 字面意义为前进的步伐，隐喻义为“向前发展、比原来好”，“进”表示

"向前移动"。其隐喻涉及行为角色,本义和隐喻义的相似。

［**出路$_2$**］ 字面义为通向外面的道路,隐喻义为"生存或向前发展的途径",其隐喻涉及名词的功用角色。

后项隐喻的词有5个,产生隐喻的是其中的名词性成分,隐喻基础在于构成成分2的某个或某些物性角色存在相似性。隐喻可以涉及名词的某一个物性角色也可以同时涉及多个物性角色:

［**到底**］ 释义为"到尽头、到终点"。"底",本义是事物的底部,隐喻义是事物的根源,"底"本身是具有实际形态的事物底部,根源也是处在事件的末端,二者形态相似,因此在形式角色上发生隐喻。

［**具体**］ 释义为"细节方面很明确的、不抽象的","具"表示"具有"。"到底"和"具体"都只涉及形式角色,"到底"一词中"到"是对"底"的定位。

"进口$_2$"和"出口$_2$"两个词语的构成成分2发生隐喻,其隐喻同时涉及形式和功用角色,本义和引申义都具备"用来进出事物"的功用,作为器官的"口"是食物的进出的部位,因功用相似产生隐喻,"口"可表进出建筑物或场地所经过的门或出入口、港口以及关口;从形式上看,进出的通道、一个国家或地区的海关、港口都是一个开口,与表示器官的"口"在形式上具有相似性。

"通信$_2$"一词同时涉及功用和构成角色,"通信"本义是"以书信互通消息",隐喻义是"双方通过某种媒介进行信息的交流与传递",这个媒介可以是书信,也可以是图像、电波等,材料可以不同但一定是承载着信息,书信是以纸质或其他材质为载体,图像可以是电子显示的,不管是传统意义的"信"还是发展出新义项的"信",它们的构成角色一定是某种物质+信息,其相似点在于构成角色;信的功能是传递信息,图像电波等也用来传递信息,在功用上也存在相似性,所以"信"在构成角色和功用角色上都发生隐喻。

总体来说,后项隐喻式动名两字组涉及的物性角色主要是形式、构成和功用,存在同时涉及功用和构成角色或功用和形式角色的情况。

前项隐喻的词较少,主要是"炒股""吃力""开心"和"关心",产生隐喻的是动词性构成成分,不涉及名词的物性结构,构成成分之间是动宾关系,物性关系为施成关系。"开心""关心"两个词中"开"和"关"的词义产生变化,"心"是自然类,而"开"和"关"都属于人造类,"开心"和"关心"都算是人造类,两个构词成分之间是施成关系。隐喻主要涉及"开"和"关"两个动词,"开"从本来的"打开、使通畅"隐喻为"使心情通畅",愉悦的心情和通畅的感觉有相似之处;"关"本义是"以木横持门户",因为横木是两扇门的连接所以隐喻为牵连,将心与心连接,表示"留意,关怀"。

赵青青(2015)在对名名类隐喻转喻类复合词的分析中发现,名名类复合词在转喻时也主要涉及这三种物性角色,形式角色表明了名词的形状、颜色、大小等信息,形式、功用和构成是名词最为显著的信息,在认知上是有形态的,更易被识别,因此从这三个角色上产生隐喻也符合人们的认知规律。

1.4 转喻式述宾双音词的类型及规律

概念转喻是一个概念实体为同一域的另一个概念实体提供心理通道的认知过程。“闭幕、担心、出场、读书、放心、干杯、关机、开机、开幕、聊天儿、伤心、生气”等词语属于述宾类双音词中的概念转喻。Radden(1992:24—43)对概念转喻进行了全面系统的分类,本节考察的概念转喻类述宾双音词主要涉及事件转喻、因果转喻和感知转喻三种类型。

用事件中具有代表性的行为转喻事件本身,比如“开机”义为开动机器、开始拍摄(电影、电视剧等)。开始拍摄影片这一事件中不仅仅是打开拍摄设备的“开机”动作,还有与拍摄相关的工作正式开始,诸如演员正式开始演戏,场务人员开始工作等;影片的结束也不仅仅是关闭摄影器材,还有相关其他工作的结束。但是“开机”和“关机”是这两个事件中最具代表性的行为,于是被用来表示整个事件。其他如“干杯”“读书”等词语亦为动作行为转喻事件整体。

因果转喻一般是用结果表示造成该结果的人或事。如“生气”一词中的“气”是中医概念,中医认为人不开心时会“生”很多“气”,这里用人不开心、愤怒时的生理表现来指称生气的情绪。感知转喻是指人的感知和所感知的事物之间存在转喻关系,如“担心”“放心”。

初、中级中还有部分转指类述宾双音词。沈家煊(1999)指出,语法中的“转指”本质上就是“转喻”,是转喻这种一般的认知方式在语法上的体现,可称之为“语法转喻”。语法转喻类词大都从开始的动词发展出名词用法。笔者考察了《划分》初中级语法转喻类述宾式双音词保险$_2$、出口$_2$、存款$_2$、贷款$_2$、得分$_2$、发言$_2$、汇款$_2$、建议$_2$、讲话$_2$、进口$_2$、进步$_2$、捐款$_2$、决心、录音$_2$、排名$_2$、评价$_2$、签名$_2$、签证、签字$_2$、说法$_2$、司机、谈话$_2$、投资$_2$、移民$_2$、作文等 25 个。统计这些词的物性关系和转指类型,结果如表 3-2-1:

表 3-2-1 转指类述宾双音词涉及的物性关系统计表

转指类型	物性关系	数量	举例
转指施事	施成关系	1	移民$_2$
	处置关系	1	司机
转指受事	施成关系	8	讲话$_2$
	处置关系	13	捐款$_2$
	功用关系	2	出口$_2$

产生转指的词有转指施事和受事两种,汉语中“施事—动作—受事”是一个最典型的事件认知框,施事和受事在语法中是最有代表性的论元,转指施事的词远远少于转指受事的词,只有两个,涉及的物性关系是施成关系;转指受事的词有 23 个,涉及施成和处置两种物性关系。

从转喻类别上看，语法转喻类的词属于行为转喻，行为理想化认知模式含有施事、受事、工具、时间、行为本身、行为结果等等，这些因素之间存在行为转喻关系（吴为善 2011a：156），如“讲话”一词原表示讲话的行为动作，后被用来转喻行为的结果即“讲的话”，行为转喻通常跨越不同的认知域，词语的功能也会出现转移，“司机”和“讲话”转喻后出现了名词用法。从动词变成名词是时间特征到空间特征的变化，（吴为善 2011a：76）这是词汇的功能游移。从认知语言学的角度看，典型的动词性成分与名词性成分之间的转换反映的是一维连续时间空间向三维离散空间的转换，即空间维度的改变。

从句法表现上看，转指施事的两字组中的宾语与动词的结合比较紧密，中间一般不能插入其他成分，如“司机”和“移民$_2$”。而转指受事的两字组构成成分的结合不太紧密，中间可以插入其他成分，比如：

得分：得了十几分　捐款：捐了一笔巨款

讲话：讲了一段话　录音：录了一段音

Goossen（1990）指出，隐喻和转喻并不总是两种完全独立的认知过程，二者可相互作用，并创造隐转喻（metaphtonymy）来指称这种现象。隐喻与转喻的相互作用主要有两种情况：（1）由转喻构成的隐喻（metaphor from metonymy），（2）隐喻中包含转喻（metonymy within metaphor）（Evans & Green 2006：319—320）。转喻和隐喻之间的区别不是离散的，而是等级性的，它们构成一个连续体，典型的转喻和隐喻分居两端，中间地带则是基于转喻的隐喻（李雪 2012）。比如“结果$_1$”，词典释义为“人、事的最后结局”，其本义是长出果实，两个构词成分融合为一个整体，隐喻人和事产生结局，然后转指成为名词结果，动作转指受事，其引申义的产生既有隐喻也有转喻。

综上所述，整体隐喻式两字组和后项隐喻式两字组在产生隐喻时主要涉及名词的三个物性角色：形式角色、功用角色和构成角色，少部分词语可以同时涉及两个物性角色。形式、功用和构成角色表明了名词的形状、大小、用途、材料等等，表现的是名词最为显著的信息，更容易被识别，因此也更容易发生隐喻，从这三个角色上产生隐喻符合人们的认知规律。转喻类动名两字组可分为概念转喻和语法转喻两种，概念转喻主要基于两个事物之间的关联，语法转喻类两字组转指受事的数量较多，涉及的物性关系为施成关系。隐喻、转喻式动名两字组的语义类型有三种，人造类词语数量最多，自然类次之，合成类词语数量最少，不同的语义类型在隐喻式所涉及的物性角色存在差异，自然类词语在隐喻时主要涉及的是名词的形式角色，存在同时涉及形式角色和功用角色的情况，而人造类词语隐喻时主要涉及名词的功用角色。因为人造类词语所指本身的用途是其最显著的特点，与动词组合时更突显其功用角色，较易产生隐喻。

2. 低整合度动名两字组的组合类型

低整合度的词大多是非隐喻、转喻动名两组的词语，语义透明度较高，但是名词和动词的组合关系比较复杂。动名两字组一般情况下会构成动宾关系，从语义上看，动词对作宾语的名词有一定的选择。低整合度动宾两字组中部分词语的构成成分存在隐喻转喻现象，我们按照隐喻、转喻后的意义分析。比如“出口”，“口”本义是人和动物进食的器官，隐喻义是港口或者海关的关口，分析“出”和“口”的组合情况时，取其隐喻义。

2.1 动名两字组的物性角色和语义类型描写

Pustejovsky(2006)总结了动词和名词的语义类型和组合机制，他认为：当动词携带宾语名词的目标语义类型来源语义类型之间发生冲突时，需要通过一些机制来调整以实现语义的组合，语义类型和组合机制之间存在一定的对应关系，Wang shan & Huang chu-ren(2010)、李强(2015)通过考察“看”和“读”与名词的组合情况发现，动词名词之间的组合机制要复杂得多。Pustejovsky(2001)指出，并不是所有的名词都具有这些物性角色，不同语义类的名词涉及不同的物性角色，名词有三种语义类型，分别是：

(1) 自然类，与物性结构中的形式角色和构成角色相关的概念，自然类事物具有较多的自然属性，不涉及人的参与和创造。

(2) 人造类，与物性结构中的施成角色和功用角色相关的概念，谓词与这两个角色联系。人造类事物体现了人的意志，具有较为明显的功能和用途，并且可以说出它是怎么被人创造出来的。

(3) 合成类，由自然类和人造类组成，有时又称为“点对象”(dot object)，也就是说，它既具有自然的属性，同时也具有人造的属性。合成类的类型大致有以下几种：

a. 物质载体+信息内容：读书。

b. 事件+信息内容：考试。

c. 事件+物质载体：吃饭。

d. 事件+信息/声音：唱歌。

2.2 动宾式两字组的组合类型

Pustejovsky(2006)将名词的语义类型和组合机制之间的关系总结如下：

表 3-2-2 名词语义类和组合机制关系表

Type selected			
Argument Type	Natural	Artifactual	Complex
Natural	Sel/Acc	Intro	Intro
Artifactual	Exploit	Sel/Acc	Intro
Complex	Exploit	Exploit	Sel/Acc

当动词携带宾语名词的目标语义类型(Target Type)和来源语义类型(Source

Type)之间发生冲突时,需要通过一些机制来进行调整以实现语义的组合;并且,语义类型和组合机制之间存在一定的对应关系,比如:只有目标语义类型和来源语义类型相同时,组合机制 Sel/Acc 才会发生;只有目标语义类型是来源语义类型的一个构成部分时,exploitation 才会发生;而当目标语义类型比来源语义类型丰富时,introduction 才会起作用(李强 2015)。

在自然类、人造类和合成类三类名词的基础上,Pustejovsk(2001, 2006, 2011), Pustejovsky & Jezek(2008)说明了动词和名词的组合机制,主要包括:

(1) 纯粹类型选择(pure selection):函项要求的类型能被论元直接满足。

(2) 类型调节(accommodation):函项要求的类型能从论元继承。

(3) 类型强迫(type coercion):函项要求的类型被强加到论元上,通过两种方式来实现:A.利用(exploitation):提取论元类型的一部分来满足函项的要求;B.引入(introduction):把论元包装成函项所要求的类型。本节研究对象所涉及的组合方式主要涉及纯粹类型选择、类型强迫和其他。

2.2.1　纯粹类型选择

纯粹类型选择这一类组合类型的两字组数量最多,这个组合机制中,函项要求的类型能被论元直接满足(Pustejovsky 2001, 2006)。根据名词的语义类别来分,纯粹类型组合有动词与自然类名词组合、动词与人造类名词组合、动词与合成类名词组合三种类型,下面分别说明:

2.2.1.1　动词与人造类名词组合

动词与人造类名词组合,构成成分 1 要求构成成分 2 具有功用角色,或带有物质实体或带有信息义或表示事件,构成成分满足其中一项便可以进行组合。

爱国、保险$_1$、罢工、搬家、办公、吵架、成功$_1$、乘车、吃惊、充电、抽奖、抽烟、出国、出门、出生、出院、创业、辞职、存款$_1$、打车、打工、打架、打牌、打针、代驾、贷款$_1$、到期、得分$_1$、得意、定期、定位、堵车、发电、发炎、放假、负责、告别、过年、害怕、合格、划船、回国、回家、汇款$_1$、加班、结婚、就业、捐款$_1$、开车、开业、离婚、录音$_1$、满意、没错、没法儿、没用、起床、敲门、请假、请客、求职、取款、让座、认真、散步、上班、上车、上街、上台$_1$、上网、省钱、收费、受伤、送礼、随便、随意、提问、跳舞、停车、投资$_1$、无数、无效、无疑、吸烟、下班、下车、消费、休假、修车、延期、用心、有利、有名、有效、有用、照相、着急、住院、注意、做客等共计 100 个。例如:

[**唱歌**]　"唱"是"依照乐律发声","歌"即"歌曲"。"唱"要求所携带的名词性成分具有乐律,歌曲是入乐的词,符合"唱"的要求。

[**出院**]　"病人结束住院治疗离开医院","出"表示"从里面到外面去",要求所携带名词性成分具有物质实体,并可以出入,"院"指"医院"是可以进出的建筑物,符合"出"的要求。

[**提问**]　"提"指"指出或举出",要求所携带的名词性成分具有信息内容,"问"即"问题",具有信息内容。

[下班] “下”表示“到规定的时间结束日常的工作或学习”，要求携带的名词性成分表示“工作”或“学习”；“班”表示“一天内规定的工作或执勤时间”，符合“下”的要求。[加班]同理，“班”作为时间长度数量符合“加”的要求。

2.2.1.2　动词与自然类名词组合

动词与自然类名词组合包括：按时、闭幕$_1$、变形、吃饭$_1$、打雷、登山、点头、动手、动员、购物、鼓掌、观光、好奇、回头$_1$ 及时、加油$_1$、减肥、见面、讲话$_1$、进步$_1$、救命、救灾、举手、开花、开幕$_1$、看病、聊天儿、爬山、去世、摄影、生病、刷牙、说话、随时、随手、抬头、叹气、握手、下雪、下雨、想象、消毒、移民$_1$、招生、招手、做饭、做梦等47个。

构成成分1要求后面的名词具有物质实体，与自然类词语组合时，这一要求可以直接被满足。例如：

[爬山] 爬：攀登，要求所携带的名词具有物质实体。“山”的构成角色是“土、石”，具有物质实体，满足“爬”的要求。

[录音] “录”是录制，把声音记录下来。要求后面携带的宾语具有物质形态，“音”表示声音，满足“录”的要求。

[动员] 的一个义项是发动人参加某项活动。该用法属于纯粹类型组合，“动”指发动，要求宾语一般是人，“员”即指人，具有物质实体，满足“动”的要求。同理还有[**举手**]和[**观光**]，“手”作为人体的一部分，“光”指“景物”，分别满足“举”和“观”要求所携带的名词具有物质实体的要求。

2.2.1.3　动词与合成类名词组合

动词和合成类名词组合数量较少，包括：办事、办学、保密、报名、参赛、参展、唱歌、出名、出事、点名、读书$_1$、发言$_1$、犯规、犯罪、放学、合法、合理、回信、获奖、建议$_1$、讲课、降价、交费、开会、开学、留学、排名$_1$、评价$_1$、签名$_1$、签约、签证$_1$、签字$_1$、上课、上学、识字、说法$_1$、谈话$_1$、听讲、通话、通信$_1$、退票、违法、违规、下课、依法等45个。根据构成成分1对于所携带名词性成分的要求，可以分为以下几种主要类型：

（1）物质载体+信息内容

[读书] “读”意为“阅读，看文章”，通常要求所携带的名词具有内容信息和物质载体两方面的属性，能够和“读”组合的名词为复合类。“书”既是物质载体“书本”，可以受名量词的修饰，如“一本书”；也携带内容信息，形容词可以对其内容进行评价，如“专业书”。“书”具备内容信息和物质载体两个属性，与“读”通过纯粹类型组合机制进行组合。

[发言] “发”，发表；“言”，话。“言”是合成类名词，既有物质载体声音又有信息内容。

[通信$_1$] “通”表示“传达、使知道”，要求携带的名词具有内容信息义和物质载体。“通信”有两个义项：一是通过信件交换信息，另一个义项为利用光波电波等信号传送文字、图像等。“信”既有物质载体又有内容信息。

(2) 事件+信息内容

[**开会**]　“开”表示“举行”,“会”是“有一定目的的集会”既是事件,可以受时间量词修饰如“开一个下午会”;也蕴含信息内容,受形容词修饰如“冗长的会”。

(3) 事件+信息或声音

[**讲话**]　“说话、发言”,“话”携带内容信息,受形容词修饰,如“说几句好听的话”;“话”又有事件义,能够受时量词修饰,如“讲半个小时话”。

2.2.2　类型强迫

类型强迫(type coercion)这一组合类型中,函项要求的类型被强加到论元上。这类词语 10 个,主要有两种方式:利用和引入。

2.2.2.1　利用

利用(exploitation)是指提取论元类型的一部分来满足函项的要求。动词和不同语义类的词语组合时会利用不同的物性角色。

(1) 动词和自然类名词组合时,可以利用名词的构成角色进行组合,如:[**动人**]“动”意为打动、感动人(的感情);“人”是自然类,人的感情是人这个生命体的构成成分,“动”利用了“人”的构成角色实现语义组合。

利用名词的构成角色进行组合的还有另一种特殊情况,构成成分 2 不直接作构成成分 1 的宾语,构成成分 1 用来说明构词分 2 的来源或产生方式。构成成分 1 是构成成分 2 的施成角色,但不构成施受关系,如:

[**分组**]　“把一堆人或物划分成几组人或物”。

[**打包$_1$**]　“将吃剩的物品装起来”。

[**排队**]　“呈现整齐的线性排列”。

其句法表现相同,都可以拓展为 V 成 O:打包—打成包、排队—排成队、分组—分成组。这类词也是动词和人造类名词进行组合,利用构成成分 2 的构成角色。虽然构成成分 2 不直接作构成成分 1 的宾语,但是构成成分 2 的构成角色可以作构成成分 1 的直接宾语。如“分组”,“分”要求携带的名词要具有数量较多的特点,具有物质形态。可以扩展为“将参赛选手分成五组”,真正的宾语是参赛选手,选手是“组”的构成成分,因此这类组合利用了构成成分 2 的构成角色。类似情况还有“打包”,“打”表示“捆、裹”,“包”是通过“打”这一行为动作形成的结果;“排队”,“排”要求携带对象数量较多具有物质形态,人或物是“队”的构成成分。

(2) 动词和人造类名词组合时,也会利用名词的构成角色。成分 2 做成分 1 的宾语,构成施受关系。如:

[**关机$_1$**]　有两个义项:a.使机器等停止工作;b.指影片等拍摄工作结束。“机”是机器,人造类。电源是“机”的构成成分,手机不能开关,但是手机里的程序和手机电源可以关闭。[开机]类似。又如[**问路**]的“问”表示“提问”,“路”是所问的内容的构成成分。

(3) 动词和人造类名词组合时还会利用人造类名词的功用角色,如:

［打球］“打”解释为做某种游戏，“球”的功能主要是用来做运动或游戏，因此“打”主要利用“球”的功用角色组合成词。

2.2.2.2 引入

类型强迫的另一种方式是引入(introduction)，即把论元包装成函项所要求的类型。这类词有“开心”和“关心”，这两个词语比较特殊，其构成成分1产生了隐喻现象(见上文)，构成成分2的词义也发生了变化，“心”不能符合“开”所要求函项的类型。“心”有两个论元，一是指人和高等动物身体内推动血液循环的器官心脏，二是指思想情况。“思想”属于抽象名词，不具有形式角色，处置角色是“启发”“创新”等。表示“心脏”义的“心”具体物性角色描写如下：

形式角色：桃子形状，体积约拳头大小

构成角色：血液、血管、

功用角色：推动血液循环

单位：颗

处置：挖、切、移植、修复等。

“开”的词典释义为“使关闭着的东西不再关闭”。要求携带的名词具有可打开关闭的形式角色和功用角色，比如“门”，可以开关，与开组合，“开”符合门的处置角色，属于纯粹类型组合；而“心”的两个义项无论是形式角色和功用角色都不具备可开关的功能，“开”也不符合“心”的处置角色。不过，汉语中常常会将“心”比作其他可以开关的事物，比如“心房”“心扉”“心门”“心锁”等词语，组合时引入了可以打开关闭这一形式特点，引入了动词所需要的形式角色和功用角色，“关心”与之类似。

研究对象中也存在部分两字组，按照现有的类别不好归类，包括偏正结构中无法归类的两字组。例如“讲座$_2$”，词典解释为“一种教学形式，多利用报告会、广播、电视或刊物连载的方式进行”，如“汉语语法讲座”，与本义“高僧说法或儒师讲学的座位”存在较大差别，词义变化方式尚未明确，难以归类。又如“成功$_2$”(形容词，词义引申方式暂不明确)、“航空”(词义的产生方式不属于隐喻、转喻和抽象融合)。

3. 偏正式动名两字组的物性关系及结构义

动名两字组中存在一类特别的词，这类词的动词和名词不构成动宾关系，而是偏正关系，语义关系比较复杂，常常带有特定的结构意义。前人对这类词的研究主要集中在语义方面，齐沪扬(2004)将定中式短语总结为11种语义关系；熊金丰(1997)指出动名组合的偏正式和支配式存在很大的区别，偏正式词中的动词主要起修饰作用，前后语素关系主要有6种：表用途、表制作方法、说明外形特征、说明事物特征、说明使用方法、说明存在状态；马英新(2012)将偏正类动名复合词分为两套语义结构，从辞书研究的角度总结了偏正式动名复合词的结构义；词汇方面的构式研究相对较少，董秀芳(2004：133)提出定中构式表达种属关系、分类，其语义模式是“提示特征+事物类”可以形式化为“XY是一种Y”。构式对进入构式的成分是有要求的，如果不能满足构式的要求，就会出现类型错配，要么是错误的表达，要么通过构式强迫，词语成分会出现类型移变，以满足构式要求（宋作艳 2014）。下面借助物性结构理论分析偏正式动名两字组的修饰关系，总结这些词的结构义以及结构对构成成分的限制和影响。

3.1　物性关系描写体系及研究对象

参照宋作艳、赵青青、亢世勇（2015）设计的基于生成词库理论的汉语复合名词语义信息标注框架，对 60 个偏正式动名两字组进行如下属性的标注：

（1）构成成分 1 语义类：N 自然类、A 人造类、C 合成类

（2）构成成分 2 语义类：N 自然类、A 人造类、C 合成类

（3）两字组的语义类：N 自然类、A 人造类、C 合成类

（4）物性关系：形式、施成、功用等十类

例如“操场”一词的标注如为：操场：A + A = A 功用

表示其构成成分 1“操”的语义类别为：A 人造类；构成成分 2“场”的语义类为 A 人造类；“操场”一词的语义类为 A 人造类，“操场”一词的物性修饰关系为功用关系。

本节的研究对象为偏正式动名两字组，包括动宾式词语通过整合产生的新义项，“漏洞$_2$”“出口$_2$”“进口$_2$”作为隐喻类两字组在上文已进行详细分析说明，这里不重复分析，因此，研究对象共 60 个：爱人、爱心、病毒、办法、操场、产品、产物、产业、唱片、乘客、出口$_2$、出路$_1$、出路$_2$、传言、创意、存款$_2$、答案、贷款$_2$、得分$_2$、动画、发票、飞船、观众、含义、行人、航班、画家、汇款$_2$、剪刀、讲座$_1$、教材、教师、教室、进口$_2$、居民、捐款$_2$、录音$_2$、开水、考场、考题、漏洞$_1$、起点、签名$_2$、签证$_2$、签字$_2$、食堂、书法、说法$_2$、问题、卧铺、卧室、学术、学位、移民$_2$、用法、用品、炸弹、炸药、站台、住房。

3.2　偏正式动名两字组的物性关系

3.2.1　功用修饰关系

功用修饰关系即构成成分 1 对构成成分 2 的目的或用途进行说明，如“教室”一词，“教”修饰“室”，说明“室”的用途是用来教学的，这类词共 30 个，标注如下：

操场 A + A = A	食堂 N + A = A	教室 A + A = A	卧铺 N + A = A
卧室 N + A = A	出口$_1$ A + A = A	进口$_1$ A + A = A	出路$_1$ A + A = A
考题 A + C = C	教材 A + A = C	唱片 A + A = C	站台 A + A = A
剪刀 A + A = A	炸药 A + A = A	用品 A + N = A	漏洞$_1$ A + N = A
办法 A + A = A	用法 A + A = A	答案 A + C = C	学术 A + A = A
学位 A + A = A	讲座$_1$ A + A = A	病毒 A + N = A	起点 A + A = A
书法 A + A = A	炸弹 A + A = A	住房 A + A = A	考场 A + A = A

问题 A + A = A

（描写构成成分的语义类时使用该成分的常用义，如“出口$_1$”中“口”表示人的嘴时属于自然类 N，但是“口”的常用义项是建筑物用来进出的口儿，故表示为人造类 A）

这些词从词义上可大致归为三类：

3.2.1.1 表处所

操场、出口$_2$、出路$_1$、教室、进口$_2$、考场、起点、食堂、卧铺、卧室、站台的第二个构成成分都是表示地点的名词性成分，前面的动词性成分表示这个地点的功用。例如：

［操场］ 是“供体育锻炼或军事操练用的场地”，构成成分 1“操”说明“场”的用途是供体育锻炼或军事操练。

［食堂］ 指“机关、团体中供应本单位成员吃饭的地方”，构成成分 1“食”说明“堂”的用途是“供成员吃饭”。

［卧室］ 即“睡觉的房间”，构成成分 1“卧”说明“室”的用途，人一般卧躺的时候是睡觉，因此“室”的功用是“供人睡觉”。

表处所的词语义类型全是人造类，其构成成分的语义类也以人造类居多，构成成分 1 有 8 个是人造类，3 个自然类；第二个构成成分都是人造类。

3.2.1.2 表具体事物

病毒、唱片、考题、剪刀、讲座$_1$、教材、漏洞$_1$、问题、用品、炸药、炸弹、住房等的第二个构词语素都表示具体事物，具有物质形态，前面的动词性成分用来说明构成成分 2 所指事物的用途。例如：“考题”中“题”的用途是作考试的内容；“教材”中“材”的用途是上课时用来教学讲授；“漏洞$_1$”中“漏”表明“洞”的用途是“让东西漏过去”。

表具体事物的词语义类型主要有两种：人造类和复合类，人造类 3 个：“剪刀、炸药、用品”，构成成分也多为人造类；语义类为复合类的有 3 个词：“考题、教材、唱片”，这些词都具有两个义面，一个是“物质”，一个是“内容”，比如“教材”一词，既可以表物质实体“一本教材”也可以表内容“很有趣的教材”，有趣的不是“教材”这一物质实体，而是“教材”所承载的信息内容。语义类为复合类的词，构成成分有的是人造类，也有的是复合类。

3.2.1.3 表抽象概念

办法、出路$_2$、答案、书法、学术、学位、用法等的构成成分 2 为抽象概念，不具有物质形态，语义类型全部为人造类。例如：

［答案］ “案”表示提出计划、方法的文件或记录，这些文件是用来解答有关问题的，“答”指明了“案”的功能。

［用法］ “法”表示方法，这个方法的用途是用来说明如何使用。

［学位］ 是“根据专业学术水平或高等院校、科研机构等授予的称号”，“位”在这里表示“称号”，称号的用途是表明学者的专业学术水平。

3.2.2　施成修饰关系

施成修饰关系的词共 10 个：

说法$_2$N + A = C　传言 A + C = C　发票 A + A = C　产物 A + A = A
产品 A + A = A　含义 A + A = A　签名$_2$A + C = C　签证$_2$A + C = C
签字$_2$A + C = A　说法$_2$A + C = C

构词成分 1 的作用是说明构词成分 2 的来源或产生的因素，例如：

［说法］　本指“讲解佛法”，后转指为讲解佛法的话，从而引申为“说辞”，用法由动词性变为名词性，“说”表明的是所说的话的来源。

［传言］　“辗转流传的话”，“传”表示辗转流传，用来说明“言”的产生方式。

［发票］　“表示收发货物的票据”，因为要记录货物的收发情况因此产生相关的票据。

施成修饰关系类两字组的语义类大多为复合类，既有物质实体也包含信息内容，比如“传言”一词中“言”本身就是复合类，可以表示言论，也可以表示言论的内容，“传言”可以受数量词和形容词修饰：“几句传言”“有趣的传言”。再如“发票”，也可以受数量词和形容词修饰：“几张发票”“规范的发票”，规范不仅表示发票的形状大小规范，也表示发票中所包含的信息内容规范。

3.2.3　行为修饰关系

飞船 N + A = A　动画 N + A = A　乘客 A + A = A　观众 N + N = A
画家 A + A = A　教师 A + A = A　移民 A + N = A　行人 N + N = N
居民 N + N = N　开水 N + N = N　爱心 A + N = A

构成成分 1 是构成成分 2 所发出的惯常性行为，例如：

［动画］　释义为“以一定速度播放的成组画面”，作为名词“画”表示一种静止的图像，而动画则是播放的、动态的图像，“动”是这一类画的惯常性行为，也是最显著的特点。

［飞船］　“利用动力机械在空中行动”，“船”一般指“水上交通工具”，最典型的用途是在水面上航行，但是飞船中的“船”不再是传统意义的船，飞船是在太空中航行，行为发生了变化，“飞”指明这一事物的行为特点。

［乘客］　是“乘坐某种交通工具的人”，乘坐交通工作是“人”所发出的动作，这一特殊的行为动作能够将这类人与其他人区别开。

［观众］　看表演、比赛或看电视这些行为即“观”，“众”则是发出“观”这个动作的人。

构词成分 2 的语义类有人造类和自然类两种，人造类有 7 个，比如“画家”的词典释义为“擅长绘画的有成就的人”，“绘画”是人发出的行为，并且是“画家”这一群体的显著性特点，由于“家”表示的这一类人有特定的用途，因此属于人造类词语。

再如“教师”为“从事教学的一类人”，“教学”是“教师”所发出的惯常的且特有的行为动作，“师”用来专指掌握专门技术或技艺的人。

还有 6 个词语的构成成分 2 是自然类，比如“行人”的词典释义为“在路上走的人”，“行走”是这部分“人”的显著性动作，但是此处的“人”并没有指称具有特定功用的人群，因此仍属自然类。再如“开水”的辞典释义为“煮沸的水”，这里的“开”是不及物动词，不能和“水”构成施受关系，沸腾指水的状态。

3.2.4 处置修饰关系

处置修饰关系的词数量很少，且这一类词通常都是兼类词，词语的动词性用法是动宾结构，转化为名词时则会形成偏正结构，如：

存款$_2$A + A = A　　创意 A + A = A　　捐款$_2$A + A = A
贷款$_2$A + A = A　　汇款$_2$A + A = A　　录音$_2$A + A = A

［**存款$_2$**］ 表示“把资金或货币暂时转让或存储于银行或其他金融机构”，“存”是对“款”的处置，“捐款$_2$”“贷款$_2$”与之类似。“创意”指“创立新意”，创立这个动作也是对新意的处置，这些词的构成成分之间可以构成施受关系，也可以是修饰关系。

3.3 偏正式动名两字组的结构义

偏正式动名两字组的词义的组合与生成并不是构成成分语义的简单相加，除了通过隐喻或转喻等方式产生的引申义外，整体词义超出了构成成分的意义之和。曹炜(2001)认为结构义是“由词在语法结构中产生的逐渐融入词义中的组合义”，他将结构义分成两类：a.结构义能够从词的理性义中离析出来；b.结构义没法从词的理性义中离析出来。比如“移”和“民”在不同的语法结构关系中产生了不同的结构义，因而形成了不同的词义，但是词语解释时需要补充的成分无法从“移民”的构成成分中获得。

3.3.1 结构义的提取

一个结构所表达的整体意义总是大于各组成成分的简单相加，即 1 + 1＞2，所以，我们在理解整个结构的意义时，不能只对各组成成分的意义进行简单推导，还需要把大于的那一部分加入其中。大于的部分不由词义本身带来，而是由这个结构的组合产生，这就是我们要提取的结构义，这种结构义表现为一类词在辞书中释义中出现的相同部分。

首先，我们在《现代汉语词典》(第 7 版)中查找词义，部分词语在词典中的释义可能包含补充性的说明成分，对这种情况，我们需要提取词义的核心意义，即把补充性说明成分去掉，然后将核心意义减去构成成分的意义，得到这个两字组的结构义，比如“食堂”一词，词典释义为“机关、团体中供本单位成员吃饭的地方”，其中“机关或团体中”和“本单位成员”为补充性成分，食堂的核心词义应该是“……供……吃饭的地方”，“食”表吃饭，“堂”表大厅，是地方，用核心意义减去构成成分的意义，得到“供……V 的 N”，然后提取多个同一类词的结构义，最后整合出这一类词的结构义。与"食堂"同属一类的还有"操场",词典释义为"供体育锻炼或军事操练用的场地",没有补充性成分,"操"表示体育锻炼或军事操练,"场"表示"场地",用核心意义减去构成成分的意义可以得到两字组的结构义为"供 V 的 N"。有些词语无法从它的辞书释义中提取出结构义的表达形式,但是将该类词的结构义放到这一词语的词义解释中可以准确地表达词义,则都算做同一类词。

3.3.2　偏正式动名两字组的四种结构义

3.3.2.1　用来 V 的 N

结构义"供/用来 V 的 N"的提取见以下三例,括号内是词语释义的补充部分,加点字为构成成分的意义,横线部分为两字组的结构义,后文结构义提取的表示方法同下:

［操场］　供体育锻炼或军事操练用的场地。

［食堂］　(机关、团体中)供应(本单位成员)吃饭的地方。

［卧铺］　(卧车上)供(旅客)睡觉的铺位。

结构义为"用来……的……"的词有:操场、食堂、教室、卧铺、卧室、出口$_2$、进口$_2$、出路$_1$、考题、教材、唱片、剪刀、炸药、炸弹、用品、漏洞$_1$、说法$_2$、办法、用法、学术、学位、讲座$_1$、病毒、起点等 30 个词。为进一步验证结构义的合理性可以将结构义补充到词语的释义中去:

［操场］　用来操练的场地。　　［食堂］　用来吃饭的大厅。

［教室］　用来教课的房间。　　［卧铺］　用来卧躺的铺位。

［出口$_2$］　用来出去的通道。　　［唱片］　用来播放声音的碟片。

［办法］　用来解决问题的方法。

以上定中式两字组的动词性成分都是修饰后面的名词,修饰关系所涉及的都是名词的功用角色,名词和动词在语义上不能搭配,动词性成分不符合名词性成分的施成角色,两个构词成分不能构成施成关系。例如:

［教室］　词典释义为"学校里进行教学的房间"。"教"的受事一般是"课程""学生"等,不能是地点,"室"表示房间,不能充当"教"的受事,"室"的施成角色一般是建造,打开、关闭等等,"教"也不符合"室"的施成角色,所以,这里"教"起修饰作用,指明"室"的功用是教学,真正的受事被省略。

［食堂］　"食"修饰"堂",表明"堂"的功用是"食"即用来吃饭的地方,语义上,构成成分之间不属于施成关系,因为"堂"的施成成分一般是"建造""打扫""清理"等,"食"不符合施成角色。

3.3.2.2　V 的 N(隐含主动义)

结构义为"V 的 N"的词有:爱心、乘客、动画、飞船、观众、行人、画家、教师、居民、开水、移民$_2$。

这一类词的结构义提取从以下三例中可以看出:

［动画］　以一定速度播放的(成组)画面。

［飞船］ （利用动力机械）在空中行动的交通装置。

［乘客］ 乘坐（某种交通工具）的人。

“动画”是“以一定速度播放”即表示运动的意思，“成组”属于补充成分；“飞船”是“利用动力机械”表示“飞”的方式，属于补充成分，在空中行动即“飞”，“船”的词义原为“在水上行驶的交通装置”，在“飞船”一词中，船的意义简化为“交通装置”，这些词语存在共同的结构形式即“V 的 N”，并且这个结构包含主动义，V 是 N 发出的行为动作。为进一步验证这一结构义，我们可以将其补充到词语的释义中去：

［观众］ 看（表演、比赛或看电影、电视）的人。

［移民］ 迁往国外某一地区永久定居的人。

［居民］ 固定住在某个地方的人民。

［教师］ 从事教学的一类人。

3.3.2.3 V 而产生的 N

结构为“V 而产生的 N”的词语为：产品、产物、传言、得分$_2$、含义、发票、签名$_2$、签证$_2$、签字$_2$、说法$_2$，结构义提取如下：

［传言］ 辗转流传的话。

［产物］ （在一定条件下）产生的事物。

［发票］ 表示收发货物的票据。

相同部分是“V 的 N”，为进一步明确这一结构义，与隐含主动义的 V 的 N 进行区分，我们补充了隐含的意义，将结构总结为“V 而产生的 N”，结构放到词语的解释中可以表达准确的词义：

［传言］ 辗转流传而产生的话。

［产物］ （在一定条件下）而产生的事物。

［发票］ 收发货物而产生的票据。

3.3.2.4 （被）V 的 N

结构为“（被）V 的 N”的词语数量较少，只有 6 个：创意、存款$_2$、贷款$_2$、汇款$_2$、捐款$_2$、录音$_2$，结构义提取如下：

［存款$_2$］ 词典释义为“存在银行或其他信用机构里的钱”。

［捐款$_2$］ 词典释义为“捐助的款项”。

［创意］ 词典释义为“创立的新意”。

这类词语所提取出的结构义为 V 的 N，与隐含主动的义的“V 的 N”不同，这里的 N 都作受事，因此我们要补充隐含内容，将结构义总结为“被 V 的 N”。

该结构义是在少量的两字组中提取出，适用于本研究的两字组的词义解释，可能存在结构不够概括、结构义不够准确的情况，概括性和准确性的进一步提高需要更多两字组作为样本。

通过对结构义的提取，偏正类动名两字组共分为四类，每一类词的结构义分别对应了这类词的物性关系，即“用来 V 的 N”对应功用关系，“V 的 N（隐含主动义）”

对应行为关系，"V成/而来的N"对应施成关系，偏正类两字组的物性关系是隐性的，需要分析其构成成分的关系，将隐性的关系提取为特定的表达式，可以更好地区分不同关系的偏正类词语，也更易理解不同类偏正词语的词义。

3.4 词语结构对构成成分的选择和凸显

结构不但存在自身的意义，而且可以决定词项准入的条件方式，所表达的内容和履行的功能，选择并凸显词项中与构式相一致的意义，或激活词项所隐含的且与构式相兼容的成分，抑制、搁置或剪切与构式相冲突的部分(Goldberg 1995)。偏正类动名两字组的结构对构成成分有所选择和限制。

3.4.1 词语结构对构成成分的选择

结构义为"用来V的N"的词语数量最多，构成成分1如"食""卧""教"等等一般表示构成成分2的用途，结构对进入其中的构成成分的限制并不是针对独立的构成成分的要求，而是体现在两个构成成分之间的关系上。一般情况下，形容词和名词组合才能构成定中结构，动词与名词组合则可能构成动宾关系和偏正关系，这类词的构成成分之间的关系全部都是偏正关系，也就是说，构成成分1不能符合构成成分2的施成角色，构成成分1可以是不及物动词，后不可接宾语，如操场的"操"表示操练，无法与"场"构成动宾关系；构成成分1也可以是及物动词，但是不能满足构成成分2的施成角色，比如"食堂"，"堂"表示"大厅"，其施成角色一般是"建造""维修""打扫""布置"等，表示"吃饭"的"食"不符合"堂"的施成角色，从而构成偏正关系。隐含主动义的V的N结构对构成成分的要求较多，首先该结构隐含主动义，则构成成分1要是表示行为动作的动词，构成成分2应为能够发出动作的有生命的人或事物。

"V的N(隐含主动义)"这一结构中，构成成分1表示构成成分2发出的行为动作，结构主要对构成成分2有所限制，一般情况下，构成成分2应是有生命的人或事物，可以发出行为动作，可作施事，"乘客""观众""画家""教师""考生""移民""行人"的构成成分2都满足这一要求。并且，构词成分2一般属于后缀或类后缀，与构成成分1组合时固定放在词尾表示一类人，成分1可以是及物动词也可以是不及物动词，表示的是这类人的习惯性动作行为。比如"画家""教师""学生"中的"家""师""生"都属于词缀，固定放在词尾。构成成分2如果是类词缀，仍然能单独使用，就会出现两种结构形式，如"移民"一词，"民"的词典释义中有多个义项：1.人民，2.指某种人，"民"属于类词缀，我们有"藏民""渔民""网民""股民""烟民"等以"民"结尾的词，但"民"仍然可以当作独立的名词使用，如"还富于民"中"民"表示"人民"，如果"移民"中"民"作"人们"理解则可以作"移"的宾语，构成动宾结构，指"较大数量、有组织的人口迁移"；"民"作类词缀则构成偏正结构，指"迁往国外某一地区永久定居的人"。因此，只有作类词缀用的"民"才能与"移"构成偏正关系。

结构为"V的N(隐含主动义)"的这类词中"动画""飞船""开水"这三个词语的构成成分2是无生命的名词性成分，且不属于词缀或类词缀。"画""船""水"为无生命事物，本身不能发出行为动作，但经过人或机器的操控，它们也可以发出行为动作，“画面”可以经过人工或者机器翻动，“船”可以通过人的驾驶或动力装置的驱动发出动作，“水”可以因为受设备加热的影响产生动态的反应，因此这些词在一定情况下也可以作为行为的发出者。但是在两字组中，这些词只能和不及物动词组合，比如“飞船”中“飞”是不及物动词，表示飞行的动作状态，和“船”无法构成动宾关系，只能构成偏正关系。

3.4.2 词语结构对构成成分的凸显作用

结构具有独立的意义，但因结构具有抽象性，任敏(2015)认为意义一般要有所依附，处理结构义时一般倾向于将结构义加到某一构词语素的意义上，谭景春(2000)认为：“对还没有转化成词义并同属一类的结构义‘使’(如‘密切、坚定’等)，把结构义‘使’都归属到结构的前一成分(动词)上。”把结构义加到构词语素的意义上，一般会使构词语素产生新的意义。除此之外，还有些结构蕴含的意义不能加到某一构成成分上，并且，词语蕴含的结构还会对构成成分产生影响，就本节所提取的四种结构来看，影响主要有以下几点：

(1) 功用修饰关系的两字组，动词性成分 1 的动词性特征减弱，指称功能增强。及物的动词性成分进入这个结构中充当修饰成分，构成成分 1 就不能满足构成成分 2 的施成角色，如“食堂”“教室”“考题”“炸药”中的“食”“教”“考”“炸”虽然可以表示行为动作，但是主要作用是用来指称事物的功能。

(2) 行为修饰关系的两字组，动词性成分 1 的动作义减弱，状态义增强。“行人”“飞船”“乘客”“开水”这些词中的“行”“飞”“乘”“开”动作性有所减弱，主要用来表示名词性构成成分 2 所处的状态。

(3) 施成和处置这两类修饰关系两字组，结构会凸显构成成分 1 的目的义和结果义。比如施成关系的“传言”“发票”重点在于“传”和“发”这两个行为动作之后产生的结果。

(4) 处置修饰关系的“存款”“捐款”，这类结构会凸显构成成分 1 所表示行为产生的目的或结果。

3.5 小结

动名两字组中的偏正式比较特殊，我们考察了两字组的组合关系，运用物性结构描写体系进行详细的描写分析，统计两字组涉及的物性修饰关系类型，并总结出词语中所蕴含的结构义，以及结构对词语构成成分的限制和影响。

偏正类动名两字组主要涉及的形式、构成、施成、功用四种物性修饰关系。涉及不同物性角色的两字组内存在不同的结构义，通过对词典释义和构成成分意义的分析，明确提取出两种结构义，分别是“用来 V 的 N”“V 的 N(蕴含主动义)”，另有少量词语表示“V 而来的 N”和“被 V 的 N”，这四种结构对进入其中的构成成分有一定的要求。结构为“用来 V 的 N”的两字组要求进入的构成成分 1 不能满足构成成分 2 的施成角色；结构义“V 的 N(蕴含主动义)”的两字组要求构成成分 2 是有生命的事物且为词缀或类词缀，构成成分 2 为无生命物体时，要求构成成分 1 为不及物成分。结构对构成成分还存在一定的影响，功用修饰关系类两字组中动词性成分 1 的动作义减弱，指称义增强，行为修饰关系类两字组中，成分 1 的动作义减弱，状态义增强，施成、处置关系类两字组的结构则会凸显构成成分 1 的目的义和结果义。

本章小结

本章基于认知语言学、生成词库等相关理论，运用统计、描写和解释相结合、定性与定量分析相结合等方法，对动名两字组的组合情况进行了详细描写与分析。首先对动名两字组的结构、词性和整合度进行分类，总结出其内部存在两种结构关系：动宾式和偏正式，以动宾式居多；涉及五种词性，以动词性为主，存在三种词性兼类的情况，可见动名两字组内部存在很大差异，组合关系比较复杂。利用概念整合的理论对其中动宾式两字组进行整合度划分，分为 A、B、C、D 四个层级，并通过统计语料库的词语使用错误率以及调查问卷两种形式分析总结出了整合度对汉语作为第二语言词汇习得的影响。

进一步分析了动名的两字组隐喻和转喻的类型和机制，隐喻式两字组语义的产生是基于不同事物之间的相似性，这些相似性主要涉及形式、功用和构成角色，可以同时涉及两个物性角色；转喻式动名两字组分为两类：概念转喻和语法转喻，概念转喻主要是基于两个事物之间的关联，用行为和结果转喻概念整体，语法转喻主要转指受事和施事，转指受事的数量较多，主要涉及施成关系。非隐喻、转喻类两字组的组合机制主要有两种：纯粹类型组合和类型强迫。纯粹类型组合的两字组数量最多，组合时与人造类名词组合居多；类型强迫可以分为利用和引入，这类词语的数量较少，组合时主要利用名词的构成角色和功能角色。

最后考察了偏正类动名组合的物性修饰关系，偏正类动名两字组主要涉及形式、构成、施成、功用四种角色。涉及不同物性角色的两字组内存在不同的结构义，通过比较词语意义和构成成分的意义提取出四种结构义：“用来 V 的 N”“V 的 N(蕴含主动义)”“V 而来的 N”和“(被)V 的 N”，并总结了这四种结构对进入其中的构成成分的限制条件。

动名两字组的整合度高低对于留学生词汇习得影响的调查研究表明，整合度高低对留学生词义学习有一定影响，整合度越低，词义的理解和应用难度越小；整合度越高，词义的理解和应用的难度越大，词义越难习得；在学习了这些词语之后，整合度高低对留学生词语使用情况也存在的影响，随着整合度的提高，词语使用的错误率也会提高。在词汇教学中应考虑到整合度对学生学习的影响，结合不同层级词语的特点灵活选择合适的教学方法，A 级和 B 级可以突出构词理据，在理解汉字的字义、构词语素的语素义的基础上，进一步明确整词的词义，为词汇量的扩充打好基础；对于 C 级和 D 级词则应注重词义的整体性，以整词理解的认知模式为主。

第四章　带宾动结式与"形容词＋得＋程度补语"结构的认知分析

第一节　基于生成词库的"VR＋O"结构的语义组合分析

动结式一般由一个动词加上一个表结果的谓词性成分所构成，是现代汉语中比较特殊的一种结构形式，如：绑紧、吵醒、打碎等。在其他的语言中，很少会有类似汉语动结式的语言现象，有些语言常常用两个句子来表达，例如"我读完了这本小说"翻译成英文就是"I have read this novel and I finished it"，因此动结式也最能体现汉语句法的灵活性和节约性，这也成为动结式备受语言研究者关注的一个重要原因。朱德熙先生（1982：127）指出："带结果补语的述补结构在语法功能表上相当于一个动词。"动结式作为述补结构的一种，也是一个动词性结构，可以携带宾语，如"打破花瓶""扯断绳子"等。吕叔湘（1999：17）先生也指出"有时候，一个动结式动词具有临时凑集的性质，不能形成一个整体意义，离开宾语不好理解"，例如"这件事忙忘了""吓破了胆"。不过在现代汉语中动结式携带宾语的能力还存在着一定的差异，有些动结式像"孩子睡醒了""我吃胖了"是不能携带宾语的。值得注意的是，动结式带宾语（本节用"VR＋O"的形式表达）结构中动结式 VR 是动词性的，但是动词 V 和动结式 VR 携带宾语的情况并不完全相同：有的 V 带宾语，VR 不带宾语；有的 V 不带宾语，VR 可带宾语；有的则是 V 与 VR 均可携带宾语。

对于上述种种现象，前人的研究较多地关注补语语义指向、配价以及句法等方面，对 VR 带宾语的功能和条件涉及较少；对双音节动结式带宾语的情况关注较多，对多音节动结式带宾语的情况却关注较少。因此，系统地分析动词、补语以及宾语的性质对"VR＋O"结构的影响、对比分析双音节和多音节动结式携带宾语的情况，以及探究动、补、宾之间的语义关系对动结式的整体把握是十分有益的。

另外，近年来由 Pustejovsky 所创立的生成词库理论被越来越多地应用于词汇语义研究领域，Geeraerts（2010：147）用"最精细的形式化分析范式"来评价该理论在当代语义学中的地位。生成词库理论将词义的运作看作是一种组合性、生成性和动态性的体系，与"意义列举词库"的静态词义处理方法不同，目标是通过生成机制获得词汇在不同语境下的词义引申（李强 2016）。目前已有学者运用生成词库理论较好地解释了词汇的部分创新性用法，这也为本节研究动结式带宾语提供了新的角度和方法。因此我们以汉语中常用的动结式为研究对象，探讨其后携带宾语的情况，并基于生成词库理论，考察动结式带宾语结构的语义选择和组合情况。

1. 研究概况

1.1　关于动结式的研究

目前学界对于动结式的研究涉及范围很广，呈现出多样化的特点，主要集中在以下三方面：动结式在语义层面的研究，包括结果补语的语义表达，语义指向等；对动结式结构中心的讨论；动结式的句式研究。

1.1.1　动结式的结构中心

现有研究成果对动结式结构中心的讨论集中在动结式中心是"动"还是"结"。大都认为动词V是结构中心，补语R是从属成分，把动结式看作主从向心结构，张志公(1952)、丁声树(1961)、朱德熙(1982)等看法大致相同，主张后头补充的词是从属，补充前面的主体词。

赵元任(1979)对此提出质疑，明确指出动词在语义上是修饰补语的，动结式的核心在后。李临定(1984)也认定动结式的结构中心是"补"而非"动"，并对前人将"动补"格和"定名结构""状动结构"等划分在一起的观点表示质疑，他根据布龙菲尔德(L. Bloomfield) (1980)向心结构理论，提出了验证偏正结构的一条句法标准，如果省去句子里的双成分结构的一个成分，保留下来的成分句法功能和句子结构的性质都没变，句子的语义关系一致，那么保留的成分就是"正"。马希文(1987)使用了类似的方法加以检测，只是李临定用的是"缩减法"，而马希文用的是"增扩法"，认为"衣服晾干了"不是"衣服晾了"的拓展，而是"衣服干了"拓展而来，从而认定动结式的中心是"结"不是"动"。詹人凤(1989)确定结构中心的方法与李临定一致，认为就一个表述句式，是"动正补偏"；就两个表述句式，就是"动偏补正"，对李临定的结论进行了一些修订。可见，赵元任、李临定、詹人凤、马希文几位先生都将"补"视为动结式的中心。

范晓(1985)提出"成分扩展验证法"，通过插入"得"或"不"确定V与R的关系，最后得出动结式中，"动"是结构中心，"补"是从属成分。范晓的解释，说服力很强，有理有据，进一步深化了对动结式的讨论。袁毓林(2001)认为汉语动结式句法语义不平衡：句法核心是动词，语义核心是补语。

语义中心应该结合语义和语用进行探讨，撇开语用直接得出语义中心是"补"过于绝对；句法中心在动词上。例如"武松打死了老虎"，如果只从语义来看，中心一般在补语上，如果说话者强调"打"，语义焦点就在动词上。因此，本节倾向于将语义和句法分开来讨论动结式的结构中心问题。

1.1.2　动结式的语义研究

(一) 结果补语的语义研究

吕文华(1982)指出结果补语是汉语特有的现象，词义的表达和动结式中各个成分间的关系是结果补语研究的两个前提。并指出动补语的意义关系有两种："一种是结果补语表示因动词发出的动作或所用的手段所得的结果；另一种结果补语并不表示动作的结果，多半是形容词充任的，是对动作的描述。”范晓(1985)将动补结构与语义结合起来，指出：一般的结果补语，实际上表示了结果、程度、和状态三种含义。王红旗(1996)对范晓的研究做了进一步的解释，指出了状态补语(新状态)、评价补语(评价)和结果补语(有结果)差别，其中结果类补语只有几个意义很虚的词如“见”“住”“着”“到”等。范晓、王红旗都看到了结果补语在语义上的差异，并重新进行解释，这些都使我们对动结式的认识更加深入。

（二）补语的语义指向研究

龚千炎(1984)以动结式复合动词为研究对象，将动词分为双向动词、后向动词和前向动词，观察补语与前后成分的语义关系，得出补语 R 的语义与前后主语或宾语一者有关，或与两者都无关。詹人凤(1989)认为在主宾语同时出现的句子中，及物动词补语表述的是主语，形容词或不及物动词表述的是宾语。他是从补语的语法性质考察动结式中补语的表述问题的。梅立崇(1994)从语义的角度进行考察，认为在主、宾语同现的句子中，补语的表述对象与动词的语义特点、与动词跟结果补语之间的语义联系有关，与补语自身的语义特点有关，也跟宾语相关。李晓东(2008)以优选论为框架，对动结式的语义指向做了具体的分析，指出动补式句子歧义的原因之一是补语语义的多指向，并在优选论的整体框架下，确定了影响补语语义指向的制约条件，然后进行排序。

（三）配价研究

范晓(1985)大概是最早开始讨论关于动结式配价问题的，他指出动词性的 V—R 在句中“必有的”名词性成分的数量区分为单向、双向和三向。自此以后，越来越多的学者们都对动结式的配价做了有益的探索。郭锐(1995)认为动结式的配价受论元角色的不同性质直接影响，动结式的论元为述语谓词的主论元和补语谓词的所有论元的并(union)；补语谓词的某些论元角色因位置的改变而变化；“合价”“消价”两种整合作用存在于动结式的配价与组成成分配价关系中并对动结式的配价起决定作用。王红旗(1995)以“把”字句作为动结式配价的考察句式，以删除、添加、隐含作为考察动结式配价的具体操作方法给出了动结式的配价公式“1 + X”：常项 1 指的是述语谓词的主体或施事提升为动结式的论元，变项 X 指的是补语的语义指向。

袁毓林(2001)认为，从动词和补语的配价来推导动结式的价数是从下而上的推导，并不能完全解决问题，因为作为一个整体的动结式其配价并非完全决定于动词和补语的配价。在此基础上作者提出了七条论元准入规则，从动结式整体的角度把握控制动结式论元的计算，据此说明了“削价”“共价”是由动结式整体对配价计算的要求带来的。

1.1.3 动结式的句法研究

充当谓语是动结式的主要句法功能，动结式句式是汉语中特有的一种句式，它以动结式为谓语或谓语中心。李临定(1980)从形式、意义和句式等角度详细描写了动补结构构成的五种句式SVC、SVOVC、SVCO、SVO_1VCO_2、S把O_1VCO_2，以及各自的特点和可能出现的变换格式，变换的限制条件。马希文(1987)共总结出了名+动结+“了”、名+“把”+名+动结+“了”、名+“让”+名+动结+“了”、动结+“了”+数量名、名+动结+“了”+数量名、名+“有”+数量名+动结+“了”、“有”+数量名+动结+“了”、名+“把”+数量名+动结+“了”、名+“让”+名+“把”+名+动结+“了”等九种与动结式相关的句式，还进一步描述了各句式间变换、扩展和置换关系。范晓(1985)认为动补结构作谓语的基本句式是“S—VR”与“S—VR—O”两种形式，宾语“O”有时出现有时不出现，位置也有前有后，并概括出了十种不同的句式。

1.2　动结式带宾语的研究

朱德熙(1982)指出，述补结构带结果补语跟动词一样，有及物和不及物的区别。自此以后，学术界从不同的角度对此进行探究。李小荣(1994)把动结式分成表抽象结果义的虚化动词作补语和表具体结果义的动词或形容词作补语两类。认为动结式的及物性与其类别相关，述结式能否带宾语与补语的语义指向有关，并根据补语的性质将补语分为三类：一般自然结果、符合预期结果和偏离预期结果，考察了这三类补语构成的述结式带宾能力。伍和忠(1996)用VP+NP来表示动结式带宾语结构，其中VP=V1(述语动词)+V2(结果补语)；并认为在V1和V2都是动词、V1是动词而V2是形容词以及V1是形容词V2是不及物动词“死”这三种情况下，VP一般可以带宾语。陆俭明和马真(1997)指出由形容词充任结果补语的述补结构能不能带宾语，不取决于述语动词，补语的语义指向和述补结构(形容词充当结果补语)的语法意义决定了该述补结构能否带宾语。张登岐(1998)认为“(动+补)+宾”结构里的动词一般是单音节口语动词或无宾动词，补语约有结果和趋向两类，宾语在语义上有的与动词有关，有的与补语有关，宾语属于整个动补结构。董秀芳(1998)主张述补带宾语句式中的述补结构必须是一个韵律词，在韵律要求下经过贴附式移位而临时压缩成词，三音节和四音节一般不能进入这种句式，保持短语特性。黄晓琴(2006)分析了动结式可以携带的宾语有三类：受事、使动和形式，宾语和补语之间构成他动或使动的语义关系是基本条件；客观上存在宾语和补语的搭配形式是最低合格条件。

语法学界近年来采用了一些新的理论和方法对动结式带宾语的结构进行研究，如结构主义语法、配价语法、认知语法、生成语法、构式语法等。越来越多的研究者关注语义指向与动结式带宾语的关系，李小荣(1994)认为动结式带宾语结构与补语的语义指向密切相关，陆俭明、马真(1997)则进一步把结果补语的语义指向细分为十种情况来探讨补语的语义指向对动结式带宾语的具体影响。徐通锵(1998)将述结式分作他动和自动两种，认为当补语的语义当指向施事时，“VR+

N"是一种自动结构;而当补语的语义指向受事时,"VR + O"就是一种使动结构。宋文辉(2003)认为对动结式的配价现象必须从动结式的概念结构去解释,并建立了概念成分的显现原则,包括:凸显原则、疏密原则、概念结构的限制条件,主事件和副事件必须要有联系,不能有矛盾,一类概念成分只有一个;形式限制,焦点后置原则以及动词后只有两个或两个以下句法位置两个限制。包小金(2005)基于认知语言学的范畴化、象似性和语法化等理论,将述补结构的语义关系定为"动—变—结"关系,指出述补结构表达的动作变化轨道有预期轨道和非预期轨道两种,并从述补结构的语法形式上进行了认知解释。

1.3 生成词库理论的研究及应用

生成词库理论(GLT)为词库研究开拓了一片新天地。吴禄生(2012)基于生成词库理论对轻动词构式的语义进行解读,他指出这个语义解读过程相当于一个类型强迫过程,是轻动词构式中轻动词具体化的过程。袁毓林(2014)介绍了生成词库理论中的物性结构、论元结构、事件结构和词汇集成结构四种语义表达,根据汉语名词在文本中的基本组合方式分析了形式、构成、单位、材料、功用、行为、施成、评价、处置和定位等十种物性角色。赵青青(2014)依据生成词库理论的物性结构及语义类,分析了双音节隐喻名名复合词中涉及的物性角色并进行语义信息标注,构词语素的语义类与物性角色、隐喻式复合名词的语义类和物性角色与构词语素义类之间的相关性,认为构词语素的意义会对隐喻产生影响,其义类对整词的语义类具有一定的预测性。李强(2015)在生成词库理论的指导下,着重分析了动词"读"和名词的组合搭配,通过组合机制与"读"所带名词的类型说明了动名组合的复杂情况,又从物性角色的角度解释了"读 + 非常规宾语"结构的组合形成问题。宋作艳(2017)则将生成词库理论看作一种认知模型。生成词库更加注重认知的语言关联,通过物性结构将一些重要的百科知识引入词义描写,丰富名词的词汇表征。目前看来,物性结构在范畴化、隐喻、转喻和概念整合等认知语言学研究领域开始逐渐得到广泛运用。

目前来看,汉语语法学界在动结式的研究成绩上是显著的,但是在对动结式带宾语的研究上,句法、配价上研究较为深入,语义、语用上却相对浅薄。在语义层面上,注重补语对于"VR + O"结构的影响,较少论及动词、宾语产生的影响。较多关注动结式能否带宾语,却很少注意到动结式能带什么宾语。另外生成词库理论对名名组合、形名组合都有所考察,也有动名组合的情况分析,而运用生成词库理论对动结式以及动结式带宾语的组合情况进行研究则是一个新的研究角度。下面结合生成词库理论、认知语言学的相关理论,将描写、统计与解释相结合的分析方法,对动结式带宾语"VR + O"结构的限制条件以及语义组合情况进行描写与分析。

2. 动结式及"VR＋O"结构

以往的研究成果中对于动结式带宾语的结构，还是缺乏详细专门的讨论。要想探究动结式带宾语结构内部的规律性特征，首先要对"VR + O"结构进行界定以及归类，并且对能够进入该结构的相关语料进行筛选。在此基础上，简要论述补语语义指向对于动结式带宾语产生的影响。

2.1　"VR + O"结构的界定及分类

2.1.1　"VR＋O"结构的界定

动结式是由述语动词和结果补语所构成的动词性结构。位置在前面的述语动词表示的是某种动作行为，如"吃、抓、打扫、整理"等；位置在后面的补语通常是由形容词或动词充当，表示该行为所造成的某种结果，如"饱、哭、干净、清楚"等。一般来说，动结式带宾语的结构指的是满足"VR + O"的结构，其中 V 是动词，R 是补语，O 是名词性的宾语。

王力先生（1989：262）将述结式中的"弄坏""修好""救活"类命名为"使成式（causative form）"，意义上是把行为及其造成的结果用一个动词性词组表达出来；形式上有及物动词带形容词或者带不及物动词。王力先生认为"VR + O"结构中动词 V 一定是及物动词。实际上也可以是不及物动词，例如"愁白了头发""饿昏了头"等。朱德熙（1982：125）论述了组合式与粘合式述补结构，组合式述补结构是带"得"的述补结构，如"抓得紧、看得多、走得快"等；而"写完、抓紧、煮熟"等补语直接黏附在述语后面的格式就是黏合式述补结构，又分为带结果补语的和带趋向补语的两种述补结构。马真、陆俭明（1997）指出"VR + O"结构中补语 R 既可以是形容词也可以是动词，他们详尽地统计出可以作为结果补语的形容词，包括单音节形容词和双音节形容词，但对哪些动词能够做结果补语，尚未进行细致分析。

本节所讨论的动结式是带结果补语的黏合式的述补结构，常见的如"吃饱、打碎"等。以往的研究主要关注双音节形式的动结式，笔者在考察动结式带宾语的过程中，发现多音节的动结式如"想清楚、打扫干净"等携带宾语也有着一定的规律，因此将三音节甚至四音节的动结式也纳入研究对象中。在现代汉语体系中，能够作结果补语的既有动词也有形容词，我们根据动结式的构成情况将其分为两种，包括双音节、三音节及四音节，例如：

第一种：动 + 形

拔光　办妥　补齐　擦干　踩平　打破　压扁　染红(1 + 1)
拔干　净想　清楚　弄明白　吃干净　搭整齐　打结实(1 + 2)
剥削光　补充足　测量准　筹备齐　发表错　分配光(2 + 1)
安排妥当　表达清楚　补充完整　处理干净　打听清楚(2 + 2)

第二种：动＋动

背走　扯断　睡醒　写完　考砸　打赢　吓跑　听懂(1＋1)
洗掉色　唱走调　说动心　玩上瘾　捂断气　晒脱皮(1＋2)
阻挡住　整顿完　转移走　开除掉　化装成(2＋1)

一般来说，动作性越强的动词充当述语动词的可能性就越大，如“挂”可以与“稳、高、住、完、断、破”等构成动结式复合词，但“敬”一般只能和“完”搭配构成动结式。实际上，汉语动结式的能产性很强，说话人可以根据需要随意搭配不同的补语，因此从某些方面来说，动结式的构成也具有一定的随意性。需要注意的是，这里构成双音节动结式的述语动词很少会出现动宾形式，常见的动宾类动词性结构如果加结果补语会将补语插入动宾之间，构成“动宾补”形式，如“爬山”可以插入结果补语“完”，构成“爬完山”，部分可以在后面携带补语的也不能再携带宾语，如“加班完”后不可以携带宾语。本节探讨的动结式带宾语“VR＋O”结构，指的是包括动词充当述语或者补语以及形容词充当补语的“VR＋O”结构。尤其需要指出的是，这里动词V可以是及物动词或者不及物动词，动词进入“VR＋O”结构受哪些条件制约下文中将做进一步分析。

2.1.2 “VR＋O”结构的分类

动结式VR一般不分离，后面有些可以携带宾语构成“VR＋O”结构，例如：

(1) 孟明霞小心翼翼地给她割断绳子。(梁羽生《瀚海雄风》)
(2) 我没工夫等你想清楚答案。(绿荷《我们结婚吧》)

例(1)中动词“割”和动词“断”构成的动结式“割断”后可以带宾语“绳子”；例(2)动词“想”和形容词“清楚”构成的多音节动结式“想清楚”后也带了宾语“答案”。VR后有时候不可以携带宾语，例如：

(3) 所有的人都变矮了。(莫言《红高粱》)
(4) 老头终于睡醒了。(懒狮子《星群》)

动结式“变矮、睡醒”后都不可以加上宾语，通常这样的动结式会在句尾加上表完成态的“了”，使句子变得完整。有时动结式“变矮”后会出现数量宾语“一截”，但本书中“VR＋O”结构宾语O考察的是名词性的宾语而非数量宾语。

除此以外，三音节(动词或补语二者其一是双音复合词，2＋1/1＋2)和四音节(动词与补语均为双音复合词，2＋2)的动结式也有携带宾语和不携带宾语两种情况，例如：

(5) 萨尔浒城这弹丸之地，还能阻挡住努尔哈赤的大军吗?。(李文澄《努尔哈赤》)
(6) 餐桌也已经收拾整齐。(彼得·梅尔《茴香酒店》)

例(5)的“阻挡住”后面都可以携带宾语，而例(6)中的“收拾整齐”后却不可以带宾语，由此可见，多音节的动结式携带宾语的能力也有所差异。

那么究竟在什么情况下，VR后可带宾语？VR后带宾语有哪些不同的情况？这都是我们接下来需要讨论的问题，首先根据V的及物性与R的词性及VR与O的关系，考察相关语料，将VR后带宾语的情况分为以下六类：

1）V是及物动词，R是形容词，VR后可以带宾语且VR的宾语就是动词V的宾语，例如：

(7) 我俩玩坏了棒球，踢破了足球。（约翰G·哈贝尔《再见了，孩子》）

(8) 他拧干了床单，走回岸边来。（艾米《山楂树之恋》）

上述(7)(8)二例中，动词V“踢、拧”都是及物动词，补语R“破、干”都是形容词性结果补语，构成的动结式后面可以带宾语“足球、床单”，且VR所带的宾语与V的宾语一致，我们可以说“踢足球、拧床单”，这里的宾语名词即是动词的作用对象。

2）V是及物动词，R是形容词，VR后可以带宾语但VR的宾语不同于V的宾语，例如：

(9) 计算稿纸一麻袋一麻袋地堆满了房间。（曹家骧《历史将永远记住他们》，《文汇报》2001年6月28日）

例(9)中VR“堆满”同样是由及物动词加单音节形容词构成的，但该句中VR的宾语“房间”却不可以直接作“堆”的宾语，因为动词“堆”的作用对象应该是“计算稿纸”。

3）V是及物动词，R是不及物动词，VR后可以带宾语且VR的宾语就是动词V的宾语。例如：

(10) 张某起初给战友起外号，并且气哭了女兵。（王胜勋《“外号”风波》，《政工学刊》1997年第10期）

上例中动词“气”是及物动词，补语“哭”是不及物动词，构成的动结式“气哭”后可以带宾语“女兵”，VR的宾语同样也是动词V“气”的宾语，可以说“气女兵”。

4）V是及物动词，R也是及物动词，VR后可以带宾语且VR的宾语既可以作V的宾语，也可以作R的宾语。例如：

(11) 我听懂了他说的话。（姚明《我的世界我的梦》）

例(11)V“听”和R“懂”都是及物动词，构成的动结式“听懂”后可以分别携带宾语“说的话”，既是动词“听”的宾语，也是补语动词“懂”的宾语，例如可以说“听他说的话”，也可以说“懂他说的话”。

5）V是不及物动词，R是形容词，VR后可以带宾语。VR的宾语不能作动词V的宾语，例如：

(12) 晓霜在一边笑弯了腰。(琼瑶《雁儿在林梢》)

例(12)中的动结式"笑弯"是由不及物动词和单音节形容词共同构成的，携带宾语"腰"，但"腰"不能直接充当动词的宾语，"*笑腰"都是不能被接受的。类似还有"*跑脚板""*愁头"等。

6) V是不及物动词，R是及物动词，VR后可以带宾语，VR的宾语可以作补语动词R的宾语，但不可作动词V的宾语。例如：

(13) 有一半人跑丢了鞋，光脚丫子。(雪克《战斗的青春》)

例(13)中的动词"跑"为不及物动词，补语"丢"为及物动词，宾语"鞋子"不可以做动词V的宾语，反而可以成为补语R的宾语，可以说"丢了鞋子"，却不可以说"跑了鞋子"，但这种类型的"VR+O"结构用例较少。

上文根据V的及物性以及R的词性，以及动词V与宾语O间的关系将"VR+O"结构分为了六种不同的情况，总体以双音节动结式为主，而与多音节动结式带宾语的情况相比，两者有所不同。据检索语料发现，上述六类动结式带宾语的情况中，前面四类都有多音节动结式的现象存在，后面两种暂未发现用例。第一类和第二类上文已经列举了相关用例，第三类常见的有"收拾完""积攒够"等后面可分别携带宾语"房间""钱"，第四类常见的有"听明白"等后可携带宾语"他的意思"，但实际用例多音节动结式携带宾语的情况还是远少于双音节动结式，从构成动结式能力来看，双音节动结式就明显强于多音节动结式，而且多音节的动结式进入"VR+O"结构中的情况也较为少见。常见的多音节动结式带宾语的"VR+O"结构中，V一般都为及物动词，且宾语一般都可以直接作动词的宾语，也有不能直接作动词宾语的情况，但此时的动词常为泛义动词，如"弄明白、搞清楚"等。

2.2 "VR+O"结构补语的选取

2.2.1 形容词补语语料的选定

动结式的内部情况非常的复杂，补语的数量也非常多，能够充当动结式的结果补语有形容词也有动词。由于汉语当中的动词和形容词的数量非常庞大，为了标准的统一性和研究的有效性，我们选择郑怀德、孟庆海的《形容词用法词典》以及孟琮、郑怀德的《汉语动词用法词典》作为考察对象来限定研究范围。《形容词用法词典》比较完整地列出了最常用的形容词及其常见用法，因此依据这部词典对动结式中的形容词补语进行界定。

首先，我们对《形容词用法词典》中的单音节形容词进行统计，发现里面共收录了单音节形容词168个，其中能够作为结果补语的有矮(砌矮)、暗(变暗)、白(染白)、薄(压薄)、笨(学笨)、扁(压扁)等153个，不能做结果补语的单音节形容词有陈、冲、次、毒、旱、假、静、灵2、妙、遭、帅、素、新、艳、真等15个。

双音节形容词作结果补语的数量远远少于单音节动词，根据考察，双音节形容词共789个，能作结果补语的双音节形容词只有63个，分别是：

安稳（睡安稳）、饱满（长饱满）、暴躁（变暴躁）、成熟（变成熟）、迟钝（变迟钝）、充分（考虑充分）、充足（准备充足）、聪明（学聪明）、粗心（变粗心）、大方（变大方）、呆板（变呆板）、端正（坐端正）、干净（洗干净）、复杂（搞复杂）、工整（写工整）、光滑（打磨光滑）、过火（搞过火）、好看（变好看）、合理（分配合理）、糊涂（搞糊涂）、荒凉（变荒凉）、活泼（变活泼）、活跃（搞活跃）、机灵（变机灵）、简单（说简单）、骄傲（变骄傲）、结实（捆结实）、精确（算精确）、均匀（涂均匀）、宽敞（住宽敞）、厉害（变厉害）、利索（说利索）、明白（弄明白）、年轻（变年轻）、暖和（烧暖和）、便宜（卖便宜）、漂亮（画漂亮）、齐全（准备齐全）、谦虚（变谦虚）、清楚（问清楚）、轻松（变轻松）、确实（搞确实）、熟练（跳熟练）、爽快（变爽快）、随和（变随和）、淘气（变淘气）、调皮（变调皮）、透彻（研究透彻）、妥当（办妥当）、妥善（安排妥善）、消沉（变消沉）、消极（弄消极）、兴旺（搞兴旺）、虚心（变虚心）、匀称（长匀称）、扎实（学扎实）、真实（写真实）、整齐（摆放整齐）、正确（答正确）、周到（考虑周到）、周密（考虑周密）、准确（搞准确）、仔细（问仔细）

在形容词充当结果补语的情况下，有的结果补语构成动结式的能力较强，如单音节形容词"破"可以构成"打破、摔破、抓破"等，双音节形容词"干净"可以构成"洗干净、吃干净、冲干净、打扫干净"等，而有的能力却很弱，如"凶、调皮、粗心"只能和动词"变"构成动结式，而且从上述列举的形容词补语中，也能看出较大部分的双音节形容词只能和动词"变"构成动结式，这也间接说明双音节的结果补语构成动结式的能力较弱。

结合上述对《形容词用法词典》的考察，共有63个双音节形容词和153个单音节形容词可以作为结果补语。

2.2.2　动词补语语料的选定

陆俭明、马真（1997）详细论述了能够充当结果补语的形容词有哪些，而未论及哪些动词可以充当补语以及充当补语时有哪些限制条件。通过考察有关动结式的研究成果，笔者认为动结式的补语表示动作的结果，也能够表示状态变化，从时间结构上看具有终点性。逐个考察《汉语动词用法词典》中的动词后，确定能够做结果补语的单音节动词有：差、沉、成、抽、穿、串、倒、倒（dào）、掉、丢、定、动、断、翻、飞、够、糊、花、化、混、活、卷、尽、开、裂、落、漏、灭、没、拧、跑、披、洒、撒、伤、松、弯、散、剩、塌、疼、通、透、退、响、笑、醒、哑、赢、晕、着、肿、炸、住、转、走、醉等57个。在考察这些能做结果补语的动词过程中，我们也注意到一些比较特殊的结果补语。这些补语一般来说意义比较虚化了，例如"包完饺子"里面的"完"，"锄掉杂草"里的

“掉”,“逮走犯人”里的“走”等等。孟琮、郑怀德(2012)在词典中也列举说明了六个意义比较虚化的动结式补语“了、着、成、动、好、得”。李小荣(1994)曾就述结式带宾语功能进行了考察,其中提到有一部分比较特殊的补语,它们都是一些黏着的表示抽象的结果意义的成分,并且与一定数量的单音节动词结合,形成一些较为固定的格式,例如:

动词+成:“成”作为补语动词在《现代汉语词典》中主要有两个义项:(1)表示动作行为的完成、成功。如“熬成”“缝成”,(2)成为。如“变成”“改成”。

动词+着:“着”用在动词后,表示动作行为达到了目的或者有了结果,如“打着、睡着、吃着、猜着”。

动词+好:“好”用在动词后作补语,表示动作行为完成或者达到了完善的地步。如“写好、订好、玩好、躺好”。

动词+掉:动词后作补语的“掉”表示行为动作的结果是人或物离开或消失。如“忘掉、吃掉、改掉、逃掉”。

动词+住:“住”作为动词的补语,词典收有三个义项,分别为(1)表示动作行为的牢固稳当。如“把住、拿住、捉住”;(2)表示动作行为的停顿静止。如“问住、愣住”;(3)表示力量够得上或者够不上,跟“得”和“不”连用。如“支持不住,禁不住”。第(1)第(2)为“住”的引申用法。

动词+中:“中”在动词后作补语表示动作行为达到预期的目标。例如“看中、打中、猜中、射中”。

已有不少学者对这些虚化的补语给予关注,但是学界对于虚化动词作补语的范围认识还不太一致。通过总结前人的研究成果,我们认为在动结式中充当结果补语,但意义已经虚化,主要承担语法功能的词有“成、得、掉、动、好、完、着、住、中”等。这些词数量有限,都有一些共同的特征:

其一,意义的虚化。“虚化”最重要的特征就是原本具有实义的词意义逐渐虚化,有的在某种程度上而言已经没有实在的意义,在句子中主要承担的是语法意义。

其二,句法位置变化。多数情况下“虚化”或者说“语法化”现象是由实词的句法位置变化引起的。在语言的发展变化过程中有些实义动词不再单独使用,跟主要的谓语动词共同组成谓语,通常情况下放在主要谓语动词之后,从而逐渐虚化,如“掉——除掉、丢掉、干掉、卖掉、拿掉、去掉、失掉、烧掉、忘掉”等。

其三,依附性。这些虚化的词通常情况下不能单独使用,它们要依附前面的主要谓词才能存在,例如:

(14) 拿<u>走</u>了斧子、滑雪板等日常用品。(川端康成《当代世界文学名著鉴赏词典》)

上例中补语“走”不能单独与宾语“斧子、滑雪板”组成“ * 你可以走斧子、滑雪板”,这里“走”必须依附于前面的述语动词“拿”。由于虚化了的补语对于动词的依附性，在双音化及高频使用的推动下，有些双音节动结式已经凝结成词，如“丢掉、干掉、失掉、忘掉、看中（见《现代汉语词典第 7 版》）、把住、除掉（见《汉语大词典》）”等。至于为何有的成词有的未成词或者还处于词化过程中，以及哪几种单音节虚化结果补语附在单音节动词之后倾向于成词，还值得进一步讨论。

这些抽象补语带宾语的情况较为特殊，虽然每一个补语的意义都有所区别，各有侧重，但它们都有抽象地表示动作行为的完结意义；抽象动词粘着于动词之后，本身的意义用法接近于助词“着、了、过”，因此带不带宾语取决于动词 V 的性质，述语为及物动词都能带宾语，且宾语就是动词的宾语，述语为不及物的动词，一般都不能带宾语。除单音节动词作结果补语的情况，双音节动词充当结果补语的情况也有存在，例如“明白、习惯、上瘾、动心”都可以和动词构成动结式“弄明白、住习惯、玩上瘾、说动心”，但这类动词的数量十分有限，而且这类动结式有其特殊性，下文也有所涉及。

2.2.3　补语的类型及语义指向

2.2.3.1　补语的类型

通过上述所列举的补语，可将能够构成动结式的结果补语分为以下几种情况：

- 结果补语
  - 单音节
    - 动词
      - 实义动词：醉、弯、丢、断、疼
      - 虚化动词：完、掉、住、动、走
    - 形容词
      - 好（“完成”义）
      - 其他：坏、满、遍、紧、空、红
  - 双音节
    - 形容词：清楚、明白、干净、妥当、完整
    - 动词：掉色、走调、动心、上瘾

图 4-1-1　动结式结果补语的分类

通过图 4-1-1 可以看出，除了上文提到的虚化补语以外，还有两类较为特殊的结果补语，一种是双音节形容词充当结果补语，另一种是双音节动词充当结果补语。双音节形容词作结果补语的动结式有三音节也有四音节的情况，例如“弄明白、搞清楚、摆整齐、打扫干净、解释清楚”等，我们发现其中能够进入“VR＋O”结构中的双音节结果补语只有为数不多的几个，如“清楚、明白、干净”等，例如：

（15）当我们看了剧本后，我们弄明白了创意的理由。（姚明《我的世界我的梦》）

（16）一旦调查清楚事情的真相，就准备严肃处理当事人。（路遥《平凡的世界》）

（17）＊用松烟和旺波树挡严实门。

（18）＊你应该补充完整有关凭证。

例（15）和例（16）的可接受程度高，而例（17）和例（18）接受度则较低，根据冯胜利（1996）的观点汉语普遍重音应该是由最后一个主要动词指派给其右边的成分，其后若没有别的成分，重音就会落在动词上，每个句子只有一个普遍重音，因此汉语句子的主要动词后不允许出现两个弱读成分。这便解释了为什么有些符合句法语义的多音节动结式却不能带宾语，例（15）和例（16）的情况较为特殊，而且只有数

量固定的几个形容词可以充当补语，因此不妨将这类动结式看作是习语性的特殊动结式。

双音动词结果补语构成的动结式也是最为特殊的一类。杨石泉（1986）认为“动 +（补 + 宾）”结构并不属于“VR + O”结构，补语先跟宾语构成动宾关系，然后再和述语发生关系。吴为善、吴怀成（2008）则将其称为双音述宾结果补语动结式。实际上，这种结构不能看作是“VR + O”结构，而只能看作 VR 结构，这里的补语是由双音节动词充当的，而且已经凝固成词，不能转换为典型的“VR + O”结构。和前面的动词相比，双音节动词动作性已经明显弱化了。这类结果补语构成的动结式一般都不可以带宾语。例如：

（19）他确实没有让爷爷看走眼。（倪方六《中国人盗墓史》）

这句不能改成“ * 看走眼他了”。值得注意的是，这类动结式一般都是常见固定搭配，例如“走调”只与“唱”搭配，“走眼”只与“看”搭配，有的虽然可以进行替换，但也非常有限，如“玩上瘾”“看上瘾”“吃上瘾”。

2.2.3.2　补语的语义指向

语义指向指的是句中的某一成分在语义上跟句中或句外的一个或几个非直接成分相关，语义指向分析是通过分析句中成分的语义指向来揭示、说明某一语言现象。马真、陆俭明（1997）指出，形容词充当结果补语的动结式能否带宾语主要取决于补语的语义指向和形容词充当结果补语的述补结构所表示的语法意义。其实，这也同样适用于动词充当结果补语的述补结构。就动结式来说，补语的语义指向分析并不容易，大部分的补语语义指向是指向一个成分，叫单向语义指向，这类的补语占据结果补语的 80%，单向语义指向又分为指向致事主语、致使方式以及役事宾语的情况；有的补语语义指向两个句子成分，叫双向语义指向。

（一）单向类语义指向

1）补语语义指向致事主语，如果结果补语在语义上指向动作行为的施事，这样的动结式一般不可以带宾语，如：

（20） * 跑丢妹妹了。

“跑”的施事是“妹妹”，“丢”作为结果补语指向施事“妹妹”，表明动作行为的结果，一般我们会说成“妹妹跑丢了”。类似的还有“孩子睡熟了”等。

但同时我们也注意到一些例外的情况，如：

（21）他在外面喝醉了酒。（李文澄《努尔哈赤》）

（22）你吃饱了饭。（莎士比亚《奥赛罗》）

例句中充当结果补语的“醉”和“饱”在语义上既不指向“喝”和“吃”，也不指向宾语“酒”和“饭”，二者都是指向动作行为的致事，在这一类句中，结果补语对致事对象进行说明，在这两例中，动词“喝”“吃”可以直接带宾语，这两句可以变换成“他在外面喝酒喝醉了”“你吃饭吃饱了”。宾语“酒”和“饭”可以隐含不进入句中，因此常常说成“他喝醉了”“他吃饱了”。

2）补语语义指向述语动词，这种语义指向述语动词的结果补语有两种情况，一种是具有表达其原有的实在意义的补语，如形容词“迟、久、透彻、合理”等，这种动结式中，动词V不论是及物的还是不及物的，一般后面都不能带上宾语。但“紧、透、重、准”与部分及物动词构成的动结式却能够带宾语，如“抓紧时间”“看透人生”“看重利益”“对准枪口”，这是因为“抓紧”“看透”“看重”这些动结式趋向于一个双音词，携带宾语的能力也自然与动结式有所不同，这就涉及动结式的整合度问题了。

另一种是词语意义虚化，主要在动结式中承担语法意义的“虚化补语”，如“掉、完、住”等。上文中也提到过这些虚化补语，它们已经丧失单独作为谓语的能力，需要依赖于前面的述语动词，虽然补语部分地保留原有的意义，但主要作用是表示述语动作或状态的完结，而整个动结式的语义重心在述语动词上。因此充当结果补语的虚化动词指向述语，这类动结式更趋向于一个词，一般后面可以携带宾语。

3）补语语义指向役事宾语，这种动结式也是最常见的一种，动结式中的补语通过动作产生，并且这个结果对第三者会产生影响，第三者就是受事。例如：

（23）后半夜还有砖头块砸碎了玻璃窗。（刘心武《刘心武选集》）

例（23）中结果补语“碎”指向役事宾语“玻璃窗”，结果补语通过致使方式“砸”产生，并对役事宾语“玻璃窗”产生影响，句子也可以变成“后半夜还有砖头砸玻璃窗，玻璃窗碎了”。“推倒围墙”等类此。这种典型的动结式带宾语的情况，一般来说述语动词与宾语关系密切，即前文所提到的直接役事，它们可以构成动宾结构，这样的动结式构成“VR＋O”结构的能力较强。

而在“VR＋O”结构中，还有很多动词V与宾语O没有直接联系，O为间接役事，动词与宾语不能构成动宾结构，例如：“别熬坏了身体”“膝盖擦破皮了”，虽然结果补语也是通过致使方式产生，并且也对役事宾语产生影响，但是述语动词和宾语之间没有直接的联系，自然也就不能将句式变换成“＊熬身体”。同时我们也注意到这一类的“VR＋O”结构中役事宾语与主语之间存在着从属关系，“身体”是隐含主语的一部分，“皮”是“膝盖”的部分。“喊哑了嗓子”“吵红了眼”“吃坏了肚子”等类此。

还有一种补语也指向役事宾语，宾语也是间接役事，如：“哭倒长城”“说破嘴皮”，补语“倒”指向役事宾语“长城”，补语“破”指向役事宾语“嘴皮”。但从语义上来说，宾语和致使方式之间并没有致使关系，这是一种夸张的表现手法。

（二）双向类语义指向

有的时候，结果补语还可以同时指向句中的两个成分，例如：

（24）你说错了话，我杀错了人。（古龙《天涯明月刀》）

例中结果补语“错”不仅指向致使方式“说”，也指向役事“话”，整个句子实际上包含三层含义：你说话＋说错了＋话错了。

据上文描述，关于补语的语义指向问题可总结如下：当补语为实义补语的时候，语义指向致事的一般都不能带宾语，除非也指向役事，能够构成“VR + O”结构；补语指向役事的情况较为复杂，但一般都可以携带宾语。而当补语为虚化了的补语时，只能指向述语动词，通常可以带宾语。

综上所述，本节讨论的动结式是带结果补语的粘合式的述补式，包括双音节和多音节形式，如“扯断、打扫干净”等，而动结式带宾语“VR + O”结构，指的是包括动词充当述语或者补语以及形容词充当补语的“VR + O”结构。根据 V 的及物性以及 R 的词性，以及动词 V 与宾语 O 间的关系将“VR + O”结构分为六种不同的情况，这六类动结式带宾语的情况中，前面四类都有多音节动结式的现象存在，后面两种暂未发现用例。多音节动结式携带宾语的实际用例远少于双音节动结式。通过对《形容词用法词典》和《汉语动词用法词典》的穷尽性考察，归纳统计出能够充当结果补语的形容词和动词，153 个单音节形容词、63 个双音节形容词、57 个单音节动词能够作为结果补语，双音节动词充当结果补语的情况也存在，例如“明白、习惯、上瘾、动心”都可以和动词构成动结式“弄明白、住习惯、玩上瘾、说动心”，但这类动词的数量很有限。双音形容词、双音动词等特殊的补语构成的动结式带宾语的情况也以及补语的语义指向对动结式带宾语的影响仍值得进一步关注。

3. 动词对“VR＋O”结构的影响

3.1 “VR + O”结构中的 V

3.1.1 述语动词 V

赵元任(1979:206)曾指出“动补复合词里的动词几乎可以是任何动词”，笔者通过对《汉语动词用法词典》的详细统计，发现能够带结果补语构成动结式的动词数量确实很多，根据统计，该《词典》共收录动词 1 223 个，其中单音节动词 547 个，双音节动词 676 个。共有 269 个双音节动词可以直接带结果补语，分别是：

安排、安慰、把握、办理、包围、保持、保护、保留、保卫、报复、报告、比赛、辩论、表达、表示、表演、表扬、剥削、驳斥、补充、补助、布置、参观、参加、参考、测量、测验、抄写、称赞、承认、筹备、处理、答复、打扮、打算、打听、代替、逮捕、担任、抵抗、调查、调动、动员、斗争、督促、端正、锻炼、发表、发动、发挥、翻译、反省、反映、防备、防守、防止、访问、放松、分别、分配、分析、粉碎、讽刺、服务、负责、改革、改造、工作、攻击、巩固、观察、管理、贯彻、广播、规定、号召、核对、合作、呼吸、欢迎、回答、回忆、汇报、活动、积累、集合、计较、计算、记录、假装、检查、检讨、建设、建议、建筑、奖励、交代、交换、交流、交涉、校对、教育、接待、揭发、揭露、解决、解释、介绍、进行、经受、救济、举行、考虑、考试、考验、咳嗽、克服、控诉、控制、扣留、扩充、利用、联络、联系、练习、了解、轮流、埋葬、描写、排除、排列、盘问、判断、抛弃、赔偿、配合、批发、批判、批评、评论、破坏、欺负、迁移、强调、强迫、敲诈、侵略、清理、请教、请示、庆祝、区别、驱逐、忍耐、忍受、丧失、商量、设计、申请、审查、审问、生产、拾掇、使唤、使用、试验、收集、收拾、搜集、搜查、算计、损失、谈论、淘汰、讨论、提拔、调剂、调解、调整、通知、突击、团结、推荐、挖苦、维持、维护、慰问、稳定、侮辱、牺牲、吸收、吸引、吓唬、限制、享受、消除、消化、消灭、消失、协商、协助、欣赏、修改、修理、休息、休养、叙述、宣布、宣传、选举、选择、学习、训练、压迫、压制、研究、延长、掩盖、掩护、掩饰、养成、摇晃、议论、隐藏、隐瞒、印刷、迎接、应付、拥抱、预备、预料、阅读、运输、酝酿、糟蹋、责备、掌握、招待、照顾、照料、折腾、折磨、镇压、征求、争吵、争夺、争论、整顿、整理、证明、支持、执行、指导、指挥、治疗、制定、制造、制止、主持、嘱咐、注解、转移、追求、准备、综合、总结、阻挡、组织、阻止

在547个单音节动词中有503个可以直接带结果补语，分别是：

挨、安、按、熬、拔、掰、摆、搬、办、拌、帮、绑、包、剥、抱、背、奔、蹦、逼、比、闭、避、编、变、标、病、拨、补、擦、猜、裁、采、踩、藏、测、插、查、差、拆、搀、缠、铲、尝、唱、抄、炒、吵、扯、撤、沉、称、盛、乘、吃、冲、冲、抽、愁、出、除、锄、穿、传、喘、串、闯、吹、凑、催、存、搓、搭、打、逮、戴、带、掸、当、挡、当、倒、到、倒、登、滴、等、递、点、垫、调、钓、跌、叠、叮、盯、钉、顶、定、订、钉、丢、动、冻、斗、逗、读、堵、端、堆、对、蹲、夺、躲、剁、饿、发、罚、翻、放、防、飞、废、分、缝、扶、改、盖、赶、干、搞、割、搁、给、跟、耕、够、刮、挂、拐、怪、关、管、逛、跪、滚、裹、过、害、喊、喝、合、恨、哄、糊、花、划、画、化、划、还、换、回、会、混、和、活、挤、寄、记、夹、加、煎、剪、减、捡、见、讲、降、浇、交、教、嚼、搅、缴、叫、接、揭、解、戒、借、紧、进、尽、敬、救、举、锯、卷、掘、开、看、砍、看、扛、考、烤、靠、磕、渴、啃、抠、扣、哭、夸、捆、拉、拉、裂、落、来、拦、捞、离、理、立、炼、练、量、晾、裂、淋、流、留、搂、搂、漏、落、抹、骂、埋、买、迈、卖、冒、瞒、迷、描、灭、摸、磨、抹、磨、抹、拿、挠、闹、撵、捻、碾、念、捏、拧、扭、弄、挪、趴、爬、拍、排、派、盼、耪、抛、跑、泡、赔、陪、配、喷、捧、碰、批、披、劈、劈、骗、漂、拼、评、泼、破、扑、铺、沏、骑、起、砌、气、掐、牵、签、抢、敲、撬、切、亲、请、求、取、去、劝、染、嚷、让、绕、惹、热、忍、认、扔、揉、入、撒、洒、撒、塞、赛、散、扫、杀、筛、晒、删、扇、伤、赏、上、烧、捎、赊、射、伸、审、渗、生、升、拾、使、试、收、守、受、梳、输、数、刷、摔、栓、涮、睡、顺、说、撕、死、松、送、算、缩、锁、塌、踏、抬、摊、谈、弹、探、叹、躺、烫、掏、逃、淘、讨、套、疼、腾、剔、踢、提、剃、替、添、填、舔、挑、调、挑、跳、贴、听、停、通、捅、偷、投、涂、吐、推、退、吞、褪、脱、拖、托、驮、挖、弯、玩、忘、望、围、喂、闻、吻、问、握、捂、吸、洗、下、吓、掀、献、降、想、响、笑、歇、写、卸、谢、修、绣、锈、选、学、压、轧、淹、腌、演、咽、养、摇、咬、要、噎、阴、印、用、游、邮、遇、运、扎、砸、栽、宰、凿、造、扎、铡、炸、摘、沾、蘸、站、招、着、找、照、蒸、织、指、治、种、煮、住、抓、转、赚、装、撞、追、捉、走、租、钻、坐、作、做

这些单音节动词，后接单音节结果补语，有些已经凝固成词，具有双音复合词的属性。我们参照《现代汉语词典》(第 7 版)对以上 503 个单音节动词进行了考察，统计出动结式双音复合词如下：

摆平、摆脱、剥离、剥落、逼和、逼近、逼平、标明、查明、查获、拆穿、拆毁、拆散、扯平、撤回、撤离、吃透、吃准、冲淡、冲高、凑近、打动、打垮、打破、打通、打消、打响、打住、带动、当成、等到、点爆、点穿、点明、点破、点燃、调动、调离、跌落、订正、丢掉、冻伤、逗笑、读破、夺取、放大、放宽、放散、飞散、飞升、分清、改动、改进、改善、改正、干掉、搞活、割除、割断、割裂、关紧、滚开、裹走、合成、混乱、记住、记得、夹住、减低、减缓、减慢、减轻、减弱、减少、减损、讲和、降低、搅动、搅浑、搅乱、搅混、揭穿、揭露、揭破、解除、解散、戒除、戒断、掘进、开除、开通、看扁、看穿、看淡、看见、看紧、看开、看破、看轻、看透、看重、考住、考取、磕掉、扣除、扣住、夸大、裂开、捞着、离开、立正、落成、落空、落后、买断、买通、迈进、跑偏、碰见、扑空、扑灭、抢断、劝退、烧化、生成、收清、收窄、说穿、说开、说明、说破、撕毁、缩短、缩减、缩小、抬高、抬升、摊薄、烫伤、逃散、逃走、提高、提升、挑动、挑明、贴近、听见、推迟、推倒、推动、推翻、推广、推进、推升、望断、吸附、洗白、降伏、想见、想开、修复、修正、学会、压倒、压低、压服、压缩、养活、摇动、咬定、咬住、遇见、凿空、造成、站住、找齐、照明、指正、治服、转动、撞见、走偏、走俏、走强、走弱、走失

通过对比可以看出，能够充当述语动词的单音节动词比双音节动词所占比例高出不少，从上文所统计的情况也可以看出单音节词充当结果补语比双音节补语数量上同样高出不少。董秀芳(1998)曾运用韵律句法学的理论解释述补带宾句式中述补结构在音节上之所以有严格限制的原因，她指出首先韵律要求述补结构必须整合成一个句法成分，满足普遍重音指派规则的要求；其次如果要达到述补结构整合成一个成分，需要一个句法操作——贴附式移位，即在语音上对动结式有所限制，只有述语和补语都是单音节时，才能顺利实现贴附式移位。例如：

(25) a 他<u>哭红</u>了眼。　　b＊他<u>哭通红</u>了眼睛

(26) a 他<u>打碎</u>了杯子。　b＊他<u>打粉碎</u>了杯子

两例中的双音节动结式“哭红”和“打碎”如果将其替换成意义相近的三音节动结式“哭通红”“打粉碎”，原本的结构就不能被接受。

动结式作为述补结构的下位分支，也应满足述补结构的特征，这也清楚地解释了我们所观察到的现象，动结式带宾语中的动结式还是双音节占据多数。但同时我们也发现并不是所有的多音节动结式都不能进入该结构中，如上文所示，“调查清楚、打扫干净、阻挡住”都是多音节的动结式，它们后面都可以携带宾语，因此不能一概而论。

虽然大部分单音节动词能够进入“VR＋O”结构中充任述语动词，但并不能否

认仍有一部分单音节动词后是不可以直接带结果补语的，本节依据对《汉语动词用法词典》的考察，归纳出不能直接带结果补语的单音节动词有：

爱、搀$_2$、朝、称$_1$、成、倒$_1$(dǎo)、惦、懂、断、多、犯、该$_1$、该$_2$、敢、恨、会$_2$、叫$_2$、没、能、拼$_2$、怕、凭、欠$_1$、欠$_2$、晴、求、缺、少、省、剩、胜、是$_1$、是$_2$、贪、透、完、往、瞎、嫌、向、象、信、醒、姓、哑、有、怨、晕、在、肿、醉(共 48 个单音节动词，其中 6 个为动词其中一条义项)

这些动词虽然都不能直接带结果补语构成动结式，但情况却有所不同，有的动词后面是完全不可以加结果补语的，如“成、象、姓”等；有的虽然不能直接带结果补语，但可以带趋向补语构成动补复合词或动补词组，如“爱上、朝下、向前”等；还有的必须要加“得”或“不”构成动补结构，如“懂得多”。由于本书所讨论的是动词后直接加结果补语构成的动结式，就不对上述三种情况作过多的分析，但对于为何这些动词不能直接与结果补语构成动结式在下文会有所论及。

除了上述所列举的动词后不能直接加结果补语以外，事实上，还有一些动词不同的义项带结果补语的情况也不太一致，虽然这些义项在词典中都归为一条，但实际上它们携带补语的能力却有很大差异，例如“背”有“躲避；瞒”的意思还有“背诵”的意思，用作“背诵”意时，后面可以加结果补语“熟”，而作“躲避；瞒”意时，后面不可以直接加结果补语，根据对《汉语动词用法词典》的统计，大约有 120 个单音节动词在表示部分义项时是不可以直接带结果补语的，如“包(担保)、吹(破裂、不成功)、藏(收藏、储藏)”等。

不能充当“VR + O”结构中述语动词的除上述所列举的动词以外，还有“变、差、掉、化、飘、锈、着”等。

事实上动结式带宾语的情况比较复杂，不是所有的动词都可以进入该结构，同一个动词跟不同的结果补语所构成的动结式复合词携带宾语的能力也有所不同，动词能够进入动结式中作述语动词或者作结果补语，要受到结构内部的语义组合关系以及动词自身的语义和功能等多方面的影响。

3.1.2　动词的情态特征

朱德熙先生曾指出动词的及物性与否与动结式能否带宾语之间并没有必然的联系，上文也提到过及物动词带结果补语后不能加宾语以及不及物动词带结果补语后反而能加宾语的情况，例如及物动词“买”如果与结果补语“贵”构成动结式复合词，后面不可以带宾语，不及物动词“哭”与补语“红”构成的动结式复合词后面可以带宾语“眼睛”。因此本节不从动词的及物性对其进行划分，而是立足于动词的情状进行分析，动词的情状反映的是动词表示的状态方式，包括活动或静止的状态，持续或非持续的方式以及是否含结果义等。马庆株(1981)从动词的持续性角度，运用层级分类的方法分出了非持续动词、非完成动词、状态动词和非状态动词四类动词。现代语言学关于动词情状分类的标准并不是完全一致的，但都有一定的共性，特别是所提取的语义特征相当一致，其中比较有影响力的是 Zeno Vendler 的四分情状及语义特征。Vendler(2002)根据动词的情状将英语动词分为状态动词(如：喜爱、有)、完成动词(成、找到)、活动动词(跑、吃)、成就动词(画、丢失)。

笔者借鉴 Vendler(2002)四分法以及胡裕树、范晓(1995)对动词的分类方式，将汉语动词分为以下几类。

- 动词
  - 静态
    - 关系动词：是、象、成为、等于
    - 心理动词：爱、嫌、感动、害怕
    - 能愿动词：敢、会、应该、愿意
  - 动态
    - 动词动作
      - 状态：坐、站、等待、昏迷
      - 持续：看、吃、工作、学习
      - 非持续：踢、砍、开始、禁止
    - 结果义
      - 持续：变、长、成为
      - 非持续：醒、死、到达、牺牲

图 4-1-2　动词分类

根据上文的统计，有 269 个双音节动词、503 个单音节动词可以进入动结式当中充当述语动词，但如“会、嫌、感动、害怕”等动词只表示一种状态，它们后面是不可以带结果补语的。我们都知道动词的内部是包含时间结构的，也就是常说的瞬时动作和持续性动作，例如“踢”和“害怕”，“踢”的动作是瞬间发生的，可以与形容词“坏”构成动结式；而“害怕”是一种持续性的感觉，后面不可以带结果补语。因此，只表示一种状态的动词一定不能构成动结式，因其不具有内部的时间结构。能愿动词、心理动词以及关系动词都没有具体的动作性与时间的延展性，不能进入动结式；还有一些动词例如“成为、牺牲”等，Vendler 指出“完成动词”本身包含结果义，因此这些动词也是不可以充当动结式的述语动词的。而那些表示具体动作的动作动词，具有内部的时间结构，能够对客体产生一定的影响并有可能改变客体的状态，一般都可以进入“VR + O”结构中充当述语动词，但通常不能充当该结构中的补语。如“拧干毛巾”(客体“毛巾”被动作动词“拧”影响，并且状态发生了变化)“撞翻花瓶”(动作动词“撞”影响了客体“花瓶”，并使“花瓶”出现新的状态)。

还有一类心理动词较为特殊，主要分为两种情况，一种是不受外界事物影响而发生变化的心理状态，如“怨、相信、抱歉、尊重”等，这类心理动词不能进入“VR + O”结构中；而另一种可以通过外界的影响而产生变化的心理状态，例如“懂、腻、明白、习惯”等，这类动词可以进入“VR + O”，这类动词从时间结构上具有终点性，可以充当结果补语，但不能充当述语。

3.2　生成词库理论

生成词库理论是在研究词的创造性用法基础上所建立起来的一套词义表示方法，Pustejovsky 认为语言的意义是组合性、动态性和生成性的，因此他建立了一套

词义结构描写体系和语义组合机制用来解释在不同语境下词义的创造性用法。(见李强 2016)

生成词库理论通过论元结构(argument structure)、事件结构(event structure)、词汇类型结构(lexical typing structure)和物性结构(qualia structure)对每个词项加以表征,其中物性结构是该理论中最重要也是最核心的内容,物性结构由形式角色(Formal Role,指的是本体属性,用以把物体与周围的事物区别开来,主要突出它们的归属,如方位、大小、形状等)、构成角色(Constitutive Role,描述的是物体与其构成成分之间的关系,用以说明物体是由什么物质构成的)、功用角色(Telic Role,描写的是物体的功能及用途)以及施成角色(Agentive Role,说明的是物体或身份的形成产生)四种角色组成,袁毓林(2013)又将物性角色扩展到十种,还包括单位、评价、行为、材料、处置、定位。

虽然生成词库理论中的物性结构主要适用于描述名词,但事实上,Pustejovsky所创立的物性结构描写体系是适用于所有词项的(汪梦翔、王厚峰 2014),目前,将物性角色用来描述动词的情况并不多,本节尝试运用物性结构理论探究动词 V 对动结式带宾语结构产生何种影响。另外论元结构主要描写论元的数量、类型和句法层面的实现,事件结构描写的是动词中的事件信息,根据动词的内部时间情态以及界限特征,前人一般将动词所表达的事件结构划分为状态、过程和转变。论元结构和事件结构主要适用于考察动词的语义特征。最后是词汇类型结构,描写的是词汇间的语义联系,如整体与部分、上下位的关系等。Pustejovsky 还指出语言结构的语义有时候并不是各语言成分语义的简单相加,它是通过一系列的组合机制来表示词汇在不同语境下的动态性语义,并由此正确地生成语言结构的整体语义。

生成词库理论在经过二十多年的发展研究范围也不断扩大,不仅推动了词义学的发展,还拓展到语用学、句法学等领域。我们希望通过生成词库理论对动结式带宾语的结构进行相关解释,特别是对非及物动词为何加上结果补语后就可以带宾语以及原本并不互相匹配的动宾形式,在中间加入结果补语,结构就能成立等特殊情况进行解释。

3.3　动词的物性角色分析

动结式能否加宾语其实并不能完全取决于结果补语,也不完全取决于动词,而应取决于补语与动词、宾语的关系以及动补之间的融合度。动词一般来说也是一个句子的核心,动词的句法特征、语义特征直接影响着整个句子结构的语法意义。动结式带宾语的“VR＋O”结构,例如“擦干眼泪”“拔光门牙”“绑紧绳子”“熬红眼睛”“叫哑嗓子”“蹲酸了腰”“跌破了头”等,有的 V 和 O 可以直接构成动宾短语,如“拔门牙”“绑绳子”,但也有一些 V 和 O 不能构成动宾短语,如“＊熬眼睛”“＊叫嗓子”“＊蹲腰”“＊跌头”等。还有一种比较特殊的情况,V 和 O 所构成的是汉语系统中比较特殊的离合词,通常来说一个词语是不能拓展的,但离合词却可以拓展,可以在词语之间插入其他的成分，因此当一些离合词插入结果补语的时候，就会形成“V+R+O”结构，表示动作产生的结果，例如“跑完步”“洗完澡”“唱完歌”“磕破头”“散完步”“伤透心”等，在这些例子中“跑步、洗澡、唱歌、磕头、散步、伤心”都是离合词，但在词中加入“完、破、透”就构成了“V+R+O”结构。本节所考察的动结式带宾语包括离合词插入结果补语的情况。

3.3.1 物性结构理论

物性结构的概念及描述来源于生成词库理论，该理论起初是为了回答“Begin the novel”这一类不合语法但却被人们普遍接受并使用的句子。为了更好地解释词语的不同意思及创新性用法，生成词库理论设计了包括四个层面的语义表达系统，其中最为核心的是物性结构理论。本节对于汉语动词的物性角色，参考Pustejovsky的描述系统以及汪梦翔等(2014)所建立的汉语动词资源馆，对动词的形式角色、构成角色、功用角色、施成角色以及动词的情感角色进行描述。

生成词库理论对于词项形式角色的描述一般指的是词语的本体属性，用以把物体与周围的事物区别开来，主要突出它们的归属；而动词形式角色的内涵与名词有着一定的差异，这里主要指的是动词的自主性特征，如“教”是自主动词，“睡”是非自主性动词。对于构成角色，Pustejovsky所描述的是物体与其构成成分之间的关系，用以说明物体是由什么物质构成的，下文对于动词构成角色的描述，主要以动词前所出现的名词作为数据源，因此与生成词库所描绘的构成角色有一定的差异，所指也有所不同。功用角色描写的是物体的功能及用途；施成角色说明的是物体或身份的形成产生。同样对于动词的功用角色和施成角色，我们主要从动词后所接的名词性宾语来体现，可以认为，动词的功用角色即后所接的受事，强调的支配关系，施成角色即后所接的结果，强调的是结果关系。例如“熬”的功用角色可以是“树叶、骨头”，施成角色可以是“汤、粥”。最后是情感角色，也就是动词所传递出的积极、中级、消极三种感情倾向，例如“尊敬”的情感角色是积极；“尝试”的情感角色是中极；“勾结”的情感角色是消极。对于情感角色主要依据人的感知情况来进行判定，由于动结式中补语对于动结式的整体情感角色影响较大，所以情感角色我们直接从补语特别是动词做补语的情况来看。汪梦翔等(2014)所建立的汉语动词资源馆将这五种物性角色的内涵归纳为：

表 4-1-1 五种物性角色的内涵

物性角色	内　涵	示　例
形式介绍	自主性特征	学习(自主)
构成角色	动词前 subject，施事关系	(人)学习
功用角色	动词后 object，受事关系	打听(事情)
施成角色	动词后 object，结果关系	建设(人工物)
情感角色	感情倾向(积极、中级、消极)	勾结(消极)

3.3.2 “VR＋O”结构中动词的物性角色

3.3.2.1 构成角色

从物性角色来看，首先能够进入“VR＋O”结构中的动词，其构成角色动作发出者应该是生命体。我们都知道动词不仅可以用来体现生命体从自身出发观察认识事物的过程，也可以体现自然事物的客观变化。例如：

(27) 她一把扯断了树枝。(白帆《那方方的博士帽》)

(28) 基本上所有的花就都谢光了。(刘心武《秦可卿被告发之谜》)

例(27)中的述语动词“扯”的构成角色即动词前的主语“她”是有生命的人，因此能够进入“VR＋O”结构中，而例(28)中“谢”的构成角色“花”生命力不及人，花开花谢体现的是自然事物的客观规律变化，因此这类动词很少能进入“VR＋O”的结构中，一般不说“＊谢光了花”。还有如“天气变冷了”我们也不可以说成“＊变冷天气了”，类似的动词还有“变、化、飘、晴、锈、谢、着、长”等。

另外还有一些动词构成角色既可以是生命体“人”，也可以是无生命的“物”，如单音节动词“漏”：

(29) 他们所做的大部分是对的，但是漏掉了一个重要的因素。(斯蒂芬·伦丁《鱼》)

(30) 你们看牛奶已经漏光了。(戴尔·卡耐基《人性的优点》)

例(29)和例(30)中“漏”的构成角色“他们”和“牛奶”分别对应的是“人”和“物”，第一句中的动词“漏”可以进入“VR＋O”的结构中，而第二句则不可以。这也说明动词构成角色对“VR＋O”结构的影响。

但需要注意的是，不能进入“VR＋O”结构，其构成角色是无生命的物体，且表自然规律的动词，一般都是意义单一，只涉及一个对象的词。例如，我们看到“晴”就会想到它的构成角色是“天气”，看到“锈”就会想到它的构成角色是“金属”。这样的动词，不能携带其他的对象，这类词有别于表示自然变化的“冻”，因为“冻”除了构成角色可以是“液体”以外，还可以是“人、动物或植物”，如“冻死了庄稼、冻伤了手”，因此构成角色是无生命物体表自然变化规律的动词不能进入“VR＋O”结构中；而构成角色可以是“人”等有生命的物体，通常可进入“VR＋O”结构；如果构成角色既可以是有生命的也可以是无生命的，一般情况下当表无生命物质的时候也不能进入“VR＋O”结构。

3.3.2.2 形式角色

并不是所有构成角色是有生命的物体都能够进入“VR＋O”结构，如：

(31) 桌上堆满样品，墙上贴满图表。(琼瑶《心有千千结》)

(32) 祖母，您睡醒了？(岑凯伦《邻家的女孩》)

上例中，动词“贴、睡”的构成角色都是“人”，但“贴”能够进入“VR＋O”结构中，这主要是因为动词的自主性特征不同而引起的，也即构成角色相同而形式角色不同。袁毓林（1993）认为，非自主动词表示的是动作发出者无意识发出的动作或行为，自主动词表示的是动作发出者有意识地发出动作或行为。例（32）中“睡”的形式角色都是非自主性的，非自主性的动词从语义上来说，具有一定的结果义，因此不能进入“VR + O”结构。类似的词还有：

差（chà）、沉、丢、懂、掉、合、落（là）、迷、没（mò）、怕、欠、缺、伤、失、生、死、输、褪、吐、通、忘、误、嫌、闪

这些词的形式角色都具有非自主性特征，但其中有些词却可以带“完、掉、住”等虚化的结果补语构成动结式，并且能带宾语，这主要是因为带虚化补语的动结式已经趋向于一个词了，如“忘掉、丢掉、懂得”等，也就是说，此时这些动结式的句法配置能力逐渐地成为一个完整的述语谓词的句法配置能力（尹方园 2010）这类动结式的补语已经虚化，动词与结果补语黏合成一体，其后一定是可以带宾语的，最常见的有：“V 完、V 得、V 掉、V 着、V 成、V 见、V 动、V 到、V 好、V 住”。开始的时候，这种动结式是不能够带宾语的，但随着动词与补语间的间隙逐渐缩小，动词和补语渐渐趋向一个词，这时就可以带宾语了。

3.3.2.3 情感角色

动词的情感角色分为消极、中性和积极三类，积极的形容词作结果补语可以表达预期结果以及非理想结果的实现，所形成的动结式也可以带宾语；消极和中性的形容词作结果补语有些也可以表达预期结果和非理想结果的实现，所构成动结式也能够带宾语。（见马真、陆俭明 1997）和形容词不同的是，动词作结果补语的“VR + O”结构只能体现预期结果的实现和非理想结果的实现，如“打赢了”“办砸了”。

通过上文的论述，可以发现作述语动词的动词一般都是中性的，对于整个“VR + O”结构影响并不是很大，但是在能做结果补语的 57 个动词中，有 41 个都是消极动词，例如：

差、沉、抽、串、倒、倒（dào）、掉、丢、断、翻、糊、花、化、混、尽、卷、落、裂、漏、没、灭、拧、跑、披、撒、洒、伤、松、弯、散、剩、塌、疼、退、哑、晕、肿、炸、转、着、醉

有 5 个积极动词：够、活、通、笑、赢

有 11 个中性动词：成、穿、定、动、飞、开、透、响、醒、住、走

双音节动词如“掉色、走调、动心、上瘾”除“动心”外几乎都是消极动词。

消极动词充当结果补语的“VR + O”结构，一般都表示非理想结果的实现；中性和积极的动词充当结果补语的“VR + O”结构，一般都是表示预期结果的实现。由此可知能够充当结果补语的动词大多数都具有消极的情感色彩。综上所述，能够进入“VR + O”结构中的动词，分为述语动词和补语动词，述语动词应满足其构成角色为

生命体，形式角色为自主性动词；补语动词一般具有消极的感情色彩。如：

表 4-1-2 "考虑"和"融化"的物性角色

	考 虑	融 化
形式角色	自主性	非自主性
构成角色	人	雪、冰
功用角色	问题、事情	/
搭配补语	清楚、好	完、净
"VR+O"结构	考虑清楚了未来方向	/

3.4 动结式事件结构

3.4.1 动词的事件结构

事件结构描写的是动词语义中的事件信息，主要涉及动词的事件结构内部会有事件的起始、持续和终结等以时间为衡量标准的特征。汪梦翔等(2014)依据动词内部的时间情态以及界性特征将动词所表达的事件结构类型划分为状态、过程和转变。

状态一般表示事情的起点或者终点，有时起点和终点合二为一。可分细为三种，一种是起点状态，如"开始"；一种是终点状态，如"结束"；还有一种是瞬间状态，即没有明确的起点、终点，或者起点终点重合，如"死"。一般这些词可以带"了"，不能带"着"，典型的有"死、懂、会"等。

过程一般表示动作发生到结束的中间过程，不包括时间的起点和终点。表示这一事件结构的动词，是瞬间动词的另一个类别，动词后可以接结果补语，如"打破、摔碎"，并且可以在短时间内连续地出现。前面可以接"(正)在"，后面可以接"着"或者"了"，例如"吃、喝、跑"等。

转变类动词时间特征具有两面性，一方面可处于进行状态，因此可以在前面加"正(在)"，或者在后加"着"，如"正在写小说、写着小说"；另一方面还可以向终点靠近，即将到达一种完结的状态，这种动词一般不能跟"着"连用，如"写了一本小说"。这样的动词主要有"写、建、读"等。

事件结构和动词的关系紧密，基本上，每一种事件结构都有与之对应的动词，但并不是每一个动词都有与之对应的事件结构，因为动词在使用过程中，还会受很多的外在因素影响，例如能否构成动补结构，是否带事件助词等。而且对于某一个动词而言，它所传达的事件结构不一定只有特定的一种，也有可能传达两种事件结构。由于汉语的形式表现和语义涵义并不是完全的对应关系，我们在判断动词所对应的事件结构时，还要考虑到动词的语义特征，包括[持续性]、[完结性]、[动作性]。本节参考汪梦翔等(2014)所建的汉语动词资源馆，对动词事件结构特征进行提取。

表 4-1-3 动词事件结构特征

事件结构	着	(正)在	动结	动作性	完结性	例　　词
状态	−	−	−	−	+	死亡、明白
过程	±	±	±	+	−	奔跑、突袭
转变	±	±	+	+	−	创作、建设

我们根据动词后能否加“着”考察动词的持续性特征，不能加“着”的动词是非持续性动词，这些非持续性的动词在时间上没有起点，只有终点，一般只能作为结果补语；能够加“着”的动词是持续性动词，持续性动词有很多，其中有些不能进入“VR + O”结构，如“害怕、怨恨”等，而有些是可以进入“VR + O”结构，这些动词附着于他物来展现动作，并且能够使事物形成一种持续的状态，如“挂、贴、穿、摆、吊”等（“办公室摆满了鲜花”）。

这些动词一般具有[− 完结、+ 持续、+ 附着]的语义特征，也就是说，表持续性附着性的动词可以进入动结式带宾语的结构中。因此从动词表达的事件结构来看，动词所体现的事件结构为状态事件的是绝对不能进入“VR + O”结构中，代表的事件结构为过程或转变的必须具有持续性特征的才可以进入“VR + O”结构中。

3.4.2 动结式的事件结构

如果将单个动作引发的事件视作状态、过程、转变等简单事件结构，那么动结式表达的事件就可以视为复合的事件结构。例如：

(33) 她梳完了头，收拾干净了书桌。（张恨水《春明外史》）

这个句式中动结式“收拾干净”代表整个事件结构，说明了“收拾书桌”和“书桌干净了”两个事件。动结式在句中相当于一个谓词，是由两个语义结构构成的复合结构，因此可以代表两个事件，将“收拾干净”所代表的事件看作是复合事件，那么述语动词“收拾”和结果补语“干净”分别代表两个子事件。首先看典型动结式所表达的事件结构，也就是具有致使关系的动结式。在这样的复合事件中，动结式内部存在因果关系（收拾——干净），原因事件与结果事件整合为一个事件结构。当现实的事件结构投射到语言结构中来形成语义结构，语义成分间的关系就会如实地反映现实事件间的关系，两个事件结构整合为一个事件结构的同时语义结构也相应地整合为复合语义结构。在一个因果事件中，代表原因的驱使事件总是出现在结果事件之前，反映在语言结构中就是代表驱使事件的动词出现在代表结果事件的形容词或动词之前，两者在复合事件中扮演的角色都是非常典型的，即动结式的述语动词和补语形容词或动词之间的致使关系。这样的动结式前面的驱使事件常常是表示动作行为的事件，后项的结果事件常常表示受到驱使事件作用而产生状态变化的事件。但除此以外，还有一些非典型的动结式所表达的事件结构，例如：

(34) a. 他终于睡醒了。

b. 现在他就哭红了一双眼。

c. 我看错时间，来早了。

上面 a 句中的动结式“睡醒”表示的是两个行为状态的变化，睡觉这一行为直到醒来才算结束，这个动结式中“醒”使“睡”所代表事件的状态发生变化，“睡”和“醒”只是两个子事件状态的更替，这种动结式一般被称为自动动结式。b 句是前面提到的典型动结式所代表的事件结构，“哭红”表示的是因为某件事伤心哭泣，使得眼睛变红了，这类动结式中“哭”和“红”是因果关系，也就是说因“哭”而导致“红”的出现或客观状态变化，这类动结式是最为常见的，也是最具代表性的。由于两个子事件间是明显的客观致使关系，这类动结式被称为客观致使动结式。c 句中形容词“早”充当动结式“来早(了)”的结果补语，这里的形容词一般都有比较意，假如本应十点钟来，可是因为“看错时间”九点就到了，结果比预期的要早。动结式中的“早”既有时间上衡量，更具有人们的主观感受上的评判。可以发现，两个子事件之间不是两种状态的更替，也不是典型的致使关系，表现的是主观感知动结式中在驱使事件的作用下结果事件发生了什么变化，这类动结式被称为主观致使动结式。

前面说过典型的动结式可以看作复合的事件结构，是由动作所引起的另一种动作或状态的变化事件，其中两个构成的子事件：一个是焦点事件(焦点指的是说话人认为在语言表达上相对重要或者需要特别强调的部分，或者是句法结构中着重说明的信息，也可以称为表达重心或重点)；一个是预设事件(预设是说话人所要强调重要信息的语用前提，是说话者双方共知的前提)，预设事件依附于焦点事件。请看下面两组例句：

(35) a. 张三吃饱了饭。　　b. *张三吃撑了饭。

根据焦点事件和预设事件，可以将其概念结构分析为：

(36) a. 焦点事件[张三—饱]+预设事件[张三吃饭]

b. *焦点事件[张三—撑]+预设事件[张三吃饭]

例(35)a 中，焦点事件与预设事件间的可预测性很强，因为“吃饭”一般是使人“饱”的一种方式；而例(35)b 中，虽然我们常常说“吃撑”，但“撑”的预设应该是在有好酒好菜或者很久没吃很饿的情况，通常来说，吃饭应该吃饱而不是吃撑，因此“吃饭”与“撑”之间的可预测性较低。

概念结构的构成具有一定的限制条件。焦点事件和预设事件的可预测性比较高，另外，凸显原则也是概念成分表达的主要依据，凸显原则建立在一系列凸显等级之上，根据宋文辉(2003)所建立的凸显等级，本节进一步总结出以下几点相关的凸显等级：

概念层面：焦点事件＞预设事件(相对于预设事件来说焦点事件更为凸显)

语义层面：可预测性低>可预测性高（概念成分间的可预测性与凸显程度是成反比的）

句法位置：主语>直接宾语>间接宾语>状语

一般来说，句子的焦点倾向于位于句尾位置，因此像例(38)b“撑”的凸显程度就比a“饱”的凸显程度要高，倾向于成为句子的焦点，其后不适合出现其他名词性成分(见宋文辉2004)。与此同时，预设事件的凸显程度也相应得到提高，“饭”这类成分由于凸显程度提高，应该显现在更为凸显的句法位置上，所以例(35)b我们也常常说成“孩子吃饭吃撑了”或者“孩子吃撑了”。

综上，物性结构是该理论中最重要也是最核心的内容。从动词的物性角色出发，总结得出述语动词的构成角色是有生命的物体，形式角色具有自主性，补语动词情感角色倾向于选择消极动词的一般其后可以携带宾语构成“VR+O”结构。从事件结构来看，动词所体现的事件为状态事件的绝对不能进入该结构中，代表的事件结构为过程或转变的必须具有持续性特征的才可以进入“VR+O”结构中；另外动结式作为复合式的事件结构，焦点事件和预设事件之间的可预测性以及凸显程度都会影响后面携带宾语的情况，可预测性高凸显程度低的后面更容易携带宾语。

4. “VR+O”结构的语义组合情况

上文从补语的语义指向，动词的物性角色、所体现的事件结构等方面说明了动词、补语对于“VR+O”结构所产生的一些影响，下面将具体论述“VR+O”结构中宾语O的情况，并对VR进行整合度的划分，基于生成词库理论，探究“VR+O”结构的语义组合情况。

4.1 “VR+O”结构中的宾语

汉语是典型的“SVO”语言，动结式是动词性结构，一般情况下可以携带宾语，但其所带宾语与动词的宾语有所不同，那动结式的宾语应该具备什么样的条件才能够被接受呢？

4.1.1 “VR+O”结构中宾语的类型

“VR+O”结构中常见的宾语类型有以下几种：

1）受事宾语，是“VR+O”结构中最为常见的一种，例如：

(37) 叫他别吵醒了爸爸。（罗曼·罗兰《约翰·克利斯朵夫》）

该句中“爸爸”是行为动作“吵”的承受者，是整个句子的宾语，也是受事宾语，这种宾语出现的频率最高。

2）施事宾语，指宾语是动作行为的发出者或者当事人，例如：

(38) 你啊，就知道吃吃吃，小心吃胖你。（浮生梦断《近战保镖》）

该句中后一个“你”是“吃”这个动作的发出者，属于施事宾语。

3）伴随宾语，是指宾语属于主语的一部分，例如：

（39）扎着一根小辫的船娃哭哑了嗓子哭肿了眼睛。（吕锦华《船娃》，《人民日报》1993 年 6 月）

该句中宾语“嗓子”和“眼睛”都是主语“船娃”身体的一部分，宾语附属于主语。伴随宾语也经常出现在“VR＋O”结构中。

4）工具宾语，指的是动作或活动所使用的工具或材料，例如：

（40）人们让他拿着打光了子弹的手枪。（卡尔·麦《荒野追踪》）

该句宾语“子弹”是动作“打”必须使用的工具。

5）处所宾语，指的是动作行为发生的地点环境，例如下句中宾语“房间”是动作所涉及的地点，为处所宾语：

（41）水墨画的笔墨砚台等几乎堆满了房间。（王立平《斯琴高娃沪上了却三大心愿》）

4.1.2　适用于“VR＋O”的宾语条件

黄晓琴（2006）将动结式所带的宾语主要分为三类：分别是受事宾语、形式宾语和使动宾语，受事宾语是补语为及物动词的情况，如“懂、会、明白”等，这些宾语可以不与动词发生联系，直接与补语搭配；使动宾语指的是宾语与动结式之间构成使动关系，这些使动宾语必须同时满足三个条件：一是宾语必须是有定的；二是使动宾语与句子的补语构成使动语义关系；三是补语的语义指向使动宾语。[①]按黄晓琴的说法，“我看迷了书”“他吃胖了肉”等都不能成立，因为“书、肉”都是无定的，也不能转变为“＊我看，使书迷了”“＊他吃，使肉胖了”，补语的语义指向都是主语，而并非宾语。但对比上文提到的与“＊看迷了书”有着同样结构特点的“喝醉了酒”这类“VR＋O”结构，为什么能成立？主要有以下几个条件：一是宾语是有定的；二是补语的语义指向主语，与宾语无关；三是宾语可有可无，不影响整个句子的意思；四是最低条件，宾语与补语是可以搭配的。这样再看“喝醉了酒”“吃饱了饭”，宾语与补语都能够构成“酒醉”“饭饱”。

根据上文可以总结出动结式后能出现宾语的主要特征，那么宾语不能出现在动结式后的原因主要有：

首先，郭锐（1995）认为补语作焦点是“VR＋O”结构中宾语前置的主要原因。我们在上文动结式的事件结构中也有涉及，“煮熟了饭”可接受，而“＊煮糊了饭”却不能被接受，这是因为“＊煮糊了饭”中，补语“糊”的可预测性低，说话人对结果状态有主观强调，因此补语自然成为句子的焦点。此外，笔者还认为，如果说话人主

① 黄晓琴：《试论动结式的三种宾语》，《汉语学报》2006 年第 3 期。

观强调宾语时，一般也会将宾语提前；若必须强调宾语，则必须将宾语提前，例如使用“把”字句、“被”字句。

4.2 VR整合度划分及整合方式

4.2.1 VR整合度高低及层级分布

动结式整体上都是动词性的，但是携带宾语的功能却存在差异，这与动结式的整合度也是密不可分的，为进一步探究动结式带宾语的规律，首先对动结式进行整合度的划分。吴为善、陈颖(2007)根据动结式的语义情况以及运用同一功能的“的”来鉴别动宾两字组的整合度高低，将动宾两字组分为低整合度、次低整合度、次高整合度和高整合度。在此基础上，石慧敏(2013)从动词V、补语R以及VR的紧密度将汉语动结式整合度分为三个不同的等级：A级(低整合度)，B级(中整合度)，C级(高整合度)。分别是：

A级：该等级的动结式是典型的致使表达，述语动词与补语之间存在因果关系，表“致使义”。

语义依据：动词V和补语R的语义都较为具体实在，一般表示本义。

句法依据：中间一般都可以插入“得/不”，也可以进入“一A就B”构式中，如“扭伤、凿透、想清楚”等；

B级：该等级的一个重要标志是补语R的虚化，VR结合更为密切。

语义依据：动词V的语义多数已经引申或者泛化，只有少数保留本义用法。

句法依据有些中间可以插入“得/不”，大部分不能进入“一A就B”构式中，如“堵死、看破、开除掉”等；

C级：该等级的补语虚化程度更高。

语义依据：词汇意义几乎完全消失，语法意义却得到加强，有的表“实现义”，相当于准体标记，如“掉、住”等，有的表“程度义”，相当于程度补语，如“死、透”等。

句法依据：动词V一般是非自主性不及物动词，VR之间不能插入“得/不”，也不能进入“一A就B”构式中，如“愣住、瞎掉、崩溃掉”等。

4.2.2 中高级整合度VR的整合方式

B、C两级VR的整合度较高，语义透明度也就相对较低，这类动结式的词义不是构成成分语义的简单相加，多数通过隐喻或抽象融合的方式来进行整合。吴为善、陈颖(2007)认为高整合度两字组的词义主要通过隐喻、转喻和抽象融合产生。产生隐喻的基础是二者之间的相似性，一般情况下，往往是用具体的概念表现较为抽象的概念。例如“看”本义为“使视线接触人或物”，而在“看破红尘”中是由本义引申出来的“观察并加以判断”的意思，补语“破”本义为“完整的东西受到损伤而变得不完整”，可以“使杯子破、使衣服破”，但“破”的本义不能与抽象名词宾语“红尘”相匹配，这里通过隐喻的机制，“破”从“使某一具体事物破”到“使某种思想破”，与此同时补语的意义也虚化了。再如“堵死了通道”中“堵”为本义，“死”指的是“某一生物失去生命”，显然与不具有生命体特征的宾语“通道”不匹配，但是“死”语义中还包含着“不通透”的状态，通过隐喻，“死”从“生命体的静止、不通透”到“通道等之类的不能通过”。

上述两例所列举的是B级中整合度的动结式整合情况，而C级高整合度的动结式，补语语义虚化程度更高，其整合方式也与B级稍有差别，需要说明的是，本节不将表“程度义”的补语所构成的VR结构归入动结式中，只探讨补语表“实现义”的情况，这类动结式补语主要有“住、掉”等，例如：

(42) 那年轻人愣住了。(亦舒《花解语》)

(43) 我之前以为自己瞎掉了。(托尔金《魔戒之王》)

“住”表示状态的出现和持续，“掉”表示状态的实现，后面一般都会带“了”，通常指人体出现的某种消极变化。三音节的动结式也存在类似的情况(通过语料检索，发现数量很少)，如“崩溃掉”，“崩溃”为非自主性不及物动词，补语“掉”高度虚化，附着于动词表状态的出现，其后不能带宾语。“住”“掉”基本义分别是“停留”和“落下”的意思，并不表“实现义”，在这里“住”高度抽象为表状态的出现和持续，“掉”高度抽象为状态的实现。

4.3 “VR+O”的物性角色及组合情况

Pustejovsky(2006)论述了动词、名词的语义类型与组合机制，他指出如果动词所带名词宾语的目标语义类型跟来源语义类型之间发生冲突，就要通过调整一些机制来实现语义组合。动词性结构动结式携带宾语也与动词携带宾语有一定的相似性。Pustejovsky(2001)认为，不同语义类的名词涉及不同的物性角色。名词种类和物性结构密切相关：

自然类，与物性结构中的形式角色和构成角色相关，是其他两类的基础。从上位类继承形式角色，如“水、石头”等。

人造类，从上位类继承功用角色，与物性结构中的功用角色和施成角色相关，人造类体具有明显的功能和用途，现了人的意志。例如“手机”。

合成类，是一个复合概念，由人造类和合成类构成，也就是说合成类从自然类和人造类继承物性角色，例如“报纸”是由物质实体和信息两部分构成。

在此基础上，Pustejovsky & Jezek(2008)说明了名词和动词组合的三种组合机制：函数要求的类型能被论元直接满足的纯粹类型选择(pure selection)；函数要求的类型能从论元继承的类型调解(accommodation)；函数要求的类型被强加到论元上的类型强迫(type coercion)：通过类型利用(exploitation)和类型引入(introduction)两种方式来实现，类型利用指词汇组合搭配时，一方利用一方的论元结构的一部分实现组合；类型引入，指组合时一方逼迫一方引入新的类型而实现组合。

4.3.1 低整合度VR带宾语的组合方式

A级低整合度的动结式，是典型的致使表达，一般来说其后可以携带宾语，而且宾语一般为具体的事物。如：

(44) 学校内一间大厅的墙上<u>贴满</u>了照片。(孔晓宁《因纽特姑娘》,《人民日报》1995 年 12 月)

这类"VR + O"结构也是汉语中最为常见的，V 是自主性及物动词，与宾语直接形成表述关系，组合机制也常以纯粹类型选择为主。上例中，动词"贴"要求后面携带的宾语带有物质实体或信息义，动结式"贴满"同样要求携带宾语具有物质实体和信息义，属于动词与人造类名词的组合。

如果运用生成词库理论的词汇描述系统，可以将上述动结式 VR 和宾语 O 的语义结构分别描述为：

$$\begin{bmatrix} \text{贴满} & \\ \text{EVENTSTR} = & \begin{bmatrix} \text{E1} = \text{打} \\ \text{E2} = \text{动} \end{bmatrix} \\ \text{ARGSTR} = & \begin{bmatrix} \text{ARG1} = \text{自然人} \\ \text{AGE2} = \text{照片} \end{bmatrix} \end{bmatrix} \qquad \begin{bmatrix} \text{照片} & \\ \text{QUALIA} = & \begin{bmatrix} \text{FORMAL} = \text{物件} \\ \text{TELIC} = \text{看、贴、展示} \\ \text{AGENT} = \text{拍摄、洗} \end{bmatrix} \end{bmatrix}$$

图 4-1-3 "贴满"的语义结构及"照片"的物性角色

(图 4-1-3 中左图是对动结式 VR"贴满"的语义结构进行描述，EVENTSTR(event structure)指"贴满"所体现的事件结构包含 E1 和 E2，ARGSTR(argument structure)指"贴满"的论元角色包含 ARG1 和 ARG2；右图是对宾语 O"照片"的物性角色 QUALIA 进行描述)

将这类 VR 与 O 组合时，要求宾语 O 的功用角色包含 V，例(49)中宾语"照片"的功用角色可以是"看、贴、展示"等，因此可以构成"看照片、贴照片、展示照片"等搭配，宾语 O 不仅是 VR 的论元角色也是动词 V 的论元角色。

名词的语义类型分为自然类、人造类和合成类，同样，纯粹类型组合也就有三种不同的类型：

1) 动结式与自然类名词组合：如"砍断大树"。

此时动词 V 以及动结式 VR 要求后面携带的宾语名词具有物质实体，例如"砍断大树"，"大树"词典释义为"木本植物的通称"，构成角色具有物质实体，满足条件，可进入"VR + O"结构。

2) 动结式与人造类名词组合：如"贴满照片"。

动词 V 以及动结式 VR 要求后面携带的宾语带有物质实体或信息义，同时宾语 O 须具有功用角色，"照片"表示"经过曝光后定影而成的人或物的图片"，满足条件也可进入"VR + O"结构。

3) 动结式与合成类名词组合：如"听懂话"。

动词 V 以及动结式 VR 要求其后携带的宾语具有物质载体和信息内容，如"话"既有物质载体声音也有具体的信息内容。

除上述三类常见的纯粹类型选择以外，还有一部分动词V不与O直接形成表述关系的“VR＋O”，函数要求的类型不能被论元直接满足，如：

（45）扎着一根小辫的船娃喊哑了嗓子哭肿了眼睛。（吕锦华《船娃》，《人民日报》1993年6月）

“嗓子、眼睛”并不是动词“喊、哭”的论元角色，但是却可以进入“VR＋O”结构中，我们可以根据词汇组合机制中的类型利用对此进行解释，类型利用指提取论元类型的一部分来满足函数的要求，动词和名词组合时会利用不同的物性角色，可以将例（45）中的VR“喊哑”和宾语O“嗓子”的语义结构分别描述为：

$$\begin{bmatrix} \text{喊哑} & \\ \text{EVENTSTR} = \begin{bmatrix} \text{E1} = \text{喊} \\ \text{E2} = \text{哑} \end{bmatrix} \\ \text{ARGSTR} = \begin{bmatrix} \text{ARG1} = \text{自然人} \\ \text{AGE2} = \text{嗓子、喉咙} \end{bmatrix} \end{bmatrix} \qquad \begin{bmatrix} \text{嗓子} & \\ \text{QUALIA} = \begin{bmatrix} \text{FORMAL} = \text{器官（正常、哑）} \\ \text{TELIC} = \text{喊、叫} \end{bmatrix} \end{bmatrix}$$

图4-1-4　“喊哑”的语义结构及“嗓子”的物性角色

虽然该句的宾语“嗓子”“眼睛”功用角色可以分别是“喊”和“哭”，但二者不能直接形成表述关系，“＊喊嗓子”“＊哭眼睛”这类的表达方式并不符合语法规范。像这类动结式，首先必须满足宾语的功用角色包含动词V，如“嗓子”功用角色可以是“喊”，另外还要求补语R是宾语O的形式角色（“哑”和“肿”分别是“嗓子”和“眼睛”的形式角色）。除此之外，还要求宾语O是主语的构成角色，即“嗓子”与“眼睛”都是主语“船娃”这个人的构成部分。根据上述观点，我们也可以将“熬坏眼睛”“熬坏身体”等非典型性“VR＋O”结构的语义结构进行具体分析，了解其语义组合的内在理据。

在考察语料的过程中还发现了一些更为特殊的情况，如“愁白了头”“累弯了腰”“笑疼了肚子”等，同样“＊愁头”“＊累腰”“＊笑肚子”都是不符合语法规范的表达方式，并且这三类中宾语的功用角色都不包含动词V，但是需要满足后面两个条件，即要求补语R是宾语O的形式角色（“白、弯、疼”分别是“头、腰、肚子”的形式角色），还要求宾语O是主语的构成角色（“头、腰、肚子”都是“人身体的构成部分”）。因此，也可以将后面两个条件作为最低限制条件。

4.3.2　中高整合度VR带宾语的组合方式

B级中整合度的动结式补语R有所虚化，有的可以携带宾语，也有的不能带宾语，宾语可以是具体事物也可以是抽象事物，动结式与宾语的组合很少是纯粹类型选择，可通过类型强迫，利用宾语的构成角色实现，例如：

（46）一出名为《生日快乐》的情景剧深深地打动了观众。（徐晓蔚《不是亲人胜似亲人》，《文汇报》2002年6月10日）

将该句中的VR“打动”和宾语O“观众”的语义结构分别描述为：

$$\begin{bmatrix}\text{打动} & \\ \text{EVENTSTR} = & \begin{bmatrix}\text{E1} = \text{打} \\ \text{E2} = \text{动}\end{bmatrix} \\ \text{ARGSTR} = & \begin{bmatrix}\text{ARG1} = \text{自然人、表演} \\ \text{AGE2} = \text{观众（感情）}\end{bmatrix}\end{bmatrix} \qquad \begin{bmatrix}\text{观众} & \\ \text{QUALIA} = & \begin{bmatrix}\text{FORMAL} = \text{人} \\ \text{CONST} = \text{身体、情感} \\ \text{TELIC} = \text{吃、喝}\end{bmatrix}\end{bmatrix}$$

图 4-1-5 “打动”的语义结构及“观众”的物性角色

该句中“打”为泛义动词，补语“动”本义是“动作、移动”，语义上不能与“观众”所匹配。而“观众”是自然类的人，人的感情是人的心理和生理状态，是“观众”的构成成分，“动”利用了“观众”的构成角色激发了潜在的语义因子“思想感情因被触动而发生变化”，同时并实现了语义的组合。

类型强迫分为两类，一种是类型利用（exploitation），指词汇组合搭配时，一方利用一方的论元结构的一部分实现组合；另一种是类型引入，指组合时一方逼迫一方引入新的类型而实现组合。例（75）中当“打动”和“观众”进行语义组合时，根据类型利用的语义机制，利用宾语“观众”中的“情感”的语义类型，使得该结构组合合理。当然，在B级整合度的动结式中，也有利用宾语的功用角色实现语义的组合，例如：

（47）创造性地工作，一方面要求领导者吃透上头精神，熟悉下边情况。（陈国琦《学会创造性地工作》，《人民日报》1996年5月）

句中“吃”本指“进食咀嚼”，其补语“透”本指“渗透、穿透”，所携带的宾语“上头精神”是一个抽象的偏正式名词短语，从语义上来看三者是不相匹配的，但“精神”的功用角色可以是“理解”，“吃透”利用了“精神”的功用角色激活了语义因子“理解透彻”，实现了语义的组合。

C级高整合度的动结式，动词为非自主性不及物动词，补语R无语义指向，其后不带受事宾语，因此不能进入“VR+O”结构中。例如：

（48）半出戏还没唱完，他嗓子就先哑掉了。（白先勇《游园惊梦》）

该例中动词“哑”是非自主性不及物动词，“掉”表示状态的实现。将该句中的VR“哑掉”的语义结构可以描述为：

$$\begin{bmatrix}\text{哑掉} & \\ \text{EVENTSTR} = & \begin{bmatrix}\text{E1} = \text{哑} \\ \text{E2} = \text{掉（实现义）}\end{bmatrix} \\ \text{ARGSTR} = & \begin{bmatrix}\text{ARG1} = \text{喉咙、嗓子}\end{bmatrix}\end{bmatrix}$$

图 4-1-6 “哑掉”的物性角色

动结式"哑掉"的论元角色只有一种，根据汉语的语法特点，只能将其置于主语位置而非宾语位置。

本节基于生成词库理论和认知语言学的相关理论，运用定量与定性相结合、统计、描写与解释相结合的分析方法，对动结式带宾语"VR+O"结构的限制条件以及语义组合情况进行了详细的描写与分析。

第二节　"形容词+得+程度补语"结构的认知分析

汉语"得"补语句是对外汉语教学的一个重点，也是外国留学生的一个学习难点。在教学实践中我们发现"形容词+得+补语"结构中前项的"形容词"与后项的"补语"之间语义上的选择关系难以把握。关于"得"字补语结构，学界对补语前的动词关注较多，而对带"得"字补语的形容词关注较少。本节立足于服务汉语作为第二语言教学，站在更高的角度审视形容词带"得"字补语的问题。不仅仅只是探讨形容词和补语之间的制约条件及其表达的语法意义，而且还要进一步探寻该结构的表达功能和认知基础，力求进一步解释形容词带"得"字补语的情况。这些研究，不仅能够让汉语作为第二语言的教学者明确形容词带"得"字补语的条件和原因，更为重要的是还能为指导汉语作为非母语语言学习者组装正确的结构奠定一定的理论基础。

由于形容词数量庞大，笔者选取了汉语作为第二语言教学中常用的形容词，主要针对《汉语国际教育用音节汉字词汇等级划分》（即上文的《划分》）中的形容词加以分析。筛选了其中的形容词，并依据《现代汉语词典》（第7版）将成词义项提取出并作适当处理作为研究对象。具体来说，主要考察以下几个问题：

第一，哪些形容词可以带"得"字程度补语？哪些形容词不可以带？

第二，形容词带"得"字程度补语能够表达哪些意义？

第三，进入该结构的形容词需要具备什么特征？制约形容词带"得"程度补语的语义和句法条件有哪些？

第四，形容词带"得"字程度补语结构背后的认知基础是什么？

关于以上问题，将从功能的和认知的角度运用认知语言学的概念隐喻（conceptual metaphor）、概念整合（conceptual integration）、认知参照点（conference point）、图形—背景（figure-ground）、认知凸显（cognitive prominence）等相关理论对"形容词+得+程度补语"结构进行分析解释，以明确该结构所要表达的意义及其在认知语义上的限制条件；并进一步讨论结构中的认知理据和认知基础。

传统结构主义语言学多采取形式取向，注重语言描写的充分性和精确性，本节把语义看成是句法结构的促成因素，力图充分解释"形容词+得+程度补语"结构中蕴含的深层意义；对新兴的程度补语形式涉及认知隐喻理论中的跨域映射加以分析；从认知语言学和认知心理学的角度，在概念合成和认知参照点理论基础上，阐释"形容词+得+程度补语"结构中的形容词和补语的选择关系，论述整个结构在图形—背景下的凸显关系。

1. 研究概况

1.1 形容词研究

综观形容词的研究成果，前辈时贤对形容词进行了全方位的研究，研究重点主要集中在以下几个方面：汉语中有无形容词，汉语形容词的次范畴，单双音节形容词的研究，形容词和动词、副词、名词的纠葛，以及几类特殊的形容词——非谓形容词、区别词、名形词等。

自《马氏文通》以来，根据王启龙(2003)对形容词研究的评述，他把对于形容词持两种不同意见的各家学说分为两派：其一，意义派：偏重于意义划出类别，以马建忠(1898)、黎锦熙(1924)、王力(1944)、吕叔湘(1942)等为代表；其二，功能派：偏重于功能划分类别，以朱德熙(1956)、张志公(1957)、丁声树(1961)等为代表。至20世纪70年代，意义派和功能派都是围绕以下几个方面展开对形容词的讨论：1)形容词的范围：有的还是直接受传统语法的影响，把形容词和数词归于一类，如马建忠(1898)、黎锦熙(1924)等，有的摆脱了印欧语的影响，根据汉语自身的特点，把数词附类排除在外，如吕叔湘(1942)、王力(1944)、张志公(1957)等；2)形容词的定义：吕叔湘(1942)、张志公(1957)认为形容词用来表示事物的性质和状态，有的没有提到状态，如丁声树(1961)；3)形容词的句法功能：形容词主要是做谓语还是做定语；4)形容词的次范畴分类：是否应该把“非谓形容词”归为形容词，还是把“非谓形容词”单独列为“区别词”。20世纪70年代末80年代初至2001年底，据王启龙(2003)个人的不完全统计，汉语学界有关形容词研究的主要论文有150篇左右，其中约有80%是80年代以来发表的。可见，到后期的形容词研究逐渐不再局限于对词类划分和句法功能的静态描述，王启龙(2003)基于语法平面对2110个形容词进行了穷尽的统计和量化考察，是“形容词静态描写的集大成者(赵家新，2010)”。20世纪90年代，随着语义学、功能语言学、认知语言学的日益繁荣，也出现了一系列与形容词研究有关的语法语义相结合的成果。如沈家煊(1997)根据有无标记辨别形容词的基本句法功能，张国宪(1998，1999，2000，2004)考察了形容词的语义结构和体标记的搭配关系，等等。

我们通过对中国知网收录的与形容词相关的自2002年初至今的核心期刊文献以及出版的专著进行粗略统计，大致归纳出近些年来现代汉语形容词的研究主要侧重于：1)某一方面的形容词研究，比如方言形容词研究，如朱文旭等(2002)、小门典夫(2002)分析凉山彝语；古代汉语形容词研究，如宋亚云(2009)鉴别上古汉语的性质形容词，陈明富(2012)考察古汉语形比句；汉语和其他语言(如英语、日语、德语、藏缅语)中形容词的对比或翻译研究。2)形容词的句法、语义、功能研究关注较多，其他的还有与形容词相关的具体结构的研究，与形容词相关的认知语义研究。3)关于形容词研究的专著，成果颇丰，主要有：王启龙的《现代汉语形容词计量研究》(2003)，张国宪的《现代汉语形容词功能和认知研究》(2006)，朱翠萍的《现代汉语状态形容词语义研究》(2011)，李泉的《单音节形容词原型特征模式研究》(2014)，徐采霞的《现代汉语形容词状补功能比较研究》(2016)，吴颖的《现代汉语形容词句法组合的语义理解与生成研究》(2016)以及傅华辰《两周金文形容词研究》(2017)等。

1.2　带“得”的述补结构研究

动词或形容词后附着“得”引进补语，“得”字充当结构助词的组合式述补结构就是带“得”的述补结构。关于带“得”的述补结构的历时研究主要集中在两个方面：产生时间与历时发展。从已有的研究成果来看，述补结构产生时间大致可以归纳为两种意见：一种认为在唐朝产生(如王力，1958、杨平，1990、蒋绍愚，1994、吴福祥，2000、赵长才，2002 等)；另一种认为在南北朝时期产生(如潘允中，1980、岳俊发，1984 等)。带“得”的述补结构和“得”的发展历程密切相关。对于“得”的来源存在不同的看法。黎锦熙(1924)把“得”看作是后附的助动词，含有可能义。王力(1958)则认为“得”无论是在程度补语中还是在可能补语中，都是由表“获得”义的“得”转化为表“达成义”的“得”，再和使成式结合，进一步虚化为动词词尾“得”。杨建国(1959)认为结构助词“得”直接由“V 得 O”式中表“获得”义的“得”发展而来。祝敏彻(1960)、岳俊发(1984)则主张可能补语结构中的“得”是从表可能的“动词＋‘得’”结构的“得”虚化而来，而情态补语(具有描写性质的、表情态的补语)结构中的“得”是从表完成的“动词＋‘得’”结构的“得”虚化而来。赵长才(2002)认为“V 得 C”述补结构来源有二，一是直接源于“达成、达到”义的“得”的虚化，二是源于“致使”义的“得”的进一步虚化。

带“得”的述补结构的共时研究成果也不少，主要集中在两方面：专书研究以及“得”后补语的语义类型。李平(1987)、力量(1991)、李索(1991)、吴福祥(2004)、刘子瑜(2008)等分别针对《世说新语》《百喻经》《西游记》《敦煌变文》《朱子语类》等专书中涉及带“得”的述补结构进行了研究。关于“得”后补语语义类型研究，有称作程度补语(如张志公，1953、林焘，1957、李临定，1963)；有称为情态补语(如胡裕树，1962)；有称之为结果补语(如王还，1979)；称作结果和程度补语(如许绍早，1956、宋玉柱，1979)；也有称为结果、状态、程度补语者(如马庆株，1988)；之后分类更愈加细化，杨平(1990)把补语分成五类：结果补语、趋向补语、程度补语、状态补语和可能补语五类；赵长才(2002)则把补语分为趋向补语和结果补语，进一步将结果补语分为三个次类：预期结果、程度结果和状态结果。

1.3　“形容词＋得＋补语”结构研究

对“形容词＋得＋补语”结构进行单独研究的文献不多，前人的研究多集中于动补结构，研究动词，其中大略谈到“形容词 + 得 + 补语”结构的就笔者所见主要有：李临定(1963)从句法语义方面研究了动词或形容词后加上“得”引进补语的句子，主要说明了补语的情况，这种“得”字句补语可以用于说明动词、主语、宾语，另外，还考察了在把字句、被字句中的“得”字句；潘允中(1980)在谈到动补结构的发展时，略谈到形容词带“得”和动补结构都是汉语中补语的新结构。这一结构在过去只有个别例子出现在宋人话本讲史中，流行于近代文学作品，补语用来表示程度或结果。王俊毅(1996)通过分析《形容词用法词典》(郑怀德、孟庆海编)中的 1065 个形容词，1332 个形容词义项，归纳总结出形容词带“得”字补语有三种情况：形容词带表示可能的“得”字补语；形容词带表示程度的“得”字补语；形容词带表示比状的“得”字补语。他还指出了形容词带比状的“得”字补语含有程度高的意味，但是更侧重于描写；赵日新(2001)从类型学的高度讨论了形容词带程度补语的形式标记(各地方言中的标记有：得、来、得来、去、去来、到、遘、起、成)以及程度补语标记的零形式(北方：形补了；南方：形补)和程度补语的零形式(形得结构)，相应地得出一个结论：上述三种结构可能存在先后继承关系，有共同的来源。赵春利(2012)详细地阐述了情感形容词与“得”字补语间存在着四种一般语义关系类型，阐明了情感所引发的异常反应值具有能力、行为、心智和情态这四种语义类型，从而验证了情感形容词与“得”字补语之间的因果关系，最后论述了这一异常反应值的语法意义。

另外，还有与“形容词 + 得 + 补语”结构相关的两篇硕士论文成果。程婧(2007)从语法结构、语义范畴、语用功能等多个维度对现代汉语的述程式结构进行描写归纳，从量范畴角度，对述程式的夸张量、异常量等特殊表达进行探讨；谢樱(2009)以构式语法为理论指导，确定表程度的“A 得 C”是一个构式，提炼出构式义是“主观上对形容词 A 程度的加深”。

综上所述，现有研究成果多注重对形容词本身的研究，“得”字述补结构中对述语动词关注较多，而对能作述语的形容词关注较少。特别是近年来较为流行的“得”字程度补语结构(如“美得不要不要的”“帅得没朋友”等)中都是形容词作述语，该结构中前项“形容词”与后项“补语”之间语义上的选择关系难以把握。在概念整合和认知参照点构建下的认知框架中，我们总结出能够进入该结构的形容词一定存在两种输入空间，人类是在确定了认知参照点的情况下再把形容词和程度补语进行整合的，然后联系图形—背景理论把该结构“形容词直接带‘得’”“形容词直接带程度补语”这两个相关结构进行纵向比较，这三种结构从认知角度来说，就是图形和背景的隐现问题。

2. “形容词＋得＋程度补语”结构的句法语义分析

本小节主要考察分析“形容词 + 得 + 程度补语”结构中形容词类型和程度补语类型。“形容词 + 得 + 程度补语”结构中的“形容词”，先除去不能进入结构的属性词，再把其余形容词按照音节进行细分，发现单音节大多数都能带程度补语，但是部分双音节词和三音节词在语义或句法方面都受到了限制。“形容词＋得＋程度补语”结构中的“程度补语”主要分为简单式和复杂式，简单式包括副词、形容词（短语），复杂式包括动词（短语）。最后着重结合现今流行的程度补语个例，分析该结构特殊的表达功能。

2.1　“形容词＋得＋程度补语”结构中的形容词

朱德熙（1956）最早描写了性质形容词和状态形容词，陈月明（1992）把形容词分成肯定性形容词和非肯定性形容词，张国宪（1995）根据形容词的句法功能和语义功能划分出的动态形容词和静态形容词，沈家煊（1995）根据认知划分出的性质形容词在程度或量上的“有界”和“无界”等等。而本节根据该形容词是否能进入“形容词＋得＋程度补语”结构进行分类。据考察，《现代汉语词典》（第 7 版）中标注的属性词一类都不能进入该结构，其中《等级划分》中形容词总数 1373 个，属性词 129 个，占 9.4％。其中单音节属性词有单、亲、野、公、母等 5 个。

双音节属性词共有 116 个（部分列举如下）：

白色、初步、初等、初级、长途、长效、长足、
大概、大量、大型、大约、大致、大宗、顶级、
顶尖、定期、独立、短期、多元、额外、恶性……

三音节属性词也有少量，如大幅度、单方面、公益性、一次性、一揽子、一连串、一系列等。

这些属性词为什么不能进入“形容词＋得＋程度补语”呢？首先，亟待解决的问题是：这些被《现代汉语词典》（第 7 版）定义为属性词的词具有何种共同特征？和语义有关吗？属性词和区别词是否有区别？

第一，从属性词的句法功能上看，笔者结合吕叔湘、饶长溶（1981）、齐沪扬（1998）、俞士汶等（2003）、王启龙（2003）、赵燕华（2004）这些区别词研究专书和文献，统计发现除“长效、大幅度、大约、顶级、顶尖、负面、感性、高额、黄金、客观、肯定、快速、连锁、麻辣、亲、特快、特有、微观、虚拟、隐性、一次性、一揽子、一连串、正义、正宗”之外，其余属性词均为区别词。其次，参考区别词的划分标准：区别词可以直接修饰或加“的”后修饰名词，可以做主语、谓语、宾语、状语、补语，不可以受“很、不、没（没有）”的修饰，后面不能带“着、了、过、起来、下去”（见张素玲 2006），可以判定其中有部分属性词仍是区别词。它们分别是：长效、大约、高额、连锁、麻辣、特快、隐性、大幅度、一次性、一揽子、一连串。

那么，这些既是属性词又是区别词的词未被收录，很有可能是因为这些词是近十几年来由于经济、社会生活的变化等而产生的新词。比如因现在日益壮大的快递行业而出现的“特快专递”，我国的“特快专列”，“特快”一词还有向名词转化的倾

向："午间特快"说的是午间时长较短的新闻，"邮政特快"说的是邮政快递的特快类包裹；人们日常生活中经常会使用的"一次性筷子、一次性塑料袋"；国家之间因外交的频繁产生的"一揽子计划、一揽子交易"等。因此，由区别词所具有的句法功能来看，《划分》中的属性词和区别词相同，都不能进入"形容词＋得＋程度补语"结构充当谓语。

第二，从属性词的语义出发，属性词是用来表示事物的某一种固有属性的词。王俊毅（1996）提到"内涵客观的形容词"不能带程度补语，追根究底是形容词的量的问题。其中很多属性词都有自身固定的等级序列，有程度量相对的：初级—高级，恶性—良性，公立—私立（私营），定期—活期，急性—慢性，绝对—相对，劣质—优质，民用—公共，少量—大量，特定—任意，单方面—双边，天然（原始）—人造，公—母，正面—负面；有程度量或增或减的：初等—中等，临时—暂时，巨额—高额，特快—快速，巨型—中型—大型；有程度上的区别的：山寨—外来—新兴（新型、新式）。属性词产生之初就是为了确定这一事物的属性，这种"量"在程度上已经被确定下来，也就不需要再加补语结构来表程度了。

因此，除去以上不能进入"形容词＋得＋程度补语"结构的属性词，把其余形容词按照音节分为单音节形容词、双音节形容词和三音节形容词。其中，单音节形容词共 216 个，占形容词总数的 15.7%；双音节形容词共 1004 个，占 73.1%；三音节形容词共 25 个，占 1.8%。

2.1.1 单音节形容词

《划分》中的单音节形容词一般都可以带"很""多"等程度补语。李泉（2005）先考察了单音形容词的语法特征，在此基础上确定了单音形容词原型性特征的三个序列，其中序列一是：

＋程度副词＞＋否定副词＞＋动态助词＋补语＞＋重叠＋带宾语
原型性特征 ⟶ 非原型特征

序列三是：

做谓语＞作补语＞作定语作状语＞作宾语＞作主语
原型性功能 非原型性功能

在以上语义序列和造句序列中，可看出：单音节形容词作谓语时原型性最强，那么，单音节形容词作谓语时往往就要受到"很""不"的修饰，或者后带补语等。这也就决定了，单音节形容词在一般情况下都能带"得"字程度补语。

因此，逐一考察了《划分》中 222 个单音节形容词，448 个单音节形容词词项，一般不能直接跟程度补语"很""多"的，即不能进入"形容词＋得＋程度补语"结构的单音节形容词有安、白$_3$、薄$_3$、遍、差$_2$、纯$_3$、粗$_6$、粗$_7$、错$_2$、大$_2$、大$_3$、好$_5$、好$_6$、好$_8$、好$_9$、狠$_2$、厚$_5$、净$_1$、净$_2$、良、满$_2$、整$_1$、整$_2$ 等，约占 5.4%。仔细分析它们的义项，可以发现主要原因是人们在使用形容词时，倾向于选择表义更加明确的双音节形容词，而不选择意义模糊的单音节词，如"粗$_6$（疏忽，不周密，跟"细"相对）、粗$_7$（鲁莽，粗野）、纯、厚$_5$（富有；殷实）、净$_1$（清洁；干净）、净$_2$（没有余剩）、良、整$_1$（完整）、整$_2$（整齐）"等。一个单音节形容词后加"很""多"和意义相关的双音节形容词相比，语料偏少，一个重要原因是单音节形容词可以直接前加"很""多"等程度副词来表示程度。例如，单音节形容词"粗$_6$"表"疏忽，不周密，跟'细'相对"，相对应的双音节形容词是"粗心"，说话人容易选择说"粗心得很"而不是"粗得很"，而且"粗得很"语意含糊。有的单音节形容词的用法受到句法制约，如"错$_2$"表"坏、差"义，只能用于否定表达；"大$_2$"是"排行第一的"意思，只能用在名词前；"好$_9$"表"容易"，也只能用在动词前；"满$_2$"表"整个，全"义，只能用在名词前。"净$_1$、净$_2$"用作可能补语的情况多，"扫净、吃不净"等；"遍"也作可能补语，"走遍世界、吃遍全球"等；还有的单音节形容词还受到其词义的限制，如用于套话的"好$_5$"，词义虚化，常用作状语，"捶好、走好"等。

2.1.2 双音节形容词

李临定（1963）曾谈到"'糊涂、热闹、聪明'等意义单一，不能分析的双音节词"可以进入带"得"字的补语句，但"冰凉、通红、喷香"等偏正式的形容词不能进入，并从语义、语用的角度分析双音节形容词容易受到口语性差和带有程度义两方面的限制。

就双音节形容词而言，要注意的是绝大部分双音节形容词却都能带上"很"这一程度补语，其次是"多"。我们首先筛选出《划分》中的双音节形容词进行语料上的验证，排除能带"很"和"多"的语料，只要语料库中出现，就说明该双音节词能够进入"形容词+得+程度补语"。通过筛选发现，有的双音节形容词自身的语义特点就决定了它们不能进入"形容词+得+程度补语"结构。除了上述的双音节属性词（如"超级、海量、基本、同等、同类、无偿、无线、现任、现行、心爱、重型、主观、主要"），还有一些不能进入"形容词+得+程度补语"结构（或者进入后接受度低）的形容词（包括属性词，下标数字表示该形容词的不同义项），列举如下：

> 安定、八卦、必然、必要、碧绿、不便、不错、不定、不对、不行$_1$、不行$_2$、不堪、不利、不良、不满、不难、不平$_1$、不平$_2$、不少、不慎、不适、不同、不懈、不易、长期、长寿、昌盛、常用、畅通、诚信、澄清、迟疑、创新、醇厚、慈善、匆匆、匆忙、粗略、翠绿、错误、大量$_2$、大气、到位、得当、得体、地道、端正、对称、多余、犯愁、非凡、肥胖、奋勇、丰硕、腐烂、富强、富有、富足、干旱、刚毅、高大$_1$、高大$_2$、搞笑、工整、公益、共同、够呛、孤立$_1$、孤立$_2$、古朴、光明$_1$、光明$_2$、光明$_3$、规律、规则、过分、过时、过硬、害臊、酣畅、罕见、好心、合法、合格、和平、赫然、红润、哗然、欢乐、灰心、畸形、吉利、吉祥、急迫、尖端、坚韧、简要、见外、健美、节俭、杰出、紧凑、紧缺、经典、惊喜、惊险、晶莹、精心、绝对$_1$、均匀、可能、宽厚、雷同、良好、灵通、笼统、鲁莽、茂密、没劲、美观、迷惑、秘密、模范、内向、年迈、偶然、僻静、偏远、平安、勤奋、轻易、清明、权威、确凿、人道、冗长、盛大、十足、适当、适度、适量、适时、适宜、适用、顺心、通红、同样、同一、统一、突然、团圆、妥善、完好、无能、无数、

喜庆、系统、侠义、显然、现代、相当、相似、相同、祥和、修长、秀美、虚幻、虚心、絮叨、喧哗、一般、一样、隐约、永恒、永久、踊跃、优良、优异、忧愁、有幸、有序、圆满、崭新、正规、知名、中庸、忠诚、忠贞、衷心、众多、周密、朱红、诸多、主观$_2$、著名、专心、专注、灼热、卓越、尊贵

这其中，有些词放在“形容词＋得＋程度补语”中在书面语体中接受度很低，例如“不堪、长寿、大气、得体、地道、端正、多余、古朴、过硬、罕见、和平、畸形、吉利、节俭、杰出、经典、惊讶、惊险、鲁莽、没劲、茂密、偶然、适用、适当、顺心、现代、无能、相似、一般、踊跃、圆满、忠诚、忠贞、专注”等词后加“得很”在语料库（CCL、BCC）中也仅见一例；有的词进入该结构只出现在微博等非正式语体中，如“搞笑、欢乐、喜庆”等。

下面通过几个词语句法和语义上的分析进一步说明不能带程度补语的具体情况：

1）八卦：没有根据的，荒诞低俗的；作为名词时的意义是我国古代一套有象征意义的符号，用来象征各种自然现象和人事现象。在语义上不难看出“八卦”一词已经完成了从名词到形容词的转化，在认知上它是一种事物，隐喻到人，表示事物的属性，词本身没有量或程度的区别，属于绝对的性质形容词。其语义特征可概括为[＋绝对属性，－量性]。

2）必然：属性词，事理上确定不移的，表示固定的量，具有[＋量]的语义特征，自然后面不能再加程度补语。

3）不对：不正确，这一义项语义上具有[＋否定性，－程度性]的特征，故不能再加程度副词，但是在句法上可以进入“是……的”格式。

4）惨重：（损失）极其严重，具有[＋极量]的语义特征，而且词义相近的“惨白”“惨痛”后都可加不同形式的程度补语，足以表明这种带有[＋极量]语义特征的词，只能加“很”“多”这两个程度补语，不能再后加其他形式的程度补语了。

另外，李临定（1963）提及偏正式的形容词不能进入“得”字结构，如“冰凉、通红、喷香、稀烂、贼亮、雪白、笔直、滚圆”等等，朱德熙（1956）也列举过并讨论了这一类状态形容词前一音节已经丧失意义，除以上列举的，这一类词还有“霎白、粉碎、鲜红、黢黑、精光”，但是在语料中很容易发现这一类状态形容词有一部分已经转变成完全可以带“得”字程度补语了。

（1）关之连忙握着他的手，发现他的手冰凉得吓人。（绿痕《还君一鉢泪》）

（2）（他）脸色已然雪白得吓人。（凌淑芬《水一样的女人》）

在《划分》中这样的偏正式形容词已经完全可以进入“形容词＋得＋程度补语”结构中的有：笨重、通红、碧绿、崭新、郑重等。

2.1.3　三音节形容词

三音节形容词有一部分是属性词，前文已列举过，不能进入“形容词＋得＋程度补语”结构。还有一部分是状态形容词：

沉甸甸、孤零零、红扑扑、火辣辣、空荡荡
美滋滋、暖烘烘、热腾腾、水灵灵、喜洋洋

这一部分状态形容词是否能进入“形容词 + 得 + 程度补语”呢？这一类附带后加成分的状态形容词，后加成分在这里的作用就是为了要增加前面的单个形容词的程度量，本身程度量足够，能够“包含说话人的感情色彩”的状态形容词后也没有必要再加程度补语了。

此外，三音节的还有以下一些：

不得了、不得已、不耐烦、不起眼、不像话、不景气
差(一)点儿、没意思、有意思、难为情、了不起
大规模、大面积、多方面、多功能

第一行的形容词虽然都带“不”字，具有[+ 否定]的语义特征，从语义内部松散程度来看，“不得了、不得已”语义固化程度明显更高，“不耐烦、不起眼、不像话、不景气”相对固化程度低，所以在“形容词 + 得 + 程度补语”中的表现不尽相同。“不得了、不得已”完全不能进入该结构，“不耐烦、不起眼、不像话、不景气”都能带程度补语“很、多、要死、要命”等。第二行的“差(一)点儿”只能用在差比句句中，不能进入“形容词 + 得 + 程度补语”结构。“有意思、没意思”这两个词可以后带“很、多”，最后，“大规模、大面积、多功能、多方面”在词义上偏属性词性质，是不能进入“形容词 + 得 + 程度补语”结构的。

2.2　“形容词 + 得 + 程度补语”结构中的程度补语

王邱丕、施建君(1990)从对外汉语教学的角度出发，先就补语的结构功能、语法意义和语用特点的不同，把不表可能性的补语分为程度补语、情状补语两大类，并认为这里的程度补语包含了朱德熙(1982)提出的组合式状态补语和组合式程度补语；又根据语法形式和语法意义的不同，把程度补语区分为简单式和复杂式。这里的程度补语的简单式由副词或形容词(短语)充当，基本形式是“Adj + Adv；Adj + Adj”，补语的语法意义是直接表示程度；程度补语的复杂式由主谓短语或动词(短语)充当，基本形式分别“Adj + VP、Adj + (N + VP)、V + VP、V + (N + V)”，前两个的语法意义都是“程度兼结果”，后两个都表示“结果兼程度”。本小节参照王、施的标准，不考虑组合式状态补语，将“形容词 + 得 + 程度补语”中的程度补语归纳为简单式和复杂式。

2.2.1　程度补语简单式

程度补语简单式主要是由副词、形容词(短语)充当。最典型的副词是“很”，还有“慌”“极了”“够呛(够劲)”“可以”“厉害”(李临定(1963)认为可以是“副词”，因为“厉害”作补语时和作谓语时词义有变化)。例如：

(3) 刘二林和张达丰、魏殿波两名积极要求入党的知青从早干到晚，累得够呛！（舒平《沉默的钟楼》）

(4) 尽管她衰弱得厉害，但她决定和费慰梅一同到镇上的茶馆去庆祝抗战胜利。（张清平《林徽因》）

充任程度补语的形容词主要是"多""透""远""紧""吓人""可怜""不得了""了不得"。例如：

(5) 但是我可以告诉你，我离开你们是能够生活的，而且我的生活会比你要美满得多！（魏巍《东方》）

(6) 小龙女哈哈大笑，心想这怪老头儿当真有趣得紧。（金庸《神雕侠侣》）

充当程度补语的形容词短语可以是表示程度差别的，比如，多用于差比句中的"很多""多了"；另外还有短语"透了"。如：

(7) 母亲回到女儿这里来的时候快活得多了，而基蒂也装出快活的样子。（《安娜·卡列尼娜》）

(8) 那麦秆干得透了，登时起火，顺风烧向店堂。（古龙《雪山飞狐》）

当今网络社交媒体（如微博、微信、贴吧等）上还在使用、可以作程度补语的还有"不要不要的、不行不行的"。如（未标注出处的语料均来自微博）：

(9) 特别是这段时间累得跟狗一样，晒得皮肤黑得不要不要的了！

(10) 结果还有一个乖小孩给我唱生日歌，可爱得不行不行的。

"不要不要的"的用法十分灵活，可以进入结构"X得不要不要的"，还可以受副词"简直""也是"等修饰，还能单独作小句插于整句中。刘志毅（2016）、杜可风（2016）都对"X得不要不要的"结构进行了较为细致的分析。他们一致认为，"不要不要的"这种新词（短语）可以用来表示程度义，可以用于加深中心语表述的强烈程度。第一，"不要"为副词，表示禁止和劝阻，如："不要大声喧哗吵闹"，"公众场合不要抽烟"。可以这样认为，"不要不要的"中两个"不要"叠用是表示"劝阻"义且加强语气，当说话人遇到自己不想承受或不喜欢的事情时，表达"拒绝、抗拒、劝阻"的心理。在这样的情况下，"不要不要"侧面表达出说话人对于不想承受的事情或者不喜欢的程度很深。第二，关于"不要不要的"中的"的"，吕叔湘（1942：162）指出："的"字短语用在"动+得"之后，表示结果的状态。这里的"的"可以认为是表示结果的状态，即程度深的状态，"不要不要的"可以看作是形容词性成分。最后，"不要不要"从表示"说话人因某种情感的程度深"语义扩张到其他场合，"萌得不要不要的""帅得不要不要的"，这是人们通过隐喻把对于表"说话人意图劝阻"的认知域投射到另一认知域"表达某种状态情感的程度"，所以产生了"不要不要的"的泛化使用。

另外，杜可风（2016）还筛选出人民日报中出现的能带"不要不要的"程度补语的形容词，单音节形容词包括"甜、帅、好、美、萌、馋、傻、暖、壕、酷、丑、热、潮、忙、难、纯”等，双音节形容词包括“凌乱、紧致、帅气、销魂、可爱、时髦、浪漫、简单、精彩、傲娇、花痴、清纯、暖心、华丽、温柔、水嫩、神奇、呆萌、火爆、俏皮、浮夸、甜蜜、幸福、狗血、好看、高冷、冷淡、性感、漂亮、活泼、时尚、舒服、邋遢、豪华、甜蜜、清新、恶心”等；根据赵春利(2006)的形容词分类标准，以上形容词多对应于主体类形容词中的容貌类、性格类、智力类情感类形容词，“A 得不要不要的(不行不行的)”显然是说话主体想表达自身对容貌、性格、智力等方面的态度或看法，同时这种态度或看法的程度极深。

2.2.2　程度补语复杂式

程度补语的复杂式主要是由动词(短语)、主谓短语充当。充当程度补语的动词有“不行、不成、要命、要死”等。

(11) 我妈那个人平时满不在乎的，可是要有人说个什么，她就害怕得不成。(川端康成《河边小镇的故事》)

除此之外，现在流行的补语新兴形式中有动词性短语“没朋友”、述宾式双音复合词“无语”等。在下面语料中不难发现，“没朋友”“无语”在句子中不仅仅表示结果，而且已经出现了程度高的意味。

(12) 简直累得没朋友，又晒～这山爬得简直比军训还累啊。

(13) 即使自己不吃不喝也付不起那高得无语的医药费。

另外，可以充当程度补语的动词短语还有流行语“掉渣、冒泡”等，其中形容词和补语的语义限制中，认知隐喻起着重要的作用。

(14) 四人本来就美得冒泡了，现在再精心打扮一下。

(15) 热腾腾的萝卜排骨鲜虾汤出锅咯！鲜得掉渣！

如今流行的、可以充当程度补语的动宾式双音组合还有“掉渣”“冒泡”，这两个程度补语的语义以前指向某一事物，现在可以转而指向人，形容词和补语的语义限制中，认知隐喻起着重要作用。它们以前所补充修饰的形容词都是贬义性质、状态不佳的，如“土得掉渣”“傻得冒泡”等，今转而能够接受其他非贬义的、正面意义的形容词，可修饰的形容词范围扩大。以下对目前流行的程度补语复杂式进一步分析：

2.2.2.1　动宾组合作程度补语：“A＋得＋没朋友”

“没朋友”语义上直截了当，即“没有朋友”。试比较：

(16) 做人可以贫困，但不能穷得没朋友。

(17) 中秋期间，成都气温陡降，但对于时装精来说，天气永远不该是停止扮美的理由，放假出去玩，就要“美得没朋友”！

例(16)是公司告诫员工不能无所事事，无所事事的结果就是变穷，变穷的后果就是没有朋友了，“没朋友”作为结果补语出现；而例(17)中“美得没朋友”可以有两种理解，第一种是成都的美女们穿着确实美，有种让人难以接近的感觉；第二种是成都的美女们实在太美了，“没朋友”表程度高是“非常、很”的意思。检索 BCC 语料，能够带“没朋友”结果补语的，和“穷”一类的负面、消极形容词还有“差、丑、贱”等；能够带“没朋友”的程度补语兼结果补语的，和“美”一类的正面、积极形容词还有“白、好、高、萌”等。另外还有“累”“惊”“好用”三例。

（18）新版本 IOS7.0 果然好用得没朋友！

上例中“没朋友”已失去了真值意义，表达“很”“非常”的高程度；在当今网络社交媒体中“没朋友”的使用也和上述的程度补语“不要不要的”“不行不行的”一样，用法日趋泛化。

2.2.2.2 主谓成分作程度补语：“A＋得＋(我)一脸血”

“萌得(我)一脸血”是最常见的例子，和“泼得我一脸水”有什么区别呢？“一脸血”究竟是“从外面来的血”还是“自己的血”？再看使用频率比较高的“帅得(我)一脸血”，一般认为，看到很帅的人，会夸张到流鼻血。“鼻血”之所以会变成“一脸血”，这和认知机制有关。认知语言学认为，转喻中包括部分转指整体。“鼻子”作为“人脸”的一部分比较不凸显，这时说话人转而选择凸显人身上比较明显的、整体的“脸”，由此来实现夸张的效果，“一脸血”相对于“一鼻子血”来说更夸张，语用效果自然更明显。

2.2.2.3 比况成分作程度补语：“A＋得＋像狗(一样)”

西方人认知中的狗是忠实、可爱、朋友的象征，西方谚语“love me, love my dog”；然而中国人认知中“狗”的形象古有“狐朋狗友、鸡鸣狗盗、行若狗彘、偷鸡摸狗”，今有“单身狗”(单身未婚男青年)、“傻狗”(头脑糊涂的人)、“考研狗”(准备考研究生的一类人)、“加班狗”(经常加班的一类人)等，“狗”在中国人的认知范畴中多带有贬义或“鄙视”，慢慢发展出“自嘲”意味。例如：

（19）事情一多起来感觉忙得像狗！

认知语言学突破了传统的修辞观，隐喻在传统的修辞学中被看作一种特殊的修辞格手段或修辞格。认知隐喻观还提出，隐喻是跨概念域的系统映射。源域中“狗”具有遭人鄙视，不受待见的特征，另一方面，中国的农耕社会时期训练狗看家护院、出外捕猎，“狗”又具备了“从事较为辛苦的工作”的这样一种特征，跨概念映射到目标域“人”这一主体上，例(19)中以“狗”作为“人”身份的自嘲包含了三种相关联的概念隐喻：即“＋人像狗一样＋、＋主体所做的事情是不太让人满意、不太如意的＋、＋主体是比较辛苦的＋”。

2.2.2.4 动宾式词组或双音复合词做程度补语：“A 得掉渣”；“A 得冒泡”；“A 得无语”

张敏(2008:90—91)对隐喻的认知观进行了提炼，其中提出隐喻的概念性，认为隐喻不仅是个语言问题，更是一种思维方式，人类赖以思考和行动的概念系统大多是以隐喻的方式构建，因此思维过程本身就具有隐喻性。从下面的例句，足以体现这一类成分的补语都存在认知隐喻机制，人们经常靠跨域隐喻进行思维和语言上的建构。例(20)“掉渣”是因为柜台太破、太旧了，掉落下来的可能是柜台上的已经剥离的油漆、木屑等，那么如何从描述物体的结果跨域成描述主体或事物的程度呢？很有可能是因为“土”，由“土壤、泥土”发展出一系列表示“本地的；地方性的”义项的词“土话、土特产、土方法、土方子”等，再转变为表示“民间的；民间沿用的；非现代化”的一类词“土专家、土枪”，“非现代化”就容易跟不上时代，落后于时代的发展，这样，词义再经转移成表示“不合潮流的”的“土”。由最开始的“泥土”转变成“不合潮流的”“土”，“土”在描述主体某种状态的程度时就很容易映射在本义“泥土”上，以前的泥土质地松散，用于墙面会特别容易掉渣，所以例(21)认为农场来的大块头说的方言也“土”得掉渣了。

(20) 黑糊糊的柜台也是破旧得掉渣了。(施亮《黑色念珠》)

(21) 那两个农场来的……说土得掉渣的方言。(孙仲旭译乔治·奥威尔《上来透口气》)

“掉渣”作为描述主体或事物的某种状态的程度时，前面的形容词多为负面意义类主体或事物形容词“俗、老、烂、土、丑、无聊”等，正面义的主体形容词出现频率较低，多为“美、帅、讲究、性感”等，都可以直接表示程度高。

(22) 草根逆袭式的情节发展最能引发年轻人的斗志，配上英式英语、长柄伞、牛津鞋、斗牛犬、虽然面瘫却帅得掉渣的科林·费斯等大叔级“老戏骨”。(张艺《国外〈王牌特工〉受追捧》，新民晚报 2015 年 4 月 8 日)

程度补语“冒泡”前的形容词多为正面义的主体形容词“美、好、幸福、兴奋、活泼、甜蜜、得意”等，负面义的主体形容词“闲、土、酸、傻”出现频率低。如：

(23) 王晓明头脑顿时感到一股满足幸福的晕眩，心底美得冒泡。(天下风之子《花都逆流》)

“掉渣”“冒泡”等这些词用于描述事物或主体时都是无形的，这也就涉及认知隐喻观中的“本体性隐喻”。Lakoff & Johnson(莱考夫和约翰逊，1980)把隐喻分为方位隐喻、本体隐喻、结构隐喻三种，其中，“本体性隐喻(ontological metaphor)”是来自人类对物理世界实体以及物质的经验。人们用本体隐喻的思维方式可以对一些较抽象的东西进行指称量化，比如把行为、事件、观念、感觉等看作有形的、离散的实体来加以推理。其中，本体性隐喻存在一种表现形式：从无形到有形，即把抽象的事物或概念具象化。例(23)，在“+我的心是个实体-”的隐喻中，心情好时人们看到阳光下五彩缤纷的泡泡都会感到或美或幸福或兴奋、喜爱，于是有+我的心是可以制造泡泡的机器+的隐喻，因此现在“王晓明”心里感到幸福，心里美得“冒出了泡泡”。

动宾式双音复合词“无语”在《现代汉语词典》(第7版)中释义为“无话可说，特指因无奈等而不想说话”。“无语”多出现在固定短语或成语中，如“无语凝噎”“默默无语”“沉默无语”“哑然无语”等，这些短语多出现在“得”字后，作为后加的结果补语。例如：

(24) 在谈到这些老同志时，他有时激动得无语凝噎。(姚有志《十大元帅》)

随着“无语”类短语作为“得”字后的补语使用频率的增加，很有可能直接导致了“无语”能单独作为补语出现。如：

(25) 在饭堂舀雪糕的学生工让人无语，雪糕舀出来小得无语，是“一片雪糕”，而不是一勺雪糕。

(26) 幼稚得无语！没文化得好可怕！

例(25)中，因食堂员工提供的雪糕太小了，令人无奈，故“无话可说”，这里的“无语”还只是结果补语的用法，但“无语”现在已经出现程度高的意味了。如“帅得无语”，“你”太帅了，以至于“让我无法形容出你的帅气”，这里的“无语”包含“无法言语、无法言状、无法描述”之义，而“幼稚得无语”，则直接用“无语”来表示说者对“没文化的人”的不满，而且对其不满的程度极深。“无语”一词现已近似于极性程度补语，据考察，能带“无语”程度补语的，多为负面意义的形容词，如“忙、尴尬、痛苦、惊愕、郁闷、恶心、羞怯”等，也有正面意义的形容词，多为使用频率较高的“可爱”“帅气”“好看”等主体类正面意义的形容词。

综上所述，在句法层面上，作为属性词的形容词一定不能进入“形容词＋得＋程度补语”结构中，除了属性词之外，其他形容词是否能进入该结构，从音节数来看，单音节形容词原型性高，受到的限制小；绝大部分双音节形容词都能带“很”“多”这两个程度补语，再定位到每个双音节词具体的语义特征来探究双音节形容词受到的语义制约；就三音节形容词而言，部分属性词不能进入“形容词＋得＋程度补语”结构，部分三音节状态形容词本身具有的程度量足够无需加补语，还有部分三音节形容词不能带程度补语与其固化程度有关。

“形容词＋得＋程度补语”结构中的“程度补语”可以二分为表程度的程度补语简单式，以及表程度兼结果的程度补语复杂式。当今流行的程度补语表达“A＋得＋不要不要的/不行不行的/一脸血/掉渣/冒泡/没朋友/像狗一样”中的适配形容词、形容词和程度补语之间的认知隐喻现象，涉及认知隐喻中源域和目标域之间的跨域映射。

3.“形容词＋得＋程度补语”结构的认知分析与意义构建

本节参考赵永峰(2013)提出的基于认知参照点理论的概念整合理论，分析人类在选取了特定的认知参照点的情况下，“形容词”和“程度补语”之间是如何进行概念整合的。在此之后，形容词和程度补语进行概念整合时，是如何进行意义构建的？借形容词和程度补语之间的“合理搭配”“不合理搭配”为着眼点，两者基于语法范畴的选择性和经验认知的规约性进行意义构建，最后整合为“形容词＋得＋程度补语”结构。

3.1　“形容词＋得＋程度补语”结构的认知分析

概念合成理论最早可以追溯到由 Gilles Fauconnier 在 1984 年创建的心理空间理论，一年之后，Faconnier 再以心理空间理论为基础，进一步提出并发展成为概念合成理论。其理论主要体现在几本著作中，包括：Facconier & Turner《概念映射和中间空间》(1994 年)，Facconier & Turner《整合是语法的核心过程》(1996 年)，Fauconnier《思维和语言中的映射》(1997 年)，Facconier & Turner《我们的思维方式：概念整合以及心智背后的复杂性》(2002 年)。概念合成也称概念整合、概念融合，即人类把来自不同空间的输入信息有选择地提取部分意义整合起来成为一个新的概念结构的一系列认知活动。(吴为善，2013：48)更具体地说，人类在生存活动中会接收到、接触到客观世界中不同的认知域(cognitive domain)，任何一个概念首先需要经过人的心智空间(mental space)进行信息的加工整合，来自不同认知域的概念通过各自“通道”有选择地投射(mapping)到动态解释的复合空间，从而形成一个新的概念结构。由此，Facconier & Turner(2002：48)提出概念整合的四空间论：类属空间(普遍空间)，输入空间 I，输入空间 II，合成空间。他们将这四空间的关系用以下图式加以描述。

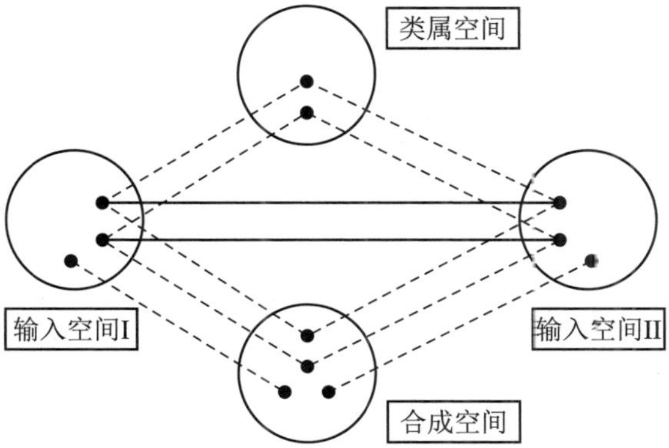

图 4-2-1　概念整合的四空间关系

类属空间向两个输入空间映射，整合反映出输入空间共同的、常见的、抽象的组织与结构，规定核心跨空间映射；输入空间映射具有部分与选择的属性，当输入空间 I 与输入空间 II 部分地投入到合成空间后通过“组合”“完善”“扩展”三个彼此关联的心智认知活动的相互作用产生新创结构(Emergent Structure)。(引自：吴为善，2013：255；Facconier & Turner，2002：48)

其次,语言的非自治性还可以从人类另一个基本认知模式入手——认知参照点。根据赵永峰(2013)的考察,最早提出认知参照点思想的是格式塔心理学创始人之一Max Wertheimier,他在1912年首先使用"感知固定点"这一概念。后来,Rosch在1973年又提出原型范畴理论,又于1975年发表《认知参照点》一文,主要运用认知参照点来判断非原型成员,正式提出认知参照点理论。自此,该理论被逐步接受并被广泛应用于认知心理学、认知社会学、营销学、管理学等各种领域。但是却没有被认知语言学所认识,直至1987、1991年才被Langacker应用于所有格的研究上。Langacker(1993:5)认为认知参照点是普遍存在于我们每时每刻日常经验中的一种基本认知能力,并将参照点定义为"通过激活某一实体概念来建立与另一实体的心理接触",认知参照点可以使某一种语言结构中的某一实体得到"意识单独的重视"。另外,Lakoff(1987)提出的"理想认知模式(ICM)"也反映出认知参照点模式在认知思维中的重要性,人们通常将ICM作为参照点来推知非典型成员和认知模式。

具体来看,Langacker在1991年提出的"认知参照点"(Reference-Point Model又叫the Principle of Cognitive Reference Point,简称CRP)模型,他把此理论主要概括为:作为认知主体的人(Conceptualizer)在认识社会现实的时候,在特定的认知辖域(Domination)内,会选择一个特定的概念作为认知目标体(Target)的参照点(Reference Point),从C到R,再到T形成一条心智路径(mental path)。如图4-2-2所示。

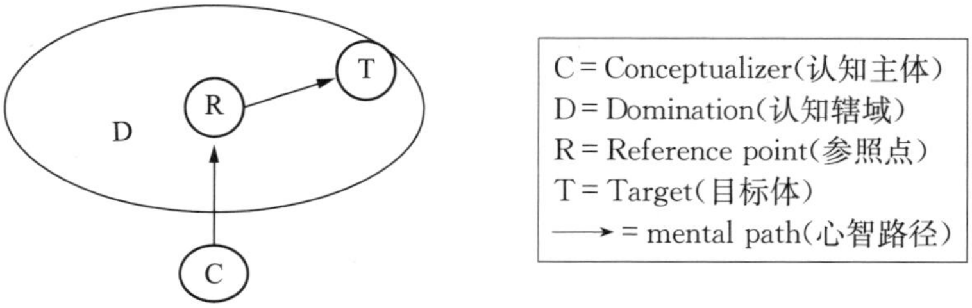

图4-2-2　心智路径

3.1.1　基于认知参照点的结构分析

认知参照点无处不在,是一切认知活动的原动力,但正因其普遍性,所以容易忽视它的存在和重要性。因此,它会直接影响我们对认知目标体(Target)的选择性,而且随着主体的不同即认识的主体不同,在特定的认知辖域内,认知主体选择的认知参照点和与之对应的认知目标体也会随之发生变化。在特定的结构辖域中,以"累得X"为例,我们可能会首先选择"累得很"作为认知参照点,同时辖域内还可以存在这样的表达,"累得要死""累得眼睛都睁不开了""累得腰都直不起来了""累得倒在地上睡着了"等等,不同的主体对于"累得很"这一认知参照点有着不同的认识和感受,有的认知主体主观上夸张感受"累到自己会死",有的则感受到主体某个身体部位"自己的眼睛很累,睁不开",还有"腰很累,直不起来了",有的只是陈述“累”的结果就是“倒在地上睡着了”。如图 4-2-3 所示。

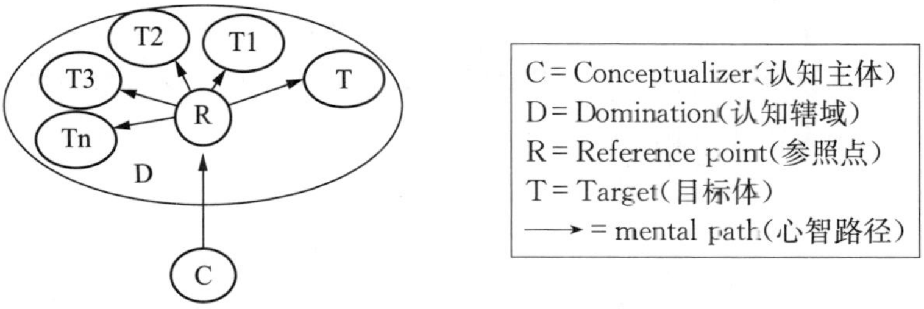

图 4-2-3　心智路径 N

相对应的，还可以选取一个特定的“热得要命”为认知参照点，在这一认知参照点下，可以推测认知目标体存在 N 种可能性。作为“要命”的认知目标体可以是“穷得要命”“急得要命”“疼得要命”“苦得要命”等，而“穷”“急”“疼”“苦”等形容词都属于“主体类形容词”这一特定的认知辖域。因此可以说，在特定的认知辖域内形容词对补语的选择都是具有选择性的。人类的认知范畴是复杂的，现在我们还是不能完全认清某一特定认知辖域内这些认知目标体的共性，这也是亟待研究的问题。

从上述分析，不难发现，认知参照点的选取是没有一个固定的标准的。Langacker 的理论中也没有阐述人类是如何选取认知参照点的，以及认知参照点如何发挥作用，也忽视了认知参照点与概念域之间的关系。赵永峰（2013）认为概念整合理论正好弥补了认知参照点理论上的不足，将概念整合理论修补为基于认知参照点的概念整合理论——一个心智空间以认知参照点为基点，通过“连接因子”与其他心智空间发生联系，从而整合出新的心智空间。如图 4-2-4 所示。

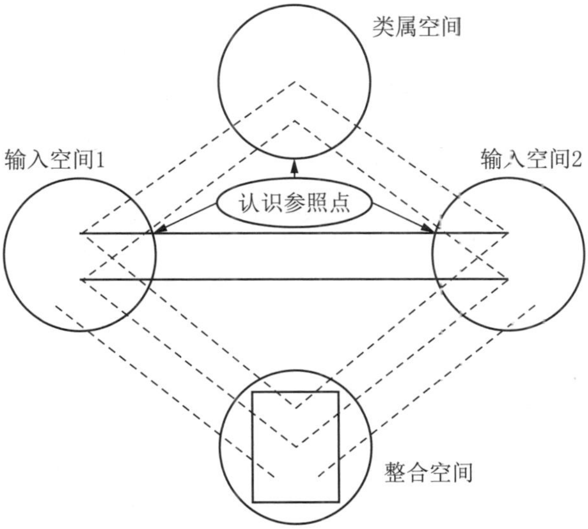

图 4-2-4　概念整合心智空间

3.1.2 基于概念整合和认知参照点的结构分析

基于概念整合和认知参照点的理论，可以首先思考单个形容词和不同的程度补语之间的选择关系。在“形容词 + 得 + 程度补语”结构中，其中有不少程度补语未完成虚化，仍然保留一定的原义。这些程度补语未完成虚化的原因是什么？

形容词是用来描述事物的性质和状态的，后加“得”字补语表程度或结果。认知心理学理论表明，想象是思维的一种重要的形式，想象的形式比较多的是相当清晰的表象。那么，想象在认知活动中又发挥了什么作用？祖弗洛伊德概括为：想象可以减弱内驱力，起到情绪宣泄的作用。比如，今天你工作了一天，腰酸背痛，之后在脑海中想象到最坏的结果“我因为工作累死了”，在对话中，由“我累得很”转换为“我今天累死了、我累得要死、我累得要命”等，传递出的情感信息是对辛苦工作的不满，以宣泄主观感受和主观情绪。辛格在总结了大量文献的基础上提出了想象的三大功能，其中之一是预测和计划。（转引邵志芳，2013：317）人类通过想象来预测某一时间、空间事件上可能会出现的结果，这种预测可以想象到最好的结果到最坏的结果中的各个层面。从思维反映到语言层面上，用补语来表示程度或结果，补语的表达是言者主体情绪的释放，可以是好的结果：欢快情绪的释放“高兴得手舞足蹈”“高兴得哈哈大笑”；也会出现坏的结果：“高兴得发疯”“高兴得发狂”，而且这种坏的结果只是想象的极致状态，主观上给说话人以情感宣泄。

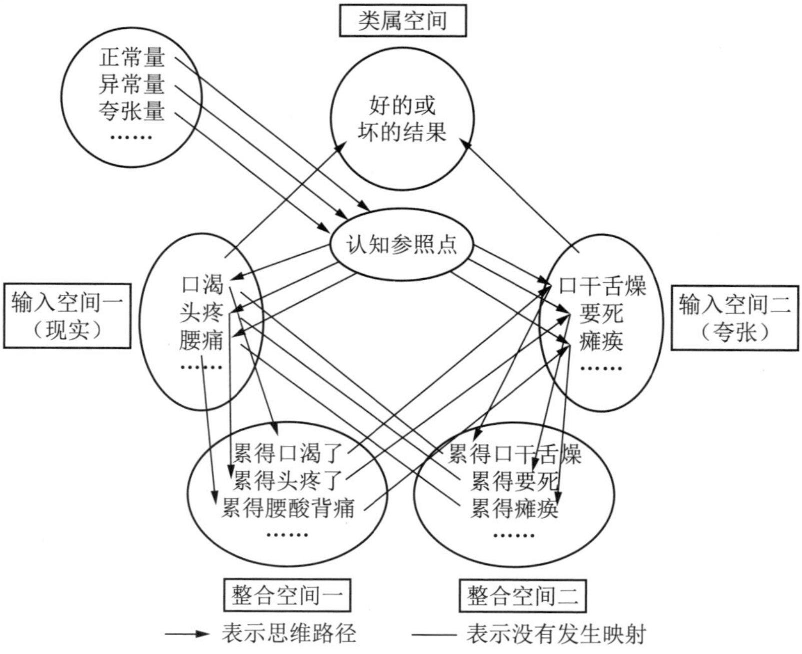

图 4-2-5 “累得 X”整合输入心理空间 I

仍以形容词“累”为例，如图 4-2-5 所示，由人们通过“累”能够想象预测到的、好的或坏的结果构成类属空间，一个输入空间包括现实中由于产生的结果形成的心智框架，我们称作“输入空间一（现实）”，另一个输入空间包括由于说话人的主观异常和夸张情绪形成的心智空间，我们称作“输入空间二（夸张）”，在选取同一概念域中、特殊的语用效果作为认知参照点之后，跨空间映射，在角色和相应值之间进行相互匹配，进入合成空间后，把主观感受“累”和“累”形成的现实结果进行整合，形成新创结构——整合空间一，把主观感受“累”和“累”形成的异常甚至夸张的结果构成另一整合空间——整合空间二。

由图 4-2-5 可知，在这一空间选取的形容词，必须存在两种输入空间。再看不能进入该概念整合空间中的属性词，它们在程度或量上已经是确定的，固定地描写某一种属性，人们不能识解出一个固定属性还能出现的两种结果，所以，属性词在人类认知范畴里只是固定的特征的集合，是某一种特定的概念。结合图 4-2-5，可以推论“形容词＋得＋程度补语”中单个形容词和多个程度补语之间的选择关系：

第一，这一概念空间中的形容词在人类的心智空间里必须存在输入空间，即无论是主体、事体、物体还是时空、逻辑类形容词，在认知参照点确定为语用效果量的前提下，只要这种形容词能够在程度上进行加深的，实际上，这一类形容词都是非定量形容词①（张国宪，2006），那么它们都可以进入“形容词＋得＋程度补语”该结构。

第二，人类在“累”的情况下，导致的好的或者坏的结果，这里的“好”和“坏”是一组相对的概念，对某个说话人而言，这种结果可能是好的、如意的，也有可能是坏的、不如意的。那么，对于认知参照点的选取，语言的产生是为了人类表达的需要，在对“累”产生的各种事件的前提下，说话人会抓取有利于表达情感的参照点。如果是在和亲密的朋友交谈中，抓取“夸张量”“异常量”，整合为“夸张”的心理空间，只为了达到情感的宣泄。反之，在与一般朋友的交际场合中，这种表达又违背了格赖斯“合作性交谈四准则”中的“质的准则”（转引自邵志芳，2013：357）——说的话应当尽可能真实可信，不要说虚假的事情，不要说没有证据的事情，此时，“现实”的输入空间整合出新创结构，整合为“现实”的心理空间。不同的交际场合，可适用的整合空间不同，主要还是根据主体的情感态度。当然，违反交际原则也是允许的，有意违反上述“量的准则”“质的准则”，交谈一方不想提供更多的信息量进行交谈或是只顾抒发个人情感，不考虑他人情感。

第三，考虑到输入空间二中可能会出现的最坏的结果存在变成现实的可能性，如图 4-2-6 所示。

在心理空间框架内，输入空间一中的“现实”事件和输入空间二中的“非现实”事件几乎重合，导致了人们容易直接把最不好的、最糟糕的结果直接投射到输入空间二，一方面，交谈是交流思想的重要方式，遵循格赖斯的“合作性交谈四准则”中

---

① 非定量形容词被定义为能够用“比较、很、最”修饰的形容词。

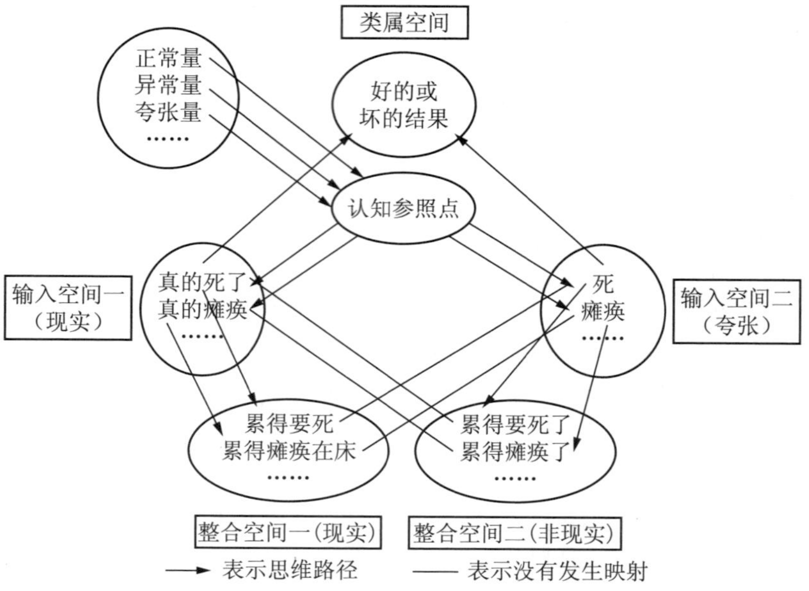

图 4-2-6 "累得 X"整合输入心理空间Ⅱ

的"量的准则"（转引自邵志芳，2013：357）——说的话应当尽量提供尽可能多的信息，但是也不要超过别人的需求，一般陈述"我很累"，结构表达"我累得要命"，客观上增加了说话人传达出的信息量，另一方面，"我"也会出现这种情况，为了主观情感宣泄的需要，在交际中，容易激活"累"引发的"要死"等极限程度补语，而不是选择"腰疼、背痛、出汗"等具体事件的结果作为补语。

在概念合成理论和认知参照点理论框架的指引下，针对"形容词＋得＋程度补语"结构中，还能从认知参照点和不同的整合空间的角度认识形容词和程度补语之间的选择关系，这也为我们继续深入研究"形容词＋得＋程度补语"的意义构建过程和意义规约提供了认知前提。

3.2 "形容词＋得＋程度补语"结构的意义构建

"形容词＋得＋程度补语"这一整合后形成的新创结构中，形容词和程度补语是如何进行意义上的构建呢？吴为善（2013：274—277）谈到词语创新和概念整合。他先以汉语中复合构词方式产生的一些语义不透明的词语为例，说明其实词语整合存在普遍性，再以意义建构的规约性包括词语组配的不对称、认知因素的连通性、矛盾搭配的合理性来阐发新词的概念整合过程中的各种限制规约条件。可以尝试将此研究由短语层面扩展到结构层面，对"形容词＋得＋程度补语"结构，从以下三方面认识该结构在意义构建过程中的规约条件。

3.2.1 语法范畴选择——形容词和程度补语组配的不对称性

"形容词＋得＋程度补语"结构中，形容词和程度补语之间的搭配具有选择性：

首先符合语法上的选择，也就是“类”与“类”之间的组合，可以说“高兴得很”，也可以说“很高兴”，还可以说“高兴得厉害”，却不能说“厉害高兴”，前者符合语法的选择（程度副词“很”可以修饰形容词，也可以作补语），后者不符合语法上的选择（“厉害”作补语时是程度副词，“厉害”不作补语时是形容词，不能修饰形容词）。其次，需要符合语义上的选择，也就是说形容词和作程度补语的词语在语义上可以进行组合，可以说“高兴得厉害”，却不可以说“高兴得够呛”，“厉害”只表示程度，词义近于“非常”“很”；“够呛”是表示负面程度的形容词，可搭配的“形容词”也应该是负面的形容词，而“高兴”属于正面意义的形容词。

以上是一些常规搭配的形容词带“得”字程度补语的解释。那么非常规组配的形容词带“得”字补语如“黑得不要不要的”“可爱得不行不行的”又是如何组配形容词的语义范畴和补语呢？“不要不要的”表达主体不希望或不喜欢“黑”的状态，所以“不要黑”，即“黑得不要不要的”；照此类推“可爱得不行不行的”似乎用来表达主体不喜欢“可爱”的小孩，而例（10）显示说话人“我”非常喜欢这个可爱的乖小孩，语言事实截然相反。“事实上，符合选择性的搭配形式不一定存在，而看起来不符合选择性的搭配形式倒未必不存在。”（吴为善，2013：274）

不过上文论述到搭配同一补语时，单音节形容词比语义对应的双音节形容词更容易受到语义上的限制。有的单音形容词词义多，意义难以捉摸，进而导致了人们偏向于选择词义较单一的双音形容词。如：

*安得很？　厚得很　*良得很
安定得很　厚道得很　优良得很
*优得很　*整得很　*正得很
优美得很　整齐得很　正直得很

除了形容词音节上的不对称，程度补语对形容词的选择也存在不对称。程度补语如“够呛”“不成”“可怜”这样的语义上存在明显的主体或事物的负面意义。相对应地，能选择的形容词也应带有负面消极意义，才能与之组配；而正面意义的形容词则不能组配。如：

累得够呛　笨得够呛　丑得够呛　烦得够呛
*轻松得够呛　*聪明得够呛　*漂亮得够呛　*开心得够呛
苦得不成　瘦得不成　困得不成　慌得不成
*甜得不成　*胖得不成　*清醒得不成　*沉稳得不成
少得可怜　短得可怜　低得可怜　穷得可怜
*多得可怜　*长得可怜　*高得可怜　*富得可怜

然而，和“够呛”“不成”“可怜”一样，程度补语如“不行”“吓人”这样的语义上是负面的、消极的，但与之组配的形容词无论是正面的还是负面的都存在，如：

累得可以　笨得可以　闲得可以　乖得可以
苦得不行　瘦得不行　甜得不行　苗条得不行
少得吓人　短得吓人　多得吓人　长得吓人

3.2.2 经验认知规约——认知因素的连通性

形容词和程度补语能否搭配，不仅仅是句法或语义上的“选择性”，关键因素还在于某个语言社团共享的“规约性”，而人们的认知方式又影响着规约性，这种规约性还取决于人们的认知方式。比较：

黑得不要不要的　丑得不要不要的　酷得不要不要的
帅得不要不要的　美得不要不要的　萌得不要不要的

这一类结构的构成特点是：主体类形容词中的容貌类形容词（黑、丑、酷、帅、美、萌），包含了对不同主体丰富的体验、情感、认知；后接的补语“不要不要的”从“说话人意图劝阻”的认知域通过隐喻投射到另一认知域“表达某种状态或情感的程度”，所以，概念框架结构“不要不要的”再通过投射，投射到具体的情景、现实的场景中，激活这些容貌类形容词的共性因素（都是描写主体的容貌的词），使得两者实现概念整合，所有的和容貌有关的正面的或负面的形容词都能进入“A 得不要不要的”结构，来表达对主体容貌的褒义的或贬义的看法。当然，能进入“A 得不要不要的”的形容词，除了容貌类之外，性格类、智力类、情感类形容词也能按照上述情况进行具体的分析。因此，这些能进入“A 得不要不要的”的形容词又可以构成一个更大的概念框架——主体类形容词，只要是主体类形容词都能被“不要不要的”结构投射，都能用“A 得不要不要的”结构来表达对主体性格、容貌、情感、智力各个层次的看法。

相反，“碧绿得不要不要的”这样的搭配不恰当，就是因为“碧绿”这个框架中的成员特点，和“不要不要的”的语义彼此之间无法形成共性的连通激活，因此就会出现搭配不当或者不能搭配的情况。之所以所说的“黑得不要不要的、丑得不要不要的、美得不要不要的、帅得不要不要的”都能成立，是因为这些形容词形成的语体框架与“不要不要”结构中的特征成员在认知上能够连通，认知框架中的成员与结构需要的特征成员语体相似产生了吴为善（2013：276）提出的“移就”。

新兴程度补语表达在认知因素上具有的连通性促使了它们的使用日趋泛化，那么，还可以重新再审视一些典型的程度补语，比如程度补语“慌”：

饿得慌　累得慌　乱得慌　急得慌
闷得慌　烦得慌　穷得慌　闲得慌

根据 BCC 语料库统计，与“慌”搭配的形容词主要是“累、馋、臊、闲、急、冷、疼、贱、烦、空、胀、僵、饿、渴”等主体类负面形容词，以用于描述主体的身体、情感等方面。这里的“慌”，本身的词义带有主体的“不沉着冷静，急忙”，在作为程度补语时，原来的词义有所保留。这类结构的特点是：主体类负面属性（累、馋、臊、闲、急、冷、疼、贱、烦等）是一个输入框架，我们把它们称为输入空间 I，这些感知概念框架中包含了主体负面的体验、情感、认知的因素；用于修饰的程度补语也是一个感知概念框架，这一感知概念框架中包含了“急忙、不沉着冷静”的因素，我们把它称为输入空间 II。在输入 I 框架和输入 II 框架结合时，输入 I 框架内的因素与输入 II 框架内的共性因素彼此吸引、激活，使得一个形式（形容词）同另一个形式（“慌”）得以实现概念整合，得以生成一个有新创意义的结构，用来表示主体的身体、情感方面的程度极深。但是，“慌”不能与事体类、态度类、评价类等形容词搭配。我们说“高兴得慌”这样的搭配不恰当，就是因为“高兴”这个框架中的成员特点和“慌”这个框架中的成员特点之间无法形成共性的连通。而可以说“饿得慌”，因为“慌”的属性特征就是“急忙”，自然就会映射激活“饿”“乱”“累”等表示主体负面状态的形容词。因此，程度补语“慌”只能激活主体类负面形容词，从而起到了主体身体、情感方面的程度上的加深作用。

无论是新兴程度补语还是典型的程度补语，在和形容词的搭配上，一定都通过了不同心智空间的连通，新创结构的产生和丰富正是依赖于不同心智空间的连通，并且这种连通的认知机制，都是通过投射来激活的。

3.2.3　经验认知规约——相对搭配的合理性

需要注意的是，有些“形容词＋得＋程度补语”结构中，被修饰的形容词和后跟的程度补语之间违背了逻辑关系，修饰语和被修饰语是矛盾的，准确地说，应该是相对的。

端庄得冷漠　豪华得俗气　自信得傲慢　朴素得土气

其中“冷漠”“俗气”“傲慢”“土气”语义上不直接表程度，但是分别可以在对各个形容词的形象描述中起到对形容词的程度加深作用。从概念整合的角度出发，程度补语的作用不只是单纯表示程度，或是兼有程度和结果两种语法意义，而是程度补语输入的抽象框架属性是凸显的。“端庄、豪华、自信、朴素”构成的输入空间 I 对输入空间 II 相关属性的激活，同能够作程度补语的相对意义上的形容词形成的输入空间 II 进行认知连通。上述例子中的意义相对的形容词虽然看起来不协调，但是能够出现在“形容词＋得＋程度补语”结构中，被人们所认同，深层的原因是程度的凸显。“端庄得冷漠”，该结构意义是“某人行为举止十分端庄以至于给人一种十分冷漠、难以接近的感觉”，本来“端庄”的人给人的印象应该是“亲切”“和蔼”等，但在补语选择上连通激活“冷漠”的输入空间，不选择凸显“端庄”的输入空间，在结构中形成对比、反差，愈加增强了“端庄”程度之深。又拿“豪华得俗气”来说，整合意义是说“室内装修过于豪华的直接结果就是会显得俗气”。自然根据自身的生活体验都会倾向于认为“豪华”具有描述物体性质的属性特征，后进入“得”字结构中，本应是对“豪华”程度上的加深，如“豪华得惊人”“豪华得气派”等，但是在补语选择上激活相对意义的形容词,不选择凸显“豪华”的输入空间,选择凸显“俗气”的输入空间,使之在结构上具有强烈的反差,语用表达效果也随之增强。

形容词和语义相对的程度补语之间的整合有合理性,同一程度补语和语义上完全相对的两个形容词,在“形容词+得+程度补语”结构中,也能被整合。如程度补语“要命”“不行”:

穷得要命　差得要命　辛苦得要命　难受得要命
富得要命　好得要命　舒服得要命　轻松得要命
丑得不行　苦得不行　复杂得不行　困难得不行
美得不行　甜得不行　简单得不行　容易得不行

程度补语“要命”“不行”都可以和任意形容词搭配,使用泛化,特别是泛化成能修饰正面意义的形容词,这些搭配在形式上是矛盾的,在意义连通上却是合理的。“要命”“不行”的可能属性由出现“要命”“不行”的结果转为加深程度,是因为整合成“形容词+得+程度补语”结构之后,该结构对“要命”“不行”的词汇义进行限制,只能用于加深程度。这样的程度补语还有“要死”“厉害”等。

以上对“形容词+得+程度补语”结构进行认知分析并揭示该结构背后的意义构建基础。先从认知的角度,借助概念整合、认知参照点理论考察“形容词+得+程度补语”结构,揭示了形容词对程度补语的选择,而程度补语的选择是在选取了确定了的认知参照点的前提下,原有的类属结构再进入人的心智框架后合成的输入空间,最后语言输出——产生新创结构。新创结构的产生,还依赖于结构中各种成分的相互的意义构建,这种意义上的构建,可以是在语法层面上,形容词和补语在语义上组配的不对称;可以是人类经验认知下认知因素具备连通性,导致了一些非常规、不合理的“形容词+得+程度补语”的产生;还可以是人类经验认知规约下,相对量上的形容词能够共同搭配、共同出现也存在一定的合理性。

4.“图形—背景”问题讨论

本节着重讨论、比较三种同源结构“形容词+得+程度补语”“形容词+得”“形容词+程度补语”,试图运用认知语言学中的图形—背景理论框架,将这三种结构进行纵向比较,以此来揭示其异同。

4.1　“形容词+得+程度补语”结构的图形—背景

整个“形容词+得+程度补语”结构在认知凸显关系中,是“图形”和“背景”的关系。该结构若在时间复合从句中,其图形—背景大致符合 Talmy(2000)的焦点定位原则中的顺序原则和因果原则。对“形容词+得+程度补语”的认知分析可以涉及各个方面,各个层次,认知语言学理论基础之一是认知心理学,在语言研究中,认知心理学的支撑证据也是十分必要的。

4.1.1 图形—背景理论概述

根据李福印(2008:305—318),早在1915年丹麦心理学家Rubin提出了Figure和Ground,后来被德国的完形心理学家借来用以揭示了知觉的组织原则。后来,认知语言学家Talmy把完形心理学的观点引入语言学和语法研究和应用当中,并指出焦点/背景模式是语法系统的四个图式系统之一的注意力系统的重要部分。Talm的焦点—背景理论主要体现在以下四本著作中:《复句中的背景和焦点》(1975年);修订了的《复句中的背景和焦点理论》(1978年);以及在同一年出版的两部专著《认知语义学(卷1):概念结构系统》(2000年)和《认知语义学(卷2):概念结构中的类型及过程》(2000年)。

Talmy(2000:312)对焦点和背景进行了定义,认为焦点是一个移动的实体,背景是一个参照实体;(Langacker 1987:120)也对焦点和背景下过定义,认为焦点相对于背景更突出更显著。具体内容可参阅吴为善(2013:183)。

吴为善、李福印在其专书中都对Talmy和Langacker对于焦点和背景理论思想做出了比较,两人的定义内容不同,所处的理论框架也不一致,但是两者在本质上是相同的。赵艳芳(2001)还是在完型心理学中形基知觉的基础上保留原来的译法,把figure译为形或图形。

在本节中,采用"图形—背景"译法作为阐释"形容词+得+程度补语"结构的出发点。人们选择哪些事物或属性作为图形或背景有一些习惯上的倾向性和主观性。比如著名的"花瓶与人脸",白色的花瓶和两个面对面的侧脸究竟哪个是图形,哪个是背景,这完全取决于观察者的视角。

4.1.2 简单句中"形容词+得+程度补语"的图形—背景

图形—背景是以认知语言学中的"凸显原则"为基础的。简单的及物句的主谓宾结构是图形—背景理论在句法层面上的一种体现,概念凸显的事物即图形一般作主语,相对来说概念不凸显的事物即背景往往作宾语,动词体现图形和背景两者之间的关系。简言之,简单及物句中,主语是图形,宾语是背景。Langacker(1991:308,323;1999:47)分析了主宾语的选择规律时,出现了多种图形,从而又在图形—背景的基础上引进了"射体(Trajector)—界标(Landmark)","射体"是凸显关系中的"主要焦点",在单句中倾向于充当主语;"界标"是凸显关系中的"次要焦点",在单句中倾向于充当补语或宾语。

将"形容词+得+程度补语"结构直接放在单句中,单句可分析为"主语+谓语(形容词)+程度补语",根据Langacker的观点,这一结构中凸显关系中的主要部分、主要焦点还是"主语",程度补语在关系中作为次要部分、次要焦点。试看下列例句。

(27) a. 他很富。

b. 他富得很。

a句是典型的主谓句,没有体现凸显关系,主语、谓语关系平等。b句是“主语+谓语+补语”,主语“他”是射体、主要焦点,关系结构中最凸显的部分;补语“很”是界标、次要焦点,关系结构中次要凸显的部分;谓语“形容词”体现出图形和背景的关系,“得”是结构中的补语标记,不影响整个结构。若b句直接省略主语,相对应地,补语成为“形容词+得+程度补语”结构关系中最凸显的部分,是图形;形容词转而成为“背景”。

4.1.3 复合句中“形容词十得十程度补语”的图形—背景

进一步考察“形容词+得+程度补语”在复合从句中的情况。Talmy(2000:325—326)把时间复合从句中的“图形—背景”定位原则归纳为五条:顺序原则、因果原则、包含原则、替代原则和决定原则。依据顺序原则,先发生的事是背景,后发生的事是图形;依据因果原则,原因是背景,结果则是图形;依据包含原则,具有包含性的时间范围大的事件是背景,而被包含的时间范围小的事件是图形;依据替代原则,能够预料而事实上未发生的事件是背景,不能预料事实上却发生的事件是图形;依据决定原则,对另一事件有决定性的事件是背景,而有依赖性的事件是图形。以下将结合其中三种图形定位原则对“形容词+得+程度补语”结构进行分析。

(一)顺序原则关照下,“形容词+得+程度补语”本身就是一个情感事件发生后引起的结果事件,因此,在时间事件复合句中的“形容词+得+程度补语”结构,后面的出现的程度是“图形”,先出现的主观情感是“背景”。

(二)因果原则关照下,“形容词+得+程度补语”是前因和后果的关系,在这样的结构关系中,表示结果(程度)的补语是“图形”,表示起因的形容词是“背景”。

(三)替代原则关照下,“形容词+得+程度补语”中,程度补语表示的结果事件有时是已经发生的,那么这时的补语是“图形”,形容词是“背景”;有时是未发生的,这时不遵循替代原则,替代原则在解释“形容词+得+程度补语”结构还是具有一定的局限性。

4.2 “形容词+得”“形容词+程度补语”结构的图形—背景

赵日新(2001)通过历时比较得出,一方面,“形得补”结构本身的信息量过剩,会出现一种情况是,即使补语不出现,也能表达程度高,即“形得”也能表达和“形得补”同样的语法意义;另一方面,程度补语大都是“要命、很、死”等不吉利的字眼,人们出于避讳的考虑,或者程度时太高无法描述,因而产生“形得”。赵文还认为第二种结构“形补了”由“形得补了”而来,是“形得补了”的省略。“形得补”“形补”“形得”这三种结构有着共同的来源。

本来“形容词+得+程度补语”在认知上,“程度补语”是“图形”,是焦点,“形容词”是“背景”,“程度补语”被凸显出来。与此对应,“形容词+得”“形容词+程度补语”就涉及“图形”“背景”的隐现问题。“形容词+得”中把“图形”省略,可能是由于程度深至无法描述的状态,或者出于不吉利字眼的避讳,或者是说话人想要直接忽略表示程度深的补语，由此，“图形”略去，只剩“背景”，直接凸显“形容词”。“形容词＋程度补语”结构中略去“得”，“得”在整个结构中作为补语标记出现，不影响说话人想要表达的程度高低，因此，“形容词＋程度补语”结构中，“形容词”还是“图形”，“程度补语”还是背景。

这三种同源结构之间图形和背景的隐现问题，直接体现出说话人对图形和背景的取舍，形容词和程度补语之间图形和背景的转换，也能体现出说话人想要凸显的焦点。当说话人想要突出程度高时，选择“形容词＋得＋程度补语”结构；当说话人不想体现程度或程度太高时，则选择“形容词＋得”结构。言语主体对任何一种结构的选择，我们都可从他所选择的结构中窥见一二，从而在交际过程中准确获得信息，明确说话人目的和意图。当然，这就能解释三种同源结构的同时存在的必要性和可能性，这种必要性和可能性也为说话人提供了多种表达形式，丰富语言表达多样性。

总之，新创结构的产生，还依赖于结构中各种成分的相互的意义构建，这种意义上的构建，可以是语法层面上，形容词和补语在语义上组配的不对称，可以是人类经验认知下认知因素具备连通性，导致了一些非常规、不合理的“形容词＋得＋程度补语”的产生，还可以是人类经验认知规约下，相对量上的形容词能够共同搭配、共同出现是存在一定的合理性的。

另外，将“形容词＋得＋程度补语”与同源结构“形容词＋得”“形容词＋程度补语”加以比较，其中图形和背景的隐现直接取决于说话人，这也解释了这三种结构至今仍然同时存在的原因。

本章小结

本章首先分析“VR＋O”结构的语义组合情况，包括“VR＋O”结构的分类、补语的选取及语义指向、动词的特征和物性角色及其对结构的影响、宾语的类型和物性角色、VR的整合度；然后探讨“形容词＋得＋程度补语”结构中形容词和补语之间的制约条件及其语法意义、表达功能和认知基础，考察了形容词特别是双音节形容词及程度补语的特征。

对研究对象动结式以及“VR＋O”结构进行界定，本书关注的动结式是带结果补语的黏合式述补式，包括双音节和多音节形式，如“扯断、打扫干净”等。动结式带宾语“VR＋O”结构，指的是包括动词充当述语或者补语以及形容词充当补语的“VR＋O”结构，根据V的及物性以及R的词性，以及动词与宾语间的关系将“VR＋O”结构分成六种不同的情况，其中前四类都有多音节动结式的现象存在，后两种暂未发现用例，实际用例中多音节动结式携带宾语的情况远少于双音节动结式。通过对《形容词用法词典》和《汉语动词用法词典》的穷尽性考察归纳出能够充当结果补语的形容词和动词，并在现有成果的基础上分析补语的语义指向对动结式带宾语的影响。然后在详尽调查的基础上，统计出《汉语动词用法词典》中充能够直接携带结果补语的单音节与双音节动词，进入述语位置的单音节动词比例较高，原因主要是韵律条件的制约，双音节的动结式更容易整合为一个句法成分。接着从动词的物性角色出发，探讨动词对“VR + O”结构的影响，总结出述语动词的构成角色是生命体，形式角色具有自主性，补语动词情感角色倾向于选择消极动词的一般其后可以携带宾语构成“VR + O”结构。从事件结构来看，动词所体现的事件为状态事件的绝对不能进入该结构中，另外动结式作为复合式的事件结构，焦点事件和预设事件之间的可预测性以及凸显程度都会影响后面携带宾语的情况，可预测性高凸显程度低的后面更容易携带宾语。最后对动结式中的宾语类型以及适用于该结构中宾语的条件进行考察，结构中宾语常见的类型包括受事宾语、施事宾语、伴随宾语、工具宾语、处所宾语五种；依据生成词库中的物性角色理论以及词汇组合机制对“VR + O”结构的整合情况以及不同整合度动结式语义组合情况进行具体论述，A 级整合度的动结式是最典型的，一般要求宾语具有功用角色，通过纯粹类型选择进行组合，纯粹类型组合又分为动结式与自然类名词组合、与人造类名词组合、与合成类名词组合三种不同类型，而对于“哭哑嗓子”之类的还要要求补语是宾语的形式角色，通过类型利用进行组合，此时宾语一般为具体的事物；B 级整合度动结式通过类型利用，利用宾语的构成角色实现语义的组合，宾语可以是具体事物也可以是抽象事物；C 级整合度动词以及动结式的论元角色都只有一种，其后不带受事宾语。

关于“形容词 + 得 + 程度补语”结构，前人研究多注重对形容词本身的研究，带“得”字补语结构中又对补语前的动词关注较多，而对带“得”字补语的形容词和探讨汉语中的单一结构与受限的形容词语义选择研究较少。本章在三个平面的理论基础上对“形容词 + 得 + 程度补语”结构进行了较为全面细致的分析。句法层面上，作为属性词的形容词不能进入该结构；此外，从音节数量来看，单音节形容词原型性高，受到的限制小，定量考察了不能带“得”程度补语的单音形容词的具体情况；就双音节形容词而言，通过考查《等级划分》中双音节形容词，发现绝大部分双音节形容词都能带“很”“多”这两个程度补语，再定位到每个双音词具体的语义特征，来探究双音节形容词受到的语义制约；就三音节形容词而言，部分属于属性词，自然不能进入“形容词 + 得 + 程度补语”结构；部分属于状态形容词，本身具有的程度量足够无需加补语；还有部分进行了语料考察，发现和一些三音节形容词的固化程度有关。该结构中的“程度补语”二分为表程度的程度补语简单式，以及表程度兼结果的程度补语复杂式，归纳并初步分析了当今流行的程度补语表达中出现的认知隐喻。通过句法、语义的分析，探讨“形容词 + 得 + 程度补语”结构形式所表达的语法意义和其中形容词、程度补语所受限制。然后从认知的角度，借助概念整合、认知参照点理论，揭示了形容词对程度补语的选择机制：程度补语的选择是在确定了认知参照点的前提下的，类属结构进入人的心智框架后合成的输入空间，最后进行语言输出的结果。新创结构的产生，还依赖于结构中各种成分的相互的意义构建，这种意义上的构建，可以是语法层面上，形容词和补语在语义上组配的不对称，可以是人类经验认知下认知因素具备连通性，导致了一些非常规、不合理的“形容词＋得＋程度补语”的产生，还可以是人类经验认知规约下，相对量上的形容词能够共同搭配、共同出现也存在一定的合理性。最后讨论了“形容词＋得＋程度补语”结构在认知凸显关系中的“图形”和“背景”关系。

根据以往的教学经验，该结构对于将汉语作为第二语言的学习者来说也是具有相当难度的。在对外汉语教学中，我们经常碰到学生纠结于动结式能不能带宾语和带什么样的宾语之类的问题，为什么可以说“哭红了眼睛”“喊哑了嗓子”“累弯了腰”，却不可以说“哭眼睛”“喊嗓子”“累腰”？那么从二语习得的角度来讨论“VR＋O”结构就很有实践和应用价值了。周文杰（2013）针对母语为英语的学生进行了调查，分析他们在习得汉语动结式带宾语结构时出现的偏误现象，这是有益的尝试。相信本书的研究可以为二语习得中词汇教学、特别是动结式的相关问题的教学提供一定的参考。

汉语“得”补语句是对外汉语教学的一个重点，也是外国留学生的一个学习难点。在对外汉语教学实践中我们发现“形容词＋得＋补语”结构中前项的“形容词”与后项的“补语”之间语义上的选择关系难以把握。关于“得”字补语结构，学界对补语前的动词关注较多，而对带“得”字补语的形容词关注较少。本书立足于服务汉语作为第二语言教学，不仅仅只是探讨形容词和补语之间的制约条件及其表达的语法意义，而且还要进一步探寻该结构的表达功能和认知基础，力求进一步解释形容词带“得”字补语的情况。这些研究，不仅能够让汉语作为第二语言的教学者明确形容词带“得”字补语的条件和原因，更为重要的是还能为指导汉语作为非母语语言学习者组装正确的结构奠定一定的理论基础。

第五章　联合式与偏正式双音词识别的实验分析

第一节　留学生汉语联合式双音合成词识别的实验分析

词汇识别是语言认知研究中的一个重要领域。研究表明，不同结构的合成词其认知识别的情况也有所差别（Zhang & Peng 1992；冯丽萍 2003；），构词语素在整词识别中起作用（Zhou & Marslen-Wilson 1995；王春茂、彭聃龄 1999；郭胜春 2004）。众所周知，现代汉语双音词占大多数。①双音合成词中的联合式是汉语的一种非常能产的构词方式，无论就其数量还是就其增长速度来说，在各类双音词中都占有突出位置（吕云生 1990）。联合式的结构特点是两个构词语素义相同、相近，或相反、相对，或相关、相类，是复合词中为数众多而又具特色的一类。那么联合式合成词两个语素是如何影响整词的识别和词汇通达（lexical access）②呢？Zhang&Peng(1992)针对中国学生的研究发现，联合词的两个词素都影响复合词的通达，而首词素的频率高低直接影响到词汇判断的反应时与错误率（偏正结构只有尾词素的频率影响复合词的通达，反映了偏正结构中第二个词素是整词语义重心的原则）。张必隐（1993）则认为在联合式复合词中，两个构词语素同等重要，激活作用无差异，与整词义的联接强度基本一样（但在偏正式复合词中两个语素的作用则不一样，次语素的作用更显著）。王文斌（2001）的实验证明语义透明度对并列式合成词的词汇通达起重要，张金桥（2009）则认为词素在汉语联合式合成词词汇通达中发挥重要作用。认知心理学的这些实验证明了词素表征的存在对理解复合词的作用。

近年来，随着第二语言习得研究的深入推进以及汉语国际教育的不断发展，来华留学生的汉语词汇习得研究也越来越受到重视。据我们调查，留学生在习得双音合成词时，联合式的识别偏误情况比较普遍。以上实验研究的对象主要针对汉语母语的学习者，其结论是否同样适用于汉语作为第二语言习得的学习者呢？冯丽萍（2003）的启动实验发现对于中国学生来说，在 300 ms（毫秒）条件下，联合词中构词功能相等的首词素与尾词素在高低频词中都得到同等程度的激活；与汉语母语被试相比，留学生被试对两种结构合成词的反应都出现了首词素激活强于尾

① 据《现代汉语频率词典》（北京语言学院出版社，1986 年）的统计，汉语词汇中由两个或两个以上语素构成的合成词占 70%以上。另据周荐（1999）调查，双字组合占《现代汉语词典》（1996 年修订本）收录条目总数的 67.6%；而双音合成词又占两字组的 98.6%。

② 词汇通达指的是激活心里词汇意义的过程，同时也是从记忆中获得或提取词汇信息的过程。它受到多种因素包括词频、语义透明度、语境等的影响。以这些影响因素为切入点，通过实验分析，可以更简便地找出人们对词汇识别的规律。

词素的现象。洪炜和冯聪（2010）认为，从语言习得与认知结构的关系来看，由于二语学习者的母语词汇特征可能与汉语不同，对汉语词汇结构的认知与识别也可能与汉语母语者有所差异。鉴于中外学习者联合式合成词识别过程中可能存在的差异以及已有实验结果出现的分歧，本节专门针对中高级阶段的留学生识别汉语联合式双音合成词的具体情况加以分析探讨。希望通过实验分析，借助心理语言学的词汇通达机制揭示留学生识别汉语联合式双音合成词的具体情况，以总结其习得规律，并针对相关的词汇教学提出建议。

1. 研 究 方 法

1.1　实验目的

实验在前人的理论和实践的基础上，采用了在启动效应下（首词素启动、尾词素启动和无关启动）的词汇判断法，对留学生联合式双音节词的词汇通达机制进行了研究和探讨，旨在讨论以下两个问题：

词素（构词语素）是否在留学生对联合式合成词词汇通达中起着作用？如果产生作用，是促进作用还是抑制作用？首词素的作用更显著还是尾词素的作用更显著？

在不同小类的联合式合成词的词汇通达中，首词素和尾词素的作用是否相同？如果有所不同，是否各自存在一定的规律性？

联合式双音合成词尽管结构形式基本相同，但有的词义较偏重于其中一个词素义，有的词则包含两个词素的意思，有的还引申出了其他含义。若以 C 代表词义，A 和 B 分别代表两个词素的意义，X 代表补充或暗含的内容，Y 表示“新词义”，则联合式双音合成词词义和词素义之间的关系常见有“C = A + B”“C = A = B”“C = A/B”“C = A + B + X”“C = (A + B +) Y”等几种情况。为了便于操作，我们根据构词词素义，把联合式双音节合成词划分成以下四类：意义相近的两个词素构成的联合式合成词，如“坚固”“思想”等；意义相反的两个词素构成、含新词义的联合式合成词，如“反正”“东西”等；相关的两个词素构成、含新词义的联合式合成词，如“矛盾”“眉目”等；相关或相对的两个的词素构成、但更偏重于其中一个词素意义的合成词，如“窗户”“国家”等。王文斌（2001）据首尾词素义及整词义之间的关系把联合式合成词分为三种类型，包括首尾词素意义相同的合成词，首尾词素意义相关但构成新的含义的合成词以及首尾词素相关但只保留一部分含义的合成词；张金桥（2009）将其第三种类型再细分为二来进行试验。本节在分类上有所差别，将意义相反的两个词素构成且含有新的意义的联合式合成词归为一类。鉴于被试是留学生，我们希望通过增加这一类型的联合式合成词，来探讨留学生在识别意义相反的词素构成的联合式合成词时是否存在困难，从而影响词汇的通达。另外，在启动刺激的选择中，主要选取了首词素启动、尾词素启动以及无关启动三种类型。由于研究重点在于首尾词素对联合式合成词的识别影响，而逆序启动对于词汇能力要求较高，被试留学生的汉语水平较难达到，因此暂不作考虑。本研究中的实验全部由留学生完成，由此可以更加了解母语非汉语的来华留学生对于联合式合成词的识别规律是否会和中国学生有所不同。母语非汉语者学习使用汉语双音复合词的困难，不仅跟词的语言学属性有关，也跟学习者的习得过程和认知心理有关。冯丽萍(2003)的研究发现，中级水平的欧美学生已经具有一定的汉语合成词的词汇结构意识，无论是否有意识提取，词汇结构意识都存在于学习者心里词典的词汇表征系统并影响其词汇加工方式。因此笔者希望通过留学生被试的实验分析，进一步了解留学生对联合式合成词的词汇通达机制，同时探讨习得难度的形成原因亦有助于制定相应的教学策略。

1.2 实验设计

本研究主要设计了各类型的联合式合成词在各启动模式下的词汇判断实验，是 3×4(启动类型×联合式合成词词汇类型)两被试内因素实验设计，因变量为被试的反应时和正确率。设计过程中，实验人员对于无关启动条件下的词汇判断和无启动条件下的词汇判断进行了讨论。考虑到无关启动项即便对目标词的判断时间和正确率会产生一定的干扰，对于四类联合式双音合成词都同样会产生干扰，作为基准实验它不影响首词素或尾词素启动条件下的词汇判断实验结果；另外，从实验流程上来看，三种启动效应下的词汇判断遵照同一流程和启动模式，均有启动步骤，保证了实验过程的一致性。在实验操作过程中，选取了四名被试分别进行了无关启动和无启动条件下的词汇判断测试，结果显示后者效果并不明显。因此，本实验最终采用首词素启动、尾词素启动和无关启动三种启动效应下的词汇判断法。

1.2.1 被试

15 名分别来自印度尼西亚、韩国、泰国、越南和日本等国家的留学生，汉语水平在中级以上(通过问卷调查分别在上海师范大学语言班中等一级、中等二级、高等一级，以及学历生预科 D、本科一年级等班级遴选)，所有被试者的母语都为非汉语，视力或矫正视力正常，自愿参加实验。

1.2.2 实验材料

在实验中，笔者根据《现代汉语词典》，选取了 60 个联合式合成词作为目标词(见附录)。这些词中包含各种类型的联合式合成词。主要分为四类：类型 1(首词素和尾词素意义相同相近的联合式合成词，如“道路”)，类型 2(首词素和尾词素意义相关、并且构成新的意义的联合式合成词，如“口舌”)，类型 3(首尾词素意义相反且具有新的含义的联合式合成词，如“开关”)，类型 4(首尾词素相关，但词汇意义主要体现在其中一个词素的联合式合成词，如“人物”)。此外，实验材料中另加入了 60 个假词作为目标词，共计 120 个词。这些词都依据《现代汉语常用词词频词典》(宇航出版社，1990)在词频方面经过筛选，基本能维持平衡。考虑到留学生汉语水平不一，选取的词语表面频率(合成词作为一个整体出现的频率)基本为高频，以免留学生在实验时出现识别上的困难。四类实验真词如下：

类型 1：声音、道路、寒冷、爱好、喜欢、美好、保护、帮助、休息、奇怪、议论、美丽、疾病、研究、泥土；

类型 2：眉目、口舌、矛盾、尺寸、耳目、分寸、心肠、手足、江湖、骨肉、岁月、领袖、血汗、皮毛、江山；

类型 3：东西、左右、反正、买卖、开关、多少、早晚、始终、来往、高低、是非、好歹、恩怨、死活、彼此；

类型 4：窗户、国家、人物、忘记、动静、狐狸、妻子、质量、泪水、嘴唇、干净、女儿、家庭、灯火、眼睛。

1.2.3　实验流程

实验采用了 E-Prime① 程序来呈现刺激以及采集数据，在 DELL 笔记本电脑上完成。在实验开始前，先让两名中国学生进行测试，以此来检查程序的准确性。之后，再让两名留学生进行试验。试验开始前，先对留学生进行了实验讲解，确保留学生能够通过指导准确地完成实验。在经过几次实验之后，考虑到留学生与汉语为母语的学生汉语水平不一致，故对实验呈现刺激的时间以及反应时限做了一定的延长和调整。

在程序的编辑中，120 个目标词被随机打乱，以确保被试不会重复判断同一个目标词。每种类型的词以及每种类型的启动刺激在数量上都确保完全相同，以保证实验的稳定性。120 个词被随机分为 3 组，期间被试有 2 次短暂休息。实验开始前，先对被试进行实验讲解并进行一次练习，在确保留学生可以正确进行实验之后正式开始实验。正式实验开始时，被试坐在计算机前，眼睛距离屏幕约 50 厘米。实验开始后，屏幕上出现一个“+”图形的注视点来提示被试，持续 300 毫秒，之后呈现启动刺激 500 毫秒（呈现的刺激词为 48 号黑色字体），接着呈现目标词（目标词为 48 号紫色字体），被试在看到目标词之后需要判断该词的真假。如果呈现的目标词是真词，按 F 键；如果是假词，则按 J 键，由计算机记录反应时和错误率，8 000毫秒未作出反应则视为错误数据，目标词到下一提示图形出现的时间间隔为 500 毫秒。

1.3　实验假设

在实验中，以无关启动作为基线，如果首词素启动和尾词素启动的平均反应时高于或接近于无关启动时的情况，则说明留学生在联合式合成词的词汇识别中，单个词素的作用并不明显；反之，如果首尾词素启动条件下的反应时均低于无关启动

---

① E-Prime 是 Experimenter's Prime(best)的简称，是实现计算机化行为研究的一个跨平台系统，涵盖从实验生成到毫秒精度数据收集与初步分析的图形界面应用软件套装。

时的情况，则表明单个词素对留学生识别联合式合成词存在一定的作用。在各启动平均正确率的对比中，如果首尾词素启动时的正确率均明显高于无关启动的情况，说明首尾词素对于留学生的联合式合成词词汇通达有一定的促进作用；反之，如果平均正确率均明显低于无关启动的情况，说明首尾词素对于留学生的联合式合成词的识别有一定的抑制作用，如果三种启动的正确率接近，则表示首尾词素作用并不显著。

在首尾词素启动情况的对比中，如果被试在首词素启动下，对目标词的反应时低于尾词素启动时，则表明首词素对于词汇通达的影响更大；反之则表示尾词素影响更甚；如果两者数据的差异不显著，则说明首、尾词素对留学生联合式双音节词汇的词汇通达作用区别不大。在正确率对比中，如果首词素启动时的正确率高于尾词素启动时的情况，则表明首词素对于留学生识别联合式合成词的促进作用更显著，反之则表示尾词素的促进作用更明显。

在首尾词素启动对不同类型的联合式合成词识别影响的分析中，如果各类型的联合式合成词在首、尾词素启动和无关启动的词汇判定反应时和正确率都各不相同，则说明留学生在这四种类型的联合式合成词的词汇通达中，首尾词素影响是有区别的，根据联合式合成词的类型，需要逐个进行对比和讨论；反之，则表示首尾词素在这四种类型的联合式合成词中对留学生词汇通达的影响作用区别不大。

2. 结果分析

本研究主要利用 SPSS(18.0)软件进行数据分析，60 个真词参与了数据分析，各类型词汇在不同启动条件下的反应时和正确率见表 5-1-1。

表 5-1-1　四种类型联合式合成词在各启动模式下的词汇判断实验

	首词素启动		尾词素启动		无关启动	
	反应时(毫秒)	正确率(%)	反应时(毫秒)	正确率(%)	反应时(毫秒)	正确率(%)
类型 1	1 187	100	1 224	100	1 985	93
类型 2	2 338	51	1 946	82	2 501	68
类型 3	1 390	86	1 611	85	2 191	87
类型 4	1 581	91	2 191	100	1 745	98

表 5-1-1 可见 15 名被试在不同类型的联合式合成词识别中，在各类型启动情况下的反应时和正确率的均值。在各启动类型的反应时对比中，首词素启动与尾词素启动的反应时总体上低于无关启动时的情况。因而，我们可以大胆设想，启动类型的差异对留学生联合式合成词的词汇通达具有一定的影响，而不同词汇类型的内部规律，需要进行具体的讨论。

在各类型词语以及各启动类型的正确率对比中，实验数据呈现出与实验预期并不一致的情况，类型 1 与类型 4 在各启动模式下反应的正确率都比较高，而类型 2 正确率偏低，类型 3 在各种启动模式下的正确率较为平均。

下面主要从反应时的角度来探讨首尾词素是否对留学生联合式合成词的识别产生一定的影响。考虑到实验正确率的影响因素，在对反应时的数据处理中，删除了被试者错误反应的数据，目标词为真词且被试者反应正确的数据参与了分析。通过 t 配对样本检验对各类型的联合式合成词识别规律进行了探讨，分析结果如下：

表 5-1-2　类型 1 中首尾词素启动与无关启动下反应时配对 t 检验

条件(反应时)	均　值	自由度	标准差	t	p
首词素—无关	－865.30	44	744.33	－7.72	0.000
尾词素—无关	－861.04	44	769.99	－7.50	0.000

在类型 1 中，以无关启动作为基线，首词素启动与无关启动反应时的配对 t 检验显示，$t=-7.72$，$df=44$，$p<0.05$。结果表明在联合式合成词的类型 1 中，首词素启动的启动效应显著。结合表 5-1-1 中首词素启动与无关启动反应时的对比，可以发现首词素启动的反应时明显快于无关启动的情况，因而首词素启动对留学生识别联合式合成词的促进作用比较明显。在尾词素启动与无关启动反应时的配对 t 检验中，$t=-7.50$，$df=44$，$p<0.05$。数据表明在联合式合成词的类型 1 中，尾词素启动的启动效应显著。结合表 5-1-1，对比尾词素启动与无关启动反应时的情况，可以发现，尾词素启动的反应时快于无关启动的反应时。因此，在类型 1 中，尾词素启动对联合式合成词的词汇通达起促进的作用。

在类型 1 里首尾词素启动效果的对比中，首尾词素启动对留学生联合式合成词词汇通达都具有积极的作用。结合表 5-1-1 中首尾词素启动反应时的对比情况可以发现，首词素启动的反应时小于尾词素启动的反应时，因而在联合式合成词的类型 1 中，首词素的启动效果要比尾词素启动的效果好，对留学生联合式合成词词汇通达的促进作用更大。

表 5-1-3　类型 2 中首尾词素启动与无关启动下反应时配对 t 检验

条件(反应时)	均值	自由度	标准差	t	p
首词素—无关	－178.97	44	766.62	－1.57	0.125
尾词素—无关	－555.22	44	967.70	－3.85	0.000

在类型 2 中，以无关启动作为基线，首词素启动与无关启动反应时的配对 t 检验显示，$t=-1.57$，$df=44$，$p>0.05$。结果表明在联合式合成词的类型 2 中，首词素启动的启动效应不显著。结合表 5-1-1 中首词素启动与无关启动反应时的对比，可以发现在类型 2 中，尽管首词素启动的反应时略低于无关启动的反应时，然而 p 值大于 0.05，说明在留学生判断类型 2 词汇时，首词素启动的作用不显著。在尾词素启动与无关启动反应时的配对 t 检验中，$t=-3.85$，$df=44$，$p<0.05$。与首词

素启动的情况不同，在联合式合成词类型 2 中，尾词素启动的启动效应显著。结合表 5-1-1 中尾词素启动与无关启动反应时对比，尾词素启动的反应时明显短于无关启动的反应时。因此，在类型 2 中，尾词素启动对联合式合成词的词汇通达起促进的作用。

通过联合式合成词类型 2 的首尾词素启动效果对比分析可见，首词素启动的效果不显著，而尾词素的启动效果显著，结合表 1 中尾词素启动的反应时明显快于首词素启动时的情况，说明尾词素启动对留学生联合式合成词(类型 2)识别的促进效果更明显。

表 5-1-4 类型 3 中首尾词素启动与无关启动下反应时配对 t 检验

条件(反应时)	均值	自由度	标准差	t	p
首词素—无关	−766.10	44	824.77	−6.23	0.000
尾词素—无关	−525.04	44	933.32	−3.77	0.000

在类型 3 中，以无关启动作为基线，首词素启动与无关启动反应时的配对 t 检验显示，$t = -6.23$，$df = 44$，$p < 0.05$。数据表明在联合式合成词的类型 3 中，首词素启动的启动效应显著。通过表 5-1-1 中首词素启动与无关启动反应时的对比，显示首词素启动的反应时快于无关启动的反应时，因而首词素启动对留学生识别联合式合成词有促进作用。在尾词素启动与无关启动反应时的配对 t 检验中，$t = -3.77$，$df = 44$，$p < 0.05$。由此表明在联合式合成词的类型 3 中，尾词素启动的启动效应显著。再结合表 5-1-1 中的数据，并对比尾词素启动与无关启动反应时的情况可以发现，尾词素启动的反应时快于无关启动的反应时。说明在类型 3 中，尾词素启动对留学生联合式合成词的词汇通达起促进的作用。

通过类型 3 首尾词素启动效果的对比发现，首尾词素对于留学生联合式合成词词汇通达都有促进作用。再将表 5-1-1 中首尾词素反应时加以对比，可见首词素启动的反应时要快于尾词素启动的情况。因此，在类型 3 中，首词素启动的效果比尾词素启动更加显著，对词汇通达的促进作用更大。

表 5-1-5 类型 4 中首尾词素启动与无关启动下反应时配对 t 检验

条件(反应时)	均值	自由度	标准差	t	p
首词素—无关	−168.09	44	674.97	−1.67	0.102
尾词素—无关	−274.43	44	684.00	−2.69	0.010

在类型 4 中，以无关启动作为基线，首词素启动与无关启动反应时的配对 t 检验显示，$t = -1.67$，$df = 44$，$p > 0.05$。数据表明在联合式合成词的类型 4 中，由于 p 值大于 0.05，首词素的启动效应不显著。通过表 5-1-1 中首词素启动的反应时与无关启动反应时的对比，发现首词素启动反应时虽略低于无关启动的反应时，但首词素的启动效果不够显著。在尾词素启动与无关启动反应时的配对 t 检验中，$t = -2.69$，$df = 44$，$p < 0.05$。数据显示在联合式合成词的类型 4 中，尾词素启动

的启动效应比较显著。但有别于其他类型联合式合成词的情况，通过表 5-1-1 中的数据对比，发现尾词素启动的反应时要明显慢于无关启动的反应时。因此，在类型 4 中，尾词素启动体现出了比较显著的抑制作用。

在类型 4 首尾词素启动效果对比中，首尾词素未表现出明显的促进作用。结合表 5-1-1 中首尾词素反应时的情况分析，首词素启动对联合式合成词词汇通达的效果不显著，而尾词素启动对联合式合成词类型 4 的词汇通达起了抑制的作用。

3. 相 关 讨 论

3.1 留学生对联合式双音合成词的识别规律总结及原因分析

通过对各类型联合式合成词在不同启动效果下的反应分析，可以看出首尾词素启动对词汇通达的作用也不尽相同。

在类型 1 中，首尾词素启动都表现出对留学生联合式合成词词汇通达的促进作用，且首词素的促进作用大于尾词素。我们认为原因在于：类型 1 中的词语为首尾词素意义相同的联合式合成词，其词义与单个词素的含义相同相近，因而单个词素启动并不妨碍留学生对目标词的理解。留学生在看到首词素至目标词的过程中，脑中仍有首词素印象，因而目标词一旦出现，受试者能第一时间对首字进行反应，形和义两方面促进了留学生对目标词的识别。

在类型 2 中，首词素启动没有表现出明显的效果，而尾词素启动则表现出了显著的促进作用。这与前人的研究结论有所差别。主要是因为类型 2 的词语虽然首尾词素意义相关，但所构成的联合式双音词语义透明度较低，“AB”并不简单等同于“A＋B”，如口舌、眉目、手足等。从概念整合的角度来说，这是基于认知的词语构成方式，这些词语已经通过隐喻产生了更加抽象的意义。沈家煊(2006)指出词语整合中有“糅合”和“截搭”两种方式。那么糅合就像是将两根绳子各抽取一股重新拧成一根。比如“手足”指手和脚，引申指举动、动作，如“手足无措”；隐喻为兄弟，如“情同手足”。由于存在隐喻的认知机制，其词语整合度较高，不太熟悉这类词的留学生很容易理解成字面意义。

在类型 3 中，首尾词素都表现出对联合式合成词词汇通达的促进作用。经过数据分析发现，首词素的启动效果要强于尾词素的启动效果。由于类型 3 是由两个意义相反的词素构成的合成词，且产生了新的词义，所以留学生对这类词的理解往往比较困难。通过实验我们可以了解到，留学生在识别这类词时，仍以“首字优先”的启动模式为主。

在类型 4 中，首词素启动并未表现出明显的效果，而尾词素启动则产生了明显的抑制效果。这一结果与前人的研究结论也不太一致。笔者认为，由于类型 4 为偏义复合词，词汇的含义偏重于一个词素，而在实验中选择的这一类型目标词中，有相当一部分是偏重于首词素的词语(如：窗户、国家、人物、忘记等)。因此，在尾词素启动时，留学生脑海中短暂留有的尾词素，对目标词的判断并无作用，甚至妨碍了目标词词义的激活，抑制了他们对联合式合成词的识别。

另外，实验中还发现，不同的个体在识别双音词时，可能采用"词素分解模式"和"整词模式"。加工能力理论认为，语言处理能力随二语水平的提高而提高。水平较高的留学生对于非常熟悉的词语，往往会遵循"整词优先"原则，也就是在激活一个联合式双音复合词时，采取的是整词理解模式，说明水平较高的留学生已具有一定的汉语词素空间编码能力；汉语水平相对较低的留学生在识别联合式双音复合词时，主要采取"词素分解序列模式"，首词素的启动效果强于尾词素的启动效果。

3.2 关于正确率的影响因素分析

实验结果表明，各类型词语及各启动类型的正确率对比中，表 5-1-1 的实验数据呈现出与实验预期并不一致的情况，经过综合的考虑，我们认为可能影响正确率结果的因素主要有以下几点：

首先，被试者的汉语水平存在差异。尽管选择的被试者所处的汉语水平阶段均为中级以上，但是被试者内部各自的汉语程度仍存在一些差别。主要表现为对于某些词语，部分留学生比较熟悉，而有的留学生则不熟悉，导致启动刺激未能对其产生效果。此外，由于类型 2 和类型 3 中的词（如：眉目、口舌、分寸；反正、买卖、好歹等）是语义透明度（两个词素结合理据的清晰度）较低的词或不透明词（opaque words）普遍难于类型 1 与类型 4。类型 1 与类型 4 相对来说是语义透明度较高的词（transparent words），其正确率明显高于类型 2 与类型 3。可见，正确率受语义透明度影响较大；而且透明度较高的词反应时明显快于不透明词与透明度低的词。

其次，留学生被试与中国学生被试存在差异。在张金桥（2009）对联合式合成词词汇通达机制的研究中，实验被试均为中国学生，他的实验结果显示在各启动模式下被试反应的正确率的差异并不大。由于参加实验的中国学生对汉语常用词汇的识别没有困难且水平大体一致，因而对正确率的分析具有参考价值。而留学生被试的汉语水平并不能达到理想的阶段，一旦在实验中出现一部分不认识的词汇时，他们可能会猜测词的真假，导致正确率受到较大影响。

另外，正确率不仅受整词的表面频率影响，还受到首尾词素频率的影响。张必隐、彭聃龄（1992）通过控制词频、变化字频的方法以在校中国大学生为对象进行了实验研究，结果显示，在联合式合成词中，首词素的频率高低直接影响到词汇判断的反应时与错误率。我们注意到实验中首词素频率高的词语正确率大于首词素频率较低的词语的正确率，在中级水平的被试结果中表现得尤为明显。这和阅读过程中的序列加工机制相关，对于汉语水平相对较低的留学生而言，在阅读识别过程中由于水平受限，其词汇加工速度较慢，难以达到对两个词素同时加工，而是在扫描顺序上处优势的首词素先于尾词素得到加工。

4. 教学策略及建议

在联合式合成词的词汇教学中，可以关注以下几个方面：一是适当加深留学生对首字的印象。我们相信汉语母语的学习者和汉语作为第二语言的学习者之间在双音词习得过程中存在一定的区别，因而在教学中也应针对不同的对象采用不同的教学策略。冯丽萍（2003）认为，与汉语母语被试相比，留学生被试对两种结构（联合与偏正）合成词的反应都出现了首词素激活强于尾词素的现象。尽管对于留学生来说，偏正式合成词的识别首词素未必占优势，①但在本次实验中，首字的影响总体上呈现出了对联合式合成词词汇识别的促进作用，尤其表现在类型 1 和类型 3 的联合式合成词中。因而，教师在这类词汇的教学中，可以在首字上做一些标示性符号如着重号或下划线等以加深留学生对首字的印象，帮助他们学习和记忆。对于一些读音相近的词语也可以运用这种方法来区别首字，从而帮助他们在下次识别这个词时，能够更快速准确。

这里通过一例加以说明。朱志平（2004）在调查外国留学生双音词偏误时举例该用"欺骗"却用了"骗"，或者该用"骗"却用了"欺骗"来说明"同语素近义单、双音词之间的误用"。笔者在教学中也时有发现，"骗钱"常会被一些留学生说或写成"＊欺骗钱"。"骗"和"欺骗"两词都是 HSK 词汇大纲中的乙级词。从语义上来看，前者适用范围大，后者适用范围相对小。"欺"本义是"欺诈"，段玉裁《说文解字注》解释"欺"为："诈也。大徐作诈欺也。今依《韵会》正。"从搭配来看，"欺"的动作对象主要是人，当"欺"和"骗"组合成一个联合式复合词时，受"欺"语义的感染和影响，"欺骗"的对象也主要是人。"欺骗"属于类型 1，首词素的启动效果要比尾词素启动的效果好，对留学生联合式合成词词汇通达的促进作用更大。把握这一特点很重要，因为"欺"的词素义决定了"欺骗"的对象；否则就会出现"欺骗钱"这样的偏误。其他还有诸如"要"和"需要"、"省"和"节省"、"按"与"按照"等，这类词在对外汉语教学中使用不当的问题是相当普遍的。这些词语从正面证据的交互促学角度考虑，尚值得进一步研究。

二是由于不同类型的联合式合成词的启动效应和正确率有所差别，在教学中最好有意识地加以区别对待。教学中在加强词素教学的基础上，充分利用词素本身提供的信息，让学生明白词素之间的内部关系以及词素义与词义之间的关系，这是影响留学生词汇通达的重要因素。对于语义透明度高的合成词多分解，帮助留学生提高分析词语结构和词义的能力，强化构词语素义和词义之间的联系。中高级水平的留学生已经具有了一定的语素意识，对理解整词产生影响。这说明，留学生在识别双音复合词时，每个构词语素作为存储单位分别被自动激活，

① 为了加以验证，我们又做了第二次实验，即定中式和状中式两种类型的偏正式合成词在三种启动模式下的词汇判断实验，因变量为被试的反应时和正确率。见下文。

语素之间的结构关系决定字表征之间的联系，经过对意义的存储和整合而达到词义通达的目的。

透明词的词素促进整词加工，不透明词的词素则抑制整词加工。对于类型2和类型3语义透明度较低的词语，在教学中应关注两个词素构词理据的清晰度，需结合词汇语义分析采取循序渐进的方法。考虑以下因素：(1)整词的表面频率和词素频率，(2)词和词素之间的联系。在心里词典中整词的词素表征都存在，高频词的词素和整词联系较强，低频词词素和整词的联系相对较弱。先从高频词入手，有了一定积累，再过渡到次高频词以及低频词。类型2的词语在习得中可导入整合机制的隐喻和转喻模式，让留学生明白两个词素的字面意义和整词的语义之间具有某种相似性。如“眉目”表面上是眉毛和眼睛，但通过转喻泛指人的容貌，“眉目清秀”；隐喻“文章纲要语句的条理”，“眉目不清”；尾词素轻读时隐喻“事情的头绪”。类型3的词语产生整合效应时意义分化了，功能也多少发生了转化。如反正、始终、横竖、高低、好歹、死活等，各自意义相对或相反的两个词素单独成词时或为名词，或为形容词、动词；而作为情态副词，是功能上的转指，其认知机制是“转喻”。

本节通过认知心理学的启动刺激实验，结合词汇学的相关理论对留学生识别联合式合成词的规律进行了初步的探讨，分析了在四种类型的联合式双音节合成词中，首尾词素启动对留学生词汇通达的不同影响，并得出了相关结论。在控制表面词频的情况下，联合式双音词首尾词素启动效应都存在；总体看来，首词素启动效应明显高于尾词素，但类型之间存在一定的差异。留学生对于联合式双音词的识别受语义透明度影响较大，透明度高的词正确率高，透明度低和不透明词正确率低。结合交互中的正面证据来看，词素作为整词在交互中的启动项是正面证据且为显性正面证据时，识别较容易，正确率也较高。当然，由于条件的制约，比如留学生被试个体水平的差异，启动效应实验还有需要进一步改进、深入和完善的地方。我们希望通过实验数据分析来讨论留学生汉语词汇习得的特点和规律，从而为探索有效的词汇记忆和识别方法，推动汉语作为第二语言的词汇教学提供一些有益的参考。

第二节 留学生汉语偏正式双音词识别规律的实验分析

词汇教学在对外汉语教学中的重要性已经得到广泛认同，词汇的掌握往往直接影响第二语言习得的成果。汉语的各类复合词中偏正结构是所有结构中所占比例最大的，据苑春法、黄昌宁(1998)调查，定中结构的偏正词占名词的80.6%，状中结构的偏正词占动词的23.3%。汉语定中式偏正复合词大多数是名词，但语素构成多样：名词性语素修饰名词性语素、形容词性语素修饰名词性语素、动词性语素修饰名词性语素、数词修饰名词性语素、方位词修饰名词性语素等；状中式偏正复合词大多是动词和形容词，也有些是名词。构词语素在整词的识别和理解中起作用，已经得到认知心理学的实验证明（王春茂、彭聃龄，1999；冯丽萍，2003；郭胜春，2004）。双字词的词汇通达（lexical access）机制一直是心理语言学研究的热点，近年来已有不少成果，当然主要是针对汉语母语学习者开展的研究。彭聃龄等（1994）用重复启动的方法研究了中文双字词的识别过程，进一步提供了支持词素存储假设的依据。研究结果显示，不论反应时还是错误率，首位词素启动对整词差别的促进作用要显著大于尾位词素启动的作用。而周晓林等人（2002）则采用同音判断和音节监控方法，以偏正结构为实验关键材料考察言语产生中双词素词语音激活的特点，发现研究结果不支持从左到右序列激活的观点，支持尾词素先激活的看法，且认为这一看法违背了大多数人的直觉预期。我们所关心的是，将汉语作为第二语言学习的留学生在识别和习得汉语双音词，特别是为数众多的偏正式复合词时，情况会不会有所不同呢？冯丽萍（2003）的启动实验发现留学生被试对偏正结构合成词的反应与联合结构一样，都出现了首词素激活强于尾词素的现象。该结果似乎与周晓林等人的观点有所不同。鉴于中外学习者偏正式合成词识别过程中可能存在的差异以及已有研究结果出现的分歧，本节专门针对掌握了一定词汇量的留学生识别汉语偏正式双音合成词的具体情况加以分析探讨。

1. 研 究 方 法

1.1　实验目的

将被试者确定为掌握一定程度汉语的留学生，通过启动效应实验，分析留学生对于偏正式双音词的认知规律：(1)构词语素（词素）对于留学生学习整词是否存在影响，如果存在影响，它的影响方式是怎样的；(2)对于不同类型的偏正式双音词，首尾语素启动效应于目标词而言是否相同，如果不同，区别在哪里。

1.2　实验材料

选取120个双音词作为目标词（见附录三）。其中60个为真词，60个为假词。60个真词（包括定中式与状中式复合词两种）的选取参考了齐沪扬主编《现代汉语》(2010：185—188)第四章词汇有关偏正式的部分，并依据《现代汉语常用词词频词典》(1990)和《现代汉语频率词典》(2003)在词频上加以筛选，最终确定定中式双音词30个，状中式双音词30个。

1.2.1　实验真词(60个)

1.2.1.1　定中式双音词

版权、美德、爱情、斑马、暗礁、霸权、办法、傲气、毛笔、白酒
帮手、啤酒、象牙、宝石、绿茶、友情、保姆、背包、变量、报表
扁豆、北京、饭店、半径、内部、气门、热心、八哥、冰箱、外面

1.2.1.2 状中式双音词

迟到、筛选、相好、小说、热爱、火烧、雪亮、天生、难过、勤俭
痛恨、重视、高涨、先生、火热、电焊、特制、清醒、深沉、鲜艳
好吃、至亲、雪白、冰凉、枣红、特定、紧张、勤劳、浓缩、腾飞

1.2.2 实验假词(60个)

字签、饼粉、编新、伦盖、是文、盘见、轻但、北只、至仁、即搜
白九、付树、闵里、将其、四迪、焦甸、社出、英茂、垫笔、无请
灿食、赤六、庭负、逗齐、粘似、正元、戏偌、丹一、厚红、见故
都耳、易啄、色日、演偶、群继、电忘、标竖、地辞、样海、肉没
浩五、纹症、灯例、想亦、目学、宣瓜、广破、器曾、本程、玉道
义法、礼替、一盟、达每、腮丝、曼拓、马飕、浪剧、被客、绕说

1.3 被试

通过调查问卷(见附录三)选出掌握一定程度汉语的留学生18名,其中15名愿意积极配合参加实验。15名被试母语非汉语,主要来自韩国、印尼、日本、泰国等国家,视力或矫正视力均正常。

1.4 实验步骤和流程

通过三种类型的启动试验,即首词素启动、尾词素启动、无关启动来进行留学生对于该词反应时与错误率的判断与计算。

实验中加入假词的目的是为了防止留学生在实验过程中机械反应,对所有目标词都按"F"键,影响实验结果。同时也是为了刺激留学生对双音词的真假识别,使其大脑一直处于积极思考状态,增加实验的真实性与稳定性。

实验在DELL笔记本电脑上通过E-Prime程序进行。首先将120个双音词分为三组,每组40个双音词,其中10个定中式双音词,10个状中式双音词,20个假词。再将40个词基本平均分为三种启动类型,设定好每个词的启动项。实验材料举例如表5-2-1。

表5-2-1 实验材料举例

	首词素启动	尾词素启动	无关词素启动
定中式	斑—斑马	情—友情	与—饭店
状中式	相—相好	恨—痛恨	图—紧张

刺激项在彩色显示器上呈现,目标词为白底紫字,其余项均为白底黑字。实验开始后,首先在屏幕中央呈现"Welcome",时长为1 000毫秒,提醒被试者实验即将

开始。1 000 毫秒后，屏幕中央呈现掩蔽刺激“+”，字号为 58，时长为 300 毫秒。掩蔽刺激消失后，屏幕中央呈现启动项，即首字、尾字与无关字，字号为 46。500 毫秒后，启动项消失，呈现目标词。目标词字号大小与启动项相同，不设定显示时长，有效反应时长为 0—8 000 毫秒，若反应时长超过 8 000 毫秒，则记录为无效反应。若被试认为目标词是真词，则按“F”键；若被试认为目标词为假词，则按“J”键。反应结束后，经过时长为 500 毫秒的间隔后，再次呈现刺激，直至 40 个目标词反应结束，屏幕中央将呈现“Have a short rest.”字样提醒被试稍作休息。剩余两组实验过程相同，在实验最后会呈现“Bye bye”，时长为 1 000 毫秒，以提醒被试者实验已经结束。

正式实验开始之前，请一名中国大学生作为实验者试验该启动效应试验的准确性与可行性，根据其建议对字号与字的颜色做出适当调整。因考虑到留学生对于汉字的识别水平不尽相同，因此仅对目标词的有效反应时长加以适当延长，对目标词的反应时长则不设限制，以确保留学生在没有压力的情况下完成实验，尽量确保发挥出平常的汉语水平。同时，为使留学生理解实验，制作了一个流程相同的简易 PPT，为每一位参与实验的留学生展示并讲解实验的操作方法，以确保留学生在实验操作上不会产生影响实验结果的错误操作，从而进一步消除可能影响实验进程的因素，稳定实验结果。

1.5　实验假设

本实验采用变化启动字，判断目标词真假的方法研究留学生对于偏正式双音词的识别特点，以区分不同的启动项对偏正式双音词的识别究竟有着怎样不同的影响；本研究希望通过实验分析留学生在定中式与状中式两种类型的偏正式双音词的学习过程中，对哪一种偏正式双音词的习得效果更好。

在实验过程中，以无关词素启动效应结果作为基线，首词素启动与尾词素启动效应结果以此为衡量标准。如果首尾词素启动反应时长与无关启动反应时长相近，说明词素在留学生的整词习得过程中没有表现出特别显著的影响；反之，如果首尾词素启动反应时长与无关启动反应时长有较为明显的差异，则说明词素对于留学生整词习得过程存在影响。至于影响是促进还是抑制，则需要依据各自反应时长从而得出结论。

因此，可以将实验假设归纳为以下两点：(1)对实验结果中留学生对目标词反应正确率进行统计，如果定中式双音词的反应正确率较高，则说明留学生对该类型双音词的掌握较好；如果状中式双音词的反应正确率更高，则说明留学生对该类型双音词的掌握相对于定中式双音词来说更好。(2)对实验结果中留学生对目标词反应时长加以统计，不同启动项对偏正式双音词的识别具有不同影响。如果首词素启动反应时间最短，则验证了前人的重复启动研究实验，即首词素启动对整词识别与习得有明显的促进作用；若尾词素启动反应时间最短，则尾词素对于整词识别产生了促进作用，而不是相反——抑制整词识别。

2. 实 验 结 果

2.1 结果分析

通过 SPSS 软件对实验结果进行数据分析，在分析过程中，剔除了 60 个假词，仅以 60 个真词作为最终数据，分析 15 名留学生对于偏正式双音词判断的正确率与反应时间。具体实验数据见表 5-2-2。

表 5-2-2 被试在三种启动模式下对两种偏正式双音词的反应结果

	首词素启动		尾词素启动		无关启动	
	平均反应时（毫秒）	正确率（%）	平均反应时（毫秒）	正确率（%）	平均反应时（毫秒）	正确率（%）
定中式	1 179	92.14	1 087	95.75	2 544	78.43
状中式	1 453	85.09	1 259	89.26	2 705	73.90

由表 5-2-2 可以看出，以无关启动项作为基线比较时，首词素启动与尾词素启动的反应时均低于无关启动，正确率则高于无关启动。由此可以大致得出：词素对于留学生学习偏正式双音词确实存在一定的影响。

留学生在进行启动效应实验的过程中，笔者在其身后观察发现，被试对无关启动后的目标词反应与相关词素后的目标词反应相比，稍有犹豫，实验数据结果也验证了这一点。正确率也大幅降低，应该是受到无关词素的影响。然而，通过数据采集发现，被试对于某些无关启动项的目标词反应时很短，偶尔只有 900 毫秒至 1 000 毫秒，但是对于其他无关启动项的目标词则反应时较长，甚至存在 2 000 毫秒以上的时长。对此，笔者认为，在分配目标词的启动项以及选取目标词时缺乏一定的选择标准。例如目标词“冰箱”的启动词素设置为“拖”，但由于“冰箱”一词在生活中出现的频率很高，属于生活基本词汇，被试者虽会受到无关词素“拖”的影响，但对于目标词“冰箱”的反应依旧很快，此时无关词素似乎已经无法对目标词产生明显影响。但对于被试者原本就不太熟悉的目标词而言，无关词素则会抑制被试者的反应时长。例如目标词“勤劳”的启动词素为“名”，由于被试留学生的汉语水平不一，对于“勤劳”一词涵义的理解存在明显差异。参与实验的多数留学生会延长反应时间并做出错误判断，这与无关启动效应所带来的抑制作用也是有关联的。

通过各词素启动项纵向比较得出，无论是哪一种词素启动，被试者对于定中式双音词的反应时长均短于状中式双音词，并且正确率也高于状中式双音词。究其原因，我们认为主要有以下两点：

其一，定中式双音词多为名词，在生活中出现及使用的频率较高，因此相对来说留学生对该类偏正式双音词较为熟悉，从而能够作出较快反应，正确率也相对较高。

其二，根据《现代汉语常用词词频词典》，实验所选取的定中式双音词的词频整体高于所选取的状中式双音词的词频，因此留学生接触目标词的频率可能会更高，熟悉程度更好，那么正确率也更高。

通过对两类偏正式双音词在不同词素启动下实验结果的横向比较，发现尾词素启动的反应时长短于首词素启动反应时长，且正确率也高于首词素启动的正确率。显然，作为被修饰限制部分的偏正式双音词后一个词素，是复合词的中心，留学生学习偏正式双音词的侧重点也在后一词素。尾词素启动时，留学生对于目标词能够更快地确定其含义，失误率也更低。因此可以认为，尾词素启动对偏正式双音词的认知与习得起促进作用。

2.2　改进之处

由于实验被试者人数、测试时间等因素，上述实验在笔者看来还有不少需要改进的地方。为了进一步得出更加精确的实验数据，最大限度地排除不利因素的影响，因而对上述实验进行反思，提出以下几点可以对实验进行完善的地方：

2.2.1　目标词

目标词的选取应根据实验目的的需要，不是随机选取。本实验所选取的目标词基本上都是常用词中比较典型的偏正式双音节词，对中国学生来说一目了然，不过对于留学生而言，尽管被试经由问卷甄选，而且实验开始之前也将所有目标词依据《现代汉语常用词词频词典》加以控制，但他们对汉语词汇的掌握水平仍然有高下程度上的差距，有的被试对某些目标词并不熟悉。总体来看，留学生对于语义透明度较低的词或不透明词(opaque words)词义在理解上面有所偏差，导致在个别偏正式双音词的词义真假上判断有误，这便无法判断出首尾词素与无关词素对于该目标词反应时长的影响作用。因此，在选取目标词的过程中除了进一步控制词频，尽量使所选取的偏正式双音词都属于高频词汇之外，还应选取语义透明度较高的词(transparent words)，使留学生词汇通达的可能性更高，判断词义真假的正确率更高，以便更准确地分析三种类型的启动对于两种类型的偏正式双音词的习得所产生的影响。

2.2.2　启动项

选取首尾词素与无关词素作为启动项时，我们对于每个双音词所对应的启动项均是随机抽取，对无关词素的选取也是随机性的。实验过程中发现一个问题，举例来说，“相好”的“相”是声调是阴平 xiāng，而在“面相”中读去声 xiàng。由于“相”是多音字，作为启动词素时，被试者对于该词素的第一判断很可能影响其对于目标词的判断。据《现代汉语常用词词频词典》，“相”读作 xiāng 时其出现的频率远高于读作 xiàng 时出现的频率，这样一来“相好”这个偏正式双音词以“相”作为首词素启动，对于目标词的反应时长影响可能并不大。但是为了使实验能够更加精确，笔者仍建议在选取目标词时最好能够尽量避免目标词中出现多音字，或者尽量避免将多音字作为启动项进行实验。

另外,“无关启动”中启动项与目标词在哪方面的无关仍然需要进一步细化。本次实验中首先确保了字义与词义无关,但是字音与字形是否也应该做到完全无关在实验中并尚未详加区分。字音的相同与字形的相似是否会影响被试者对于目标词的反应与理解还需要进一步通过验证才能得出明确结论。

2.2.3 被试

从被试者的汉语水平来看,虽然在选择被试者时事先以问卷调查的形式简单了解了被试者的汉语大体水平,但无法切实掌控被试者的汉语程度及其词汇量大小,即留学生是否能够认识所选取的全部目标词。这与被试为汉语作为母语的中国学生的实验情况有所不同,中国学生对于目标词的词汇意义不会产生认知偏差。然而对于以汉语作为第二语言学习的留学生们来说,不可避免地会在实验过程中产生一些主观的和客观的影响因素。同时,被试虽然积极配合实验,不过由于个体差异,有的留学生实验前段和后段的表现也表现出了一定程度的不稳定,在实验过程中,到实验的后期个别被试的精力无法全程集中,这也会对实验的结果产生一定的影响。

3. 结　　语

以往针对母语被试进行的关于双音节词语词汇通达的实验研究表明,并列式合成词首词素对于整词的认知发挥作用较大,其频率高低直接影响到词汇判断。而偏正式合成词的实验结果出现较大分歧,这其中的影响因素是比较复杂的。有的是因为实验材料存在差异,有的是研究方法不同导致的,比如参与实验的变量控制的不同,比如对目标词识别的加工通道不同:对于视觉加工通道来说,双字词的两个词素是同时呈现的,对首字的加工可能会更凸显,首字的预先呈现对词的识别会产生更明显的促进作用①;而对于听觉加工通道来说,双字的读音的呈现必然有先后的时间差,由于同音字的影响,首字字音的预期作用不明显,因而在进行词汇判断时会更多地依赖于第二个字音的呈现。通过实验我们发现,将汉语作为第二语言习得的留学生在词汇认知特别是偏正式的识别和判断过程中表现出更为明显的差别。

笔者有意将偏正式双音词分为定中式与状中式,进行了两种类型的偏正式合成词在三种启动模式下的词汇判断实验,因变量为被试的反应时和正确率。实验结果显示,被试者对于定中式双音词的反应时长均短于状中式双音词,并且正确率也高于状中式双音词;通过对两类偏正式双音词在不同词素启动下实验结果的横向比较,发现尾词素启动的反应时长短于首词素启动反应时长,且正确率也高于首词素启动的正确率。可见,词素对于留学生学习偏正式双音词确实存在一定的影响,而且在偏正式复合词中两个语素的作用不一样,次语素的作用更为显著。通过

① 有学者认为,在视觉通道中,首字词素对词汇的加工识别占优势,这种首字频率优势来自由左向右的阅读顺序,决定了首字词素加工的优先性,也就是所谓的词首效应。(韩晨宇,2004:47)

实验分析，我们希望能够为留学生词汇教学和研究方面的推进做出努力。

首先，尾词素在整体上呈现出对偏正式双音词的促进作用，在学习新词时，可以先对偏正式双音词的尾字加以标示，适当加深留学生对于中心词素的印象。其次，在教学过程中可以让留学生进行组词练习。例如，“()笔、()酒、()手、()下、半()、白()、蛋()”等。让留学生逐渐形成偏正式双音词前偏后正，修饰与被修饰、限制与被限制的概念，在构词时，修饰和限制部分的首词素有些可以替换。

再次，对于词频不太高的词语，可以通过选词填空的练习加深留学生对于词义的理解。特别是状中式双音词，被修饰限制的中心词素一般是动词性或形容词性的，可以把词语放入整句话中通过上下文语境的理解增强习得效果。陈宝国等人(2003)在句子与课文语境对词汇所产生效应的研究中指出，词汇与更高级的句子与课文之间有一层相互作用的关系，不同水平的语言加工是一个相互作用的过程，因此对于词汇的理解直接影响对句意的理解，但也可以通过文章中某句话的句意反向推测不认识的词义。通过上下文的语言环境让留学生揣摩在空缺处应该填写的词语，能够帮助留学生加深对该词的词义理解。

另外，一些含有多音字的偏正式双音词，可以让留学生在学习过程中标示出多音字在组成不同双音词时的读音，或只给出多音字的读音让留学生写出所对应的汉字，这样的方法都可以加深偏正式双音词的理解与记忆。

当然，由于条件所限，文中的启动效应实验还存在需要进一步考量以及完善的地方，比如汉字文化圈的来华留学生与母语为拼音文字的欧美留学生相比，在偏正式双音复合词乃至其他结构双音词的词汇识别与习得过程中表现出来的特点和规律的异同点，也是值得探求的。总之，我们尝试采用心理语言学的实验研究和数据分析的方法来分析留学生的汉语词汇习得特点，发现留学生汉语学习中的薄弱环节，从而为探索有效的词汇记忆和识别方法，为推动留学生的汉语词汇教学和研究工作略尽绵力。

本 章 小 结

通过实验测试分析来华留学生汉语联合式与偏正式双音复合词识别的规律和特点，分别通过对联合式与偏正式复合词在不同启动效果下的反应时分析，考察首尾词素启动对词汇通达的作用。

设计了各类型的联合式合成词在各启动模式下的词汇判断实验，是 3×4(启动类型×联合式合成词词汇类型)两被试内因素实验设计，因变量为被试的反应时和正确率。针对留学生汉语联合式合成词识别规律的重复启动实验表明，首尾词素均影响着留学生对联合式合成词的词汇通达，但不同类型的联合式合成词的首尾词素启动效应存在一定差异。在类型 1 中，首尾词素启动都表现出对留学生联合式合成词词汇通达的促进作用，且首词素的促进作用大于尾词素。原因在于，类型 1 中的词语为首尾词素意义相同的联合式合成词，其词义与单个词素的含义相同相近，因而单个词素启动并不妨碍留学生对目标词的理解。在类型 2 中，首词素启动没有表现出明显的效果，而尾词素启动则表现出了显著的促进作用。这与前人的研究结论有所差别。主要是因为类型 2 的词语虽然首尾词素意义相关，但所构成的联合式双音词语义透明度较低，留学生很容易理解成字面意义。在类型 3 中，首尾词素都表现出对联合式合成词词汇通达的促进作用。经过数据分析发现，首词素的启动效果要强于尾词素的启动效果。通过实验我们可以了解到，留学生在识别这类词时仍以"首字优先"的启动模式为主。类型 4 为偏义复词，尾词素启动则产生了明显的抑制效果，而首词素启动效果不显著。另外，不同的个体在识别双音词时，可能采用"词素分解模式"和"整词模式"，水平较高的留学生对于非常熟悉的词语，往往会遵循"整词优先"原则；汉语水平相对较低的留学生在识别联合式双音复合词时，主要采取"词素分解序列模式"。正确率受被试者的汉语水平差异、整词的表面频率以及首尾词素频率等因素的影响。

留学生对于联合式合成词的识别受语义透明度影响较大，其识别模式也跟汉语水平密切相关。实验的结果对留学生汉语联合式合成词的词汇教学具有参考意义。在联合式合成词的词汇教学中，可以关注以下几个方面：一是适当加深留学生对首字的印象；二是由于不同类型的联合式合成词的启动效应和正确率有所差别，在教学中最好有意识地加以区别对待。加强词素教学，让学生明白词素之间的内部关系以及词素义与词义之间的关系，这是影响留学生词汇通达的重要因素。

通过认知心理学启动效应实验分析偏正式双音词中词素的位置是否对留学生的汉语词汇学习存在一定的影响以及习得规律。将偏正式双音词分为定中式与状中式，进行了两种类型的偏正式合成词在三种启动模式下的词汇判断实验，因变量为被试的反应时和正确率。结果显示，被试者对于定中式双音词的反应时长均短于状中式双音词，并且正确率也高于状中式双音词，说明留学生对于定中式双音词的掌握更好；通过对两类偏正式双音词在不同词素启动下实验结果的横向比较，发现尾词素启动的反应时长短于首词素启动反应时长，且正确率也高于首词素启动的正确率。可见，词素对于留学生学习偏正式双音词确实存在一定的影响，而且在偏正式复合词中两个构词语素（词素）的作用不一样，尾词素的作用更为显著，尾词素启动对偏正式双音词的认知与习得起到促进作用，而首词素的出现则对整词产生抑制作用。两个词素并不是同时被激活，也不是"从左到右"序列激活，不存在所谓的词首效应。通过实验分析，希望能够为留学生词汇教学和研究方面的推进做出努力。既然尾词素在整体上呈现出对偏正式双音词的促进作用，那么在学习新词时，可以先对偏正式双音词的尾字加以标示，适当加深留学生对于中心词素的印象；其次，在教学过程中可以让留学生进行组词练习，让留学生逐渐形成偏正式双音词前偏后正，修饰与被修饰、限制与被限制的概念；对于词频不太高的词语，可以通过选词填空的练习加深留学生对于词义的理解，特别是状中式双音词，被修饰限制的中心词素一般是动词性或形容词性的，可以把词语放入句中通过上下文语境的理解增强习得效果。

第六章　含同一语素同义单双音节副词的偏误分析

关于单双音节词的研究成果，从研究对象来看，有分析同义单双音节词，如李泉(2001)；有考察同素，如张平，桑丛丛(2011)；也有从语音着手，如吴占海(1990)。从单双音节词的研究角度来看，有单双音节词功能研究，如张国宪(1990)；也有组配模式研究，张丽萍(2015)；以及单双音节词中的部分类型的教学和偏误分析，如刘春梅(2007)、张哲(2016)等。同近义词辨析是汉语作为第二语言学习中词汇习得的重点之一。其中“含同一语素单双音节词”在对应形式上都含有一个相同的语素，在释义上都有一个以上相同或相近的义项。留学生在使用过程中常常出现偏误，如：“她居然没来，我白白(白)等了。”含同一语素单双音节词作为同近义词中的一类，相关的本体研究不少(吕叔湘 1963；王洪君 2001；刘智伟 2007；孙瑞梅 2008；吴颖 2009；杨慧丽 2009；宋炜 2014 等)；本章主要着眼于留学生在使用中的偏误研究，这对于副词本体研究的深化，对于汉语作为第二语言教学中的副词教学也都有一定裨益。

基于《汉语国际教育用音节汉字词汇等级划分》(以下简称《划分》)，结合《现代汉语词典》释义，从符合“含有同一语素”要求的单双音节副词入手，对副词进行同义辨析，筛选出符合同义要求的单音节词 38 个，双音节词 57 个，这些副词在《划分》中跨普及化、中级、高级三级，其中还有一定数量的兼类词，义项丰富，使用情况复杂，是留学生习得汉语词汇的难点。

第一节　含同一语素同义单双音节副词的基本情况及语料偏误

本节主要讨论含同一语素同义单双音节副词的基本情况，包括对应关系、释义类型及等级分布；并通过收集 HSK 动态作文语料库中的相关偏误语料、留学生高级汉语阅读课、写作课教学的作文、练习等书面材料以及自建的中介语语料库中的偏误现象对该类副词的偏误类型以及典型偏误个案加以分析。

1. 含同一语素同义单双音节副词的对应关系及释义类型

1.1　对应关系

整理归纳筛选出的 95 个含同一语素同义单双音节副词，发现这些同义词在在形式上具有一对一、一对多和二对一三种对应关系，共形成 44 组。

表 6-1-1　含同一语素同义单双音节副词关系类型

一对一	一对多	二对一
白—白白	必—必定、必须、务必	全、都—全都
本—本来	不—不要、不用	即、将—即将
曾—曾经	常—常常、经常、时常	唯、独—唯独
重—重新	多—多么、大多	必、将—必将
都—全都	反—反倒、反而	正、好—正好
独—独自	非—非得、莫非	刚、好—刚好
凡—凡是	刚—刚刚、刚好	
更—更加	极—极为、极度	
故—故意	将—将要、即将	
还—还是	快—快要、赶快	
仅—仅仅	老—老大、老是	
竟—竟然	全—全都、完全	
绝—绝对	仍—仍旧、仍然	
连—接连	稍—稍微、稍稍	
另—另外	特—特别、特地、特意	
屡—屡次	再—再次、再度	
没—没有	正—正好、正在	
偏—偏偏		
偷—偷偷		
唯—唯独		
已—已经		

其中，“一对一”是指一个单音节副词对应一个双音节副词。如：“曾—曾经”“偷—偷偷”，共 21 组，约占总数的 47.73%。在一对一的关系中，还可分为三种类型，一是“A—AB”式，即单音节词对应双音节词的前一个语素，如“本—本来”；二是“A—BA”式，即单音节词对应双音节词的后一个语素，如“都—全都”；三是“A—AA”式，即单音节词对应的双音节词前后语素都相同，如“偷—偷偷”。

“一对多”是一个单音节副词对应两个或两个以上双音节副词，如“常—常常、经常、时常”，共 17 组，单音节词 17 个，双音节词 38 个，约占总数的 38.64%。在一对多中，一个单音节副词所对应的双音节形式同样有 AA、BA、AB 三种。

“二对一”如“必；将—必将”，即两个单音节副词对应一个双音节副词，该双音节副词构词语素包含两个单音节副词，共 6 组，约占总数的 13.63%。

1.2　释义类型

根据《现代汉语词典》(第 7 版)的释义，38 个单音节副词与 57 个双音节副词，在释义上具有单释双、双释单以及相同词或短语注释三种关系类型，共形成 58 组，其中“全都”分别与“全”“都”形成一组释义类型。

“单释双”即“用单音节副词解释双音节副词”，如：“全都：全；都。”用单音节词“都”或“全”解释双音节词“全都”，除此之外还有“非—非得”“刚—刚刚”。用单音节词解释双音节词的释义类型比较少，约占总数的6.9%。

“双释单”指“用双音节副词解释单音节副词”，如：“凡：凡是。”除此之外还有“本—本来”“常—常常”等29组，用双音节词解释单音节词的释义类型最多，约占总数的50%。

除了“单释双”和“双释单”外，具有相同词或短语注释的单双音节副词也属于“同义”的范畴，如《现汉》对于“白”和“白白”的解释：

(1) 没有效果；徒然 (2) 无代价，无报偿

除此之外还有“仍—仍旧”“正—正好”等25组，这一释义类型也较多，约占总数的43.1%。

1.3 等级分布

根据《划分》对副词的等级划分，发现含同一语素同义单双音节副词不均匀地分布于一、二、三级中。

表6-1-2 含同一语素同义单双音节副词等级分布(按音序排列)

普及化(一级)	中级(二级)	高级(三级)	高级附录
白、本来、必须、不、不要、不用、曾经、常、常常、经常、重、重新、都、大多、多、多么、刚、刚刚、更、更加、故意、还、还是、将、仅、仅仅、绝对、快、快要、赶快、老、老是、连、另外、没、没有、全、仍、仍然、特别、已经、再、正、正好、正在	本、必、曾、独自、凡是、反、反倒、非、刚好、极、即将、将要、竟然、绝、接连、另、偏、全都、仍旧、稍、稍微、时常、特；特地、特意、偷、偷偷、已、再次、再度	白白、必定、务必、独、凡、反而、非得、故、莫非、极度、极为、竟、屡、偏偏、稍稍、唯、唯独	老大、屡次

含同一语素同义单双音节副词分布在一级的有45个，以一单一双为一组来看，如“多—多么”“多—大多”为两组，在一级中有18组；分布在二级的有32个，成组的有6组，如“偷—偷偷”；分布在三级的有17个，只有一组“唯—唯独”是单双音节对应的；分布在高级附录的只有“老大”“屡次”这两个词。

1.4 类别分布

本章考察的95个含同一语素同义单双音节副词分别分布在以下七个小类当中①：

---

① 这里参照吴颖(2011)在针对留学生的语法教学著作《轻轻松松学语法》中对副词的分类。

表 6-1-3 含同一语素同义单双音节副词类别分布(按音序排列)

程度	范围	时间	频率	肯定和否定	语气	情态
多—多么	都—全都	曾—曾经	常—常常	必—必定	本—本来	白—白白
更—更加	独	刚—刚刚	常—经常	不—不要	必须	重—重新
极—极度	大多	刚—刚好	常—时常	不—不用	务必	独自
极—极为	凡—凡是	将—将要	老—老是	没—没有	反—反倒	故意
老大	仅—仅仅	将—即将	屡—屡次		反—反而	赶快
稍—稍微	另—另外	快—快要	再次		非—非得	接连
特—特别	全—全都	已—已经	再—再度		非—莫非	仍—仍旧
	全—完全	正—正好			故	仍—仍然
	唯—唯独	正—正在			还—还是	特地
					竟—竟然	特意
					绝—绝对	偷—偷偷
					偏—偏偏	

表 6-1-3 可见,七类副词中语气副词最多,其次是时间副词、情态副词和范围副词,数量相当,数量最少的是肯定和否定副词。大部分的含同一语素同义单双音词都在同一个副词类别中,但也出现了单双音节词分布在不同类别的情况,如“独”是范围副词,而双音节副词“独自”为情态副词;“故”为语气副词,“故意”为情态副词;“特—特别”都为程度副词,而“特地”“特意”为情态副词。由此可见,虽然形式和意义上存在相同的部分,但作为副词也不一定都属于同一类别。

2. 含同一语素同义单双音节副词语料偏误分析

本章收集分析的语料来源有三,一是 HSK 动态作文语料库的语料,对单双音节副词进行偏误词搜集,整理出偏误语料;二是通过学生直接用词语造句的方法获得偏误语料;三是收集留学生在学习过程中练习、作文中出现的偏误语料。

2.1 语料整理及混用情况

HSK 动态作文语料库中每一条语料被标注出的偏误往往不只单双音节这一项,为了便于分析,笔者对每一条语料都进行了二次整理,省去所有的修改标记,并将语料中其他偏误进行改正,只留下与研究有关的副词偏误。例如:

原语料:

我再次{CC2 再}希望吸[C]烟者以后再也不{CQ 要}吸烟[B 因],[BC、]不{CQ 要}影响到别人的健康。

整理后:

* 我再希望吸烟者以后再也不要吸烟,不要影响到别人的健康。

通过收集，发现共有 23 组词存在单双音节混用的情况。有单音节混用为双音节的情况（例如："更"混用为"更加"3 例；"还"混用为"还是"5 例），也有双音节混用为单音节的情况（例如："更加"混用为"更"5 例；"还是"混用为"还"4 例）。其中单混双的语料有 22 条，双混单的语料有 47 条，双音节词混月为单音节词的情况多于单音节词混用为双音节词。

2.2　单双音节副词偏误个案例析

2.2.1　"还"与"还是"

(1) ＊可是我还认为吃"绿色食品"是第一位的。

(2) ＊我觉得今天死亡比等到"明天"还是安乐。

(3) ＊孩子长大后会有自己的天地，可很多父母还是会是孩子最好的朋友。

(4) ＊这个时候父母还是重要吗？

(5) ＊现在还是在中国实现父母的学习要求，不知何时可以让他们开心呢？

"还"的频级①为 550，"还是"的频级为 188，两者在释义上都表示"现象继续存在或动作继续进行；仍旧""没想到如此，而居然如此（含赞叹、责备、讥讽等语气）"，除此之外，"还"有"表示在某种程度之上有所增加或在某个范围之外有所补充"，"表示程度上勉强过得去；基本达到要求"，"与'呢'搭配，相当于'尚且'"以及"表示早已如此，常与'就'呼应"等用法；"还是"则表示"倾向性选择，含有这么办比较好"的意思。例(1)中，后面的情况是说话人倾向性的选择，认为这么做比较好，用"还是"更符合表达意图；例(2)比较句后应用"还"表示程度加深，不宜用"还是"；例(3)的"还是会是"显得重复累赘，用"还"表仍旧即可；例(4)是反问句，用"还"可以加强语气，并表示否定，"还是"没有这一用法，应将"还是"改为"还"；例(5)"还是"虽然也可表示"动作继续进行"，但"还是"强调"是"，"还"强调"仍然"。这里用"还"比"还是"好。②

2.2.2　"更"与"更加"

(6) ＊你要更努力地学习汉语。

(7) ＊我一定更加好地学习。

(8) ＊有的家庭因工作关系，母亲也要出外做工，佣人更加是不可缺少的帮手。

---

① 同一语料调查范围中词频数相同的为一个频级。《现代汉语常用词表》的频级统计分两步：第一步形成不同类型语料库的频级，即原始频级。第二步形成总语料的频级，就是将几个原始频级之和再除以不同类型语料库的数目。此表共收录常用词语 56 008 个，包括单音节词 3 181 个，双音节词语 40 351 个，三音节词语 6 459 个，四音节词语 5 855 个，五音节和五音节以上词语 162 个。表内条目按频级升序排列，频级相同的按汉语拼音音序排列。

② 这里经讨论，采纳董正存博士的观点。

“更”的频级为56,“更加”的频级为483,两者均为程度副词,“更”的释义为“更加”,“更加”的释义为“表示程度上又深了一层或数量上进一步增加或减少”;在语体色彩上,“更”用于口语和书面语,“更加”则多用于书面语;在前后搭配中,“更加”后面可以带状语标记“地”,而“更”不可以,如例(6)应换成“更加”;在音节搭配上,“更”可以修饰单音节词,也可以修饰双音词,“更加”则多修饰双音词。一般情况下,“更严重”“更恶化”“更紧张”“更喜欢”“更体会”换成“更加”也可以;不过单音节形容词或动词前面宜用“更”,如例(7)应说成“更好”,例(8)“更加是”当说成“更是”。

2.2.3 “不”与“不要”

(9) *但是学了两年汉语后,我慢慢地发现我不要只是为了自己而学汉语。

(10) *我认为只要不要怕辛苦一定能成功。

“不”的频级为5,而“不要”未被记入《汉代汉语常用词表》中,两者均为否定副词。语义上的主要区别是,“不”只是表示否定,而“不要”则有劝阻或禁止义,相当于“别”。在用法上,“不”可以单独使用,回答问话,表示与问话意思相反;“不要”作为副词时几乎不单独使用。在例(9)中,并没有劝阻或禁止义,只是对于“只是为了自己而学汉语”的单纯否定;同样,例(10)也分别只是对“怕辛苦”进行否定,“不要”应该改为“不”。

2.2.4 “再”与“再次”

(11) *朋友不喝酒了,他也不再次喝酒了。

(12) *我希望再次过那么好的假期。

(13) *今年,她再获得奥运会冠军。

“再”的频级为80,“再次”的频级为1372,两者均为频率副词,表示“又一次,再一次”,“再次”适用于正在或已经实现的动作行为,而“再”适用于还未实现或规律性的动作行为;“不/没+再+动”,表示不继续,不重复(例11用“不再”);还有一些常见搭配,如“再吃一碗”“有空再来”等,只能用“再”,不用“再次”。在例(12)中,“过那么好的假期”尚未实现,“再次”改为“再”较好;例(13)是已经发生过实现了的动作行为,宜将“再”改为“再次”。

2.2.5 “必”与“必须”

(14) *学中文在外国人心目中比任何外国话难,汉字必要每个字背下来,没记住字则发不出音。

(15) *大家一起来讨论,最后共同做出决定,双方必遵守此决定。

“必”的频级为1335,“必须”的频级为155。从语义表达上看,表示“一定要”时,多用“必须”,如表达“一定赢”,用“必须赢”没有歧义;如果用“必赢”,则有两层含义,一是“一定要赢”,二是“必然会赢”。在具体语境中,有时用“必+V”会造成歧义。在音节搭配上,“必”后面多跟单音节动词,而“必须”后面可以跟单音节动词也可以跟双音节动词；在语体色彩上，“必”适用于书面语，“必须”则适用于书面语和口语。在例(15)中，由于音节限制，“必”应改为“必须”；例(14)中的“必”所表达的是“一定要”，应改为“必须”。若用“必”，句子不够通顺，也有歧义。

2.2.6　“绝”与“绝对”

(16) *他们的教育及劝告绝会影响青少年在与异性相处的想法。

“绝”的频级为2430，“绝对”的频级为1494，两者均为语气副词，“绝”可以放在否定词“无、未、非”前面，“绝对”不可；“绝对”用在肯定句中形容词或动词前加强肯定，“绝”没有这样的用法。上例中有加强肯定的语气，“绝”不能单独修饰动词，应改为“绝对”。

2.2.7　“正”与“正在”

(17) *从贵公司的招职工广告上，我知道了贵方正在需要推销员，我非常高兴，因为推销员就是我现在要找的工作。

(18) *这本书我正看。

“正”的频级为2228，“正在”的频级为221，二者均为时间副词，都有“恰好”的释义，“正”着重于时间，“正在”既指时间又指状态，“正”后面一般不跟单个动词，“正在”不限。例(17)中，“贵方需要推销员”主要强调时间，用“正”较好；例(18)“正”后面只跟了一个动词“看”，并没有其他成分，宜改为“正在”。

2.2.8　“白”与“白白”

(19) *我白白帮他了，他连谢谢都没说。

(20) *昨晚我白地等了一个小时。

“白”的频级为700，“白白”的频级为8844，两者均为情态副词。在语义上，表示付出代价没有收获时，只能用“白”不能用“白白”；在音节限制上，“白”后面多是单音节动词，如“白去”“白讲”等，“白白”很少与单音节动词直接搭配，一般不说“白白去”“白白讲”“白白帮”等，如例(19)，但“白白”可以直接与双音节动词搭配，如“白白准备”；在前后搭配中，“白白”可以加“地”，而“白”不可以，如例(20)；在用法上，“白白”在句子中，后面可以直接加单音节动词，但动词后一般有宾语或补语，如“他白白等了一个小时”。

2.2.9　“全”与“完全”

(21) a. 学生全到了。　b. *学生完全到了。

(22) a. 这个说法完全正确/错误。　b. 这些说法全(都)正确。

(23) *在世界上有几个人能全满足自己的生活、职业呢?

(24) ?如果在中学时受到男女分班教育，也许可以避免校园里的学生恋，但不一定能全避免，反而有可能发生比早恋更不好的事情。

“全”的频级为159，“完全”的频级为241，表示某个范围内的全部，“全”和“完全”可以替换。“全”侧重表示总量达到100%（例21a）；“完全”侧重表示程度达到极限100%（或0），使用“全”可以包含多个个体，如例（22）a用“完全”表示正确或错误的程度达到100%，b用“全”表示所指范围内所有成员“这些说法”都正确。同样，例（23）表达的是满足的程度，当用“完全”。例（24）则有歧义，程度上还是总数上要依上下文和说话人的主观意图来判定。

2.3 主要偏误类型

通过对23组词的偏误语料分析，从音节、语义、搭配、语用色彩、句中位置以及词性等方面归纳总结出含同一语素同义单双音节副词的主要偏误类型有七种，即：音节限制导致的偏误，语义范围不同而产生的偏误，语义重点不同产生的偏误，搭配不当产生的偏误，语体色彩不同产生的偏误、词性不同产生的偏误以及句中位置不同产生的偏误。鲁健骥（1994）将偏误分为遗漏、误加、误代、错序四类，本节所考察的偏误均为误代，误代偏误（肖奚强，2008）是指学习者在几个词语中选择了不符合语境的词语造成的偏误，关于误代偏误的分类尚不统一，这里参照刘春梅（2007）对偏误类型的分类，根据每条语料中误代原因不同，将以上七种基本偏误归并为音节、语义、句法、搭配和语体偏误五大类，分布情况见表6-1-4：

表6-1-4 含同一语素同义单双音节副词偏误类型分布

偏误类型	音节	语义	句法	搭配	语体
数量	15	33	10	14	7
占比（%）	18.99	41.77	12.66	17.72	8.86

五种偏误类型偏误数量分布不均，语义类偏误最多，语体类偏误最少。此外，三种不同对应形式的单双音节副词之间偏误数量的差异大，AB式偏误数量最多，BA式偏误数量最少。

例如，“极—极为”“白—白白”是由于音节限制所导致的偏误。“极”既可以修饰单音节词，也可以修饰双音节词，如：“极好”“极坏”“极认真”；“极为”只能修饰双音节词，如“极为深刻”“极为紧张”。在例（25）中，“大”为单音节形容词，只能用“极”。

（25）＊虽然我家不太富裕，但你们给我<u>极为</u>大的支持。

再如“白—白白”，“白”后面多是单音节动词，如“白去”“白讲”等，“白白”很少与单音节动词直接搭配，一般不说“白白去”“白白讲”等；“白白”可以直接与双音节动词搭配，如“白白准备”，“白白”后面也可以直接跟单音节动词，不过动词后一般带有宾语或补语，如“他白白等了一个小时”。

从语义范围来看，相对于双音节副词而言，单音节副词的语义范围较大，义项更丰富，有50%双音节词为单音节词的一个义项。如“必—必须”，“必须”是“必”

的一个义项，“必”除了表示“一定要”外，还可以表示“必然”，如“必赢”，一层含义是“一定要赢”，另一层是“必然会赢”，如脱离具体语境，容易产生歧义；而用“必须赢”就只有“一定要赢”的意思。下例偏误，据上下文语境，均表达“一定要”，而不是“必然”，应改“必”为“必须”。

（26）＊自踏进中学开始，所接触到的一切，尤其是功课我开始悟到人必有主义和思想。

第二节　含同一语素同义单双音节副词偏误调查、实验分析及教学建议

以往对同素同义单双音节词的研究成果多集中于本体研究，偏误对象也以动词、形容词为主，少有结合屏幕实验对此类词进行偏误特征分析，本节尝试运用实验法来考察含同一语素同义单双音节词的偏误情况。

为了进一步考察留学生对于常用含同一语素同义单双音节副词的了解、掌握情况和辨析能力，设计问卷进行测试并加以统计分析；探讨形成含同一语素同义单双音节副词偏误的主要原因，提出相应的教学建议。

1. 含同一语素同义单双音节副词偏误调查分析

1.1　问卷设计与调查

根据副词的分类，综合考虑到不同类别副词的频级、等级以及语料中已出现的偏误情况，选出 7 组 14 个词，分别为更—更加、全—完全、不—不要、再—再次、白—白白、正—正在、还—还是。根据这 7 组词在音节限制、语义轻重、语义范围、搭配对象、语体色彩、句中位置等方面存在的细微差别以及已出现的偏误情况，编制了问卷。

问卷中设置了选择、判断和填表三种类型的题目。选择题共有 7 题，每一题中有 3 道小题，选项为 A.单音节词、B.双音节词、C.单音节/双音节词，将 3 道小题各自设置成“只能使用单音节”“只能使用双音节”以及“单双音节都适用”的情况，考察留学生对于每一组同义单双音节副词的辨析能力。

本次主要测试汉语水平处于不同等级的留学生对含同一语素同义单双音节副词的掌握程度是否存在显著差别，并对比分析问卷中所涉及的 7 组副词于调查对象而言是否存在难易程度上的差异。我们在初、中、高三个等级的学生中随机抽取部分测试对象完成同一份问卷，调查对象包括上海师范大学本科四年级、预科 D 班、预科 C 班、初等三级以及东华大学 F5 班的留学生。调查时间是 2018 年 3 月中旬——4 月中旬。

1.2 统计与分析

本次问卷测试共发放 71 份,其中初级 15 份,中级 21 份、高级 35 份;收回 71 份,有效问卷 68 份,其中初级 15 份,中级 20 份,高级 33 份。

1.2.1 错选基本情况

通过对问卷的结果进行整理,数据结果显示:当正确选项为单音节时,调查对象误选为双音节的次数略高于单、双音节皆可的选项;当正确选项为双音节时,学生更倾向于将本应为双音节的选项误选为单音节;当应选单、双音节皆可这一选项时,误选为单音节的次数远高于双音节。因此整体来看,当正确选项为单、双音节皆可时,调查对象出现偏误次数相对较多,说明学生对于使用单、双音节皆可的情况了解得相对较少。

1.2.2 统计结果的 SPSS 数据分析

对被试的总成绩和每一组单双音节副词的得分用 SPSS 进行数据分析,以此观察不同等级之间含同一语素同义单双音节副词习得差异是否明显,以及对每组词掌握程度的差异是否显著。检验结果如下:

表 6-2-1 描述统计量

成绩

	样本数量	平均数	标准差	标准误	95%的置信区间		最小值	最大值
					下限	上限		
初级	15	16.47	3.067	0.792	14.77	18.17	13	23
中级	20	17.90	3.655	0.817	16.19	19.61	7	24
高级	33	18.30	5.570	0.970	16.33	20.28	6	29
总计	68	17.78	4.593	0.557	16.67	18.89	6	29

表 6-2-2 方差齐性检验

成绩

Levene 统计资料	df1	df2	显著性
2.790	2	65	0.069

表 6-2-1 在初、中、高级学生对整份问卷的反馈,即所答对题目数量的基础上,从各个角度对数据进行分析,发现三个级别在平均数上的差别甚微。表 6-2-2 从左至右依次为莱文方差齐性检验结果 = 2.790,组间自由度(df1)为 2,组内自由度(df2)为 65,显著性概率值为 0.069,即 $P>0.05$。这表明各等级的方差在 0.05 的显著性水平上差异不明显,即各组方差为齐性。由此可以得出,各等级在对这 7 组单双音节副词掌握程度上的差异并不十分明显,只能从测试总成绩的均分上看出,高级略高于中级和初级的均分,中、高级分别都在总体平均水平之上。

表 6-2-3　方差分析表

来　　源	第Ⅲ类平方和	df	平均值平方	F	显著性
修正的模型	81.384[a]	20	4.069	2.725	0.000
截距	2 657.672	1	2 657.672	1 779.965	0.000
中文水平	4.856	2	2.428	1.626	0.198
题目	41.496	6	6.916	4.632	0.000
中文水平 * 题目	26.061	12	2.172	1.455	0.138
错误	679.362	455	1.493		
总计	3 791.000	476			
校正后总数	760.746	475			

a. R 平方 = 0.107(调整的 R 平方 = 0.068)

由表 6-2-3 可见，题目的主效应差异显著 F = 4.632，P<0.001，这表明问卷中的 7 组副词在得分率上的差异显著；由中文水平和题目的交互作用差异并不明显(F = 1.455，P>0.01)，这表明本次问卷中主要由副词组别的难易程度引起差异。

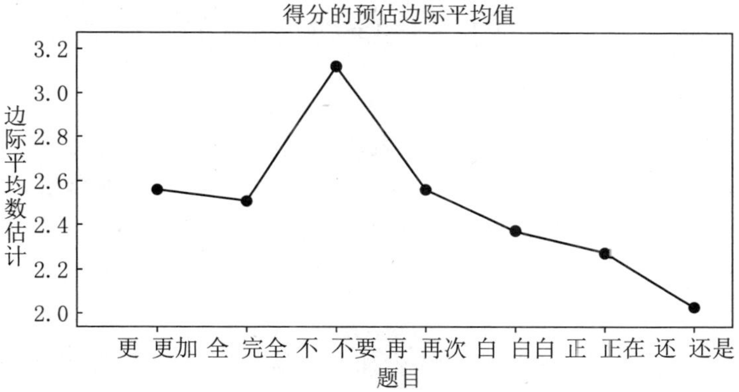

图 6-2-1　七组副词的掌握情况

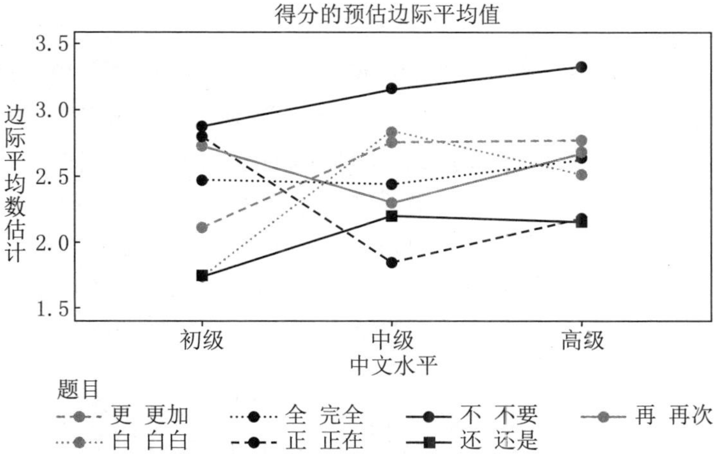

图 6-2-2　不同等级对象七组副词掌握情况

进一步对7组副词进行分析得出图6-2-1、图6-2-2结果，图6-2-1直观地显示出调查对象对这7组词的掌握情况，从易到难的顺序依次是：(1)不、不要(2)再、再次(3)更、更加(4)全、完全(5)白、白白(6)正、正在(7)还、还是。说明“还、还是”最易混淆。

图6-2-2显示“不、不要”这一组副词无论对哪一等级的调查对象来说得分均最高，说明这一组词对各等级的对象来说易混淆的程度最低；而对“正、正在”“白、白白”掌握程度的差异波动比较大，说明调查对象对这两组词的掌握情况差异较大。

2. 含同一语素同义单双音节副词实验研究

根据语料分析出的含同一语素同义单双音节副词的偏误类别和分布情况，采用启动范式实验方法和一般心理学实验方法，探讨不同形式的单双音节副词对留学生识别双音节副词产生影响，以及留学生在使用含同一语素同义单双音节副词时，不同偏误类型的偏误情况。

2.1 实验一 留学生对不同形式的双音节副词的识别

2.1.1 研究目的

在偏误语料分析中，不同形式下的偏误数量差异大，AB式数量多，BA式数量少，实验一考察留学生对不同对应形式的单双音副词的识别，观察留学生进行副词识别时，不同形式之间偏误率和反应时的差异情况。

2.1.2 研究方法

(1) 被试

共有10名上海师范大学的留学生参加本实验，其中男生5人，女生5人，平均年龄为24岁，学习汉语的平均时间为31个月，视力或矫正视力均正常。所有被试均通过了汉语水平考试(HSK)6级，其中8人通过了汉语水平口语考试HSKK(中级)。

(2) 实验材料

实验材料根据三种双音节词的对应形式①分为三组(见附录1)，收集的偏误语料共19组，数量分布不均，为了使实验的对比组达到相对均衡状态，依据笔画均衡原则，为AA式添上一组词，为BA式添上1组词，并删除AB式中的6组词，使每组各有6组词。每组词的单音节词作为实验材料的启动词，对应的双音节词为目标词。第一组(AA式)实验材料中目标词与启动词前后语素均相同，如启动词“白”和目标词“白白”的共同语素为“白”，且双音词前后语素均相同。在第一组实验中，启动词的平均笔画为8，目标词的平均笔画为16。第二组(AB式)实验材料

---

① 三种双音词的对应形式分别为：“A—AB”式，即单音节词对应双音节词的前一个语素，如“本—本来”；“A—BA”式，即单音节词对应双音节词的后一个语素，如“都—全都”；三是“A—AA”式，即单音节词对应的双音节词前后语素都相同，如“偷—偷偷”。

中目标词与启动词前一个语素相同，如启动词“本”和目标词“本来”的共同语素为“本”，且位于双音节词词首。在第二组实验中，启动词的平均笔画为 7，目标词的平均笔画为 13.3。第三组(BA 式)实验材料中目标词与启动词的后一语素相同，如启动词“快”和目标词“赶快”的共同语素为“快”，且位于双音词词尾。在第三组实验中，启动词的平均笔画为 8.34，目标词的平均笔画为 16。为了避免被试形成某种特定的反应策略，实验另选取了 18 组非词(见附录 1)，来平衡被试的反应倾向。这些非词笔画数上与真词大致相当，一、三组单音节词平均笔画为 8，双音节词平均笔画为 16，第二组单音节词平均笔画为 7，双音节词平均笔画为 16。

(3) 实验设计

单因素三水平被试内的实验设计。自变量为启动词与目标词的不同对应形式。包括：前后均相同的形式，出现在词首的形式和出现在词尾的形式。因变量为目标词词汇识别的偏误率和反应时。

(4) 实验程序

实验程序使用 E-Prime2.0 编写。该实验共有 5 个重复 block，每个 block 中，有 36 个 trial，每个 trial 实验开始后，屏幕中央首先呈现注视点“+”500 毫秒，注视点消失后呈现空白屏 250 毫秒，然后屏幕中央呈现启动词 500 毫秒，启动词消失后，呈现 100 毫秒空白屏，然后呈现目标词 500 毫秒，目标词消失后，被试需要识别目标词是真词还是假词。如果被试认为目标词为真词按“J”键；如果认为目标词是假词按“F”键，为防止按错，在键盘上贴上“真”“假”字样。被试按键识别后，会出现 1 500 毫秒的空白屏。正式实验前，有 5 个练习项目。实验中，启动词及目标词为黑色，居中显示，背景色为白色。每个 block 之间休息 1 分钟。为保证被试尽量集中注意完成实验，减少实验误差，被试实验期间，笔者全程监控。

2.1.3　实验结果

将 E-Prime 中数据导出整理，并进行标准化处理，剔除极端数值(Z 值大于 3 或小于 -3)15 个。

统计被试对三种形式双音节副词识别的偏误率和反应时，具体见表 2-2，在 AA 式下，双音节副词识别的偏误率为 0.09，AB 式下，双音节副词识别的偏误率为 0.10，BA 式下，双音节副词识别的偏误率为 0.18。

表 6-2-4　三种形式下词汇识别偏误率和反应时(毫秒)

形　式	偏误率(标准差)	反应时(标准差)
AA	0.09(0.08)	604(205)
AB	0.10(0.11)	499(161)
BA	0.18(0.13)	615(232)

对三种不同形式双音节副词识别的偏误率进行单因素重复测量方差分析，结

果表明三种不同形式双音节副词识别的偏误率存在显著差异，$F(2,\ 18) = 4.06$，$p = 0.035$，$\eta^2 = 0.311$。进一步分析，两两配对 T 检验结果显示，AA 式与 BA 式之间有显著差异，$t(9) = -2.29$，$p = 0.048$，AB 式与 BA 式之间有显著差异 $t(9) = -2.75$，$p = 0.022$，AA 与 AB 之间无显著差异（$p > 0.1$）。

对反应时进行单因素三水平的重复测量方差分析，结果表明三种不同形式双音节副词识别的反应时未呈现显著差异，$F(2,\ 18) = 2.38$，$p = 0.121$，$\eta^2 = 0.209$，而配对 T 检验结果显示，AB 式与 BA 式之间有显著差异 $t(9) = -2.06$，$p = 0.069$，但 AA 式与 AB 式之间未呈现显著差异（$p > 0.1$），AA 式与 BA 式之间差异不显著（$p > 0.1$）。

实验结果表明，当双音节副词具有不同形式时，影响目标词词汇识别的偏误率和反应时。当启动词与目标词的对应形式为 BA，偏误率最高，反应时最长，这说明不同双音节副词形式，会影响目标词的识别。

2.2 实验二 留学生对不同偏误类型单双音节副词短句的识别

2.2.1 研究目的

在偏误语料分析中，语义类偏误数量远高于其他几类，但偏误数量并不能全面代表一类词的偏误情况。实验二主要考察留学生对五种偏误类型单双音节副词短句的识别，其次考察在音节类型下，不同偏误类型短句的识别差异，以及在不同偏误类型下，单双音节短句的识别差异。

2.2.2 研究方法

（1）被试（同实验一）

（2）实验材料

根据副词的偏误情况分为音节类、语义类、句法类、搭配类和语体类 5 类，每类选取 4 组偏误情况较多、情况较为复杂的单双音节副词，并依据词典的释例，对材料进行改写（见附录 2），每类有 16 条材料（每组词 4 条材料，单音节副词 2 条，双音节副词 2 条），通过改写使每条材料均在同一长度（单音节副词材料均为五字短句，双音节副词材料均为六字短句）。音节类偏误是由于音节限制导致的偏误，所选取的单双音节副词组，其中一个词需满足单双音节皆可搭配的条件，另一个需满足只能搭配单音节词或只能搭配双音节词的条件，如“白”和“白白”都可以搭配双音节词，“白”可以搭配单音节词，“这话没白讲”，但“白白”不能单独配单音节词。语义类偏误是由于语义范围不同导致的偏误，所选取的单双音节副词组需满足在相同义项下，单双音节副词可互换，而在不相同的义项中，只能使用其中一个，如“常”和“常常”表频率时可以互换，“常（常常）去看望他”，但“常”还具有持续不变的含义，“松柏常青”，这时不能换为“常常”。句法类偏误指是由于句法位置不同导致的偏误，所选取的单双音节副词组需满足在句中某个位置上单音节副词和双音节副词可以互换，而在句中的另外一个位置上只能放置其中一个词，如“刚”和“刚刚”都可以用在主语后,“我刚(刚刚)到北京”,而主语前只能用“刚刚”,“刚刚我到北京”。搭配类偏误指是由于前后搭配对象不同导致的偏误,所选取的单双音节副词组需满足搭配某类对象时单音节副词和双音节副词可以互换,而搭配另一类对象时只能用其中一个词,如“已”和“已经”都可以搭配动词,“会议已(已经)开始”,但搭配名词时,只能用“已经”,“已经中秋节了”。语体类偏误指是由于语体色彩不同导致的偏误,所选取的单双音节副词组需满足在一般语体(包括口语和书面语)中单双音节副词可以互换,而在文言色彩较重的句子中只能用其中一个词,如“本”和“本来”在一般语体中都可以互换,“本(本来)不是这件”,但在文言味较重的句中用“本”,“青松本孤直”。以上各类的每组词中有 1 条材料为偏误材料。

(3) 实验设计

两因素(2×5)被试内的实验设计。自变量一为音节类型,包括单音节和双音节;自变量二为偏误类型,包括音节类、语义类、句法类、搭配类和语体类。因变量为目标短句识别的偏误率和反应时。

(4) 实验程序

实验程序使用 E-Prime2.0 编写。该实验共有 5 个重复 block,每个 block 中有 80 个 trial,每个 trial 实验开始后,屏幕中央首先呈现注视点“+”500 毫秒,注视点消失后呈现目标短句,被试需要识别目标短句是否正确(被试反应时间不限)。自测与预测时,程序设置为呈现目标短句 1 000 毫秒,空屏 2 000 毫秒识别,若被试 2 000 毫秒内未作出识别,程序将进入下一个 trial,但笔者和预测被试均出现反应不及,无法作出识别的情况,故识别改为反应时间不限。如果被试认为目标短句正确按“J”键;如果认为目标短句错误按“F”键,为防止按错,在键盘上贴上“对”“错”字样。被试按键识别后,会出现 1 500 毫秒的空白屏。正式实验前,有 5 个练习项目。实验中,目标短句为黑色,居中显示,背景色为白色。每个 block 之间休息 2 分钟。实验结束后,被试需填写一份关于实验二副词熟悉度的调查问卷。为保证被试尽量集中注意完成实验,减少实验误差,被试实验期间,笔者全程监控。

2.2.3　实验结果

将 E-Prime 中数据导出整理,并进行标准化处理,剔除极端数值(Z 值大于 3 或小于 −3)68 个。

统计被试对五种偏误类型单双音节副词短句识别的偏误率和反应时,具体见表 6-2-5,在音节类偏误中,单音节副词短句识别的偏误率为 0.31,双音节副词短句识别的偏误率为 0.37;在语义类偏误中,单音节副词短句识别的偏误率为 0.27,双音节副词短句识别的偏误率为 0.41;在句法类偏误中,单音节副词短句识别的偏误率为 0.37,双音节副词短句识别的偏误率为 0.20;在搭配类偏误中,单音节副词短句识别的偏误率为 0.32,双音节副词短句识别的偏误率为 0.25;在语体类偏误中,单音节副词短句识别的偏误率为 0.53,双音节副词短句识别的偏误率为 0.28。

表 6-2-5　五种偏误类型的单双音节词汇识别的偏误率和反应时(毫秒)

		偏误率(标准差)	反应时(标准差)
音节	单音节	0.31(0.20)	2 822(955)
	双音节	0.37(0.10)	2 669(989)
语义	单音节	0.27(0.18)	2 649(1093)
	双音节	0.41(0.17)	2 858(1449)
句法	单音节	0.37(0.13)	2 442(453)
	双音节	0.20(0.19)	2 400(559)
搭配	单音节	0.32(0.19)	2 291(665)
	双音节	0.25(0.11)	2 439(757)
语体	单音节	0.53(0.25)	2 631(910)
	双音节	0.28(0.12)	2 802(641)

对五种偏误类型单双音节副词短句识别的偏误率进行两因素(2×5)的重复测量方差分析,结果表明音节类型和偏误类型的交互作用显著,$F(4, 36)=6.80$, $p<0.001$, $\eta^2=0.430$,偏误类型主效应显著,$F(4, 36)=4.82$, $p=0.003$, $\eta^2=0.349$,音节主效应不显著,$F(1, 9)=2.00$, $p=0.191$, $\eta^2=0.182$。

由于交互作用显著,因此进一步进行简单效应分析。一方面在不同的音节类型下比较不同偏误类型短语识别的偏误率。在单音节下,偏误类别主效应显著 $F(4, 36)=8.440$, $p<0.001$, $\eta^2=0.484$,通过多重比较发现,音节类、语义类、句法类和搭配类的偏误率均显著低于语体类偏误率(p 值分别是 0.004、0.001、0.016、0.002)。在双音节下,类别主效应显著 $F(4, 36)=4.37$, $p=0.006$, $\eta^2=0.327$,通过多重比较发现,音节类偏误率显著低于句法类($p=0.038$)、搭配类($p=0.004$)和语体类的偏误率($p=0.023$);而语义类的偏误率显著低于句法类($p=0.046$)、搭配类($p=0.014$)和语体类的偏误率($p=0.047$)。

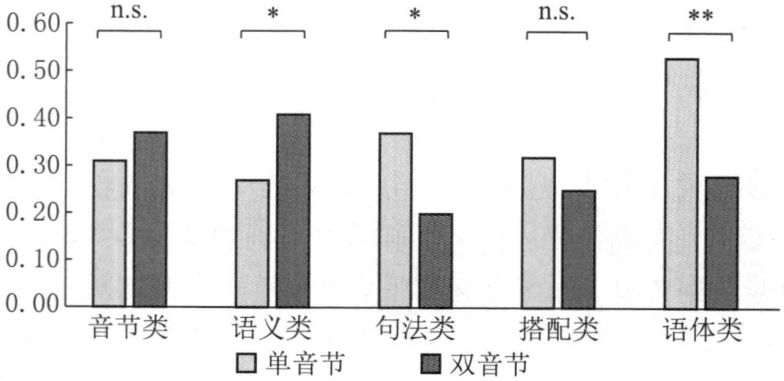

注:n.s. $p\geqslant0.05$; * $p<0.05$; ** $p<0.01$

图 6-2-3　偏误率交互作用图

另一方面,在不同偏误类型里比较单双音节副词短句识别的偏误率。在音节类偏误中，单双音节副词无显著差异($p>0.1$)；在语义类偏误中，单音节副词的偏误率显著低于双音节副词，$t(9)=-2.21$，$p=0.055$；在句法类偏误中，单音节副词的偏误率显著高于双音节副词，$t(9)=2.10$，$p=0.065$；在搭配类偏误中，单双音节副词无显著差异($p>0.1$)；在语体类偏误中，单音节副词的偏误率显著高于双音节副词，$t(9)=2.97$，$p=0.016$。

对五种偏误类型单双音节副词短句识别的反应时进行两因素(2×5)的重复测量方差分析，结果表明音节类型和偏误类型的交互作用不显著，$F(4, 36)=0.99$，$p=0.423$，$\eta^2=0.099$，偏误类型主效应显著，$F(4, 36)=2.42$，$p=0.066$，$\eta^2=0.212$，音节主效应不显著，$F(1, 9)=0.53$，$p=0.484$，$\eta^2=0.056$。

尽管交互作用不显著，但为了进一步探讨不同类型对于短句识别反应时的影响，对不同类型进行简单效应分析。在不同的音节类型下，比较不同偏误类型短语识别的反应时。在单音节下，类别主效应显著 $F(4, 36)=2.49$，$p=0.060$，$\eta^2=0.217$，通过多重比较发现，音节类的反应时显著慢于句法类的反应时($p=0.094$)，音节类的反应时显著慢于搭配类的反应时($p=0.015$)，搭配类的反应时显著快于语体类的反应时($p=0.058$)；在双音节下，虽然类别主效应不显著 $F(4, 36)=1.69$，$p=0.174$，$\eta^2=0.158$，但通过多重比较发现，句法类的反应时显著快于语体类的反应时($p=0.006$)，搭配类的反应时显著快于语体类的反应时($p=0.001$)。在不同偏误类型里比较单双音节副词短句识别的反应时，五种偏误类型中单双音节副词短句识别的反应时均无显著差异($p>0.1$)。

将被试填写的熟悉度问卷与偏误率、反应时进行相关性检验，发现熟悉度与偏误率呈显著正相关，$r=0.17$，$p=0.098$，而与反应时无显著相关($p>0.1$)。

实验结果表明，不同偏误类型副词短句是识别的偏误率和反应时有差异；不同音节类型副词短句识别的偏误率有差异，反应时无差异；被试对副词的熟悉程度会影响短句识别的偏误率，熟悉度越高，偏误率越低。

2.3 实验结果讨论

实验一，学习者已形成语素表征。BA 式双音节最难被识别，AA 式与 AB 式差别小，当单音节副词对应不同双音节形式时，会影响目标双音节副词识别的偏误率和反应时，当启动词与目标词的对应形式为 A—BA 时，识别的偏误率最高，且反应时最长。双音节词加工遵守序列加工，已有研究结果表明，在复合词中，词的加工顺序是从左往右，首语素会被优先加工(Pollatsek & Hyönä，2005)，因此当启动词为 A 时，目标词为 AA 或 AB 更容易被识别，而目标词为 BA 则较难被识别。

实验二，符合第二语言处理程序的启动顺序。Pienemann(1999)提出了第二语言处理程序的启动顺序：(1)词元获取；(2)词类程序；(3)短语程序；(4)简单句程序；(5)从句程序。该顺序可以解释本实验的几个结果：1.单音节的语义类偏误率显著低于双音节。双音节副词是一个词元还是两个词元，判断词元时会出现偏误。

2.搭配类和句法类的偏误率均显著高于语义类和音节类的偏误。通过词元获取和词类程序后,便是短句和简单句程序,副词的搭配和句法功能、充当成分处于这两个程序。3.熟悉程度会影响短句识别的偏误率。熟悉度越高,就相当于学习所在的处理程序层级越高,自然偏误率越低。

本体知识的掌握程度影响偏误率。在单音节中语体偏误率显著高于其他几类,对于学习者来说,书面写作或正式文体写作是有难度的,这既说明汉语本体知识的复杂性,又说明学习者对语体知识的掌握不足。单音节文言色彩更浓重,留学生在汉语学习中较少接触单音节的文言用法,因此单音节中语体类偏误的偏误率会高于其他四类偏误。单音节类型下,类别主效应显著。音节类慢于句法类和搭配类,搭配类显著快于音节类和语体类。音节类反应慢,可能是学生对于韵律搭配要求、音节限制规律掌握不够好;而搭配类明显快,说明一些副词的常见搭配学生掌握得较好。相比较而言,在双音节类型下,类别主效应不显著,但仍有句法类和搭配类显著快于语体类的情况。

3. 含同一语素同义单双音节副词偏误原因及教学启示

3.1 与汉语特点有关的原因

词的熟悉度影响偏误率,学习者对副词的熟悉程度掌握程度越高,偏误率越低。音节上,含同一语素同义的单音节副词和双音节副词很多情况下不能互相替换,主要的原因就是节律限制。从意义上可以理解,但是不符合现代汉语的表达习惯。词性上,副词可以修饰动词、形容词,在句子中充当状语,但这些词中有些往往兼类。第二语言学习者在学习和使用时会张冠李戴。如:"没"和"没有"既做动词又兼否定副词,例(1)是动词"没有"误用为"没"。另外还有"偷(动、副)""全(形、副)"等。

(1) *但一点水也没,他们这才抬水灭火。

语义上,单双音节副词语义范围往往有大小的差异。如"再次"只表示又一次,而"再"语义范围大:a)表示又一次(有时专指第二次);b)表示更加;c)表示继续下去就会怎样;d)表示即使继续下去也不会怎样;e)表示一个动作发生在另一个动作结束之后。有些还存在语义轻重上的差别。另外,语义分析也可以从"语素义"和"语素义——词义"两个层面着手展开。

语用上,单音节副词与同义双音节副词之间的差异体现在语体色彩、主观性上。单音节副词一般偏于口语色彩,而双音节副词一般书面语色彩较重,有些表达的主观性及语气更强、程度更深。留学生在学习和使用时很难正确把握语用方面的差异。如:"刚"与"刚刚"。例(2)中用"刚刚+好"即"正合适"之义,表达明确,且"刚刚好"表现出说话人较强的主观性和赞赏的语气。

(2) *它们长得刚好,不大也不小,最重要是健康。

3.2 教材与手机词典解释存在模棱两可

本次调查结果显示,留学生们主要是通过以下途径了解这些词语的意思和用法(括号里数字是勾选该项的人数):老师讲解(56);看中文解释(33);查字典词典(33);查阅手机翻译软件(28);看英文解释(12);听别人讲过等其他方式(26)。

生词表中对于这类近义词的解释,往往出现两两相互解释的现象。部分教材或手机词典对一些词语的解释也会造成留学生的误解,例如"白"和"白白"在教材中的英文翻译都是"for nothing","in vain";"再"和"再次"也都被注释为"again"。类似的情况会导致学习者将两个词混同使用。随着智能手机的发展应用,翻译软件的发达,给学生提供了更多的选择和方便,不过翻译软件不准确不可靠的现象也十分普遍。

3.3 学生的学习策略

从学习策略来看,主要包括回避策略和目的语的规则泛化。有些留学生在学习单音节副词和同义双音节副词时,因为这类词本身在语义、句法、语用上的差异比较细微,且情况复杂,常常采取回避策略,只使用单音节或只使用重叠式双音节词,造成单双音节的混用。学到新词时,往往会受到目的语规则泛化的影响,利用已经习得的一些语法规则进行类推。例如了解了"地"常常作为状语的标志出现,留学生会将其类推到其他副词,以至于有些不能加"地"的副词后面也跟了"地"。

另外,还有留学生母语的负迁移。有的单音节与同义双音节副词在学生母语中几乎不加区分,如"再"和"再次"两个词语英语均释义为"again",韩语都是"다시",日语都是"もう一度",这也会给学习者造成一定的困扰。

3.4 对汉语作为第二语言教学的启示和建议

首先要注重语义教学。胡明扬(1996)指出词汇教学的一种有害观点:"把目的语和母语词汇之间的关系看成是简单的对译关系,认为只要记住生词表就可以解决词汇问题。"根据偏误情况看,很多学习者未能全面掌握单个副词的全部义项,多数学习者只是单纯掌握副词与母语中相对应的词义,不能理解每个副词的具体意义。同时也要注重语素教学,从构词语素义上区分含同一语素同义单双音节副词之间细微的语义差别。

其次是重视对比分析。在含同一语素同义单双音节副词的教学中,其语义相同,且用双音节词解释单音节约占总数的一半。根据含同一语素同义单双音节副词的特点、偏误类型及原因,教师在这类词的教学过程中可以通过对比分析,揭示其相同点和不同点,帮助学生区别同义词,减少偏误的发生。以"白—白白"为例:

表 6-2-6 “白”和“白白”的对比

	白	白白
意义	做了某事而没有效果 做坏事没有受到惩罚 没付出而有收获	付出代价没有效果 做坏事没有受到惩罚
用法	白 + 动词短语 白 + 单音节动词(多数)	后边可以加“地”,也可以不加 白白 + 动词 + 宾语或补语 白白 + 动词 + 了 句中有“这么”“那么”或数量短语,表示数量大

在进行对比分析时,应注重教学顺序,从日常生活用语到书面语循序渐进。可教性假说(Pienemann, 1999)认为只有当所教的语言结构接近于学习者现阶段在自然环境中有能力习得的语言结构时,正式的课堂教学才能促进语言习得。

再次是注重语境教学。在这类副词的教学过程中,教师可先教授学生单音节词和双音节词的基本意义以及一般的使用规则。由于意义层面的相似性较大,留学生学习了具有相同义项的单双音词之后,在使用的过程中容易发生偏误。针对这种情况,可以设置具体的情景帮助学生理解以掌握用法上的区别,避免过度类推(overgeneralization)。例如:

(3) *我还觉得,这件红衣服好看。

学生习惯于“还”的常用义“仍旧,现象继续存在或动作继续进行”,可以从“还在留学”类推出“还在工作”,“还那么年轻”这样的类推是必要和有益的;但若受此影响,进一步类推出例(3)的说法,就属于“过度类推”了。因为从句义来看,说话人表示的是倾向性的选择,认为红衣服比较好看,用“还是”更符合表达意图。这种情况下,创造合适的语境——“两件不同颜色的衣服比较之后确定取舍”——就显得很有必要。

另外,还需留意针对音节偏误的语感培养,音节限制是造成留学生使用单双音节词产生偏误的问题之一,其实质就是汉语的语感。在表达中,同义的单音节和双音节在语感上差异较大。教学过程中可以指导学生关注音节组合的规律,“音步必双”是汉语韵律原则的一项基本要求,按照汉语的表达习惯,单音节词往往趋向选择相邻音节组成临时的标准音步,而双音节词一般很少选择单音节成分,形成“1 + 1”和“2 + 2”的模式,多加练习,培养语感;之后再向学生讲解“1 + 2”“2 + 1”的音节限制情况。

本章小结

副词的习得对于将汉语作为第二语言的学习者来说是重点也是难点之一,而含同一语素同义单双音副词意义和用法更是容易引起习得上的混淆偏误。本章通过收集语料考察含同一语素同义单双音节副词的对应关系、释义类型及偏误情况；进行问卷测试并加以统计分析，探讨形成含同一语素同义单双音节副词偏误的主要原因，并提出了相应的教学建议。

首先基于《汉语国际教育用音节汉字词汇等级划分》（以下简称《划分》），结合词典释义，从符合“同素同义”要求的单双音节副词入手，筛选出单音节词38个，双音节词57个。这些副词在《划分》中跨普及化、中级、高级三级，其中还有一定数量的兼类词，义项丰富，使用情况复杂，是留学生习得汉语词汇的难点。然后对含有同素的单双音节副词进行统计，依据字典的释义筛选出具有相同释义的单双音节词，作为主要研究对象。

讨论含同一语素同义单双音节副词的基本情况，比较分析单双音节副词的对应关系（如一对一：白—白白、一对多：必—必定、必须、务必、二对一：唯、独—唯独）、释义类型（单释双、双释单及相同词或短语注释）、等级分布（素同义单双音节副词不均匀地分布于一、二、三级中）和副词小类（语气＞时间＞情态＝范围＞频率＞程度＞肯定和否定），总结特点（如状语标志“地”的隐现；单双音节词之间的差异和换用情况）。

搜集整理HSK动态作文语料库以及学生造句、作文和其他练习中含同一语素同义单双音节副词的实例及偏误语料，分析发现单双音节副词混用误用情况主要偏误类型包括：音节限制导致、语义范围不同、语义重点不同、词性不同、搭配不当、句中位置不同以及语体色彩不同的偏误等，对该类副词的偏误类型以及典型偏误个案加以分析。

综合考虑不同类别副词的频级、等级以及语料中已出现的偏误情况，选出“更—更加、全—完全、不—不要、再—再次、白—白白、正—正在、还—还是”等，考虑上述几方面存在的差别，并参考动态作文语料库实例设计学生问卷和教师问卷，对留学生含同一语素同义单双音节副词使用的偏误情况进行调查、统计；分别与留学生和专业教师进行面对面访谈，以了解更多产生偏误的原因。从汉语特点（音节韵律、词性、语义、语用）、母语负迁移、教材及电子词典翻译软件注释的误导、课堂教学、留学生的学习策略等方面分析偏误成因；根据偏误原因提出相应的教学建议（语感、语素、语境、对比分析、分类讲解、多种练习等）。

第七章　双音词习得的国别研究

第一节　缅甸学生汉语词汇量测试及双音词习得情况与学习策略问题

——基于仰光外国语大学本科一年级的调查

近年来中缅两国之间在经济贸易和文化方面的交流越来越紧密，两国合作项目也普及到缅甸的各个地区，如今在缅甸学习汉语的需求也就越来越大。仰光的华文教育很早之前就有了一定的地位，并且有着完善的教育体系。不过有系统性的汉语作为第二语言教学基地是仰光外国语大学。仰光外国语大学 1965 开始成立汉语系，从 2001 开始招收本科生，学制三年，2012 年开始将学制改为四年，目前是培养汉语专业学士学位人才的基地。

词汇是学习第二语言中的核心部分。学生不仅要掌握大量的词汇，而且也需要将掌握好的词汇得体地运用到实际。在学习过程中，怎样学习这些词汇，怎样增加词汇量，怎样学会运用这些词汇至关重要。采用的学习策略的不同学习词汇的效果也不同。本节通过学生的词汇习得情况和词汇学习策略的研究，了解不同的词汇学习策略对词汇学习效果的影响。首先对缅甸仰光外国语大学一年级汉语教材中的词汇进行整理，并采用测试的方法对本科一年级学生进行调查，了解仰光外国语大学本科一年级学生的词汇量①。在词汇量调查的基础上，进一步对本科一年级学生汉语词汇运用能力和词汇学习策略进行调查。然后分析采用不同学习策略所掌握的词汇量大小差别和词汇运用能力高低差别。据此，针对缅甸学生提出学习汉语词汇方面的方法和词汇教学方面的建议。

1. 研 究 概 况

1.1　第二语言词汇习得研究

词汇习得研究是第二语言词汇习得研究的前提，也是第二语言词汇习得研究不断地成熟过程的核心。Tomaszczyk(1990)指出，词汇习得的发展模式建立在词汇知识上，词汇习得标准有二，一是不靠猜测，认识理解词语；二是能依据情境，自然恰当地使用词语。Laufer(1991)认为“词汇门槛效应”确实存在，但可以采用适当的举措去越过门槛进行词汇的进一步学习。词汇习得标准直接影响评估方式。Nation(1982)、Goulden，Nation & Read(1990)、Laufer & Nation(1995)以及 Meara(1997)

---

① 基于了解缅甸学习汉语的本科生一年的词汇量的考虑，且学生汉语水平大致相当，故选取对一年级本科生进行细致的调查，也会有比较强的目标性。

等均认可词汇量测定需要完善的理论来支持，并提出各自的评估方法。

国内对汉语作为第二语言词汇习得研究的范围有词汇习得偏误研究、词汇知识研究、学习策略研究、影响词汇习得的因素以及有关词汇习得的其他方面研究。汉语作为第二语言词汇习得偏误研究始于20世纪80年代，取得了不少研究成果。鲁健骥(1987)、张若莹(2000)分别分析了造成留学生习得词汇产生偏误的原因、中高级阶段学生词汇习得的偏误问题；朱志平(2004)、李彤和王红娟(2006)主要针对双音词、双音动词的偏误加以分析；陈绂(1998)、刘博(2008)则分别专门针对日本留学生汉语复合词习得中的负迁移问题和韩国留学生心理动词习得和使用过程中的偏误现象进行研究。

进入21世纪以来，第二语言词汇研究的一个新走向是对第二语言词汇知识的理论探讨和实证研究。随着第二语言词汇习得研究趋向成熟，学界对于词汇研究关注更加多样化，既有广度更注重深度；既有理论分析，也有实证研究；既有分层级考察，也有分国别探讨。国内的学者对影响词汇习得的因素研究，主要涉及词语的复现率(词频)、汉语的词汇结构、汉语的语素意识、语义透明度等方面。柳燕梅(2002)通过实验分析了生词复现率对欧美学生学习汉语词汇的影响；冯丽萍(2003a)通过实验研究考察中级水平的欧美学生汉语词汇结构意识的发展情况，结果显明，中级水平的欧美学生经过一定时间的汉语学习后已经具有汉语合成词的词汇结构意识；冯丽萍(2003b)探讨中级汉语水平外国学生的中文词汇识别规律，认为在合成词的识别中中级水平留学生已具有一定的语素意识；江新(2005、2006)考察了词频、字频、复现率对非汉字圈学生双字词及汉字学习的重要影响。孙晓明(2005)针对欧美学生汉语词汇学习进行了实验研究，认为被试者在词汇学习中投入水平不同，词汇学习效果也会有所差异。干红梅(2008)也采用实验的方法研究了语义透明度以及语境对中级汉语阅读中词汇学习的影响。对于汉语作为第二语言词汇习得而言，汉语词汇语义透明度的研究属于比较新的领域，房艳霞、江新(2012)考察了36名中级水平的外国学生在只有词、只有语境、有词和语境三种情况下，猜测语义半透明汉语双音复合词词义的情况。结果发现语境和构词法线索的作用在猜测词义的过程中存在着很大的个体差异。

1.2　国内外第二语言词汇学习策略研究

从20世纪70年代开始，学习策略的研究引起了许多研究者的关注，不同的学者从不同的角度对学习策略进行分类。Stern(1983)指出学习技巧和学习策略不同，学习技巧是可观察的具体的学习行为，学习策略是学习者所采取的学习方案特征。Oxford(1990)论述了运用记忆、认知和补偿策略三种直接策略和元认知、情感和社交等几种间接策略学习四项语言技能。

词汇学习策略是语言学习策略的一部分，许多学者从理论和实践方面对第二语言词汇学习策略进行大量定性和定量的研究，取得不少成果。Nation(1982)研究发现采用词汇表的手段可以在短时间内扩大词汇量；Micheal J. Lawson & Donald Hogben(1996)对15名学习意大利语的澳大利亚大学生使用的词汇学习策略采用出声思维(think-aloud)方法进行了研究，结果显示，学习者使用策略的频率和词汇回忆测试的成绩之间有着显著相关。Cohen(2000)进一步指出学习策略训练有助于推动学习者产出能力的提高，经过策略训练的学习者词汇产出能力比较强。国外研究者从学习策略的研究理论的支持走向第二语言词汇学习策略的研究；国内则是学习策略研究慢慢地带动词汇学习策略的研究。

杨翼(1998)是较国内早采用定量研究方法讨论汉语学习策略的使用与学习效果关系的；徐子亮(1999)运用访谈、语言行为记录和问卷调查的手段，总结出外国学生汉语学习所采用的最具普遍意义的学习策略，主要有：有选择的注意策略、有效记忆的策略、利用或创造学习环境的策略、借用母语策略、补偿策略、摆脱母语习惯再建策略以及回避策略等；江新(2000)使用国外流行的语言学习策略量表对外国留学生汉语学习策略进行研究，发现性别与学习策略使用有关，母语、学习时间、汉语水平等级与学习策略显著相关；吴勇毅(2001)根据国外的第二语言学习策略研究理论，进一步论述了学习汉语的策略的描述性研究与介入性研究，并在此基础上进行与学习策略使用有关的相关因素分析；李丽娜(2004)通过调查认为不同阶段的学习者所采用的学习策略有很强的一致性和规律性；林可、吕峡(2005)通过对越南留学生的问卷调查分析认为，帮助越南留学生在汉语学习中掌握并积极运用情感策略和记忆策略可使其学习汉语效果更好。

国内对外语词汇学习策略研究很早就开始起步，出现了不少英语词汇学习策略的研究。吴霞、王蔷(1998)调查了非英语专业本科生词汇学习策略；王文宇(1998)也调查了三年级本科生(包括英语和非英语专业)英语词汇记忆策略；丰玉芳(2003)通过调查对英语专业高年级学生和低年级学生的词汇学习策略加以比较，发现高、低年级学生在词汇学习策略上差别较大。

汉语词汇学习策略研究最近十几年快速发展起来。钱旭菁(2003)针对日本学习者通过实验研究探讨通过阅读来学习汉语词语的过程，认为学习者的特点(语言水平、词汇量等)、词语本身的性质都和伴随性习语学习有关；朱勇、崔华山(2005)在实验基础上进一步分析汉语阅读中的伴随性词汇学习，讨论了语境、义项和汉字因素对于词汇猜测的具体影响；强薇(2005)重新设计了一份词汇学习策略量表，对学习成绩较理想的学生进行了调查，结果表明社会情感策略的使用与语言学习者学习成绩的相关性最高；张金桥(2008)通过即时测试与延时测试两种形式对汉语词汇直接学习与间接学习的效果进行了比较分析，其方法科学，结论可信；李培(2006)使用汉语词汇学习策略问卷和词汇量测试卷，调查分析了中级水平韩日留学生使用词汇学习策略的基本情况以及学习策略与学习效果之间的关系，结果表明，中级水平韩日留学生使用最少的是社会策略，而使用最多的是认知策略(尤其是其中的词典策略)；词汇学习策略与词汇成绩呈显著性正相关；李雅梅(2008)主要考察了泰国学生学习汉语词汇时的策略意识以及所使用的学习策略。

综上所述,国内外的学习策略和词汇学习策略的研究在理论和实证研究方面都有了长足发展,从最近几年的成果来看,词汇学习策略研究已成为学界的热点之一。本节着重调查研究缅甸仰光外国语大学(以下简称"仰外大")大一学生的词汇习得情况与词汇学习策略情况。词汇习得和词汇学习策略密切相关,学生使用的学习策略不同,词汇习得效果也会不同。词汇量研究、词汇能力研究和词汇学习策略研究是我们考察的重点。

2. 词汇量测试及双音词习得情况调查与分析

2.1 词汇量测试的基本情况

词汇习得情况的调查,首先从仰外大一年级汉语两本教材中进行词汇抽样,采用测试方法用抽取出来的词汇考察缅甸学生的词汇量。

调查之前,从仰外大汉语系系主任处得知本年度汉语专业一年级参加入学考试的人数为32名。但实际调查时,有28名学生参加此次测试。28名被试学习时间基本相同,均有一年学习汉语的经历,由两位缅甸本土老师教授汉语听力、口语和阅读课,每周16课时,一年级课本中的词汇总量是1 662个。根据Schmitt(2000:165)的观点:"如果词汇量测试针对的是第二语言学习者,就应该从学习者可能掌握的词中选取测试内容",因此,这1 662个词构成了展开词汇量调查的词汇库。

2.1.1 调查方法

根据本科一年级教材中的实词(名、动、形容)所占的比例选出200个词,采用词汇翻译法调查缅甸仰外大的大一学生所掌握的汉语词汇量总体情况;词汇能力调查方面,根据词汇量考察结果,选取其中正确率在50%以上的汉语双音词来设计词汇能力测试题,并对仰外大大一学生进一步调查;参考Oxford(1990)、O'Malley and Chamot(1990)、Gu Yongqiand Johnson(1996)设计了汉语词汇学习策略问卷,再根据汉语的特点,对问卷进行修改,通过调查了解缅甸学生学习汉语词汇时使用的词汇学习策略。

2.1.1.1 选词范围、标准和数量

词汇量测定的依据和来源是一年级学生在口语和阅读课中所学的词。仰外大汉语系一年级口语教材是《看图说话》(丁永寿主编);阅读教材是《汉语教程》(杨寄洲主编),课后词汇量表共计1 662个。

关于词汇量测试,笔者赞同钱旭菁(2002)的观点,词汇量测试的内容应主要选择实词,因"很多虚词都没有实在的词汇意义,因此汉语学习者对虚词的掌握情况更多地反映了他们的语法知识"。我们将课本中的词汇加以整理,选取了动词、名词、形容词,这三类词的总量是1 347,占词汇总量(1 662)的81.3%。

测试词语的数量在很大程度上影响测试结果。表 7-1-1 是 Nation(1982)在测试词汇数量的基础上确定的最大置信区间(并见钱旭菁,2002):

表 7-1-1 90%水平上不同测试词语数量对应的置信区间

词汇数量	100	150	200	300	400	600	1 200
最大置信区间	±8%	±7%	±6%	±5%	±4	±3%	±2%

以 200 个词语数量的测试为例,假如一个学生的测试成绩得到了 85 分,根据±6%的最大置信区间,我们可以有 90%的把握,认定他的成绩是在 79—91 之间。随着测试词语数量的增加测试成绩趋于更加准确,但是显然测试词量不宜过大,经过初步预测试以及对学生的反馈情况的考察,本次词汇量测试最终选取了 200 个词,测试结果所对应的最大置信区间是±6%。我们认为这个数量不会使测试时间拖得太久以至于引起学生的疲惫和懈怠,也能较为充分地反映出学生的词汇掌握水平。

首先确定在 200 词测试中名词、动词、形容词各类词所占比例,主要根据这几类词在总数量 1 662 中所占的比例,得出 200 词测试中名词、动词、形容词的具体选择数量。见表 7-1-2:

表 7-1-2 词汇量测试中名词、动词、形容词的数量统计表

	名 词	动 词	形容词	合 计
课本总词数(个)	823	366	158	1 347
各类词比例(%)	61.34	27.17	11.72	100
200 词分布数(个)	123	54	23	200

具体选词方法是,将生词在 Excel 进行编号,每 5 个生词选取一个,最终选取测试所需的 200 个词语。

2.1.1.2 200 词在《高等学校外国留学生汉语言专业教学大纲》中的分布

在统计课本生词以及词汇量测试生词选取的同时,笔者将课本中的词汇与《高等学校外国留学生汉语言专业教学大纲》①的词汇进行了系列对比。在选取的 200 词测试中,有 129 个词收录于《大纲》词汇表中。其中名词 69 个,动词 40 个,形容词 20 个。

---

① 《高等学校外国留学生汉语言专业教学大纲》是指导高等学校汉语言专业(对外)本科教学的纲领性文件,应该体现出科学性、先进性、可操作性及灵活性。教学对象是母语为非汉语的外国人或海外华人华侨,要求具有高中毕业以上(含高中毕业)学历。其特点是(1)体现先进的教育思想观念;(2)体现对外汉语教学学科性质;(3)原则性规定明确而具体,一般性规定具有弹性和灵活性。对教学目标、内容、原则、要求等方面的规定表述得十分明确而具体,易于各院校执行。

表 7-1-3　200 词在高等学校外国留学生汉语言专业教学大纲中的分布

200 个词中录入大纲的名词(69 个)	爱好、爸爸、被子、标准、饼干、菜、词典、大熊猫、大衣、电视、冬天、对象、耳朵、发音、法律、饭店、分、公共汽车、汉语、画儿、家、经理、警察、橘子、口、篮球、老年、老人、理发员、路牌、马克、猫、南边儿、闹钟、皮鞋、啤酒、乒乓球、前、前边儿、日、商店、食堂、事、手套、树林、损失、台、图书馆、拖鞋、外边儿、外国、问题、误会、下边儿、香蕉皮、箱子、星期二、学校、眼睛、眼镜儿、意思、邮局、阅览室、早饭、照相机、纸、中药、准备、左边儿
200 个词中录入大纲的动词(40 个)	办公、报名、背、表示、差、代表、到、锻炼、辅导、干杯、给、跪、过、纪念、结束、介绍、开、练习、骂、命令、拍、跑步、去、劝、算、逃走、讨厌、替、弯、微笑、吸引、想、写、阅览、找、支持、指、醉、坐
200 个词中录入大纲的形容词(20 个)	白、便宜、不同、粗心、饿、干净、好喝、黄、急、旧、快、马马虎虎、慢、热情、瘦、痛、有名、愉快、原来、重
200 个词中的名词(123 个)	爱好、爸爸、背包、被子、标准、饼干、部位、菜、草坪、长裤、车铃、床头柜、词典、大蒜、大熊猫、大衣、弹力、电话卡、电视、冬天、对象、耳朵、发卡、发音、法律、饭店、分、分头、公共汽车、姑娘、顾客、果汁、汉语、合家欢、蝴蝶、画儿、画家、鸡窝、家、夹克衫、胶卷、胶水、经理、景色、警察、橘子、口、口红、篮球、老年、老人、理发员、路牌、旅馆、马克、猫、茅台、秘书、面巾纸、末班车、南边儿、闹钟、暖壶、皮鞋、啤酒、乒乓球、前、前边儿、茄子、球桌、人行横道、日、傻瓜、商店、生日卡、食堂、事、手套、守门员、树林、水壶、随身听、损失、台、桃、停车线、图书馆、拖鞋、外边儿、外国、问题、误会、西瓜、下边儿、相片儿、香蕉皮、箱子、星期二、靴子、学校、鸭、烟缸、烟头、颜料、眼睛、眼镜儿、意思、饮料、印泥、邮递员、邮局、鱼竿、鱼钩、元宵(汤圆)、阅览室、早饭、枕头、纸、中药、准备、粽子、左边儿
200 个词中的动词(54 个,其中双音词 30 个)	办公、报名、背、表示、差、搓、代表、到、叼、锻炼、辅导、干杯、给、光临、跪、过、及格、纪念、结束、介绍、焗油、开、磕、亏本、练习、骂、命令、拍、判断、跑步、去、劝、失眠、梳头、输入、算、逃走、讨厌、替、弯、微笑、吸引、想、象征、写、心疼、娱乐、阅览、找、支持、指、醉、坐
200 个词中的形容词(23 个,其中双音词 11 个)	白、便宜、不同、粗心、饿、干净、好喝、黄、急、旧、快、马马虎虎、慢、谦虚、热情、瘦、顺溜、痛、嘻嘻哈哈、有名、愉快、原来、重

2.1.1.3　测试法的选取与实施

词汇量测试形式较为多样,通常有单选、多选、词表搭配组合的连线或填空、解释词义以及翻译法等。

经过课题小组讨论,本次词汇量测试主要采用翻译法,为了保证测试的信度和效度,我们要求被试者在 30 分钟的规定时间内,当场独立用自己的母语(缅语)写出测试题中测试词语的对应词。为了得出准确的答案,通过查词典方式,找出了 200 词对应的缅语词。这种方法虽然评分较为复杂,但测试对象比较集中,测试过程易于掌控，况且都是缅甸大学生，母语掌握不存在任何问题，学生测试结束后，给出正确答案，评出测试成绩。然后对测试结果进行了系列分析。

2.1.2 测试调查结果统计分析

2.1.2.1 200 词测试成绩分析

28 名被试成绩差距较大。成绩最好的正确率达到 96%，正确词语数量为 192；成绩最差的正确率仅 33.5%，正确词语数量为 67。换算成百分制（60 分及格），则不及格率达到 35.71%，共有 10 名被试不及格；而优秀率仅仅 3.57%，只有一个被试成绩达到 90 分以上。具体情况见表 7-1-4：

表 7-1-4 200 词词汇量测试成绩段分布表

200 词中正确数量（个）	人数（个）	占总人数的百分比（%）
120 以下	10	35.71
121—140	10	35.71
141—160	5	17.85
161—180	2	7.14
191—200	1	3.57
合 计	28	100

2.1.2.2 被试者的词汇量分析

结合 200 个测试词语的成绩，用总数 1 662 乘以正确率，便可推算出一年级缅甸汉语学者所掌握的大致词汇量，上下可有 ±6%的误差。下表是通过 200 个词的测试成绩推算出的被试者词汇量具体情况。

表 7-1-5 200 词测试成绩基础上的被试者词汇量具体情况

序号	200 词测试正确数量（个）	200 词测试正确率（%）	200 词测试成绩基础上的词汇量（个）	−6%误差基础上的词汇量（个）	+6%误差基础上的词汇量（个）
1	67	33.5	557	524	590
2	93	46.5	773	727	819
3	99	49.5	823	774	872
4	101	50.5	839	789	889
5	101	50.5	839	789	889
6	103	51.5	856	805	907
7	105	52.5	873	821	925
8	107	53.5	889	836	942
9	111	55.5	922	867	977

续表

序号	200 词测试正确数量(个)	200 词测试正确率(%)	200 词测试成绩基础上的词汇量(个)	－6%误差基础上的词汇量(个)	＋6%误差基础上的词汇量(个)
10	112	56	931	875	987
11	122	61	1 014	953	1 075
12	130	65	1 080	1 015	1 145
13	130	65	1 080	1 015	1 145
14	132	66	1 097	1 031	1 163
15	134	67	1 114	1 047	1 181
16	137	68.5	1 138	1 070	1 206
17	138	69	1 147	1 078	1 216
18	140	70	1 163	1 093	1 233
19	140	70	1 163	1 093	1 233
20	140	70	1 163	1 093	1 233
21	142	71	1 180	1 109	1 251
22	142	71	1 180	1 109	1 251
23	154	77	1 280	1 203	1 357
24	155	77.5	1 288	1 211	1 365
25	159	79.5	1 321	1 242	1 400
26	162	81	1 346	1 265	1 427
27	168	84	1 396	1 312	1 480
28	192	96	1 596	1 500	1 692
平均	129	64.5%	1 072	1 008	1 136

表 7-1-5 可见，虽然被试者都是大一学生，但由各种不同因素造成他们汉语词汇量掌握情况并不均衡的现象。根据对一年级教师所掌握的学生情况的了解以及测试人员对该年级被试的调查，汉语词汇量在 1 000 词以上，测试成绩好、汉语水平比较高的学生，一半是缅甸学生，一半是华裔学生。根据表 7-1-5 的统计，一年级汉语专业缅甸学生所能掌握的词汇量，平均在 1 008～1 136 词之间，由此可以推断本次被试的平均词汇量掌握上尚处于初级阶段。

当采用翻译法测试缅甸学习者的时候，根据被试者翻译的缅语对应词，看到他们对汉语词语知识从全然不懂到部分掌握这一连续过程，见下例(破折号右边是被试翻译的缅语对应词，为了行文方便将其转译成了汉语词)：

南边——北边　　篮球——足球　　冬天——夏天
电话卡——名片　　醉——晕倒

这几个词语的翻译显然有误，但还是能看出被试翻译出来的词语和测试目标词语在意义上有一定的关联，“足球、球”和目标词“篮球”都属球类；“名片”和目标词“电话卡”都是一种卡；“北边”和目标词“南边”都属方向；“晕倒”和目标词“醉”一样，都是一种晕的表现。由此可见，被试者对这些词语的意义有一定的了解，只不过他们了解的是这些词语的部分知识，而不是完全的意识。Schmitt（2000）指出“根据儿童习得第一语言情况的研究，儿童习得意义有两个阶段：第一阶段是把遇到的生词根据意义归入某一类，这一过程进行得很快；第二阶段是区分同一类中不同的词，这一过程需要的时间相对较长。”（转引自钱旭菁，2002）笔者认为汉语作为第二语言学习者留学生在学习词语的意思时也会经历同样的阶段。学习者在遇到“篮球”这一词语时，先将它归入球类，然后是区分“篮球”和“足球”，完成对“篮球”这个词语意义的习得。以上所述的翻译有误的缅甸学生对“篮球、足球、球”词语的了解还处于意义习得的第一阶段。

另外，从被试者的翻译中还有一种现象可以看出学习者对词汇知识进行有意识搜索过程（破折号右边是被试翻译的缅语对应词，为了行文方便将其转译成了汉语词）：

老年——旧年　　重——重要
心疼——心脏痛　　树林——大树
画家——画室

以上被试者翻译有误，被试者看到词语的时候，不认识或者不记得这个词语，但被试每个字的意义来猜测出一个新的词义。这就是被试者的词汇知识的有意识搜索现象。这些目标词和被试者翻译出来的词义在意义上有着相似的部分。目标词“重”和“重要”也是一样，被试者认识“重要”的意义，所以将“重”翻译成“重要”。“树林”这个目标词和“大树”也是一样，学习者还没掌握“树林”，他只认识“树”，就翻译成“大树”。江新（1998）认为词汇识别的一种情况是自动快速提取词义；另一种是对词的信息进行有意识的搜索。例如通过语境猜测一个新词的意义时可以利用词外线索与词内线索两种线索。以上缅甸一年级学生翻译有误的现象属于词内线索的过程。

2.2 词汇（双音词）掌握能力的基本情况

2.2.1 调查目的

段世平（2009）指出词汇能力是指词汇的运用能力和提取能力。吴旭东、陈晓庆（2000）还指出词汇能力是学习者运用四类词汇知识（词义、同义词、派生词和搭配）的两种能力（接受性和产生性）。通俗来讲，词汇掌握能力是指学习者的语义理解、语用得体和造句能力。因此，我们从词汇量测试结果中筛选出大多数学生都认识的词语(正确率50%以上的双音词。因为首先相对于单音词来说双音词意义更加明确；其次200个词语中，双音节名词89个，双音节动词30个，双音节形容词12个，双音词占总数的65%)，编写了一套考察词语用法的测试题，在规定的时间内(45分钟)进行测试。

2.2.2 调查方法

2.2.2.1 目标词的来源

本次调查分别选取了8个双音节名词、9个双音节动词以及8个双音节形容词编入词汇掌握能力测试题中。关于这些词语的来源及选取方法，首先，在词汇量测试结果中筛选出了正确率大于50%的名词、动词和形容词，分别是81、30和19个；然后依据它们各自在200词测试中所占比例，经与任课教师进行商讨，结合调查重点，从三类词各选取8个、9个和8个双音词作为调查目标词。

表7-1-6 词汇掌握能力测试中的词汇来源分布 单位(个)

	名 词	动 词	形容词
200词测试中各类词的数量	123	54	23
正确率在50%以上的数量	81	30	19
词汇掌握能力测试中的数量	8	9	8
词汇掌握能力测试中主要考察词	问题、外国、电视、篮球、经理、意思、爱好、对象	练习、纪念、代表、表示、报名、锻炼、跑步、吸引、介绍	便宜、愉快、好喝、干净、有名、不同、粗心、热情

2.2.2.2 测试方式

词汇掌握能力测试题设计了四种题型：选词填空、单项选择题(词义理解)、连词成句以及造句，每小题考察一个词语。

题型一：选词填空。从给出的词语中选择最合适的词完成句子。选词填空题主要考察学习者对于词语的理解正确与否，其他干扰选项可以辨别学习者能否出现词义理解上的混淆和模糊，另外还要充分考虑到测试词语名、动、形的比例，因此选项的设计要十分审慎。在词汇掌握能力测试中编写了10道选词填空题，例如：

(1) 哥哥学习很努力，每天早上______口语。

A. 练习　　B. 纪念　　C. 报名　　D. 代表

题型二：词义理解单选，5道小题，这类题型可以很好地反映学生是否全面地掌握一个词。例如：

(2) 他有对象了,你不要再去找他了。

A. 对面　　B. 大象　　C. 朋友　　D. 女朋友

题型三:连词成句,5 道小题,主要是考察学生的词语搭配和语序能力。例如:

(3) 公司　他们　很多　外国　有　职员

题型四:造句,10 道小题,检验词汇习得的最常见方法之一,只有准确地理解了词义和用法,才能恰当地将其使用在完整的句子中。例如:

(4) 用“意思”造句:________________

(5) 用“吸引”造句:________________

基于上述原则,笔者编写了词汇掌握能力测试题,在编写提纲时,尽量选取了词汇量测试、课本及新 HSK4 级中的词汇。将词汇掌握能力的问卷设计完成之后,笔者再对 28 名学生进行测验,测试时间为 45 分钟,收回有效问卷 28 份。

2.2.3 词汇能力调查结果统计与分析

在参加本次测试的 28 名学生的测试成绩存在很大的差异。成绩最好的为 96 分,而最差的为 44 分。不及格 2 名,不及格率占 7.14%;90 分以上优秀生 3 名,优秀率 10.71%。具体情况如下:

表 7-1-7 词汇掌握能力测试成绩段分布表

分数段(分)	人数(个)	占总人数的百分比(%)
91—100	3	10.71
81—90	5	17.85
71—80	12	42.85
61—70	6	21.42
60 以下	2	7.14
合　计	28	100

词汇能力测试中的平均分数为 76 分。总体来说,仰外大汉语系一年级学生汉语词汇特别是掌握双音词的能力尚处于基础阶段。

学习第二语言,要能够按实际情况灵活运用、准确表达,那么学习者的词汇拥有量就显得十分重要。对一年级的学生来说,学生应该把注意力放在词语的回忆、句子的组织和理解上。词汇习得是一个变化的连续统,在这个过程中,不同汉语水平的学习者面临的学习任务各不相同。对于初级水平的学习者来说,词语的学习只要掌握其常用义,明白其基本用法即可,不必过度展开。随着第二语言学习的不断深入,词汇量的逐渐积累,学习者对于词语的理解和掌握程度会逐步加深,进入深度的词汇习得过程。在这个过程中学习者不断尝试利用自己已知的、熟悉的、正处于学习者心里词汇中心位置的词语来促进和内化未知的目标词语。学习的目标词和学习者已有的心理词汇之间联系的紧密程度决定着该目标词的习得程度。在初级汉语水平阶段，目标词与已知词汇之间的联系较为明显。

当笔者分析词汇能力问卷时，发现学生对词汇掌握存在不足之处。一是对于词义的理解和把握不准确。比如很多学生将"纪念"和"表示"选错；大部分学生将"重"选为"贵重"，而没有人选择"不轻"，说明没有完全掌握"重"的意义；同样还有人把"对象"选为"朋友"，将"热情"选为"关心"，从以上的例子中，可以看到学生对这些词语的意义存在模糊的记忆，所以不能够准确地选出跟目标词匹配的词语。二是语法基础较差。这表现在：a.不明词性。例如以"不同"造句，学生造出的句子有"他们的专业是不同"。这说明还没有掌握"不同"的词性，而且也没意识到词性会影响词语在句子中的位置。b.搭配不当。让学生让用"锻炼"造句，有的学生写出了"做锻炼"，学生认为"运动"和"锻炼"是同一个意思，所以汉语中有"做运动"，那么也可以说"做锻炼"，因此造成了错误。这表明一年级学生对词语搭配的掌握还未达到熟练的阶段；又如"今天他________全校的学生去上海参加中文比赛"。有些学生把这里的"代表"选为"报名"，是因为句中有"参加"一词，学生因习惯于"报名参加"这一常见搭配而形成偏误。c.对于词序和句子成分的位置不熟悉。如"组词成句"，有的学生组成的句子是"每天小王起床差十分七点"。d.不了解离合词的用法。例如用"跑步"造句，写成"他跑步得很快"。可见学生还没有意识到"跑步"用法。

以上通过词汇量测试和词汇掌握能力测试，考察对学生的词汇习得情况。首先对 28 名缅甸学生进行 200 个词汇量测试调查，了解汉语大学一年级缅甸学生的平均词汇量；并通过词汇量测试问卷分析，了解缅甸学生的词汇学习情况，提出缅甸学生在掌握词义时出现的一些现象。词汇掌握能力测试题中的词汇是根据词汇量测试中学生正确率 50%以上的词汇。结果显示，词汇掌握能力测试中被试者的平均成绩为 76 分，见表 7-1-7。

3. 词汇学习策略调查与分析

3.1　词汇学习策略问卷调查基本情况

词汇学习策略问卷参考了王红霞(2012)的问卷。王红霞对她的词汇学习策略问卷的信度进行了内部一致信度(Cronbach's Alpha 值)检验，检验结果为 Q＝0.876 8(Q 值在 0.8 和 0.9 之间，说明信度一致性较高)，该问卷具有较高信度，也适用于本书的研究。

王红霞(2012)参考了强薇(2005)在 Schmitt(1997)和顾永奇(1996)的量表基础上设计的词汇学习策略划分和量表。从词汇习得顺序角度按语言输入、学习、输出角度，将汉语词汇学习策略划分为五类：元认知策略、社会/情感策略、资源策略、认知策略、活用策略。元认知策略是指学生用于自我监控、自我评价、自我管理的词汇学习策略。元认知策略直接影响词汇学习，也可以说是对词汇学习非常重要的一种策略；社会/情感策略主要是语言学习者为了促进词汇学习任务的完成与他人交流、合作或自我调整调控自己的情感和情绪等，体现在问卷中，包括合作学习、交流沟通、自我鼓励和肯定、消除紧张不安等方面；资源策略是积累新词阶段时应用的一种策略，如何积累新词对扩大词汇有很大的帮助。认知策略在词汇学习直接跟语言学习活动有关，包容了适当的方法和步骤；活用策略指语言学习者在输出语言的时候有意识地运用刚学过的词汇，使学生巩固记住词汇的含义，也强化了词汇的含义和用法的理解。学好一个词汇之后，能运用这个词才真正掌握一个词，很多学生都看懂、听懂一些词汇但不会说、不会用，这是一个很普遍的现象。活用策略包括：利用真实语境或创造语境来造句、讲故事、写信及与他人交流沟通等。

3.2 调查问卷的基本情况

3.2.1 调查目的

通过实地调查，了解缅甸学生学习汉语词汇特别是双音词时采用的学习策略，考察词汇学习策略与缅甸学生的汉语词汇量水平之间的联系，分析词汇量大的学生主要使用哪些策略，词汇量小的学生主要使用那些策略。从分析结果中，总结出对缅甸学生较为有效的学习策略。

3.2.2 调查方法

采用问卷调查法，选择答案方式来掌握被试者使用策略的整体情况。问卷主要部分参考王红霞(2012)的汉语词汇学习策略量表。这个量表包括 30 个陈述句，每句对留学生学习汉语词汇时的某一种行为方式加以描述，规定被试选择与自己学习汉语词汇时实际的策略使用情况相符的五点量表选项中的一项：采用 Likert 式五点量表，“我总是/一直这样”“我常常这样”“我有时这样”“我偶尔这样”“我从不这样”可以反映出被试采用该策略的频度。

五大类策略在题中分布见表 7-1-8：

表 7-1-8 问卷中的题项分布表

策略名称	题　项
社会/情感策略	3、4、5、10、13、17、18、29、30
认知策略	2、6、11、12、20、24、25
元认知策略	1、7、14、15、23、26
资源策略	9、16、21、22、27
活用策略	8、19、28

设置好词汇学习策略问卷之后(见附录二)，将仰外大汉语系一年级学生作为调查对象，要求一年级学生在规定的时间内(45 分钟)完成词汇学习策略问卷调查，并完成词汇量测试。本次调查中被调查对象数为 28 名，回收的有效试卷也是 28 份。笔者为了方便一年级学生理解问卷中的每项意思，将问卷内容翻译成缅语。

3.3　词汇学习策略调查结果统计与分析

本次调查使用SPSS软件对词汇学习策略问卷中的数据进行统计并分析。N是被试人数，平均值是大量的观测数据浓缩成一个代表性数值，是衡量数据的中心位置的重要指标，标准差则反映数据的离散度和整齐程度。经过统计分析，首先得到缅甸学生使用汉语词汇学习策略的总体描述，见表7-1-9：

表7-1-9　缅甸学生汉语词汇学习策略的总体描述统计

	N	极小值	极大值	均　值	标准差
元认知策略	28	1.67	4.33	3.023 8	0.672 37
社会情感策略	28	1.44	4.56	3.289 7	0.681 15
资源策略	28	1.20	4.60	3.100 0	0.737 36
认知策略	28	2.00	4.43	3.423 5	0.612 89
活动策略	28	1.33	4.67	3.500 0	0.979 21
有效的N(列表状态)	28				

表7-1-9中数据说明，活用策略平均值最高，为3.500 0；而平均值最低的是元认知策略，均值为3.023 8。最大与最小平均值值之间间的差异为0.476 2，两者之间的差异是否显著，有待进一步验证。可见在仰外大汉语系一年级学生学习汉语词汇时，五大策略使用情况依次为活用策略、认知策略、社会情感策略、资源策略和元认知策略。

缅甸学生在学习词汇时采用最多的策略是活用策略，活用策略就是指语言学习者在输出活动中将刚学过的词汇有意识地运用在输出过程中。活用策略一方面使语言学习者巩固词汇记忆，另一方面加强对这些词汇的含义，深深地理解这些词汇的用法。语言学习者通过运用词汇的学习方法，才能真正掌握一个词。大一新生每个月都有两次小测验，学生们一般情况下采用活用策略记忆词汇，准备每个月两次的小测验，所以活用策略被缅甸学生广泛使用。

表7-1-10　缅甸学生汉语词汇策略—活用策略的描述统计

	N	极小值	极大值	均　值		标准差
	统计量	统计量	统计量	统计量	标准误	统计量
第8题	28	2.00	5.00	3.607 1	0.194 77	1.030 62
第19题	28	1.00	5.00	3.321 4	0.246 96	1.306 78
第28题	28	1.00	5.00	3.571 4	0.248 96	1.317 36
有效的N(列表状态)	28					

活用策略中的题项分布在第8、19、28题。表7-1-10可知，仰外大汉语系大一学生汉语词汇学习活用策略，第8题(运用真实情境)平均值最高，其次是第28题

(写日记),第 19 题(主动创造机会练习汉语)平均值最低。可见活用策略中真实情境运用策略使用最多。缅甸学生在活用策略上经常利用真实的语境来运用学过的词,巩固对词汇的记忆;不经常采用创造机会练习策略,是因为缅甸学生与中国人很少交流,而且课堂上都很少发言,没有参加学校举办的语言活动的意识。

表 7-1-11 缅甸学生汉语词汇学习策略—认知策略的描述统计

	N	极小值	极大值	均值		标准差
	统计量	统计量	统计量	统计量	标准误	统计量
第 2 题	28	2.00	5.00	4.178 6	0.171 00	0.904 87
第 6 题	28	1.00	5.00	3.535 7	0.208 81	1.104 94
第 11 题	28	2.00	5.00	3.357 1	0.186 97	0.989 36
第 12 题	28	1.00	5.00	3.321 4	0.218 54	1.156 42
第 20 题	28	1.00	5.00	2.857 1	0.168 36	0.890 87
第 24 题	28	2.00	5.00	3.642 9	0.193 92	1.026 11
第 25 题	28	1.00	5.00	3.071 4	0.229 61	1.214 99
有效的 N(列表状态)	28					

表 7-1-11 可见,大一学生采用认知策略中第 2 题(母语策略)均值最高,其次是第 24 题(调动身体多感官策略),再次是第 6 题(重复策略),第四是第 11 题(联想词汇网络)、第五为第 12 题(联系多个感官动作),第六为 25 题(了解基本意思和引申意思),均值最低为第 20 题(上下文)。这就说明在认知策略的子策略中,缅甸汉语大一学生倾向采用母语策略,不经常用上下文策略。

表 7-1-12 缅甸学生汉语词汇学习策略—社会/情感策略的描述统计量

	N	极小值	极大值	均值		标准差
	统计量	统计量	统计量	统计量	标准误	统计量
第 3 题	28	1.00	5.00	3.285 7	0.229 20	1.212 81
第 4 题	28	1.00	4.00	2.250 0	0.159 57	0.844 37
第 5 题	28	1.00	5.00	3.571 4	0.202 03	1.069 04
第 10 题	28	1.00	5.00	2.357 1	0.268 32	1.419 81
第 13 题	28	1.00	5.00	3.821 4	0.224 51	1.188 01
第 17 题	28	1.00	5.00	4.071 4	0.217 78	1.152 41
第 18 题	28	1.00	5.00	3.321 4	0.267 53	1.415 62
第 29 题	28	1.00	5.00	3.571 4	0.202 03	1.069 04
第 30 题	28	2.00	5.00	3.357 1	0.186 97	0.989 36
有效的 N(列表状态)	28					

表 7-1-12 中社会/情感策略中各题均值依次排序为第 17 题(设定动机和目标自我激励)>第 13 题(提高兴趣)>第 5 题(喜欢老师的课)=第 29 题(与人交流词汇心得)>第 30 题(对汉语言社团有正面的态度)>第 18 题(自我肯定)>第 3 题(喜欢汉

语课程)>第10题(与人交流)>第4题(克服不良情绪),平均值最高的是第17题(设定动机和目标自我激励),平均值最低的是第4题(克服不良情绪)。这就说明在社会/情感策略中,缅甸仰外大汉语系大一学生学习词汇时采用的社会/情感策略中的子策略高到低依次排列为:设定动机和目标自我激励;提高兴趣;喜欢老师的课;与人交流心得;对汉语言社团有真面的态度;克服不良情绪。缅甸汉语大一学生在社会/情感策略中使用率最高的是设定动机和目标自我激励策略,使用率最低的是克服不良情绪策略。笔者认为缅甸学生性格比较内向,而且自尊心比较高,常常躲避跟目的语本族人交流,害怕他们说错话。因此,缅甸学生很少采用克服不良情绪策略。

表7-1-13　缅甸学生汉语词汇学习策略—资源策略的描述统计量

	N	极小值	极大值	均　值		标准差
	统计量	统计量	统计量	统计量	标准误	统计量
第9题	28	1.00	5.00	3.571 4	0.220 80	1.168 37
第16题	28	1.00	5.00	2.535 7	0.264 69	1.400 59
第21题	28	1.00	5.00	1.857 1	0.190 48	1.007 91
第22题	28	1.00	5.00	3.321 4	0.241 54	1.278 12
第27题	28	2.00	5.00	4.214 3	0.201 56	1.066 57
有效的N(列表状态)	28					

资源策略的各题平均值最高为第27题(唱汉语歌),其次是第9题(听读过程中广泛查字典、词典),再次是第22题(课外读物),然后第16题(大量阅读),均值最低为第21题(听广播)。这就说明在资源策略中,缅甸汉语专业大一学生学习词汇时倾向采用子策略程度从高到低依次为:唱汉语歌;听读过程中广泛查字典、词典;利用课外读物;扩大阅读量;收听广播或收音机。显然在资源策略的子策略中,缅甸汉语专业大一学生使用程度最高的是唱汉语歌,最低的是听广播听收音机。

在资源策略中的子策略包括泛读、泛听扩展式查字典、大量阅读、听广播、课外读物和唱汉语歌。唱汉语歌策略是缅甸学生最喜欢采用的策略。下面进一步对元认知策略的描述统计进行分析:

表7-1-14　缅甸学生汉语词汇学习策略—元认知策略的描述统计量

	N	极小值	极大值	均　值		标准差
	统计量	统计量	统计量	统计量	标准误	统计量
第1题	28	1.00	5.00	3.464 3	0.166 52	0.881 17
第7题	28	1.00	5.00	3.607 1	0.207 91	1.100 14
第14题	28	1.00	5.00	3.107 1	0.194 77	1.030 62
第15题	28	1.00	5.00	2.428 6	0.232 47	1.230 13
第23题	28	1.00	5.00	2.714 3	0.204 82	1.083 79
第26题	28	1.00	5.00	2.821 4	0.262 54	1.389 21
有效的N(列表状态)	28					

在元认知策略的各题统计结果中，平均值依次为第 7 题（自我调整）＞第 1 题（重点学习常出现的词汇和词汇的常用法）＞第 14 题（合理安排词汇记忆的数量、频率、长度）＞第 26 题（自我监控，与目的语比较）＞第 23 题（注意力集中）＞第 15 题（制定计划），在元认知策略中平均值最高的题项是第 7 题（自我调整），平均值最低的是第 15 题（制定计划）。可见在仰外大一生汉语词汇学习所使用的元认知策略的子策略中，自我调整策略（调整学习策略、方法，弥补不足，改正偏误）使用最多，而制定计划策略不受重视。其他子策略依次是重点学习常见词和词的常用义；合理安排词数、词长及词频的记忆；自觉与目的语汉语比较；集中注意力。因此，缅甸学生在学习汉语词汇时在制定计划以及注意力集中上还应多下功夫。

以上对仰外大汉语系一年级 28 名学生采用的词汇学习策略进行了调查。词汇学习策略问卷参考王红霞（2012）的词汇学习量表，问卷中分布的五大策略为元认知策略、社会/情感策略、资源策略、认知策略和活用策略，包括 30 个题项。通过描述性统计分析，发现这五大策略中元认知策略均值最低，活用策略均值最高。而活用策略的子策略中在学习汉语词汇时真实情境运用最多，而主动创造机会练习汉语这种策略不怎么使用；认知策略的子策略中学生经常采用母语策略，不常用上下文策略；设定动机和目标进行自我激励是社会/情感策略的子策略中使用程度最高的，而克服不良情绪不太受重视；资源策略中唱汉语歌曲在缅甸学生的汉语词汇学习中最受欢迎，使用频率最高，学生们一般不通过听广播学汉语；制定计划策略是元认知策略中使用最少的，可见不少学生在汉语学习过程中缺乏制定计划的意识；而自我调整策略则是元认知策略中使用最多的策略。

4. 词汇学习策略与能力效果关系讨论

这里主要讨论在各类词汇学习调查中得出的结果之间的差异。上文已分别对缅甸学生的词汇量和词汇学习策略进行了分析，下面进一步对学生使用的词汇学习策略和词汇量加以比较，了解不同学习策略对词汇量大小的影响，分析对缅甸学生的词汇量有影响的词汇学习策略，并提出提高学生词汇量的词汇学习策略。

4.1　采用不同学习策略的学生词汇量大小比较

对仰外大大一学生采用的词汇学习策略进行分析之后，笔者进一步对不同词汇学习策略和学生词汇量大小之间的差异做比较。首先将 200 词词汇量测试结果分为三组：高分组、中分组和低分组，200 词词汇量测试中得分 120 及以下的学生分为低分组；得分 121 到 140 的学生分为中分组；得分 141 到 200 的学生分为高分组。分组之后，低分组学生人数为 10 名，中分组学生人数为 10 名，高分组学生人数为 8 名。然后通过描述性分析了解高、中、低组使用词汇学习策略的具体情况。对学生的词汇学习策略和词汇量的数据进行分析，得出的结果见表 7-1-15：

表 7-1-15 不同词汇量成绩的学生汉语词汇学习策略描述

		N	均 值	标准差	标准误	均值的 95%信区间		极小值	极大值
						下限	上限		
元认知策略	高分组	8	3.333 3	0.519 46	0.183 66	2.899 1	3.767 6	2.50	4.33
	中分组	10	3.050 0	0.827 95	0.261 82	2.457 7	3.642 3	1.67	4.17
	低分组	10	2.750 0	0.540 06	0.170 78	2.363 7	3.136 3	2.00	3.67
	总 数	28	3.023 8	0.672 37	0.127 07	2.763 1	3.284 5	1.67	4.33
社会情感策略	高分组	8	3.819 4	0.534 32	0.188 91	3.372 7	4.266 1	3.11	4.56
	中分组	10	3.177 8	0.641 93	0.203 00	2.718 6	3.637 0	1.67	3.78
	低分组	10	2.977 8	0.621 52	0.196 54	2.533 2	3.422 4	1.44	3.56
	总 数	28	3.289 7	0.681 15	0.128 72	3.025 6	3.553 8	1.44	4.56
资源策略	高分组	8	3.550 0	0.730 95	0.258 43	2.938 9	4.161 1	2.40	4.60
	中分组	10	2.960 0	0.556 18	0.175 88	2.562 1	3.357 9	1.80	3.60
	低分组	10	2.880 0	0.806 64	0.255 08	2.303 0	3.457 0	1.20	4.20
	总 数	28	3.100 0	0.737 36	0.139 35	2.814 1	3.385 9	1.20	4.60
认知策略	高分组	8	3.696 4	0.654 38	0.231 36	3.149 4	4.243 5	2.29	4.43
	中分组	10	3.385 7	0.670 23	0.211 94	2.906 3	3.865 2	2.00	4.29
	低分组	10	3.242 9	0.490 50	0.155 11	2.892 0	3.593 7	2.57	4.00
	总 数	28	3.423 5	0.612 89	0.115 83	3.185 8	3.661 1	2.00	4.43
活用策略	高分组	8	4.000 0	0.534 52	0.188 98	3.553 1	4.446 9	3.33	4.67
	中分组	10	3.700 0	1.023 79	0.323 75	2.967 6	4.432 4	2.00	4.67
	低分组	10	2.900 0	0.969 28	0.306 51	2.206 6	3.593 4	1.33	3.67
	总 数	28	3.500 0	0.979 21	0.185 05	3.120 3	3.879 7	1.33	4.67

表 7-1-15 可见，高分组仰外大汉语系一年级学生汉语词汇学习时使用的策略，均值最高的是活用策略，其次是社会/情感策略，再其次是认知策略，然后是资源策略，而元认知策略均值最低。低分组学生汉语词汇学习策略的均值最高者为认知策略，活用策略则排在第三，其他三种策略排序和高分组相同。中分组缅甸仰外大汉语系大一学生词汇学习策略的平均值最高的是活用策略，其次是认知策略，社会/情感策略排在第三，接下来是元认知策略，资源策略则平均值最低。平均值高说明采用频率和程度高，反之则平均值低。这说明高分组和中分组的被试在汉语词汇学习中最常使用活用策略，低分组被试最常使用认知策略；高分组和低分组被试在汉语词汇学习过程中最少使用元认知策略，而中分组被试最少使用的策略是资源策略。

方差分析的 F 检验是以各个实验组内总体方差齐性为前提的，因此，先对各个实验组内的总体方差进行齐性检验。就是说在将两组或多组数据进行比较时，要先使各组数据的分布符合正态分布，还应使各组数据的方差齐性。齐性检验时显著性越大，就证明没有差异，比如，$p>0.05$ 则齐。

表 7-1-16 方差齐性检验

	Levene 统计量	df1	df2	显著性
元认知策略	2.320	2	25	0.119
社会情感策略	0.083	2	25	0.921
资源策略	0.285	2	25	0.754
认知策略	0.201	2	25	0.819
活用策略	2.220	2	25	0.130

表 7-1-16 中变量的显著性水平都大于 0.05，可见各大策略在高、中、低三组被试者上的方差齐性。基于此，可采用方差齐性下的多重比较结果，通过多重比较可以发现，在元认知策略、资源策略和认知策略上，低、中、高三组被试者在 0.05 的水平上两两比较，差异不显著（均值差的显著性数值大于 0.05）；在社会/情感策略上，高分组分别与中分组、低分组差异显著，中分组与低分组差异并不显著；在活用策略上，高分组与中分组差异不显著、和低分组差异比较显著，中分组与低分组差异不怎么显著。

表 7-1-17 不同词汇量的缅甸学生汉语词汇学习策略的单因素方差分析（one-way ANOVA）

		平方和	df	均 方	F	显著性
认知策略	组间	0.937	2	0.468	1.272	0.298
	组内	9.206	25	0.368		
	总数	10.142	27			
元认知策略	组间	1.523	2	0.762	1.782	0.189
	组内	10.683	25	0.427		
	总数	12.206	27			
资源策略	组间	2.300	2	1.150	2.322	0.119
	组内	12.380	25	0.495		
	总数	14.680	27			
活用策略	组间	6.000	2	3.000	3.771	0.037
	组内	19.889	25	0.796		
	总数	25.889	27			
社会情感策略	组间	3.343	2	1.672	4.551	0.021
	组内	9.184	25	0.367		
	总数	12.527	27			

表中数据显示，不同词汇量成绩的仰外大一学生在进行汉语词汇学习时，社会/情感策略和活用策略的使用显著性系数小于 0.05，因此这两大策略在 0.05 水平上差异较为显著。

4.2　采用不同学习策略的学生词汇能力高低比较

对不同学习策略和学生词汇量大小之间的差异做比较之后，再进一步比较不同学习策略和词汇能力高低之间的差异。词汇能力测试成绩分为高分组、中分组和低分组三组，词汇能力测试中得分 70 以下的分为低分组；得分 71 到 80 的分为中分组；得分 81 到 100 为高分组。如此，低分组 8 名学生，中分组 12 名学生，高分组 8 名学生。然后对学生的词汇学习策略和词汇能力成绩进行数据分析，可知高分组缅甸汉语专业大一学生词汇策略平均值从低到高依次是：社会情感策略、元认知策略、认知策略、资源策略、活用策略；中分组学习策略平均值从低到高依次排序为：元认知策略、社会/情感策略、资源策略、认知策略、活用策略；低分组学生的词汇学习策略的均值从低到高依次是：资源策略、元认知策略、社会/情感策略、活用策略、认知策略。综合来看，这些缅甸汉语专业的一年级学生高分组和中分组在汉语词汇学习上使用活用策略最多，而低分组学生使用认知策略最多；高分、中分和低分三组使用策略最少的分别是社会/情感策略、元认知策略以及资源策略。

通过对三组被试在 0.05 的水平上的相互比较可见，资源策略上，中分组和低分组十分显著，其他两组比较之下不显著；社会/情感策略上，高分组和低分组差别也很显著，其他两组相比之下不显著；在其他策略的使用上三组相互比较，均不显著。

表 7-1-18　不同词汇能力的缅甸学生汉语词汇学习策略的单因素方差分析 (one-way ANOVA)

		平方和	df	均　方	F	显著性
元认知策略	组间	1.021	2	0.511	1.141	0.336
	组内	11.185	25	0.447		
	总数	12.206	27			
社会情感策略	组间	2.891	2	1.445	3.750	0.038
	组内	9.636	25	0.385		
	总数	12.527	27			
资源策略	组间	3.668	2	1.834	4.164	0.027
	组内	11.012	25	0.440		
	总数	14.680	27			
认知策略	组间	1.196	2	0.598	1.671	0.208
	组内	8.946	25	0.358		
	总数	10.142	27			
活用策略	组间	3.620	2	1.810	2.032	0.152
	组内	22.269	25	0.891		
	总数	25.889	27			

由表 7-1-18 可以看出，不同词汇能力成绩的缅甸汉语大一学生学习词汇时，社会情感策略和资源策略的使用，显著性小于 0.05。这就表明这两大策略在 0.05 水平上差异很显著。

5. 缅甸学生汉语词汇学习与教学建议

5.1 汉语词汇学习建议

根据以上测试结果，针对缅甸学生的汉语词汇学习提出一些建议。从缅甸学生对元认知策略中子策略的使用情况结果可以看出，缅甸学生在学习词汇时，经常反思自己的词汇学习策略使用情况并改正不适用的地方，及时弥补对自己的词汇学习的不足，做一些调整。缅甸学生在对自己的学习方法的调整方面有优势，但他们一般不制定自己的学习计划。我们知道制定学习计划对学习者词汇学习有重要性。笔者建议缅甸学生在学习汉语词汇之前对自己的词汇学习制定计划，根据大学所规定的学习任务，确定自己的近期目标和远期目标，按照自己制定的目标安排自己学习的步骤，一步一步达到自己制定的目标。学习词汇是需要长期进修的学习任务，并非一项短暂的学习任务，因此计划自己的词汇学习是学习过程中不可缺少的一个环节。缅甸学生可以制定日计划、周计划、月计划甚至年计划。仰光外国语大学的一年级学生每个月有两次小测验，学生也可以将小测验作为目标制定一些计划，例如：每天安排复习当天所学到的词语，每周安排复习一周之内所学的词语，每隔两周复习两周之内所学的词语，进一步巩固词汇记忆，同时也对每隔两周进行的小测验有了充分的准备。

在社会/情感策略上缅甸学生喜欢设定动机和目标激励自己的学习，有意识地将考试作为目标激励自己更努力学习汉语，所以教学中教师不用特地引导学生树立目标鼓励学生学习汉语。社会/情感策略中的克服不良情绪和与人交流策略缅甸学生采用程度最低，平均值为 2.250 0 和 2.357 1，都小于 3。缅甸学生性格大都较为内向，因文化背景的影响主动行为表现较弱；但在仰光外国语大学学习缅语的很多中国留学生乐意互相交流语言，可利用课余时间主动地跟他们交流互动，相互学习语言。

缅甸学生在资源策略上听广播策略几乎不使用，原因在于一方面缅甸很难收听中文广播，另一方面从这次被试者年龄层次来看，平均年龄为 17 岁，主要是青少年，年轻人一般没有听广播的习惯，更多的人比较喜欢听歌、听音乐。可以试着换一种方式，整理一些汉语录音文本放在自己的 MP3 或手机中经常播放，从中提取尚未学过的生词以扩展自己的词汇量，同时也可以巩固对已学生词的记忆。

认知策略中的母语策略被缅甸学生广泛使用，但学生也要注意在学习汉语时依赖母语的情况，控制自己采用母语翻译方法学习汉语生词的现象。利用母语学习词语往往难以避免会因母语负迁移导致一定的误解误用偏误。缅甸学生在认知策略中最少使用上下文策略，由于被试者的学习阶段为初级阶段，在上下文策略的使用上存在一定的困难。不过通过不断加强训练，掌握该策略以后不仅能有效提高阅读速度和学习效率，更能清楚地认识词语的具体用法以及词语之间的组合搭配。

在活用策略上缅甸学生喜欢在日常实际情境中运用已学过的词语。在第二语言习得中学以致用是很重要的，因为“纸上得来终觉浅，绝知此事要躬行”，只有将学习和实践相结合，在用中学，才能巩固所学的词语知识。比如在课堂上积极和老师互动，课外在条件允许的情况下多参加与汉语相关的活动、文艺表演以及比赛等。

笔者还考察了学生的汉语词汇量水平和所采用的学习策略之间的关联。结果表明，缅甸汉语专业大一学生词汇量水平高分组和中分组学生最常使用活用策略，低分组学生最常使用认知策略；高分组和低分组学生最少使用元认知策略，中分组学生最少使用的是资源策略。

多重比较的结果表明：元认知策略、资源策略和认知策略上，低、中、高三组被试者在 0.05 的水平上两两比较差异不显著；在社会/情感策略上，高分组与中分组差异显著，高分组与低分组差异也比较显著，低分组与中分组差异并不显著；活用策略上，高分组和低分组差异显著，与中分组不显著，中分组和低分组差异并不显著。由于词汇量成绩不同汉语水平有差异，高分组、中分组和低分组在社会/情感策略与活用策略的使用频率上也不一样。

缅甸学生尤其是词汇量上处于低分组的应有意识地使用活用策略和社会/情感策略，充分利用缅甸学生喜欢在日常实际情境中运用已学过的词语的倾向，在特定的场景和实际语境中努力提高汉语交流和表达能力；在汉语学习上设定明确目标，包括近期易于实现的小目标和中长期目标，树立良好的学习动机激励自己的学习。努力克服不良情绪和害羞怕说错的胆怯退缩心理，利用各种机会、创造条件、积极主动地与同学和授课老师进行汉语交流。有条件的情况下可以和中国人或者汉语水平高的同学交朋友，积极参加社团活动和有益的社会活动。

5.2 缅甸学生汉语词汇教学建议

学生是教学活动的主体，而教师则扮演着重要的引导角色。教师不仅要在汉语词汇教学的方法、方式以及教学准备上多下功夫，而且也要帮助学生提高使用合适的汉语词汇学习策略的能力，培养策略意识，杨其长避其短；不但指导学生掌握一些常见的对汉语词汇学习行之有效的策略，还可以协助学生在学习过程中发现适合个人情况的学习策略。

从以上统计结果可以看出，缅甸学生在元认知策略上不经常用制定计划策略。教师应该指导学生对他们的词汇学习进行合理安排和计划，并通过测验或活动等方式帮助他们检查自己的词汇学习的情况。例如：听写上一课学过的生词或使用给定的词语造句、连词成句等。这些练习会促使学生养成每天主动地、有计划地学习生词完成学习任务的习惯，通过这种间接方式来帮助学生制定学习计划。另外，从元认知策略结果中可见，一年级的缅甸学生容易注意力分散，教师在课堂教学过程中应激发学生的汉语学习兴趣，加强教学内容的趣味性，使教学内容更贴近学生的日常学习和生活，提高汉语词汇教学的吸引力，以充分调动学生们的学习热情，控制课堂教学的节奏，以提问、小游戏、个人展示等形式照顾到每个学生，使其都能参与到课堂教学活动中来，避免学生在课堂上走神的现象。

从缅甸学生对社会/情感策略使用结果中可以看出，缅甸学生很难克服跟陌生人交际时出现的羞涩恐惧感。面对这种情况，教师要多加鼓励学生进行交流和合作，为学生创造同学之间交流的机会，比如在课堂上组织一些活动与练习，让学生用汉语进行交流，加强和提高学生的交际能力。例如：教师可以在课堂上提供一个热门话题，让学生在几分钟的时间准备之后进行讨论、对话、发表意见；或者根据教学内容安排一些讨论环节，给每个学生创造表达的机会；课外还可以组织一些参观、比赛等集体活动；在条件允许的情况下，可以介绍在缅的中国留学生，让学生有勇气说汉语。教会学生收听中文广播的方法，让学生明白听广播与听力课上的内容有所不同，但对词汇学习大有帮助。另外，教师可以布置作业让学生听一段短文或故事，并在课堂上复述自己听过的短文或故事，这对于提高学生的听力水平和口语表达能力均有裨益。

认知策略上缅甸学生最愿意采用母语策略。教师应该提醒缅甸学生采用母语翻译方法学习词语容易因母语的负迁移导致的偏误，让学生适当地使用母语策略。据学生反馈，为了便于学生对汉语生词的理解，一年级授课教师大部分采用母语讲解生词。建议教师在课堂教学上使用目的语汉语作为教学语言，学生也会逐渐接受并慢慢适应以汉语进行思维习得词汇。缅甸学生不经常采用上下文策略，教师应说明上下文策略的特点，让学生自觉地通过该了解词义和组合搭配，不断扩充自己的词汇量。

在活用策略上，教师应提高词汇教学与情境的相关度和融合性，设计情景教学，创造条件让学生运用、练习和巩固，使习得的汉语词语能够学以致用。

总之，缅甸学生词汇量成绩低分组、中分组和高分组在活用策略和社会/情感策略上的差异显著。所以教学中也应该帮助学生尤其是低分组使用两大策略。教师应该多创造学生之间相互交际、交流的机会，比如课堂上分角色朗读、对话、特定场合特定情境下（银行、商店、购物中心、快递中心、邮局、饭馆、酒店、餐厅、图书馆、运动场、公交车、地铁等）的角色饰演；另外，可以组织形式多样的课外汉语活动，如汉语角、语言实践、文化美食节、汉语朗读演讲比赛、参加公益活动等，鼓励学生积极参与，教学与实践相结合，在提高汉语学习兴趣、激发良好的汉语学习动机的同时不断扩展汉语词汇量，提高汉语词汇习得效果，帮助他们更好地使用社会/情感策略，激发学生汉语学习的潜力。

第二节　汉越词对越南学生学习双音汉语词的影响

汉越词以汉越读法的方式使用国语字（拉丁化字母）代替汉字，这一特点使汉越词词义摆脱了汉字的束缚，因此汉越词词义可按越南人的思维方式来发挥想象，也因此在越南语中产生了很多有趣的语言现象，如同音字，文字游戏等，跟汉语原来的词汇相比，汉越词增加了新的功能，既丰富了越南语词汇库，也丰富了越南语的使用形式；不过同时也给使用者带来了麻烦。因此，汉越词的存在对于学习汉语的越南学生来说是利弊并存的。若学生不能掌握汉越词，不熟悉汉越词和相关的汉语词之间的异同，则会妨碍越南学生习得汉语词汇。

由于越南学习者在不同背景下学习汉语，因此所受汉越词的影响也各不相同。教材内容被列为影响学生学习的最重要要素之一，注释作为一种重要的输入强化手段被应用于二语习得领域，注释避免了因猜词错误而造成的文意误解，同时减少了因词汇理解困难而导致的阅读中断，促进了阅读流畅性。在词汇习得方面，注释引导学习者关注生词并进行加工，促进了形义联系。但何种注释方式才算科学、简明易懂，并成为学生良好的学习辅助工具？

在越南，汉语学习被当成一门专业在大学开设。河内大学和河内国家大学下属外国语大学都是越南培养人才的一流大学，两所大学的学生质量相差无几。因此笔者选择河内大学中文系二年级学生和河内国家大学下属外国语大学（简称外国语大学）中国语言文化系二年级学生作为调查对象。两所大学都是用北京语言大学出版社的《汉语教程》来进行汉语教学。但不同之处在于：河内大学中文系所使用的教材已经过编辑修订，生词注释增加了汉越音部分；外国语大学中国语言文化系所使用的是原版教材，并未使用汉越音来注释生词。同样的学习环境、共同的学习背景、受试者水平相同的条件下，汉越词的参与会给学生带来怎样的影响？学生对词义的理解和运用是否存在差异？这是值得关注的。

1. 研究范围和概况

1.1　研究界定与范围

词汇是语言最基本的构成要素，是语言的建筑材料。越南学生学习汉语时之所以很容易把握汉语词汇，一部分是由于越南语中的汉越词跟汉语词在语音，语义上有很多相同点，这为学生习得汉语词语提供了一定的便利。与此同时，一部分汉越词和对应汉语词仍然属于两种独立的语言，两者之间在语音和语义上存在不同之处。在学习的过程中，恰当使用汉越词对学习汉语者起良好的作用；反之，学习者过分滥用和依赖汉越读音，汉越词会引起交际当中不正确理解词义或用词不当。本节选择在越南普遍使用的《汉语教程》作为选词对象，收集这部教材中有对应汉越词的双音节汉语词，然后对两者在词义方面的异同之处进行对照比较。

越南语中从汉语借来的新汉越词的确定，主要依据潘文阁《汉越词词典》（胡志明市出版社，2003），雷航主编《现代越汉词典》（北京，外语教学与研究出版社，1997），《现代汉语词典》第五版（中国社会科学院语言研究所词典编辑室编，商务印书馆，2009）；另外，还参考了《越南语词典》以及《现代汉语规范辞典》等。

《汉语教程》共3册，每册都有上、下两本，计6本。笔者首先对《汉语教程》六本教材中的汉越词数量进行了统计（其中有相当一部分汉越词多次重复出现），数据如表7-2-1所示：

表7-2-1 《汉语教程》中有对应汉越词的汉语双音词

类别	第一册（上）	第一册（下）	第二册（上）	第二册（下）	第三册（上）	第三册（下）	总计
数量（个）	12	21	44	45	99	157	378
占比（%）	3.1	5.4	11.8	12	26.2	41.5	100

六本《汉语教程》中共有3 259个生词，其中930个是有对应汉越词的汉语词，占总数的28.5%；有对应汉越词的汉语双音词数量为378个，占总数的11.6%。此外，有对应汉越词的汉语词也随着学习者的程度而增多，这符合学生的汉语词汇习得特点和接受能力。①

1.2 相关汉越词的研究现状

关于汉越词与汉语词对比的研究已经受到很大的关注，将汉越词作为研究对象，从不同的研究角度，采取不同的研究方法，取得了一系列令人瞩目的成果。从历史上看，汉语词融入越南语之后，丰富了越南语的词汇，对越南文化产生了深远的影响，同时语言的发展演变也受到社会生活、历史文化的影响，发展到现代，越南语中的汉越词也已有越化特征。

1.2.1 汉越词总体研究概况

法国人阿利山德罗（Alexandre de Rhodes）最早提到了汉源词语的概念，1651年在罗马出版的第一本《越罗葡词典》中，他收集了700个汉源词语并进行解释。他发现越南语词汇中有很多起源于汉语词。虽然只是一个初步的发现，但开始引起很多语言学家对汉源越语词的注意。此后，一些外国语言学家也在汉越词研究方面下了很大的功夫。马伯乐（H. Maspero）（1912）认为越南语属于汉藏语系，他在《越南语音韵史》中统计出越南词汇中大约有60%是汉源词。虽然这个数据有争议，但他研究筚路蓝缕之功不可没。

越南著名学者陶维英在1932年出版了第一部《汉越词典》，陶维英指出，“越南文大部分的困难以及复杂之词或句子都是从汉语借过来的”。当时陶维英编这本书的最初目是为学习越南语的人提供帮助而不是为学习汉语的人服务，但实际上

① 本研究穷尽性统计了《汉语教程》六册中编选的具有对应汉越词的双音汉语词，总共得到378个。其中有299个属于词义对应之类，占总数79%；53个属于词义同中有异之类，占14%；26个属于词义相异之类，仅占7%。对于378个词语分别从词类、汉越音、词义对应、词义相异、词义同中有异等角度制作了词表。（限于篇幅，从略）

越南人早已将其视为一本有关越南语的词典，能够帮助学习汉语的学习者。现在看来，该词典的性质不太明确，它的缺陷便日益明显；但由于它能够在一定程度上帮助学习汉语的人解决汉源借词的困难。

1945 年之后，有关越南语言的研究特别是汉越词问题得到了国内外研究者越来越多的重视，黎玉轴(1964)、阮文修(1978)等都对关于越南语语言文字以及汉语借词的问题进行讨论。阮文修根据某一个词的来源及其进入越南的时间把汉越词分成古汉越词、汉源越化词、汉越词、汉语词通过口语进入越南语的词四类。王力先生在越南语研究界影响巨大，他指出古汉越词与古汉语的声韵存在一定的对应关系；而汉越语"是整个系统的汉字，如果拿《切韵》系统来比较，它们是最整齐有趣的"。(见王力先生，1948)

马克承(1997)、董明(2002)、林明华在(1986，1997)等成果主要是研究关于汉语、汉字、汉文化在越南的传播和影响，以及汉越词的历史与概况，汉越词的演变与越化等情况。阮善甲(2009)的《越南语词汇学》，在讨论越南语词汇系统中也有一部分专门介绍汉越词。邓德超的《中学汉越词教与学》(2000：第一、二章)、阮玉珊(1993)的《越语历史研究》主要是从历时演变的角度探讨汉越词。阮才谨的《越南语语音历史》(1997)、王禄的《考察古汉越词的一些初步结果》(1997)侧重于汉越词的读音系统——汉越音问题。

1.2.2　汉越词与汉语词语义演变关系研究

由于受到王力先生研究成果的影响，20 世纪 70 年代初大多数学者对汉越词与汉语词之间的研究都以汉越词的语音对比为标准。但近 20 年来，两者之间的语义变异研究已越来越受到重视。越南学者阮善甲在《越南语词汇学》(2009)中专门介绍了关于汉越词与汉语词汇的语义变异；番玉的《解释汉越词语义的方式》(2000)详细分析如何把握汉越词的意义，避免误解意义；黎阮刘在《从汉字到喃字》(2002)中论述了汉越词的产生过程以及汉越词的改变，同时分析了使用汉越词语时常见的误解。

在国内，赵玉兰的(2002)《越汉翻译教程》是从外语学习的角度来研究汉越词的。该书以学习越南语作为出发点，部分内容利用汉越语言对比作为讨论方法。作者明确指出"现代越语中某个汉语借词的意义和现代汉语中相对应的某一个词的意义并非都是一对一的关系"，借词的意义会"跟源词的词义很不相同，甚至完全失去联系"。作者还提出"汉语借词词义演变的两种主要模式"："词义扩大"(指汉语借词进入越南语后扩大了汉语源词所指客观事物的范围或增加了新义项)和"词义更新"(指借词的意义经过演变，与汉语词意义已经完全不同，二者除了语音上保持相对应的形式以外，意义上并没有联系)。众所周知，借词的意义和用法会随着当地社会生活历史文化的发展而发生一定的变化，与其源自语言的对应词发展并不同步。来自汉语的汉越词适应越南语言文化的发展、社会生活的变化而演变，其对应词语在汉语中也没有停下发展的脚步，因此，汉越词在语音、词义、用法上与汉语的对应词无法一一对应。

1.2.3 汉越词教学研究

汉越词无疑是越南语的重要组成部分。所以对汉越词教学研究也受到很多学者的重视。其中，把汉越词视为母语来研究的有黎英俊的《从使用汉越词角度看语文教科书》(1996)、邓德超的《中学汉越词教与学》(2000)、阮氏新的《初、高中文学教科书的解释汉源词问题》等著作。在这些研究里，因为汉越词教学被看作是母语教学，所以先教哪些，后教哪些主要是根据学生对词的“熟悉程度”和词的“难易程度”而不是侧重于词的常用性。

阮文康的《跟外语接触以及接受外语因素的越南语》(2001)及《越南语的外来词语》(2007)主要探讨汉越词的词义问题，同时也涉及汉越词的语义变异引申出语法变异，其研究成果对学习者有很大的帮助。

黎春泰在《实用越南语词汇以及扩大汉越词量》(2001)除了涉及汉越词的概念、结构、性质以及汉越词的语义等问题之外还认为，学生要把握汉越词的语素，那么该语素跟别的语素组合成汉越词时基本上就可以把握汉越词的意义。

2. 汉越词与对应汉语词演变对比分析

2.1 越南语汉越词简介

2.1.1 汉越音和汉越词

汉越音就是汉越词的语音外壳。现代语言学者对汉越音已发表过不同定义，但习惯上，汉越音常被解释为越南人在越南通读全部汉字的语音系统。

关于越南语汉越词的界定现在还存在不同的观点。汉越词(越：Từ Hán Việt)是指越南语里一些由汉语引申而来的汉根词和汉源词。

中越两国是山水相连的友好睦邻。两国人民几千年来不断来往并在经济、教育、文化等许多方面进行交流，大量的汉语词汇就从此通过多种途径，以不同形式在不同时期传到了越南。汉字作为文化的载体，对越南语的形成与发展毫无疑问产生了极大的影响。此外，从语言类型方面来讲，汉语和越南语同属词根语，词与词之间的语法关系不是通过形态变化，而是通过字序，虚词等手段来表示。正是因为上述历史和文化的根源，再加上语言特点的原因，汉语词一旦进入了越南语就很容易适应于越南语本身的要求，为越南语所吸收，所同化。其后，汉字对越南语的影响越发深远，甚至曾有过长达一千多年的时期汉字成了越南的正式文字。所以汉语对越南语的影响是深刻而广泛的。最为突出的是越南语中容纳了大量的汉语词汇，它们已正式进入越南语词汇系统，受该系统的语音、语义、语法规则所支配。它们不仅数量极大，而且范围也非常广泛。这些词汇叫汉语借词，简称汉越词。本研究范围是越南语汉越词与相对应的汉语词，故文中“汉越词”只包括“有对应汉语词的汉越词”。

关于没有相对应汉越词的双音汉语词，该类词虽然具有汉越读音，但此读音在越南语中没有任何意义。因此不作为研究对象。表 7-2-2 提供几个典型词语供参考：

表 7-2-2　汉词语——汉越读音

汉语词	汉越读音
打算	Đả đoán
寻找	Tầm trảo
懒惰	Lãn nọa
脆弱	Thúy nhược
震惊	Chấn binh
纳闷	Nạp bí
手镯	Thủ trạc
烦躁	Phiền tạo
吹牛	Xuy ngưu

2.2　汉越词的历史形成与发展

在四千年的历史中，汉文化深入越南文化。汉语曾经被当作官方语言，大量古汉语词汇进入越南语词汇库，至今仍然普遍使用。

越南学者阮才谨(1997)在《越南语语音历史》中把越南语形成与发展历史分成两个阶段：第一阶段(从公元前 111 年至 6 世纪)，他指出："在公元后的整整 9 分世纪，越南对汉语的读音常常与汉语本身的变动有极其密切的关系"。当时，汉语主要通过口语途径传入了越南，所以这类词还保留着汉代的语音读法。如今该类词已逐渐成为越南人日常交流语言中难以缺少的部分，只零星保留了一些古汉越读音。

王力先生在《汉越语研究》(1948)中初步列出 13 个古汉越词。越南语言学家王禄又在此基础上把古汉越词数量增加到 33 个。沿着这条道路，林明华在《东南亚研究资料》(1986)中的"汉越词初探"中介绍了汉越词的历史与概况，古汉越词与汉越词及汉越词的演变与越化等情况。

表 7-2-3 是林明华在《东南亚研究资料》(1986)中列出的一些古汉越词。

表 7-2-3　《东南亚研究资料》中的古汉越词例

汉　语	古汉音	汉越音	越南语音
巧	Khéo	Xảo	Khéo
车	Xe	Xa	Xe
夏	Hè	Hạ	Hè
茶	Chè	Trà	Chè
夸	Khoe	Khoa	Khoe
画	Vẽ	Họa	Vẽ
命	Mạng	Mệnh	Mạng

(古汉越词大多都是单音节词，本论文只关注双音词，因此研究内容不涉及该类词)

第二阶段(唐代以后至19世纪):汉语则是以口语和书面语方式传入了越南,这时汉语词汇量进入越南词汇系统最多,同时也是汉越词发展最快的阶段。在此阶段,汉语言对越南语言产生了极其深远的影响。越南语首先接受"唐音"的语音系统,然后在该系统上进行用越南语读法念汉语词汇。所以阮才谨(1997:18)认为:"第二阶段留下了系统的汉越读音,对越南语词汇系统产生了深刻的影响,并一直保留至今"。如今,根据许多前人研究成果获悉,汉越词在越南语的词语库中占到了60%以上,分别属于很多不同的领域。例如:

表7-2-4 不同领域汉越词及对应汉语词列举

领　域	汉语词	汉越词
政治领域	朝廷	Triều đình
	黄帝	Hoàng đế
	改革	Cải cách
	制度	Chếđộ
教育领域	状元	Trạng nguyên
	同学	Đồng học
	科举	Khoa cử
	考试	Khảo thí
文化领域	流传	Lưu truyền
	风俗	Phong tục
	继承	Kế thừa
	才艺	Tài nghệ
军事领域	战场	Chiến trường
	牺牲	Hi sinh
	将军	Tướng quân
经济领域	商人	Thương nhân
	商量	Thương lượng
医疗领域	病人	Bệnh nhân
	针灸	Châm cứu
	把脉	Bắt mạch

在借用汉语的过程中,民间慢慢把汉语进行越南化,在汉字的基础上越南民间创造出喃字来记载越南语读音的符号系统。刚开始的时候,喃字用来记载越南地名,后来成为一种记录符号系统,最后慢慢降低汉字的系统性。该类词被视为越化

汉越词。例如：

表 7-2-5　越化汉越词列举

汉语词	汉越词	越化汉越词
先生	Tiên sinh	Quý ông
夫妻	Phụ thê	Vợ chồng
飞机	Phi cơ	Máy bay
商店	Thương điếm	Cửa hàng
家乡	Gia hương	Quê hương
父母	Phụ mẫu	Bố mẹ

越化汉越词受越南语语音影响大，无论从语音或意义都很难跟越南语词分开，并可以完全独立地使用。它们几乎失去了其原有的外来词面貌，融入越南语口语当中，成为越南语中不可缺少的一部分，因此，习惯上人们不把它们看作汉越词。其原因之一是因为这些词基本上都属于最基本的词汇，代表了与人们生活有密切关系的事物，并且没有能代替的词，所以越南人一般都把它们看作是纯越南语。

20 世纪越南独立后，选择拉丁字母成为越南的官方文字（国语字），于是汉字日渐式微。国语字使汉越词义摆脱汉字的约束，能够发挥越南人的想象，但同时也给使用者带来很多不便。

2.3　汉越词在现代越南语中的地位和作用

汉语借词在越南语中占很重要的位置。汉越借词促进越南文学的发展，封建时代文坛上涌现李常杰的《南国山河》、黎文休的《大越史记》、陈兴道的《檄将士》等著名作品，汉越借词是了解这些士人作品的最好工具。汉语借词同时也补充越南语缺少的概念，并成为越南人接触新知识的工具。比如，当时越南封建科举的 tú tài，cử nhân，tiến sĩ 等名称都是用汉越读音将“秀才、举人、进士”这些中国科举名称翻译过来的，意义完全一致。如今，这些词语虽然意义已经有所不同：tú tài 是指高中毕业生，cử nhân 是指大学毕业生，而 tiến sĩ 是指博士，但仍然被普遍使用。

越南语中的汉语借词系统包括古汉越词、汉越词及越化汉越词三部分。古汉越词是以汉语古音为标准音，如：bố 是汉语“父”字，chán 由汉语“闷”字演变过来，“郁闷”的意思；hương 是汉语的“香”；bát 是汉语的“碗”，是“饭碗”的意思；Chúa 是汉语的“主”；Trống 是汉语的“鼓”。越化汉越词如：In 是“印”的越化形式；Gan 是“肝”的越化形式；Giêng 是“正”的越化形式，“正月”为 Tháng Giêng；Dao 是“刀”的越化形式；其他如“停”—Dừng；“来”—Lại；“记”—Ghi；“方”—Phương；“青”—Xanh；“为”—Vi；“个”—Con 等。这两部分词语使用频率比较高，主要包括一些生活常用的词语。

汉越词在各类汉语借词中占绝对优势。越南学者阮文康在《现代越南语中的汉越词及其演变研究》中明确指出:“在‘汉越词’概念中的‘汉越’已经包含‘同化’现象,首先是语音方面的同化。”在文化教育、宗教、军事、司法、医学等领域里,汉越词使用的频率最高,尤其是在政治、经济、法律等领域则高达70%—80%。还有许多越南学者认为高达82%。在越南汉越词高频使用主要原因有以下几点:

第一,越南跟汉文化接触的时候还处于经济、文化、语言文字欠发达的程度,当汉文化进入越南之后出现了很多新概念,为了接受和学习新知识,越南将汉语借过来使用。

第二,越南人使用汉语借词丰富了越南语言词汇,提高了语言表达能力。

第三,历史上越南的文化和语言都受到当时中国极大影响,大量汉语词汇进入越南,越南民间根据汉越读音把这些汉语词汇融入越南词汇。

第四,越南语和汉语的语言特点很相似,两种语言都是单音节语素为主,词与词之间的句法关系不靠词变形,而主要靠词序和虚词来表示。

因此越南人很自然把汉语借词纳入越南语词汇库。汉越词对越南语具有很大的贡献,汉越词的构词能力强,所以帮助构建新词,在使用的过程中越南人不断造新词。汉越词也提高越南语的质量,丰富越南语的词汇量,同时加深越南语的表达内涵。

2.4 现代汉语双音词与对应汉越词的对比分析

为了探索发挥汉越词对汉语词汇教学正迁移作用,减少负迁移的影响,探索行之有效的教学方法,笔者将《汉语教程》中出现的汉越词及对应汉语词进行比较,找出它们之间的异同点。根据汉越词及对应汉语词的特点对两者进行分类,然后对比分析。虽然不少研究者已针对该类词进行过研究,但如今还没有找出最为完善或理想的分类方式。

在汉越词及对应汉语词之间的意义上,笔者参考了农氏秋明(2012)的《越南语版〈汉语教程〉中汉越词研究》以及赵玉兰(2009)的《越汉翻译教程》的词语分类,与个人对该类词的了解相结合,进一步深入分析。根据两者在词义方面的关系把它们分成三类:汉越词及对应汉语词词义对应,汉越词及对应汉语词词义更新以及汉越词及对应汉语词词义同中有异。每一大类中又进一步分成若干小类。虽然这样分类难免会存在不足之处,但总体来讲还是比较清楚,简单易懂,学习者容易接受和运用。

《汉语教程》中双音汉越词及对应汉语词的分类如表7-2-6所示:

表7-2-6 《汉语教程》中双音汉越词及对应汉语词的类别

类别	词义对应	词义更新	词义同中有异	总计
数量(个)	292	31	55	378
占比(%)	77.2	8.2	14.6	100

从表 7-2-6 可以看出汉越词及对应汉语词的词义对应比例最高(77.2%)。这类词对学生掌握汉语词语起正迁移作用，能够帮助学生更迅速把握汉语词义和用法。汉越词及对应汉语词的词义同中有异占 14.6%，此类词对学习汉语可能产生负迁移作用。而第三类汉越词及对应汉语词义更新只占总数的 8.2%。第二类和三类虽然数量不多，但它们却是引起越南汉语学习者在词汇学习方面产生偏误的重要因素。

2.4.1　词义对应

2.4.1.1　用法相同

“词义对应用法相同”是指汉越词的理性意义与现代汉语对应词的理性意义相同，语法功能也没有改变。该类词在越南语词汇系统中占数量最多。大多属于术语和单义词。如表 7-2-7 所示：

表 7-2-7　词义对应用法相同的汉越词及对应的汉语词列举

领　域	汉越词	汉语词
经济领域	Kinh tế	经济
	Lợi nhuận	利润
	Cổ phiếu	股票
	Đầu tư	投资
宗教领域	Sùng bái	崇拜
	Nho giáo	儒教
	Tín ngưỡng	信仰
	Bồ tát	菩萨
	Hòa thượng	和僧
音乐领域	Âm nhạc	音乐
	Âm sắc	音色
	Âm điệu	音调
	Nhạc khí	乐器
	Âm luật	音律
教育领域	Học sinh	学生
	Giáo án	教案
	Học tập	学习
	Bồi dưỡng	培养
	Giáo dục	教育

2.4.1.2 用法不同

（一）语体色彩不同

根据汉越词的特点，汉越词大部分带有抽象、概括、严肃的语义色彩，所以大多数汉越词经常用于正式、庄重的场合，换言之汉越词大部分用于书面语。这也说明，很多汉语词是以通用词语的身份进入越南语，成为汉越词之后就具有书面语色彩。举例说明见表 7-2-8：

表 7-2-8 汉越词的语体色彩

汉语词	越南语汉越词	纯越南语
妇女	Phụ nữ	Đàn bà
礼物	Lễ vật	Quà tặng
朋友	Bằng hữu	Bạn bè
衣服	Y phục	Quần áo

例 1：Phụ nữ——妇女

汉语句子	书面语色彩	口语色彩
“三八”国际妇女节是世界各国妇女争取和平、民主和妇女解放的节日。	Quốc tế phụ nữ 8/3 là ngày kỉ niệm phụ nữ đấu tranh đòi giải phóng, hòa bình và dân chủ.	Quốc tếphụ nữ 8/3 là ngày kỉ niệm đàn bàđấu tranh đòi giải phóng, hòa bình và dân chủ.

汉语词“妇女”翻译成越南语是“phụ nữ”，也可以翻译成“đàn bà”。两个词意义一样，但“phụ nữ”常用于比较正式，庄重的场合，而“đàn bà”则带着口语色彩。在汉语里我们说“妇女节”，翻译成越南语是“Quốc tế phụ nữ”，不能说“Quốc tế đàn bà”。从汉语借过来的这些汉越词之所以都带有博学、文雅等色彩，是因为汉越词的修辞色彩与纯越南语的相对立。这就让汉越词带有语体色彩而汉语词本身只是个中性、普通的词语。

例 2：Lễ vật——礼物

“礼物”的对应汉越词是“Lễ vật”。两者都有“赠送给人的物品”的意思。但汉语的“礼物”可以“泛指赠送一切人的物品”，指称范围较广；而越语汉越词“Lễ vật”则特指“送给上级的物品”，指称范围窄，而且一般用于书面语。汉越词“Lễ vật”还可以指“供神的贡品”，保留了古汉语的意思。

例 3：Bằng hữu——朋友

“朋友”在汉语是一个通用词语，但越南人在日常交流中不常用“Bằng hữu”，因为“Bằng hữu”是个书面词语，具有礼貌、庄重的色彩，常用来表示朋友感情。习惯用纯越南语词“Bạn bè”或“Bạn”来表示朋友，如：好朋友——Bạn bè tốt；老朋友——Bạn bè lâu năm。

例 4：Y phục——衣服

汉语的"衣服"是一个日常生活常用词。该词进入越南语后，汉越音是"Y phục"，在越南语里是一个带有庄重色彩的词语。比如"Y phục dân tộc"。在一般的场合不常用这个词。如：一般不说："Mẹ tôi mua cho tôi một bộ y phục".（妈妈给我买一件衣服）而是使用一个意义相同的纯越南语词："quần áo"。这句应说成"Mẹ tôi mua cho tôi một bộ quần áo"。

（二）词的搭配不同

在越南语词汇系统中，有一部分汉越词，词义虽然与相对应汉语词的完全一致，但常用的搭配词并不同。例如（见表 7-2-9）：

表 7-2-9 汉越词语汉语词搭配不同列举

词　语	越南语搭配	汉语搭配
Điện thoại—电话	叫电话	打电话
Nhân tài—人才	培造人才	培养人才
Kinh nghiệm—经验	收经验	吸取经验
Trọng thị—重视	得到重视	被/受重视

2.4.2 词义更新

有些汉语词进入越南语词汇系统之后，受社会发展的影响，语音仍保持相对应的形式，词义却发生变化，用法也因此不同，主要是意义所指对象不同。这些词语所占比例不高。引起这种现象的原因有多种，笔者以为：首先，这些词应该保留了古代汉语借入时的意义，跟现代汉语词的意义不同；其次，由于处于两种不同的社会文化，两国人民对于同一个词的认识和理解也不一样。在日常交流中，越南人也会不断地将词义进行改造，以适应社会生活的发展变化；部分汉语借词跟纯越南语词义相互冲突，于是加以修改调整，使交流更顺利，表达更准确。《汉语教程》中词义更新的双音汉越词的具体数据如表 7-2-10 所示：

表 7-2-10 《汉语教程》中词义更新的双音汉越词数量统计

类　别	第一册（上）	第一册（下）	第二册（上）	第二册（下）	第三册（上）	第三册（下）	总　计
词数（个）	2	2	5	5	7	10	31
占比（%）	6.5	6.5	16	16	22.6	32.4	100

从表 7-2-10 可见，主要分布在第二册和第三册，其中第三册（下）汉越词和对应汉语词意义不同的占大多数：32.4%。对于这类词，学生经常因过分依赖母语，受母语的负迁移的影响而发生偏误。

2.4.2.1 词性相同

很多汉越词之所以与对应现代汉语词的词义不同，是因为它们传入越南的时间，构词方式及越化程度并不一样。有一部分汉越词虽然还保留着对应汉语词原有的意义，但这些意义如今或发生了变化，或失去了原本意义。从而造成两者之间词性相同但意义不对应。

例 5：Dung dị——容易

“容易”在现代汉语中表示做起来不费事或者发生某种变化的可能性大。但对应汉越词“Dung dị”在越南语虽然也作形容词，但带有“简单，朴实”的意思，多用于描写人的性格或穿着。例如：

（越）Cô ấy thường ngày ăn mặc tuy dung dị nhưng vẫn rất thu hút.

（汉）她平时虽然穿着朴实，但还是显得很漂亮。

例 6：Tiện nghi——便宜

“便宜”对应的汉越词是“Tiện nghi”，但意义却完全不对应。“Tiện nghi”在越南语里是个形容词，指多用于描写生活条件好，室内布置好，给人带来舒适的感觉。例如：

（越）Đi nghỉ mát nên chọn những khách sạn tiện nghi một chút!

（汉）去度假时应该选择条件好一点的宾馆！

还有 Bác sỹ（医生）——博士、Khẩn trương（争分夺秒，聚精会审的状态）——紧张、Phỏng vấn（采访；面试）——访问、Bí thư（书记）——秘书、Tử tế（对待人厚道善良）——仔细等。

2.4.2.2　词性不同

在越南语中，有一部分汉越词与相对应现代汉语词，语音虽然对应，但词义和用法完全不同。见表 7-2-11。《现代汉语词典》里，“到底”做动词又做副词，表示：①到尽头；到终点；②经过某种变化或曲折出现某种结果；③用在问句里，表示深究；④毕竟（多用于强调原因）。“到底”对应汉越词是“Đáo để”，但意义却完全不对应。“Đáo để”在越南语是个形容词，指“任性、狡猾、不会忍让”。例如：

（越）Người này đáo để lắm!

（汉）这个人很狡猾！

表 7-2-11　语音对应但词义和用法完全不同的汉语词和对应汉越词

汉语词	对应汉越词	汉越词的越南语意义
困难	Khốn nạn	无赖、卑鄙
非常	Phi thường	厉害、奇迹、异常
到底	Đáo để	任性、狡猾、不会忍让

值得注意的是，为了满足人们的交际需求，词汇也必然带有不同色彩。汉语和越南语都将词的色彩分为褒义、贬义、中性三类。越南人借用汉语词汇时，就改变它们的意义和用法来适应自己的使用要求，有时也改变词汇色彩意义。笔者发现

有不少汉语词进入越南之后，因为各种原因，在改变意义和用法的同时，原本的感情色彩也随着发生变化。其中，一些改变了汉语词感情色彩的汉越词都变成了一个贬义词。或者在现代汉语词语里，有一部分汉语词既带有中性色彩又带有贬色彩，而在越南语中这个汉越词却带有褒义色彩。例如（见表 7-2-12）：

表 7-2-12　感情色彩不同的汉越词和对应汉语词列举

词　语	汉语词的感情色彩	汉越词的感情色彩
Đáo để—到底	中性	贬义
Khốn nạn—困难	中性，贬义	贬义
Dung dị—容易	褒义	中性
Tiện nghi—便宜	中性，贬义	褒义
Phi thường—非常	中性	褒义
Nghiệp dư—业余	中性	贬义
Cứu cánh—究竟	中性	褒义
Thu phục—舒服	褒义	中性

2.4.3　词义同中有异

2.4.3.1　词义的缩小

一个汉语词可以有很多义项。越南人在借用汉语词的过程中，不是所有词语都能保留全部的原有意义。而是根据语言内部原因及社会的需求，从词语义项中进行挑选，只保留部分汉语词本身原有的意义。

例 7：保留——Bảo lưu

"保留"在《现代汉语词典》中有四个义项，在现代越南语中，Bảo lưu（保留）只有一个义项"暂时留着不处理"。如："Bảo lưu ý kiến"（保留意见）；"Bảo lưu kết quả học tập"（保留学习成绩）。

例 8：不便——Bất tiện

"不便"表示不方便，不适宜；缺钱用也说。在越南语中，"Bất tiện"只有"不方便，不适宜"的意思。如：Đi lại không tiện（不便走动）。

（越）Ở những nơi đông người <u>không tiện</u> nói đến chuyện này.

（汉）在人多的地方<u>不便</u>提起这件事。

还有随便——Tùy tiện、道理——Đạo lý，均越南语只有汉语词其中一个义项。

2.4.3.2　义项的扩大

可以理解为增加新义项、扩大词的用法范围。对汉越词的形成产生的影响主要表现在越南人自造的双音节汉越词方面。

例 9：手术——Thủ thuật

在现代汉语中"手术"的使用范围仅限于医学领域的。"Thủ thuật"在越南语中

表示"有技巧、灵巧地、有效地实施工作",该词的使用范围较广,不限于医学领域,在科学技术、工艺美术等领域都通用。例如:

(越)Các thủ thuật trên máy tính của anh ấy rất giỏi.
(汉)他的电脑技巧挺厉害。

例 10:培养——Bồi dưỡng

"培养""Bồi dưỡng"在越南语里有两个义项:①补充营养加强自己的身体健康。比如:Bồi dưỡng sức khỏe(恢复健康);Tiền bồi dưỡng(酬劳,加班费);②提高自己的能力或品质。比如:Bồi dưỡng đạo đức(加强道德修养);Bồi dưỡng năng khiếu(提高技能)。

词义的扩大现象并不是偶然形成的,而大部分词语是原有词义引申推演的结果,导致汉越词的词义渐渐脱离于汉语对应词的本意。

2.4.3.3 词性的转换

部分汉越词与现代汉语对应词的词义基本对应,但词性却发生了转换。例如:Bao la(包罗)、Phong độ(风度)在越南语里是形容词;Quan niệm(观念)在越南语里是动词;越南语Kiên trì(坚持)是动、形兼类;Tâm sự(心事)是名、动兼类。

综上,汉语借词进入越南语系统之后在上千年的使用过程中不断发生演变,主要表现在语音、语法和词汇意义等方面。其中,最为明显的是在词义方面。词义的演变往往具有广义到狭义、从类概念意义到种概念意义等趋向。词义的变化解决了冲突并丰富了越南语的词汇表达力。汉越词及对应汉语词中词义相当的词,在越南语和在现代汉语中都是通用词语,两者意义和语法功能完全相同,因此客观上,这类词会帮助学习者迅速地把握汉语词意义和用法,不会产生太多困惑。而词义有更新的或有同有异的虽然数量不多,却给越南的汉语学习者在词义理解和运用方面带来不少困难。汉语初中级阶段的学习者,因过分依赖母语,受母语的干扰而经常出现词语误用。

3. 汉越词对越南学生学习汉语双音词的影响调查与分析

3.1 调查对象及目的

调查对象:河内大学中文系二年级本科生和河内国家大学下属外国语大学(以下简称"外国语大学")中国语言文化系二年级本科生。

调查目的:及时发现汉越词给学习者带来的利与弊,在此充分利用汉越词的正迁移作用同时避免负迁移作用,让培养语言知识此任务得到最佳效果。

3.2 问卷调查

3.2.1 调查方法

首先设计调查表,对河内大学中文系和外国语大学中国语言文化系二年级本科生进行调查。然后统计调查数据，分析统计结果并得出结论，在此基础上提出问题及解决问题的建议。

语料选取主要根据笔者对受试者受越南语汉越词干扰的预测，根据词语的出现频率以及难度等特点，从中选取最为典型、最容易使学生犯错的词语作为调查内容。例句有的从汉语材料、《现代汉语词典》《越南语词典》选取，有的则是笔者设计的。调查题型包括客观性试题（判断正误，多项选题）和主观性试题（翻译句子，造句）。

3.2.2　调查设计

调查内容包括两个部分：第一部分调查学生学习汉语的时间；运用越南语汉越词学习词汇的情况和受试者对越南语汉越词给汉语词汇学习的帮助的评价（问题一、二、三）。第二部分根据对受试者受汉越词干扰的预测设计了三个练习：练习一，考察本科生掌握汉越词和对应汉语词的情况（问题四、五、六）；练习二，考察本科生运用汉越词学汉语词在词义上常犯的错误（问题七）；练习三，考察本科生运用汉越词学汉语词在用法上常犯的错误（问题八、九）。

问卷采用选择题、填空题、判断题、翻译题和造句题等练习形式调查学生汉语词语使用情况（见附录六）。学生当场在问卷纸上填写答案（不允许查看词典或参考书）。

3.2.3　调查结果分析

两校分别发放 60 份，共计 120 份调查问卷；收回 116 份，其中河内大学 59 份，外国语大学 57 份。其中 14 名学生不符合调查标准（主要是学习汉语时间不符合，他们在上大学之前早已接触汉语，有的学生水平很高），3 份调查问卷因不遵守规格被取消。有效问卷共 99 份：河内大学 51 份，外国语大学 48 份。为了让两组调查对象数量均衡，任取河内大学组三份问卷，不予统计。

问题一：你学习汉语多长时间了？

设置此问题主要目的是给学生分类。虽然受试者都是二年级学生，但接触汉语的时间并不一样。有的学生早在读小学期间，汉语已被设为一门必修课；有的学生到高中才上汉语课，但学校重视培养质量，因此其水平可能比三四年级的大学生还高。这些对象都不符合调查标准，收回的问卷中共有 14 名学生的问卷因不符合本调查项目关于学习时间规定而被取消。

问题二：“你经常运用汉越词来学习汉语词汇吗？”

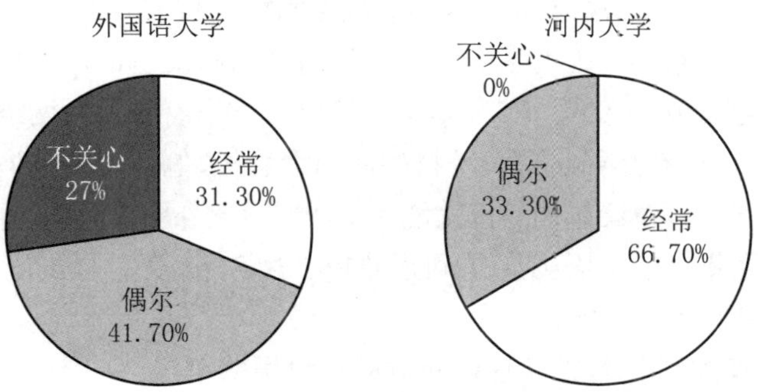

图 7-2-1　受试者运用汉越词学习汉语词汇情况

收回的调查表中，两组大多数受试者都答道“常运用”或“有时运用”。这个数字说明，对学习汉语的越南学生而言，汉越词对他们的汉语表达的影响非常大，一般学生刚开始接触与汉语时，或多或少都了解越南语汉越词与汉语词语之间有关联。但数据也明显指出两组学生运用汉越词频率的差别。对于河内大学的本科生而言，汉越词是学习汉语之中必不可少的部分，66.7%的学生经常运用汉越词来学习汉语。这是一个很高的比例。相对而言，外国语大学的本科生虽然认可汉越词的重要性，但只有31.3%学生选择经常运用汉越词来学习汉语，多数学生却选择只偶尔运用汉越词（占41.7%），余下的27%却完全忽略汉越词的存在。河内大学并没有任何学生选不关心汉越词。

可见，两组受试对汉越词的信任度有明显区别。河内大学组的学生天天在教科书中看到汉越音，汉越词是学习汉语必不可少的要素，这使他们对汉越词产生一种依赖。但对外国语大学的学生来说，汉越词只是学习汉语的辅助工具，在学习汉语时会起一定的作用。共同的教材，共同的教学环境，学生质量也不相上下，为何有这样的差别？是否因为教材里注释汉越音的原因？

问题三：“你认为越南语汉越词对自己学习汉语词汇有没有帮助？”

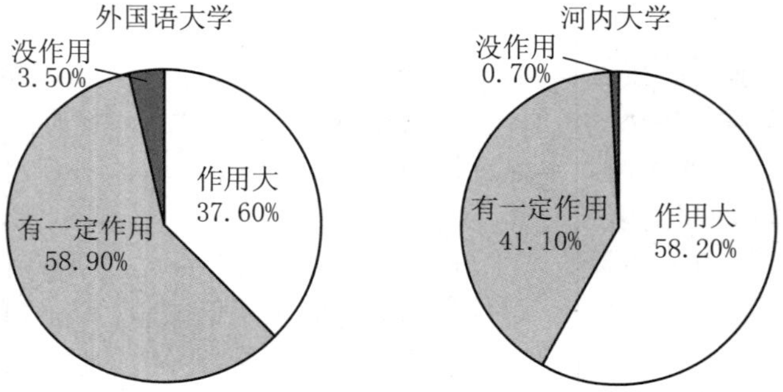

图 7-2-2　受试者对汉越词的评价

大多数受试者都认为越南语汉越词对汉语词汇学习有所帮助。58.2%河内大学的学生认为汉越词对他们汉语词汇学习起了很大作用，仅有0.7%学生觉得汉越词起不了任何作用；大多数外国语大学的学生则认为越南语汉越词对他们汉语词汇学习有一定的帮助，占总数58.9%，3.5%学生选择汉越词没有作用。两组的选择又有明显的区别。对于使用有注释汉越音教材的河内大学组，他们对汉越词的运用频率明显高于外国语大学组，对汉越词的依赖度和信任度也比外国语大学组更强烈。

运用汉越词来学习汉语到底是利还是弊？哪一组学生的学习方式显得更有效？请看下面调查结果分析。

练习一：考察本科生掌握汉越词和对应汉语词的情况

问题四：请填写下面双音节汉语词“困难、衣服、人才、顺便、非常、封建、博士、愿望、习惯、便宜”的汉越音。

表 7-2-13　被试答对数量

题序 对象学校	1	2	3	4	5	6	7	8	9	10
外国语大学	20	47	48	43	41	48	23	46	37	41
河内大学	48	48	48	48	48	48	34	48	39	48

根据调查数据，外国语大学组答对比例平均为 39.4，占总数的 82.1%；河内大学组为 45.7，占总数的 95.2%。差距不大，一方面是越南学生对汉越词都有了基础，一方面跟词语的难度有关。简单的词学生几乎都能答对，有难度的词语（困难，表情，博士，习惯）结果显而易见，河内大学组的学生答对比例高于外国语大学组。这表明使用有注释汉越音教材的河内大学组的学生对汉越词的把握比外国语组的学生好。

问题五：表 7-2-14 中双音节汉语词的对应汉越词是否跟汉语意义相同？

表 7-2-14　双音节汉语词与对应汉越词意义是否相同

序　号	汉语词	汉越词	答　案
1	包子	Bao tử	×
2	表演	Biểu diễn	√
3	照顾	Chiếu cố	×
4	厉害	Lợi hại	√
5	举行	Cử hành	√
6	随便	Tùy Tiện	×
7	幸福	Hạnh phúc	√
8	时节	Thời tiết	×
9	到底	Đáo để	×
10	时间	Thời gian	√

调查数据（正确数量表略）可见，外国语大学组答对比例平均为 39.8，占 83%；河内大学组为 41.9，占 85.3%。两组差距不大。

被列出的词语大多都是单义词，意义明确。但词汇难度有所不同。表演、厉害、举行、幸福、时间五个词比较简单，学生大多数都能答对；包子、照顾、随便、时节、到底五个词难度有所增加，两组学生答错比例都很高，尤其“照顾”答错比例占一半。

问题六：表 7-2-15 中汉越词，翻译成汉语音是否跟汉语意义相同？

表 7-2-15　汉越词翻译成汉语音跟汉语词意义是否相同

序　号	越语词	汉语音	答　案
1	Khẩn trương	紧张	×
2	Trang điểm	装点	×
3	Pháp luật	法律	√
4	Tử tế	仔细	×
5	Thủ thuật	手术	×
6	Thương hại	伤害	×
7	Lịch sự	历事	×
8	Giản dị	简易	×
9	Kế thừa	继承	√
10	Thủ tướng	首将	×

外国语大学组答对的学生数量平均为 45.4，占 94.6%。河内大学组答对的学生为 39.5，占 82.3%。可见，外国语大学组答对比例明显高于河内大学组。学生搞乱汉越音，特别是在把越南语翻译成汉语时，还有可能搞乱汉语音。设计的词语难度较为平均。"手术"是个比较典型的词，它的汉越词"T hủ thuật"(技巧，手巧)跟"手术"意义相似，学生若倾向于汉越词对照方式，很容易误解此词。

练习二：考察本科生运用汉越词学汉语词在词义方面上常犯的错误

问题七：被画线的汉语词翻译成越南语的正确意义？

(1) 父母为孩子而骄傲。

正确答案是"Tự　hào"。河内大学组与外国语大学组答对比例分别为 79.2% 与 97.9%。据笔者统计，在答错的学生中，河内大学组有 9 名选择"Kiêu　ngạo"(自满；自以为了不起，看不起别人)。其实根据语境，选择答案"Kiêu　ngạo"也可以勉强接受，但选择答案"Kiêu　ngạo"(自豪)，感情色彩更为准确。

(2) 我电脑中的一个文件怎么找不到了。

正确答案是"Tài liệu"。河内大学组答对比例为 68.8%，外国语大学组为 66.7%。在答错者中，两组学生选择"Văn kiện"的最多，分别有 13 名和 8 名。"Văn kiện"通常只用于正式、庄重的场合，一般场合常用"Tài liệu"。这表明词的附加色彩也会引起学生在词义理解上的偏误。

使用有汉越音注释教材的河内大学学生多少受汉越词的影响，倾向于找寻跟词语相对应的汉越词的答案。

练习三：考察本科生运用汉越词学汉语词在用法方面上常犯的错误

问题八：选择正确答案

A. 这种工作对他很适合。

B. 这种工作对他很<u>合适</u>。(√)

正确率上河内大学组(33.3%)高于外国语大学组(20.8%)。有不少人选择了"适合",因为"适合"相对应的汉越词为"thích hợp",在越南语里却是形容词,意义相当于汉语的"合适"。所以学生们容易受汉越词的影响,选择"适合"而不考虑语法上的组合搭配,动词"适合"后面要带宾语。

问题九:翻译成汉语

(1) Cô ấy là 1 người <u>tài năng</u>.

图 7-2-3 显示,两组正确率都相当高,外国语大学组为 70.8%,河内大学组为 79.2%。在答错的总数中,外国语大学组译成"她是一个才能的人"的比例为 50%;河内大学组这样翻译的比例为 71.4%。"才能"是个名词;它的对应汉越词是"tài năng"(形容词),意思跟"才能"一样,但词性有所变化,汉语说"她是一个有才能的人"。有些越南学生由于没有掌握汉越词与对应汉语词词类的不同而常犯语法错误。

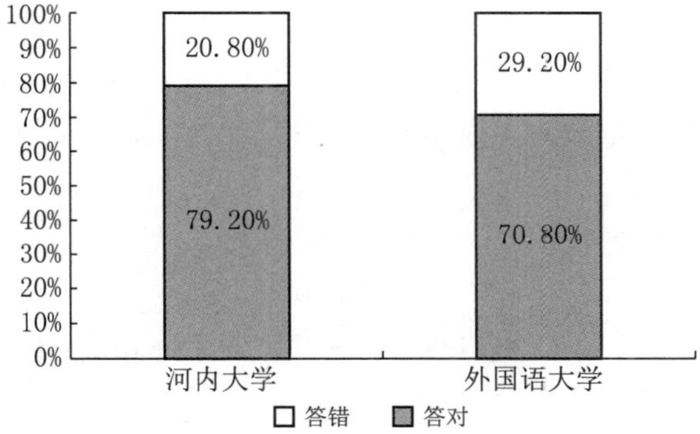

图 7-2-3　两组翻译(1)正确率

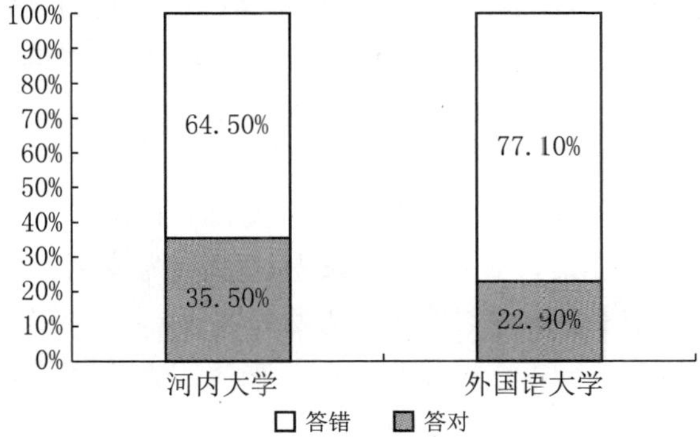

图 7-2-4　两组翻译(2)正确率

(2) Chúng ta sẽ <u>khiêu vũ</u> thêm một lúc nữa.

汉语有一类独特的离合动词,越南语并没有这种相对应的动词。上句中有一个汉越词“khiêu vũ”，被试把它翻译成“跳舞”。受越南语汉越词的影响，离合动词“跳舞”往往被看成一般动词，并将宾语或补语等成分直接放在离合动词后面。在96名被试中，总体正确率仅29.2%(28人答对)，两组相比，河内大学组正确率高于外国语大学组，如图7-2-4所示；而翻译成“我们再跳舞一会儿吧”的竟有49名(占答错人数68的72.1%)。主要原因在于被试还没有深刻理解离合词的概念，也缺少使用的机会。

3.3 现场调查

为了进一步了解学生对汉越词和对应汉语词的直观反应及意义的把握，收回问卷之后，我们又进行了现场调查。

3.3.1 调查设计和方法

本次调查使用的汉越词和汉语对应词均出自二年级学生已学过的《汉语教程》，调查难度符合被试的汉语水平。

调查方法：依次提出4个有对应汉越词的汉语词，两个(“方便”“表情”，后者难度较高)属于词义相异类，两个(“骄傲”“手段”，后者难度较高)属于词义同中有异类，要求两组学生在规定的时间内(30秒)用指定的词语造句。时间结束还没完成句子则被列入“不合格”。

3.3.2 调查结果分析

(1) 方便

“方便”的汉越词是“phương tiện”。改词传入越南之后，跟汉语词的意义和用法完全不同。越南语“phương tiện”是名词，有“工具、手段、资料”的意思。调查结果显示，在规定时间内两组学生均能顺利造句。在教材里，刚开始就讲到“方便”，清晰易懂。河内大学的教材里备注了“方便”的汉越音是“phương tiện”，但因为意义毫无相关，词性也不同，课后练习部分不断强调两者的差别之处，学生容易判别。“方便”在《现代汉语词典》中是形动兼类词，有五个义项，但大多数学生只用了第一个义项“(形)便利”来造句。

(2) 表情

汉越音和对应汉语词的意义同样毫无相关，词性不同。“表情”的汉越音是“biểu tình”，意思是“集体集合表示抗议，反对某种行为或某个单位”，动词。调查结果显示，在规定时间内，河内大学组有32名被试(66.7%)造出句子；外国语大学组仅23名(47.9%)，不足一半。可见跟“方便”相比，“表情”难度明显增加。

(3) 骄傲

“骄傲”在现代汉语中有贬有褒，褒义表示“自豪”。越南语“kiêu ngạo”只有贬义色彩。调查结果显示，95名受试者在30秒钟内用“骄傲”完成了造句，占总数98.9%。其中，河内大学组48名被试全用“骄傲”跟越南语汉越词“kiêu ngạo”意义相同的义项“(形)自满”来造句；外国语大学组有34名也用此义项，另外13名被试能用“骄傲”

的第二个义项“(形)自豪”来造句。但问题在于他们所造的句子一模一样，核对发现该句出现在练习册中。可见外国语大学组有些学生学习方式缺少灵活性。

(4) 手段

“手段”在现代汉语中有三个义项：①为了达到某种目的而采取的具体方法；②本领，能耐；③指待人处世的不正当的方法。“手段”的对应汉越词“Thủ đoạn”只有贬义色彩，意义跟第三个义项相同。调查结果显示，在规定的时间内，河内大学组和外国语大学组分别有38名和36名被试完成了句子。其中，20名河内大学的学生用第三个义项来造句，占52.6%；18名学生用第一个义项造句，占47.4%。外国语大学的2名学生用第三个义项来造句，占5.6%；34名学生用第一个义项来造句，占94.4%。

笔者发现，在越南汉语教材里面只讲解“手段”的第一个义项。值得注意的是，用第一个义项造句的被试中大多数仍模仿书中的用例。可见，河内大学组的学生除了掌握教科书中所讲解的义项，还能了解到跟对应汉越词意义相同的义项，扩大用词的范围；外国语大学的学生对已学过的知识很有把握，能够正确运用，但学以致用方面不够，句子内容跟教材里的例子差不多。另外，河内大学的被试对汉语词与对应的汉越词相同的义项有更深的印象。

综上，越南学习者对汉语词及对应汉越词的联系都有一定认知。但据调查结果，河内大学组运用汉越词的频率明显高于外国语大学组，对汉越词的依赖度和信任度也相对更为强烈。调查数据还显示，被试的错误类型主要涉及词义、词性、用法、色彩等方面。

现场调查结果显示，河内大学组被试所造出的句子内容丰富、多样，语法方面把握情况相当好，但词汇错误比例较高；除了掌握教科书中所讲的义项，还能了解到跟对应汉越词意义相同的义项，扩大用词的范围。外国语大学组被试所造的句子长度较短，内容单一，语法没有明显问题，词汇把握度比较好，一般都能正确运用，但缺少灵活性，句子内容跟教材里列举的例子相似度高。

总之，使用有汉越音注释教材的河内大学的学生在学习和使用汉语词汇时，看到一个汉语词第一个反应就是在大脑词库中检索，在大脑里激活了该词的对应汉越词并倾向于关注共有义项而忽略了其他义项。由于深受汉越词的影响，导致在用词造句的时候会混淆汉越词意义和词语的真实语境意义，该比例明显高于外国语大学组。如过于依赖汉越词，牢记对应汉越词意义相同的义项而忽略其他义项，容易造成习得固化。

4. 在对越汉语教与学中的应用价值

4.1　汉语词汇教学对策

在决定汉语教学质量的因素中，教师在教学过程中采用的教学方式起着重要作用。

4.1.1 不同类型采取不同的教学方式

(1) 词义对应:进行适当类推,举一反三。

例如:“大学”的汉越音是“đại học”,意义一致。可通过类推方法进行替换,让学生进一步明白“大事、大喜、大意、大海、大王、大哥”(đại sự, đại hỉ, đại ý, đại hải, đạivương, đại ca)等一系列的生词,从而扩大汉语词汇量。

(2) 词义同中有异:运用汉越对比法解释词义和用法。

学生使用汉越词的时候通常犯由于义项减少或增加、意义扩大或缩小以及意义相同但搭配不同造成的错误,需加以分辨以免发生因似是而非造成的偏误。分别讲解两种语言词语的搭配,并辨析词语的感情色彩、文化色彩及词性上的差异。

例如:汉语词“放大”在越南语的对应词“phóng đại”包括两个义项:①使图片、声音、功能等变大;②扩大事实。使用时容易发生这样的错误:

(越) Anh đừng phóng đại chuyện.

(汉)你别把这件事放大了。

汉语的“放大”用于具体的对象,对带有抽象意义的对象,在上述的场合,应使用“夸大”。这个句子应改为:“你别把这件事夸大了。”通过对比法掌握汉越词与对应汉语词的相同之处,从而预测学生可能犯的错误,对于教学很有帮助。在讲解和对应汉越词义同中有异的汉语词时,教师可以使用词不离句的原则及翻译法来讲解汉语词。

(3) 词义更新:运用语素法解释汉语词。

在教学过程中将词和字的教学相结合,解释汉语词的构词语素义,并结合情境法讲解词义,加深学生对汉语词义的理解,区分汉语词和对应汉越词意义上的差别。例如:“提高”的对应汉越词为“đề cao”,但意义却不一样。汉语词的“提高”的构词语素“提”是使事物由下往上移,“高”带有“从下向上距离大”的意思,合起来包含“使位置、程度、水平、数量、质量等方面比原来高。而汉越词“đề cao”包含“把某件问题放在重要位置”和“对某种问题给予高度评价”两个义项。

使用这种方式对中高级汉语水平的学生进行词汇教学,结合汉越词的演变解释,会激发学生对汉语的兴趣,活跃学习气氛,提升学习效果。

4.1.2 将汉越词作为教学辅助工具

刚开始接触第二语言的学生往往保留母语的思维方式,借用汉越词教汉语词会使学生过于依赖母语,并可能引发不必要的母语负迁移问题。因此,为了培养学生良好的语言习惯,教师不必鼓励学生频繁使用汉越词,而是将其作为辅助方法,弥补教材的不足,加深学生对汉语词的印象,同时巩固记忆。

4.2 汉语词汇学习对策

(1) 在学习和交际过程中,不要滥用汉越音对照理解汉语词的词义。因为只有小部分汉语词与对应汉越词在词义、用法以及附加色彩方面上是完全一致的。在不能准确判断汉语词直译过来的汉越词的正确性与合理性的情况下，要是过于依赖汉越音、汉越词的话，偏误概率会很高。

(2) 学习汉语词汇不仅要把握词语的理性义而且还要了解其色彩义；不仅掌握词语的基本义、常用义，还需了解其他义项，更加透彻地理解汉越词跟汉语词在意义和用法上的异同，从而准确、得体地使用，努力培养语感。

(3) 仅仅依靠课本中的词汇量远远不能满足交际需求。要主动从不同渠道，不同途径来学习更多词语，扩大个人的词汇库。对于新学的汉语词，首先根据语境来判断词义，然后跟权威的词典核对准确意义，同时了解更多用法。

4.3　关于教材

4.3.1　修订教材词汇部分

首先，汉语教材生词部分不仅标出定义解释一下，还应列举典型的用例，以便于学习者根据语境判断词义。比如在汉语中“还是”是多义词，对于越南初学者来说几个义项难以分辨清楚，于是有的学生便依赖汉越词进行识记。“还是”的对应汉越词是“Toàn thị”(表示现象继续存在或动作继续进行)，不少学习者倾向于“还是”的第一个义项(副：表示现象继续存在或动作继续进行)而忽略了其他义项。

其次，生词编排要遵循“从易到难”“出现频率由高到低”原则。目前河内常见的多数汉语教材主要根据“课文—生词—语法点—练习”的程序来安排学习内容；而且有些教材是多年前编写的，内容陈旧，词汇老化，不能满足社会对汉语言专业毕业生的需求；针对越南学生的实际情况编写的教材比较欠缺，不少学习者对课文内容以及生词感到陌生并难以接受，因此很多词语在平时生活交际中不太使用。

4.3.2　调整注释汉越音部分

根据调查结果显示，注释汉越词的教材利弊并存，但弊明显大于利。因此要详细考虑用汉越词注释汉语词汇的问题。汉越音不仅控制学习者的想象力，而且还使他们产生一种莫名的依赖性。对外语学习来说，这并非恰当的方法。有备注汉越词的教材也许更适合于想深入了解以及研究汉字，汉语词汇意义，中国古典文学的爱好者以及研究者。

4.3.3　教材编写

越南目前大多数高等院校主要采用北京大学、北京语言大学或北京师范大学编写出版的汉语教材，而一些中小学是采用台湾地区的“中国语文”这类教材。总体来看，这些引入教材主要针对一般学汉语的各国学习者使用，包括听、说、读、写四项语言技能课程的初、中、高级对外汉语教材以及现代汉语语法教材等。若能加强针对性，根据学习者的学习需求、学习目的编写出版专门的适合越南学习者的汉语教材或者越南本土教材，应该是最为明智、有效的方法。学习者在学习过程中，对熟悉的东西更容易拉近距离，引起共鸣，从而激发学习兴趣和热情。并充分利用汉越词的正迁移，有效避免汉越词带来的负迁移，将为越南的汉语教学做出巨大的贡献。

第三节 中、韩同形异义双音词习得偏误分析

受到不同母语的影响，学习汉语时各国的学习者表现出不同的特征，错误的类型也有差别。由于“汉字词”的关系，韩国人学习汉语既有便利之处，也因“汉字词”存在不少同形异义现象而导致容易混淆。

韩国和中国在历史、地理位置上有着非常密切的关系，因此，政治、经济、社会、文化、语言等多方面交流活跃。韩文曾大量地使用汉字，韩国经历了约 1 500 多年以汉字为媒介的文字生活。在 15 世纪朝鲜民族自创的表音文字“训民正音”颁布实施之前，朝鲜半岛长期使用汉字，而且书面语以汉文字为主。韩国语词汇大致分为固有词、汉字词和外来词三类。准确地说，汉字词也是外来词，但由于韩文中汉字词占有比例比较大，而且用汉字书写并以韩国固有的汉字音来读，因此称为汉字词。虽然自“正音”颁布之后，韩国语有了自己的文字，但汉字词的使用早已深入人心。

韩国语词汇中拥有大量汉字词，据统计，所有韩国国语辞典所收录的汉字词数量至少超过韩语词汇总量的 50%。根据 1956 年李庸周在韩国教育部发表的“国语使用的频率”，汉字词所占比例则高达 70.53%（39 563 个），汉字词是韩语不可缺少的重要组成成分。（朴炯春，2000；张巍，2010）①一般认为，现在韩语中所使用的汉字词大部分来源于中国文言。韩国语中的汉字词与汉语音形义相同的情况有不少，但与汉语形式相同意义或用途完全不同的同形异义词也有很多。在韩国语和汉语中，有些词汇部分意思是一致的，但也有部分意义是截然不同的；有的意思类似，但情感色彩上有一些差异，这些在使用时很容易出现偏误。

近年来，关于韩国语汉字词和汉语词比较研究的成果不少。进行多角度比较研究的，如崔万基（2003）分析了韩国汉字词与现代汉语在语义方面的情况，将汉字词汇分为同形同义、同形异义、异形同义以及同素反序几类词进行对照比较，总结归纳出造成现代汉语和韩国汉字词语义变化的语言、历史、社会和心理原因；赵贤贞（2007）在考察汉字词的概念、发展史、系谱分类、特点、结构特点的基础上，把韩国使用频率比较高的基础汉字词和现代汉语进行比较，考察两国同形汉字词在词义上发生的变化；王文玲（2012）也把韩语里面存在的汉字词与汉语词对应分成同形同义、同形异义、异形同义三种情况加以说明。张巍（2010）从共时研究与历时考察相结合的角度将韩语中的汉字词和汉语中的同素逆序词加以比较。韩国也有不少相关对比分析的成果，如：정유진（郑瑜镇，2002）《汉语和韩国汉字词比较分析：词汇中心》一文主要介绍了韩国汉字词的现状并进行了中韩汉字词意义上的比较分析；

① 朴炯春《韩语汉字词的人文特征》，《汉字文化》2000 年第 3 期；张巍《中古汉语同素逆序词演变研究》，上海古籍出版社，2010 年。

안미연(安美彦,2008)研究同形同义词、同形异义词、异形同义词、同义部分异义词和逆序同义词。지창란(池昌兰,2012)한국한자어와현대중국어어휘비교연구：고등학교중국어교재를중심으로,(韩国汉字词和现代汉语词汇比较研究：高中学校中国语教材中心)。主要介绍说明韩国汉字词和现代汉语的起源以及特征,也对韩中同形同义、同形异义、异形同义词进行了比较。

也有进行专项比较研究的。如,문연희(文延喜,2007)从语义变化的角度分析韩中同形同义词和同形异义词;김홍진(金宏珍,2007)和姜柔美(2012)同样针对汉语和韩语的同形异义与异形同义词进行了基本的比较;郑良淑(2008)在介绍韩国汉字词的概况、来源和结构的基础上分析了汉语和韩语中同形异义词产生的原因及异同。还有少量着眼于基于比较的词汇学习和教学的成果,如侯捷(2014)한국인학습자의중국어이음절어휘학습에관한연구：한중한자어를중심으로,인제대학교일반대학원(韩国学习者学习汉语双音节词汇的研究：韩中汉字词中心)。

本节重点是将韩国语中的汉字词和相对应的同形但意义类似或不同的现代汉语词对比,希望通过比较,能激发韩国中文学习者的兴趣,提高他们对词汇语义的理解水平,克服学习中文时遇到的瓶颈,防止理解和使用上出现偏差;通过同形异义语的使用调查,总结常见的偏误类型及规律,为中韩词汇教学的偏误研究贡献绵薄之力。

1. 中、韩同形异义双音词概况

1.1　同形异义双音词的概念

同形异义词是指形态相同、意义不同的一类词。也就是说,韩国汉字词和现代汉语词汇的字形相同,表示的意义有所不同,这类词以双音词(二字词)为主。比如,在汉语中"合同"是指当事人或当事双方之间民事关系的协议,但是在韩国语中并没有该意思,指的只是一起来做,有聚合的意思。因此韩国学习者在学习时要更加慎重,否则会产生语言干扰现象。母语为韩国语的学习者在学习现代汉语时,由于韩国汉字词和现代汉语的词语之间存在相当多的同形词,韩国学生误认为意义相同从而造成理解和使用偏误的情况相当多。当然,两种汉字词中,同形同义的词也占有相当大的一部分,但同形异义也占有一定比例,而且更容易出错,所以深入探究中、韩同形异义词在意义和用法上的差别以及韩国学生学习和使用同形异义词时所产生的偏误类型及原因,就显得很有必要。韩国学者孟柱亿(2005)将韩国语中来源于汉语,而意义、句法功能并不跟汉语完全等价,在教学和学习中容易造成误导的汉字词称为蝙蝠词。

1.2　韩国语汉字词和对应汉语词关系分类

在韩国语汉字词和汉语词汇的比较时,可根据形态和意义的共同点和不同点,分为同形同义词，同形异义词，异形同义词三种。

同形同义词是指汉语和韩国语汉字词的字形意义一致的词。不但书写形式上是同一字（有繁简之别），甚至词典上的释义也相同。

例如：韩国语中的“健康，건강”一词在汉语中也写成“健康”，都表示（人体）生理机能正常，没有缺陷和疾病的意思。再如：韩国语中的“辭典，사전”一词，在汉语中也有对应的“辞典”，只是现代汉语使用的是简体字，而韩国语中使用繁体字，表达的意思为“收集词汇加以解释，供人检查参考的工具书”。由于历史的原因（韩语中所使用的汉字词大部分来源于中国文言），在韩国使用的汉字词都是繁体字，除了简繁字有所区别以外，二者所指都完全相同。因此，学习汉语对韩国学生来说，在词汇方面具有一定的优势。

异形同义词是指虽然表达使用的字形上（繁简字的差异除外）有所差异，但是意思相同或相似的词语，即不同的汉语词和韩国语汉字词所表达的意思完全相同。中韩异形同义词可以分为两类：完全异形词和部分异形词。在韩国语中异形同义词所占有的比例比同形异义词更多一点，但同形异义词是使学生产生偏误的主要原因。例如：汉语的“城市”和韩国语里面的“都市，도시”所表达的意思是一样的，即“城市聚落，人口聚集形成的较大居民点”；汉语的“明年”，韩国语说“来年，내년”；汉语的“机场”韩国语用“空港，공항”；汉语的“缺点”韩国语说“短点，단점”；汉语的“星期五”在韩国语中表示为“金曜日，금요일”等。这些都是字形不一样，但词义相同。

同形异义词虽然使用的字形形态一致，但是所表达的意义不同，因此学习和使用的时候，不注意就会起语言干扰现象。所以，比起同形同义词韩国学习者比较倾向于将重点放在容易混淆的同形异义词上。同形异义双音词主要分为两类：

一类是同形完全异义词，指虽同形但词义完全不同的词语，即汉语词和韩国汉字词的形态相同且没有意义重叠的部分。或由于原来就使用不同的本义，或由于词义发展演变相互之间丧失语义关联。同形完全异义词在整个同形异义词中所占比例相对较低，如若不了解这类词汇现象，学习者容易理解为韩国语的意思因而产生用词偏误的现象。

另一类是同形部分异义的词语，即词语在韩、汉两种语言中意义和用法有同有异。同形完全异义词和同形部分异义词的具体情况将在下面详细说明。

1.3 汉语词和韩国汉字词的对照

尽管韩国使用的众多词语中有很大一部分是从汉语中借用的，但是，随着时间的推移，这些流入的词汇已经随同韩国的时代历史、社会发展而一起发生了变化。最初从中国借用的词汇随着时代的变化，其含义以及形态、发音等已经发生了变化，因此在读音和含义方面与中国现如今使用的汉字词相比发生了巨大的差异。在研究同形异义双音词之前，我们首先对汉语词和韩国语中的汉字词的特点进行比较分析。

1.3.1 汉语词的特点①

汉语词汇分为基本词汇和一般词汇两种：基本词汇具有普遍性、稳定性；而一般词汇则具有专业性、不稳定性。基本词汇是词汇的核心，有着固定不变的特点。韩国语和汉语类似，在中国流入的基本词汇的基础上生成了许多新的词汇，也正因如此，拥有相同形态的汉语词汇和韩国语词汇之间会存在含义上的差异及变化。一般词汇展示了时间流逝和社会变化所伴随的语言需求的变化情况。其不仅能够满足社会发展过程中对语言包容性的要求，还可以提高更多语言的构词能力。汉语词的基本特点主要是：(1)汉语以单音节语素为基础，两个单音节语素组合成双音复合词，生成新词的构词能力强；(2)汉语词汇双音化倾向明显，汉语的单音节词往往是多义词，为了使用方便和表义准确，词语的意义更加细化，现代汉语双音化发展的趋势更加显著；(3)词根和词根结合的构成方式与短语和句子结构基本一致；(4)跟韩国语不一样，汉语属于孤立语，没有形态变化，按照每个词的语序组合成语法上的关系；(5)汉语具有声调，声调也具有语义区分功能，音节结构一样的词语按照轻声的有无和声调变化表义也有所不同；(6)现代汉语量词丰富，每个量词可以表现事物的特征和性质，量词在韩国语语法中是名词或不完全名词，没有汉语的量词那么多样化；(7)因为汉语词汇中词根丰富，汉语中吸收的外来语较少。

1.3.2 韩国语汉字词的特点

汉字词在韩国语词汇中占据着一半以上的分量，范围很广，从三国时代以来沿用至今，是韩国人语言生活中很重要的一部分。汉字属于表意文字。所以，作为文字使用时，很多情况下要首先了解文字的含义。但是，由于这些汉字词都使用了漫长的岁月，所以很难区分其固有义以及引申义。韩国语汉字词的基本特点为：(1)韩国语汉字词中同音异义词很多，在掌握其含义时会存在一些困难；(2)大多使用繁体字，而非简体字或缩写形式；(3)使用韩国特有的汉字读音来读；(4)主要用于专业领域；(5)具有两面性；(6)韩国语汉字词中有很多与中国和日本使用相同的汉字。

汉字词中的同音异义词很多，所以在掌握其含义方面存在困难。例如，“意义”和“异义”两个词在韩国语都表示为“의의”。这时，如果在后面添加了汉字，则可以轻松区分。或者也可以根据句子的前后语境进行判断。另外，韩国语的汉字词具有两面性，这指的是，汉字词同时具有中文的性质以及韩国语的性质。

汉语词和韩国语的汉字词即便字形形态和含义相差无几，但是在发音上却有很大区别。正因为汉语和韩国语具有相同的汉字，却有着不同的发音，韩国学生在学习和使用汉语词汇时，会在发音和书写方面产生混淆。

---

① 关于汉语词和韩国语汉字词的基本特点，笔者结合自己的认识并分别参考了河贤智(2012)和한홍민(韩宏民，2013)的部分观点。

现代汉语词汇以双音节词为主，而韩国语更多的是多音节。汉字词大都使用繁体字，多用于报纸、学术研究等专业领域。正因存在以上不同之处，韩国学生在学习中文时可能会遇到不少相应的困难。

1.4 中、韩同形异义双音词对比分析

1.4.1 同形完全异义词

中韩同形异义词中，比重最大的类型是形态相同，但词义部分不同的同形部分异义词，一般来说，汉语词汇中具有更多韩国语汉字词中没有的义项；其次是两种语言的意思完全不同的同形完全异义词。

新 HSK1—3 级中同形完全异义的词语主要有：放心、工作、结束、经理、礼物、汽车、清楚、事情、说话、洗手、小心等。

中韩同形异义双音词中字形完全一致，但意义不同的同形完全异义词数量不是很多，如表 7-3-1 所示：

表 7-3-1 同形完全异义词

意义 词语	中文意义	韩文意义
放心	心绪安定，没有忧虑和牵挂。	心里安心，没注意到其他事，大意，疏忽，指粗心的、大意的。
	例：女儿安全回到家，妈妈才放心了。 딸아이가집으로안전하게돌아오자, 어머니는그제야안심했다.	例：어머니가방심한사이에딸아이가사 라져버렸다. 不大会儿女儿就不见了。
工作	作为名词用有工程、业务、任务、职业等意思。	土木，建筑，制作；为了一个目的使用奸计。
	例：你找工作了吗？ 일자리구했나요?	例：原来他是一个特殊情报员。 알고보니그사람은특수공작원이었다.
何必	用反问的语气表示不必。	表示“为什么”，“为何”。
	例：何必多言？ 구태여말할필요가있나요?	例：왜하필지금이야?? 为什么现在呢？
合同	为了确定各自的权利和义务而订立的各自遵守的条文。	集体，一起，一搭，一块儿。
	例：在合同上已签名了。 계약에서이미서명하였다.	例：합동결혼식으로진행되었다. 把婚礼典礼一块儿进行了。
结实	强健，坚硬，牢固。	果实，成果。
	例：桌子做得很结实。 책상이아주견고하게만들어졌다.	例：결실을얻다. 取得成果。

续表

词语＼意义	中文意义	韩文意义
礼物	为了表达祝福和心意或以示友好，人与人之间互赠的物品。	彩礼，婚礼程序之一，又称定亲财礼、聘礼、聘财等。
	例：礼物都包含送人的心意。 모든선물에는선물하는사람의마음이담겨있다.	例：지금은예전만큼결혼예물을중요시하지않는다. 现在没那么重视结婚彩礼。
汽车	汽车。	火车，机车。
	例：咱们开汽车过去吧！ 우리자동차타고가자!!	例：기차오랜만에타본다!! 好久没坐过火车！
清楚	清楚，指清晰；明白；有条理。	清秀，清丽，指美丽而不俗气，清异秀出：美好不俗。
	例：他对教育了解得很清楚。 그는교육방면에대해잘알고있다.	例：她长得很清秀。 그녀는청초하다.
事情	人类生活中的一切活动和所遇到的一切社会现象。	求情，请求，恳求，请求对方答应或宽恕。
	例：他最近事情很多，没时间吃饭。 그는요즘일이너무많아서밥먹을시간도없다.	例：간곡하게사정해보았지만거절당했다. 苦苦求情可被拒绝了。
一切	所有的，全部，一体的意思。	极其，全然地，断乎的意思。（一般适用于不好的情况）
	例：希望一切都顺利。 모든것이순조롭기를바랍니다.	例：그는일절말하지않았다. 他断乎不说。

说明：表中何必、一切、结实、合同等不属于 HSK1—3 级词汇，但在日常生活中使用频率较高，故列举。

通过表 7-3-1 可知汉语词和韩国语汉字词的同形完全异义词不仅意义不一样而且词性和句法功能也有很大的区别，比如表中的“结实”：汉语里面表示“强健，坚硬，牢固”，在“桌子做得很结实”中是形容词做补语；韩语里指“果实，成果”，在句子“取得成果결실을얻다”中名词“成果”做宾语。

这些同形异义词大都是从中国流传过去的。汉语中的词语随着时代发展、社会的变迁以及民族的融合等诸多因素的影响，词义也逐渐发生了引申变化；但是这些借入韩国并一直使用的汉字词却保留了中国古代词语借来时的原意，这也是造成今天这种差异的主要原因。

还有一部分同形完全异义词是由于它们本来的意义就不一样，所以也会造成学生学习汉语时的困难。韩国学生在学习这类词语的时候，很可能会产生母语知识上的负迁移，因为在学习汉语之前已经接触过汉字词，并且习惯了韩语里面的意思和用法，所以当他们学用汉语时很容易利用自己原有的知识习惯来对待这类词，从而造成偏误。

1.4.2 同形部分异义词

同形部分异义词为词形相同而意义部分不同的词语，即词语在汉、韩两种语言中意义和用法有同有异。主要分为两种：一种是具有中文、韩文共同意义，但韩文意义更为丰富，如表 7-3-2；另一种同样具有中、韩共同意义，但中文意义更为丰富，如表 7-3-3。在教授同形部分异义词的时候要多考虑二者在韩国语中没有的意思和中韩共同的意思，既求同又存异。词例如下：

表 7-3-2 同形部分异义词(韩语义项多)

意义 词语	中、韩共同意义	中、韩不同意义
		韩文意义
作者	文章的写作者，艺术品的创造者。	佃夫，会买东西的人，人家。(包含看不起别人的意思)
	例：我最近在读《活着》，作者余华。 최근에余华작가의 책《活着》를읽고있어요.	例：저작자좀보아라. 看看这户人家。
选手	多人中挑选出来的能手，指参加体育的人，能手，老手。	恋爱的高手，花花公子。
	例：민호는배드민턴선수이다. 敏浩是羽毛球选手。	例：저남자애는선수야. 这个男孩儿就是恋爱的高手。
时间	时钟上、日历上的具体的年、月、日、时、分。	空儿，时间。
	例：上课时间 수업시간	例：다른생각할시간이없다.没有胡思胡乱的时间
快乐	感到高兴，欢乐。	感性的满足，欲望的充足，愉悦。
	例：新春快乐 새해복많이받으세요	例：정신적쾌락 精神上的愉悦
阶层	指出身于不同阶级的人和社会集团。	楼梯，阶梯，阶段。
	例：他属于富裕阶层。 그는부유층에속한다.	例：계단을이용해서올라가야해요. 还要走楼梯上去。

表 7-3-3 同形部分异义词(汉语义项多)

意义 词语	中、韩共同意义	中、韩不同意义 韩文意义
出口	围起或封闭的地方或空间通向外面的通道、门或口儿,运货出国。	话说出来。
	例:我们快找出口吧! 우리빨리출구를찾자!	例:她出口就是假话,不能相信。
失手	不是故意地伤害人。	指手没有把握好,造成不好的后果。
	例:人有失手,马有失蹄。 원숭이도나무에떨어질때가있다. 누구나실수할수있다.	例:失手把钥匙掉进水中。
人家	人住的地方,民家,民宅。	指说话人或听话人以外的人; 指某个人或某些人;一家人。
	例:山前有几户人家。 산앞에인가가몇가구가있다.	例:人家孩子性格很好。
所有	占有,有支配权。	全部,一点儿也不剩下。
	例:这辆车为我所有。 그자동차는내소유입니다.	例:所有人都同意了。
不过	指明范围;只,只是,仅仅。	表示转折。
	例:这不过是一件小事。 이건작은사소한일일뿐이다.	例:我喜欢他,不过不喜欢他的习惯。
一定	规定的,确定的,固定不变。	必然,必定,定然。
	例:没有一定的模式 일정한 양식이 없다.	例:这次答辩你一定要参加。 이답변에꼭참가해야 한다.
意思	思想内容,意见;愿望。	指礼品所代表的心意,指表示一点心意. 情趣;趣味。
	例:我懂你的意思。 나는너의생각을이해한다.	例:这本书没有意思。 이책은재미가없다.
丈夫	成年男子。	男女两人结婚后男子是女子的丈夫。
	例:无毒不丈夫。 독하지않으면대장부가아니다.	例:他是我的丈夫。 그는내남편이다.
便宜	方便合适;便利。	价钱低。
	例:宿舍旁边超市、医院、学校、银行都有,很便宜。 숙소주변에슈퍼, 병원, 학교, 은행이 다있어서편리하다.	例:现在促销活动,价格很便宜。 세일하고있어서, 가격이엄청저렴하다.

通过上表可以看出，中、韩同形部分异义词，意义上具有包含的关系，比如：“选手”在汉、韩语里都表示挑选出来的能手，如“比赛选手”“羽毛球选手”；而在韩语里面还有“恋爱的高手，花花公子”的意思。如：저남자애는선수야.（这个男孩儿就是恋爱的高手。）

韩国学生学习汉语的时候特别应该关注这些同中有异、有同有异的汉字词。教师在教授这类词的时候应该格外注意到同形异义词意义上的差异，对共同词义的教学，应给学生正确的提示；对于差别的意义要有针对性的大量练习，举例精准，搭配合理。

1.5 同形异义双音词异义的原因

韩国语中使用的汉字词大部分起源于中国，但是在音韵、词形、意义上，韩国语汉字词和汉语词呈现出相当不同的面貌。初期差距不太大，目前，韩国和中国使用的汉字词中，词形和意义相同的也有一部分，这是由于这些词在历史的变迁过程中稳定地保存和传承了下来。因此在两种语言之间还有同形同义双音节汉字词。

随着时间流逝，汉字词使用范围从固有名词扩大到表达一般的、抽象的概念、表形态特征以及动作行为的词，逐渐在韩国语体系里扎根，于是汉字词的外来语属性逐渐磨灭消失。韩国语中的汉字词逐渐开始异质化。韩语汉字词和现代汉语之间产生异义词的原因本质上是语言本身具有的可变性，随着时间的推移、社会的发展会出现新的词语，新词产生，旧词消亡，词义的演变，最终导致现代汉语和韩语汉字词之间也产生了相当一部分异义词。伴随着汉字与汉字词的演变，原来使用相同意义的汉字异质化，产生了形态相同但意思不同的同形异义汉字词。

这一现象一直存在。特别是甲午改革时期（1894），韩国通过日本接触到西方文化，受其影响，韩国语快速地接受了日本汉字词。因此，逐渐出现了以前从中国借用的汉字词被日本汉字词替代的趋势。例如，火车→汽车，轮船→汽船，上午→午前，下午→午后，德国→独逸，法国→佛兰西，德律风→电话，等等。

中韩两国使用的汉字词中，词形相同的汉字词在汉语中由于词义演变发展产生新的含义，而在韩国则仍保留原来的意思。例如，“讲义”的本义是“讲授学说或书的内容意义”。在韩国使用“讲义”的基本义，在中国则使用的是“为讲课而编写编辑的资料、教案和教材等”的含义。此外，“交代”“老婆”“放心”“成就”“颜色”等也具有相似的用法。

随着时间的流逝，有的词语逐渐消亡或被新词替代，有的词语由于社会生活的发展或新的需要而生成新的意思。汉字词最初通过中国传到韩国，经过千百年历史演变，韩国语本身意义发生变化；汉语词汇意义也随着社会变迁历史发展而产生变化。因此，韩国学习者在学习汉语时，往往将汉语词的意思理解为韩国汉字词的意思。这样看来，对两国汉字词意思用法的比较研究就显得十分重要。

2. 中、韩同形异义双音词偏误调查分析

2.1 调查对象

上节在对韩国语汉字词和汉语词加以对照考察的基础上，明确了同形异义双音词的概念和分类，并对中韩同形异义双音词进行了对比分析。由于词形相同且发音上具有相似之处，韩国学习者在遇到这类词时容易产生混乱，理解上受到影响，使用上出现偏误。本节有针对性地设计了问卷，调查韩国学习者对于同形完全异义词和同形部分异义词的理解和使用情况。问卷调查所涉及的单词属于汉语日常生活词汇，以有学习中文经验的韩国学习者为对象，主要是考虑到学习过汉语并且有一定基础才会对这种汉、韩同形异义词有直观的感受。对调查对象年龄并未做特别的限定，从十几岁青少年到习惯于韩国语汉字词的五十岁以上的中老年不等。如表 7-3-4 所示：

表 7-3-4　调查对象的年龄段

选　　项	人　数	比　　例
10～20 岁	13	10.83%
20～30 岁	46	38.33%
30～40 岁	3	2.5%
40～50 岁	12	10%
50 岁以上	46	38.33%
本题有效填写人次	120	

在这 120 个调查对象当中，除了年龄层的分布不同以外，调查对象学习汉语的时间，达到的 HSK 水平也各不相同，分布统计见图 7-3-1：

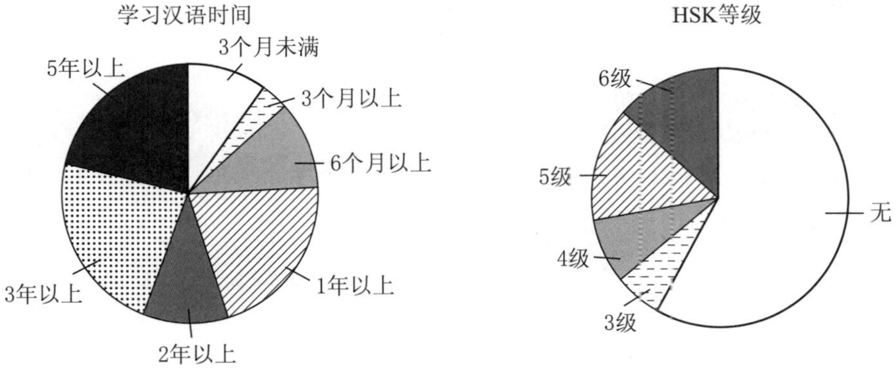

图 7-3-1　调查对象学习汉语的时间和 HSK 水平分布

在 120 名调查对象中，20 多岁的和 50 岁以上的占比最大；学习汉语的时间不到 3 个月的有 12 名，3 个月以上的有 4 名，6 个月以上的有 13 名，1 年以上的有 25 名，2 年以上的有 13 名，3 年以上的有 28 名，5 年以上的有 25 名；从汉语水平来看，有刚开始学习汉语的初级学习者，也有较长时间学习汉语的中、高级水平的学习者；根据调查对象自我判定，①汉语水平属于初级的有 51 名，属于中级的有 56 名，高级的有 13 名。调查对象中有 50 名拥有 HSK 证书，其中 3 级水平的 7 名，4 级 10 名，5 级 17 名，6 级 16 名。

2.2 问卷设计及调查

2.2.1 问卷设计

问卷内容是将同形异义分为同形完全异义词和同形部分异义词两类，了解韩国学习者学习中文时，对于哪一类的词汇更加容易混淆。主要以客观题和主观题两种形式进行调查，问题数量考虑到被试的接受度，设置了同形完全异义词 11 题、同形部分异义词 11 题以及自由叙述对同形异义词汇难度的理解 1 题。为了了解同形异义对学习者词汇学习造成的影响，测定学习者对同形异义理解的准确性，选取了日常生活中使用的代表性单词设计问题。问卷中同形完全异义的词语是现实生活中经常使用的，并且韩国学习者所认为的韩国语汉字词的意思和汉语词的意思差异较大的一类词。采用单选题的方式，让调查对象选出韩国语汉字词的意思或汉语词的意思。

2.2.2 问卷调查

本调查从寻找和选取调查对象及调查场所、进行调查到分析调查的内容共持续了将近 30 天的时间。本次调查采用线上线下相结合的方式，调查步骤如表 7-3-5 所示：

表 7-3-5 调查步骤

第一	对象	寻找并联系开汉语班的市文化中心以及培训中心
	形式	现场访问与电话联络
	内容	关于问卷调查能否进行，提前得到市内文化中心学习中文的中、高级班的老师和汉语培训中心许可
第二	对象	汉语中心与市内文化中心汉语中高级班
	形式	书面问卷
	内容	介绍并详细说明有关问卷调查的主要内容 同时实施问卷调查
第三	对象	学习汉语的韩国同事、朋友或熟人
	形式	用软件调查
	内容	填写问卷调查内容并共享

① 调查对象对自我汉语水平的判定除了已获得 HSK 等级证书者之外，存在一定的主观性，特别是中级水平的判定。那么在自我判定的基础上结合调查者的排查，初级和高级水平容易判定，其余属于中级。

2.3　调查结果统计分析

通过问卷回答结果可知调查对象的汉语水平越低，他们对韩国语汉字词的依赖性越强。特别当词语为同形异义词时，被试理解为韩国语汉字词的比率偏高，这更多的是因为受到母语的影响。另外，从调查结果可以看出，调查对象对同形完全异义词的理解，正确选择的比例较高，这与调查前的设想有一定的出入。不过，调查对象对同形部分异义词的理解，正确选择和错误选择比例相当，均匀分布。但是对于同形部分异义词，多数调查对象只知道其中一个意思或具有代表性的意思。

2.3.1　偏误类型

为了保持客观性，笔者在分析调查结果时依照答错率高低先选出有关同形完全异义词的答错比率高的前3道题和错误比率低的后3道题，然后进行分析。

表 7-3-6　“点心”的理解

选　　项	小　计	比　　例
점심(午饭)	44	36.67%
과자(糕饼)	76	63.33%
本题有效填写人次	120	

该题目属于同形完全异义词。向调查对象提问了对于“点心”的理解。在韩国语中“点心”表示中午吃的午饭。而现代汉语中“点心”指糕点之类不属于主食的食品。因其字形相同而意义不同，熟悉韩国式汉字而将“点心”理解为韩国式读音的应答者为44名，占总调查人数的36.67%。这个数字告诉我们，韩国语的汉字在韩国人学习汉语时有一定的影响。

表 7-3-7　“经理”的理解

选　　项	小　计	比　　例
사장님(老板、社长)	83	69.17%
경리(会计员)	37	30.83%
本题有效填写人次	120	

“经理”韩国式的读音为gyeongli，有两个义项，一是表示经营或管理某种事的人；普遍常用义是二，在某单位或机关担当管理物资或金钱出纳的办公工作人员，相当于“会计员”；而在汉语里意思是企业或公司中负责经营管理的人。问卷中有37名相当于30.83%的人回答为韩式读音，选择韩式定义。

表 7-3-8　“老婆”的理解

选　项	小　计	比　例
노파(老媪,老大娘,老奶奶)	35	29.17%
아내(妻子)	85	70.83%
本题有效填写人次	120	

“老婆”中文意为妻子,而在韩国语里面意思是老大娘或老奶奶。大多数的学生正确理解了该词的真正意义,而 29.17%的学生还将汉语中“老婆”的意思误解为韩国式读音提示的意思,即老奶奶。

接下来要分析的部分是同形完全异义词中答错率最低的 3 道题。

表 7-3-9　“告诉”的理解

选　项	小　计	比　例
고소하다(起诉)	19	15.83%
알려주다(告知)	101	84.17%
本题有效填写人次	120	

“告诉”汉语中常用义泛指传达内容,说给人,使人知道。而韩国语的汉字词是法律用语,意思犯罪受害者或其他告状人将犯罪事实申报于侦查机关后,要求有关调查和对犯人的起诉。该词的中文意思和韩国汉字词意思之间相差太大,学生在学习时将词语的意思搞混的可能性较低,因此答错率也较低。

其他还有,汉语的“想念”意为思念,希望见到;韩国语汉字词的意思为心里怀着各种想法。有 16.67%的调查对象回答错误。“说话”用韩式读音解释该词语意为传说,将未曾发生过的事情逼真有趣地创作为故事,民族之间传承的神话、传说、民间故事等。调查对象中 17.5%答错该题。调查可见,学习汉语的韩国人对同形异义词的理解程度,答错率分布在 15.8%至 36.6%之间,即大约六分之一到三分之一的学习者在遇到同形完全异义词时会出现偏误现象。

关于同形部分异义词的理解程度,下面按照理解度偏差大小选出理解度偏差最大前 3 题和理解度偏差小的后 3 题进行分析。

表 7-3-10　第 17 题“简单”

选　项	小　计	比　例
긍정하다(肯定)	5	4.17%
공개하다(公开)	9	7.5%
간단하다(简便)	99	82.5%

续表

选　　项	小　计	比　　例
단단하다(坚硬)	9	7.5%
평범하다(一般)	18	15%
없음(无)	2	1.67%
本题有效填写人次	120	

“简单”这一单词有简便，单纯，平凡，不细致等多种意思。大多数被调查者认为“简单”即简便的意思，而认为其意思为“朴素，一般”的被调查者占比约 15%。由此可见，学习者会因韩国式汉字与中文发音相似而对中文里同形部分异义词产生错误理解。

表 7-3-11　第 19 题“开放”

选　　项	小　计	比　　例
(꽃이)피다(花开)	25	20.83%
(문을)열다(开门)	7	5.83%
개방하다(张开)	105	87.5%
외향적이다(外向)	19	15.83%
(폭죽을)터뜨리다(点放)	7	5.83%
없음(无)	2	1.67%
本题有效填写人次	120	

“开放”有张开，花开，解除限制等意思。87.5%的被调查者认为这一词语只有“张开”的意思，而理解为“花开”这一意思的被调查者约占 20.83%。这一词语也因与韩国式汉字的读音相似而对学习者的理解有一定的误导，致使大多数学习者的记忆中只保留“张开”的意思。

表 7-3-12　第 20 题“告白”

选　　项	小　计	比　　例
하얗다(白色)	10	8.33%
마음속에숨기고있던것을털어놓다, 토로하다(告白)	88	73.33%
공고하다, 공시하다(公示)	18	15%
구애하다(表白)	22	18.33%
없음(无)	3	2.5%
本题有效填写人次	120	

汉语的“告白”有两个义项，一是名词，对公众的声明或启事；常用义是二：说明，表白。被调查者中认为其意思为“将心里隐藏的事说出来(表白)”的人有73.33%，而认为其意思为“公告或公示”的只有15%。

以上是对同形部分异义词中理解度偏差最大的前三个词语的分析。从数据可以看出，同形部分异义词具有的共同意思和其他意思之间的选择差比至少是58.33%，最多可达67.5%。可见，多数学习者能记住和使用词语的共同意思或基本常用意，而对于不常使用的其他义项，难以在日常交际或阅读中将其激活。接下来再看多义词中学习者理解度偏差最少的3个词语。

表7-3-13　第22题“肯定”[多选]

选　项	小　计	比　例
틀림없다, 반드시, 꼭(一定)	75	62.5%
정이많다(多情)	11	9.17%
긍정하다, 인정하다(认定)	57	47.5%
결정하다(决定)	11	9.17%
없음(无)	5	4.17%
本题有效填写人次	120	

关于“肯定”，认为其意思为“准确，一定”的人有62.5%，而选择意思为“认定”的人有47.5%。“肯定”属于新HSK4级词汇中的词语，学习者较为熟悉，加之在日常生活中频繁使用，从而对其理解度也较高。

表7-3-14　第23题“单位”[多选]

选　项	小　计	比　例
단단하다(坚硬)	6	5%
자립하다(自立)	11	9.17%
단위(单位)	82	68.33%
입지를굳히다(营造)	9	7.5%
기관(부서)(机关/部门)	53	44.17%
없음(无)	3	2.5%
本题有效填写人次	120	

“单位”是具有“单位”和“机关，部门部署”两种意思的同形部分异义词。调查发现，回答为“单位”的人有68.33%，回答为“机关部门”的有44.17%。这一数据显示人们对这两种意思都有所掌握，但理解程度上仍然存在差距。

表 7-3-15　第 24 题“水平”[多选]

选　项	小　计	比　例
물이차오르다(水漫)	7	5.83%
평평하다(平衡)	7	5.83%
수평(横向水平)	66	55%
수준(水平)	84	70%
저울(秤)	4	3.33%
없음(无)	2	1.67%
本题有效填写人次	120	

“水平”有“横向水平”和“水准”两种意思。值得注意的是，由于用韩式的读音读该词时，本就有“横向水平”的意思，调查结果却与预期相反，应答者对汉语中经常使用的“水准”这一意思，反而理解得更加透彻。“水平”属于 HSK3 级词汇，学习者使用频率较高。

偏误是对目的语语言项目的正确形式或规则的偏离，这种错误自成系统，具有规律性，学习者难以自觉发现并纠正，因此常常会重复发生，反映了中介语的状态和实际语言水平。偏误分析有助于发现第二语言习得的过程和规律，是中介语研究的重要手段，其具体的研究成果为教学活动提供了真实的反馈和有力的依据，减少了部分教学实践的盲目性和随意性，增强了针对性和科学性，因此也是目前第二语言教学不可或缺的研究方法。

通过以上的调查问卷结果分析可知，同形异义词语的偏误类型可以大致归纳为误代和遗漏两类。一是误代，就是汉、韩同形偏误。如汉语的“经理”表示“是企业或公司中负责经营管理的人”的意思，但是韩国汉字词里面表示“会计员”的意思，30.83%的学生答错了。再如“点心”在汉语里面表示“糕点”，但韩语里面表示“午饭”的意思，36.67%的学生出现了偏误。这种明显的偏误现象是由于同形异义词具有相同词形，但词语的意义完全不同，有很大差别。因此学习汉语的韩国学习者不由得会发生混乱而形成误代这一类型的偏误。

二是遗漏，语义偏误。笔者在进行问卷调查之前认为同形完全异义词语的偏误率会比同形部分异义词语更高一点。但调查结果显示，同形部分异义词语的偏误率比同形完全异义词语的偏误率反而更高。因为同形部分异义词具有除了在汉语和韩国语中具有共同意义之以，更难以把握的是汉语和汉语不同的意义和用法，因此学习者比较容易遗漏词语的义项从而造成认知偏误。

2.3.2　偏误成因

对同形部分异义词完全正确理解的具有同样的比率，而调查结果显示的是只有一边的纵轴耸立的现象。可见，学习者学习单词时主要记住了关键性的意思，对这些意思的理解基本来自对汉字的韩国式读音的理解。结束问卷时，对问卷的难度进行了反馈调查。结果表明，认为难度很高的有 21 名，占总人数的 17%；认为较难的有 23 名，占 19.17%；认为难度一般的有 62 名，占 51.67%；认为容易的有 10 名，占 8.33%；认为很容易的有 4 名，占 3.33%。可见大多数被试认为本次问卷调查所设置的问题都有一定难度。韩国学习者普遍认为同形部分异义词的理解难度远高于同形完全异义词。认为部分异义词有难度的人列举的理由是其意义多样，难以分辨，既要了解词语的中心义，又要了解其他意思。学习者往往只记住多义词的常用义项，只知其一不知其二，这样在学习和使用过程中极易发生错误。

第二语言学习者的偏误有多方面的原因。有的偏误是由一种因素造成的，有的则是多种因素共同作用的结果，有的甚至难以明确到底哪一种或哪几种因素导致的。这里主要从两个方面进行分析。

首先是母语的负迁移。母语的知识和规则对汉语学习产生的干扰作用是比较常见的偏误根源，特别是在初学者身上体现得尤为突出。由于韩国学习者已经习惯于韩国式的汉字词，从而学习汉语词语时很容易混淆。尤其是同形完全异义词：汉字的字形完全一致，但表示的意义不一致会带来语言干扰的现象。同形异义词不仅汉字的字形一样，连读音也相似。由于读音相似，这让学习者最先想到的是韩国汉字词的意思。

其次是教材问题。相对于同形完全异义词，同形部分异义词表现得尤为明显。同形部分异义词具有汉韩共同的义项以及不同的意义用法，但是一般在教材里多义词只强调词语的常用的主要意义，其他义项都被忽略了。因此有可能让学习者不能完全掌握这种一词多义。

对教师来说，要注意学生在学习同形完全异义词和同形部分异义词时，应列举简明的用例，以便于充分地了解到词语的各个义项。关于解决偏误对策，笔者认为：首先，搜集偏误语料。具体的偏误来源一是学习者的书面表达；二是学习者的口头表达，搜集的目的是总结归纳概括出偏误的种类及其原因等；然后，将偏误语料根据错误的表现分门别类进行整理，经过剔除和筛选之后，将不同性质的知识点偏误划分为不同的类别，具有共性和内在有机联系的偏误归为一类，进而有针对性地进行纠偏和防偏。教师在讲解偏误问题时，可先预警偏误现象，再加以纠正。

2.3.3 统计相关性分析

2.3.3.1 个体的正确个数与水平的关系：

为探究每个人的答题正确率是否与语言水平等级有关，利用 SPSS 进行二者卡方检验，具体结果见表 7-3-16：

表 7-3-16 Chi-Square Tests

	Value	df	Asymptotic Significance(2-sided)
Pearson Chi-Square	67.908[a]	40	0.004
Likelihood Ratio	74.663	40	0.001
Linear-by-Linear Association	10.066	1	0.002
N of Valid Cases	120		

a. 60 cells(95.2%) have expected count less than 5. The minimum expected count is 0.11.

表 7-3-16 所示，P＝0.004＜0.05，故认为每个人答题的正确率与语言水平不相互独立，二者存在一定的相关关系。

2.3.3.2　个体的正确个数与学习汉语时间的关系

数据显示，在调查人群中，大多数人学习汉语至少一年，共 91 人，约占总人数的 75.8%，其中学习汉语三年以上的人数最多，有 28 人。学习汉语三个月以上的人最少，共 4 人。学习汉语 3 个月以下最多可回答 9 道题，3 个月以上最多答对 10 道题，1 年以上最多答对 17 道题，而 3 年以上最多可答对 21 道，基本完全正确。这表明学习汉语时间越长，答对的题目可能越多。

由于多选题情况较为复杂，我们用单选题的统计结果来验证个体的答题正确率是否与学习汉语时长有关，利用 SPSS 进行二者进行卡方检验，具体结果如表 7-3-17 所示：

表 7-3-17　Chi-Square Tests

	χ^2 值	df	Asymptotic Significance(2-sided)
单选题正确率	88.121[a]	60	0.010

表 7-3-17 中单选题正确率的 P 值为 0.010＜0.05，这表明单选题的正确率与学习汉语的时间不相互独立，二者具有相关性。

2.3.3.3　水平和难易度的关系

表 7-3-18　语言水平＊难易程度交叉统计表

语言水平	难易程度					合计
	很难	难	一般	容易	很容易	
初级	14	16	20	1	0	51
中级	4	7	38	4	3	56
高级	3	0	4	5	1	13
合计	21	23	62	10	4	120

由表 7-3-18 可知，在语言水平为初级的人中，超过一半的人认为这份问卷比较难，其中有至少三分之一的人认为很难；在语言水平为中级的人中，多数认为这份问卷一般；在语言水平为高级的人中，多数认为这份问卷容易，甚至是很容易。

2.3.3.4　单选题正确率与多选题正确率的关系

由图 7-3-2 可看出，单选题的正确率普遍高于多选题的正确率，只有极个别人多选题正确率高于单选题。

为检验单选题正确率和多选题正确率是否存在统计学意义上的差别，对这两组数据进行配对样本 t 检验，具体结果如下表。

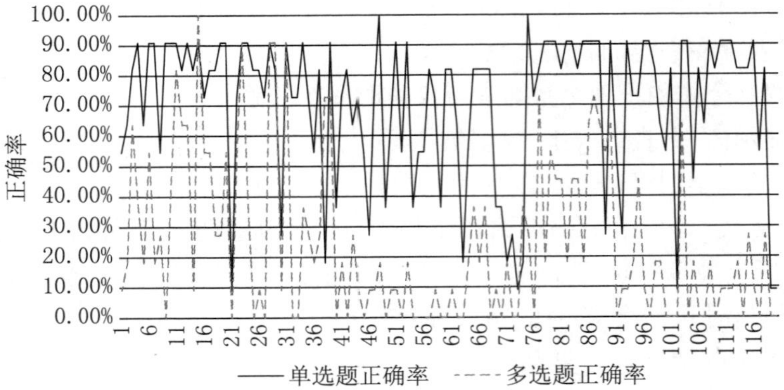

图 7-3-2 单选、多选正确率对比统计图

表 7-3-19 Paired Samples Statistics

		Mean	N	Std. Deviation	Std. Error Mean
Pair 1	单选正确率	0.705 7	120	0.245 33	0.022 40
	多选正确率	0.242 7	120	0.266 44	0.024 32

由表 7-3-19 可知，单选题的平均正确率高达 70.57%，而多选题的平均正确率，只有 24.27%，明显低于单选题。

表 7-3-20 Paired Samples Test

		Paired Differences			95% Confidence Interval of the Difference				
		Mean	Std. Deviation	Std. Error Mean	Lower	Upper	t	df	Sig. (2-tailed)
Pair 1	单选正确率—多选正确率	0.463 00	0.289 03	0.026 38	0.410 76	0.515 24	17.548	119	0.000

表 7-3-20 是配对 t 检验结果，其中 $t=17.548$，$P=0.000<0.05$，表明单选题正确率与多选题正确率的差别具有统计学意义。

总之，通过问卷回答结果可知调查对象的汉语水平越低，他们对韩国语汉字词的依赖性越强。特别当词语为同形异义词时，被试理解为韩国语汉字词的比率偏高，这更多的是因为受到母语的影响。另外，从调查结果可以看出，调查对象对同形完全异义词的理解，正确选择的比例较高，这与调查前的设想有一定的出入。不过，调查对象对同形部分异义词的理解，正确选择和错误选择比例相当，均匀分布。但是对于同形部分异义词，多数调查对象只知道其中一个意思或具有代表性的意思，有的学习者认为单词的意思中只知道或者经常使用一种就可以了，还有的学习者认为单词的意思多样，要了解越多出现混淆的情况越多；从另一角度来看，汉、韩同形部分异义词的意思具有同有异，学习者在学习时更有兴趣。

3. 教 学 建 议

韩国语和汉语中，中韩同形词所占比例较高，这给韩国学习者带来了便利，但还有部分词汇，韩语词和汉语词之间没有一一对应关系，因此会产生负面的影响。尤其是同形异义词，引起错误的可能性比较大，这是学习、教学中应予以重视的地方，使用相同的汉字，但是意思完全不同或意思和用法上有部分的差异等情况，给中文学习带来了混乱。

首先。明确韩国汉字词的概念及其对中文词汇学习产生的消极影响。为了明确这些词汇的差异，需要学者进行深入的科学研究，也需要教学者的关注。

第二语言学习者，尤其是学习的初期阶段，严重依赖母语的规则，有利用母语理解目标语言或借用母语对应目标语言的倾向，随着学习阶段的提高，会渐渐地掌握第二语言的规则。因此中文经验不多的初级学习者，在中文词汇学习时会受到母语的影响，而且在中韩同形词的使用中，学习者会自然地想起同形的韩国汉字词，因而受到直接的影响。这样先行学习的结果，在以后的学习中产生影响的就是学习转移(transfer)：以前的学习对以后学习起到有利的作用称作积极的转移(正迁移)，相反引起负面的影响，造成错误因素的情况称作消极的转移(负迁移)。一方面中文词汇和韩国汉字词的相似性为韩国学习者理解中文词汇时提供一定程度的便利，另一方面，显而易见的共同点反而会成为忽视不同点的原因从而引起偏误。

其次，直接性的词汇学习和间接性的词汇学习相结合。学习者学习词汇的方法可分为直接性的学习方式和间接性的学习方式。直接学习方法为熟悉词汇的意义，比较分析构词特点。在直接性学习方式中学习者的学习和练习集中于词汇，而其练习包括对单词词汇理解力提高的练习题，课堂活动时进行文中单词的猜测，进行词汇游戏等。间接的学习方式包括阅读或听力训练，基于文章中显示的信息非系统地学习生词。在间接的学习方法中，学习者的注意力会集中在说话人或写作者愿意提示的信息给予词汇以外的别的特征。直接词汇学习和间接词汇学习之间的关系不是很分明，而直接词汇学习对在一定的时间内提高理解力有明显的效果。然而，直接性的学习不能取代间接性的学习，要提高学习者的掌握词汇量需要有两种方法互相补充。

Saragi(1978)认为大部分的词汇通过间接的学习方式得以理解学习，并用实验结果加以证明，让学习者不使用词典而是读小说，然后进行生词的测试，结果显示应试人有 70％理解了生词的意思。可见，学习者间接学习词汇可以借读书或听力等方式，在文脉中推测出单词的意思并掌握推测的技巧。基于 Saragi(1978)的间接学习理论，让学习者在文脉中思索单词的意思，进一步地使学习者用学到的单词造句,并可应用于授课指导方针。

Clark, Nation(1980), Honeyfield(1977)等学者曾强调在学习语言的初级阶段,直接学习单词有很大的帮助;又主张说直接学习方式不是间接学习方式的替代方案。为提高学习者的词汇理解力,需要两种方法相互辅助。

第三,根据语境上下文推测词语的具体意义和用法。一词多义现象普遍存在,学习者可以利用上下文的头绪,推测出生词的意思和用法。母语使用者的这一学习方针第二语言的学习者也同样适用。在同形部分异义词的教学中,既要指出二者相同的义项,也要引导学习者关注不同的义项及使用情况。

第四,定期复习,反复练习。定期复习对学习词汇是必须的,原因在于:首先,人们对某单词或句子接触的次数越多,记住单词的概率也越高;第二,反复练习和学习可让学习者了解多义性的概念;第三,多样的复习活动使学习者能学习和了解有关词句社会语言变迁方面的知识。让学习者通过练习和应用将从同形异义词中学习得到的知识加以巩固,以此达到持续学习的效果,并且提高词汇的记忆力。

第五,中介语语言理论可指导应用于同形异义词的教学和学习中。中介语是为了达到目标语言的体系而借鉴自身拥有的多样的知识,建立对目标语言的假设,并验证其假设过程中的外国人学习者的临时性语言体系。Selinker(1972)曾指出对形成中介语产生影响的原因有母语转移、目标外语规则迁移、训练转移、外语学习策略、沟通策略等。研究中介语的方法可以通过分析学习者的话语和书面作文,据此分析中介语出现的偏误情况。跟其他所有的学习类型一样,学习语言也是在不断出错并修正的反复过程中而完成的。同样,经过不断地尝试练习,学习者能够更为准确地接近目标语。这样,建立新语言体系时产生的语言错误对促进第二语言学习很有帮助。因此,在同形异义词的学习指导方案中还包括了让学生亲自设计表演角色戏剧台词的活动项目。

另外,根据课堂教学并参考韩国学生学习汉语的过程中总结出的经验,韩国汉语学习者需要对汉、韩同形异义词有所了解。对于中韩同形完全异义词的学习而言,由于二者的意思用法完全不同,这就会给韩国汉语学习者带来困惑,学习过程中容易发生语言干扰的现象。面对这类词尽量不考虑已知的韩国语汉字词的意思,将其看作生词认真学习;而对于同形部分异义词来说,可以充分利用已经习得的韩国语汉字词,对照学习汉语中对应的词语,求同存异。

在教学上,应多举例。韩国学习者有一个显著的学习特点就是背单词能力强。因而,教中韩同形异义词的时候教师可以多举一些例子来详细说明,这样会给学生留下深刻的印象。其次,在课堂上制造用词环境,反复巩固练习。因为学生往往即使学会了这些词语的用法,但没有实际运用就容易忘记。如果教师在课堂上给学生创造模拟一些特定的语言环境,让学生利用自己已习得的词语进行对话,这样学生就可以主动说出来,而自己实际使用过的词语一般不容易忘掉。

本章小结

本章是双音词习得的国别研究，分别针对缅甸学生汉语双音词习得情况与学习策略、汉越词对越南学生学习双音汉语词的影响、韩国汉语学习者汉韩同形异义双音词习得的偏误问题加以分析。研究人员深入当地汉语教学第一线展开了调查、访谈及资料和数据收集工作，因此，理论依据较为真实可靠。

第一节主要采用问卷调查的方式，对比分析的方法，以缅甸仰光外国语大学汉语专业一年级学生作为调查对象，针对其汉语词汇量掌握情况和汉语词汇学习策略的使用情况，进行了定量和描述统计、方差统计。被试的200词词汇量测试结果显示，学生的成绩差距比较大，其中最好的正确率达96%，而最差的正确率仅33.5%，不及格率接近36%。经推算，一年级汉语专业学生所掌握的词汇量平均在1 000～1 100词之间，显然被试的平均词汇量基本属于初级阶段。词汇掌握能力测试中主要考察词为双音复合词，根据词汇量考察结果，选取正确率50%以上的汉语双音词来设计词汇能力测试题，词汇能力测试中的平均分数为76分。总体来说，仰光外国语大学汉语系一年级学生汉语词汇特别是掌握双音词的能力尚处于基础阶段。

从缅甸学生汉语词汇特别是双音词习得的五大策略的均值来看，均值最高的是活用策略，均值最低的是元认知策略。元认知策略的子策略中缅甸学生使用率最高的策略是自我调整策略，使用率最低的是制定计划策略；社会/情感策略的子策略中采用程度最高的是设定动机和目标自我激动策略，最低为克服不良情绪策略；资源策略的子策略中学生学习汉语词汇最愿意采用唱汉语歌，不常采用听广播；认知策略的子策略中学生经常采用母语策略，不经常用上下文策略；活用策略的子策略中学生在学习词汇时最愿意采用真实情境运用策略。

依据词汇量成绩，低分组学生学习汉语词汇时最常采用的策略是认知策略，最不经常采用的策略是元认知策略；中分组学生在学习汉语词汇时最倾向采用活用策略，最不倾向采用资源策略；高分组学生在学习汉语词汇时最愿意采用活用策略，最不愿意采用元认知策略。在元认知策略、资源策略和认知策略上，低、中、高三组被试者两两比较，差异不显著；在社会/情感策略上，中分组与高分组差异显著，低分组与高分组差异显著；活用策略上，高分组和低分组显著，其他两两差异并不显著。本书的调查结果对缅甸学生的汉语双音词教学的启示如下：

> 在元认知策略上，教师应注意引导学生在汉语词汇学习时制定计划，明确学习目标，并引导学生进行自我监督。在社会/情感策略上，教师注意引导学生多与汉语言社团交流，依据汉语词汇的实际情境，选择科学合适的教学材料，设计多元的汉语教学活动，激发学生汉语词汇的学习兴趣和热情；同时结合缅甸社会对汉语学习的需求、当前的“汉语热”，引导缅甸学生树立起良好的汉语词汇学习动机并进行自我激励，自我情绪调节；鼓励缅甸学生多交中国朋

友，了解中国的风土人情，形成良好的学习心态。在资源策略上，教师不仅要选择适合缅甸学生学习的汉语教材，而且可以把各种图片、多媒体试听说资料、网站资料、报刊新闻、电视节目、中文歌曲等资源引入到教学中，来帮助学生增加汉语词汇可理解性的输入，扩展词汇量，提高掌握汉语词汇的能力。在认知策略上，教师既要教会缅甸学生恰当地使用词典工具书的策略，而且也要引导学生利用上下文语境推测词义。在活用策略上，可设计各种情境并励学生积极参加汉语教学相关的各项活动，让学生体会汉语词语的用法。

第二节选择河内大学中文系二年级学生和河内国家大学下属外国语大学中国语言文化系二年级学生作为调查对象。对汉越词的研究是从越南两所大学共同使用的汉语教材《汉语教程》着手的。在前人研究的基础上，进一步探讨汉越词的历史发展、在越南语中的地位作用，并将现代汉语双音词与对应汉越词从词义、用法和词性上进行对比分析。就《汉语教程》来说，其中词义对应(用法上有的相同，有的不同，)占比最高，接近80%，其次是词义同中有异，词义相异最少。为了考察汉越词给越南学生学习汉语双音词带来的利与弊，充分利用汉越词的正迁移作用同时避免负迁移作用，设计了调查表，对河内大学中文系和外国语大学中国语言文化系二年级本科生开展调查；然后根据调查数据进行统计，对统计结果进行分析，得出结论，并在此基础上提出解决问题的建议。

数据显示，受试者的偏误类型多样，主要关于词义、词性、用法、色彩等问题，不仅混淆汉越音，甚至经常搞混汉语音，特别是在将越南语翻译成汉语时。而汉越词对学生运用汉语词时常犯的关于用法的偏误却没有产生太大影响。越南学习者对汉语词及对应汉越词的联系都有一定认知，不过两组受试者对汉越词的信任度明显有区别：河内大学组的学生每天在教材中看到汉越音，这使他们对汉越词产生一种依赖。一看到目标汉语词，大部分河内大学组的学生都立即倾向于对应的汉越词的义项；使用有汉越音注释教材的河内大学的学生在运用汉语词的时候，对跟该词相对应的汉越词相同的义项有更深的印象，看到某一汉语词，他们的大脑里立刻激活了该词的对应汉越词，并倾向于运用该义项来造句而忽略了其他义项。虽然对汉越词的把握比外国语组的学生好，但他们或多或少也受汉越词的影响，导致在用词造句的时候还混淆了汉越词意义和词语的真实意义，该比例明显高于外国语大学组。而对外国语大学的学生而言，汉越词只是学习汉语的辅助工具，在学习汉语时会起一定的作用。外国语大学组的学生对已学过的知识把握较好，能正确运用，但方式上缺乏灵活性，完成的句子内容跟教材里列举的例子十分相似。

可见，汉越词对越南学习者在词汇学习方面可以说利弊并存，可以发挥正迁移的作用，但同时也给学习者带来不少困难。在使用有汉越音注释的汉语教材学习汉语时应加以留意，刚接触与汉语的学生，如果适当运用汉越词帮助汉语词汇学习，会具有明显的效果；同时教材的错误及不周全也许会给学生带来负面影响，学习者在汉语词汇的学习过程中不应过于依赖汉越词。因此，为了避免学生受到汉语词负迁移的影响，获得最佳的教学效果，必须不断更新及改善教学方法。在汉语词汇教学的过程中，教师在修正、整理教材里面注释生词方式的同时，也要尽量让学生主动运用自己已有的汉越词认知经验，这样既能促进学生利用汉越词的正迁移作用，也能避免汉越词对学生所造成的负迁移作用。此外，建议教师在课堂教学过程中应该通过多种方式反复提醒学生注意汉语词与汉越词之间的差别，强调两者意义、用法、色彩等方面的异同并进行对比分析，来提高学生对词语的识辨能力。

第三节首先对汉语和韩国语中的同形异义词加以界定，根据HSK1—3级词汇表筛选同形完全异义和同形部分异义词语，以韩国学习者为对象，进行了问卷调查，测定学习者对同形异义词的理解程度；通过问卷调查的结果可以得出，韩国学习者对同形部分异义词的学习比同形完全异义词的学习遇到的语言干扰现象更多。最后，以调查结果为基础，提出适合韩国学习者的教学建议。

韩国学习者对于学习汉字词的心理负担小，在学习中具有更容易接受汉语的优势，韩国学习者比非汉字文化圈的学习者在汉语双音词的习得上有更多的便利；但同时韩国学习者有利用母语理解目标语言或借用母语对应目标语的倾向，这是韩国语汉字词对汉语词汇学习产生的消极影响。初学者在汉语词汇学习时容易受到母语的影响，看到汉语词会自然地想到对应的韩国语汉字词，往往因显而易见的共同点而忽视其差异。

鉴于此，建议在教学中首先明确韩国汉字词的概念及其对汉语词汇学习可能带来积极和消极的影响；其次，直接性的词汇学习和间接性的词汇学习相结合，熟悉词汇的意义，比较分析构词特点，结合阅读和听力训练扩充词汇量的积累；然后，让学习者学习运用上下文语境推测和判断词语的具体意义和用法；最后，设置场景，创造用词环境，定期复习，反复练习，不断提高词汇的识别和记忆力。

结　　语

本书把对汉语双音复合词历时研究放在认知的视角之下，揭示双音复合词衍生的认知机制；进一步探析汉语双音复合词的构词规律，揭示和分析认知规律在汉语双音复合词成词过程中的作用，梳理双音复合词的历史发展脉络，厘清复合词结构关系及词与词组之界限；对词的语义特征的描述体现了人类认知特点的多维释义结构，用意象图式及其隐喻、转喻等认知模式来说明一个词语相互关联的多个义项之间的关系，描述词的语义特征；对词义引申进行认知解释，通过事实表象，力求探索多义范畴产生的认知方式与动因，以说明人们是如何基于经验，通过隐喻、转喻等认知方式，在不同的认知域之间建立起连通关系，进而构成以家族相似性为范式的多义范畴系统；通过范畴层次与词语组配的选择性分析，说明汉语词汇双音化的发展倾向。本书还调查了汉语词汇化的事实，研究词汇化的类型、模式、机制和动因，通过词汇化和语法化的界面研究，来说明这两个演变过程的互动关系。从教学应用的角度，讨论了构词理据对双音复合词的识别和理解的影响。主体部分分为六章：

前三章从本体的角度出发，分专题探讨了以下几个方面的内容：联合式双音词中的反素副词与偏义复词的词汇语义和认知问题，包括反素副词的句法、语义、语用、篇章功能及其语法化和词汇语义的认知分析；现代汉语偏义复词的类别、语义结构和、功能特点及其形成机制。基于概念整合、物性角色论述动名两字组的组合关系：包括述宾式动名两字组整合度高低及层级分布、组合类型；偏正式动名两字组的物性关系及结构义，并通过实验和相关语料的分析统计来考察整合度高低对词汇习得的影响。带宾动结式与“形容词 + 得 + 程度补语”结构的认知分析：包括“VR + O”结构的语义组合情况，“VR + O”结构的分类、补语的选取及语义指向、动词的特征和物性角色及其对结构的影响、宾语的类型和物性角色、VR 的整合度；“形容词 + 得 + 程度补语”结构中形容词和补语之间的制约条件及其语法意义、表达功能和认知基础，考察了形容词特别是双音节形容词及程度补语的特征。

后三章是实证研究。从应用的角度出发，开展了相关的实验、测试、问卷调查及实地考察和访谈。也分三个专题：通过实验测试分析来华留学生汉语联合式与偏正式双音复合词识别的规律和特点，分别对联合式与偏正式复合词在不同启动效果下的反应时分析，考察首尾词素启动以及双音复合词语义透明度对词汇通达的影响作用。副词的习得对于将汉语作为第二语言的学习者来说是重点也是难点之一，而含同一语素同义单双音副词意义和用法更是容易引起习得上的混淆偏误，该专题通过收集语料考察含同一语素同义单双音节副词的对应关系、释义类型及偏误情况；进行问卷测试并加以统计分析，探讨形成含同一语素同义单双音节副词偏误的主要原因，提出相应的教学建议。双音词习得的国别研究，主要分别针对缅甸学生汉语双音词习得情况与学习策略、汉越词对越南学生学习双音汉语词的影响、韩国汉语学习者汉韩同形异义双音词习得的偏误问题加以分析。这三个国家在历史上和中国有较深的渊源，韩国和越南历史上长期受到汉语汉文化的影响，属于汉字文化圈；缅甸和越南一样和中国山水相连，缅甸两百多万华人积极发展华文教育，近年来华文教育的发展出现了新的变化，学习汉语的缅甸学生也越来越多，仰光外国语大学已经是系统性地将汉语作为第二语言教学的基地。三个亚洲国家的汉语学习者在双音词习得过程中有相似之处又有各自的特点。

关于欧美国家汉语学习者的词汇教学问题，陈绂（1996）、罗青松（1997）曾经分别针对学生汉语字词，主要是词语运用中出现的错误进行了调查、收集，从学习和教学两方面分析原因、提出对策。随着汉语国际教育的不断推广，时隔二十年之后，词汇教学已有很大的发展。由于条件所限，本书尚未针对欧美国家的汉语学习者进行专门的调查研究。欧美汉语学习者习得汉语双音复合词的调查散见于“汉语双音节词构词理据与留学生词汇习得调查分析”及“述宾式动名两字组整合度对词汇习得的影响”等部分内容中。关于非洲学生的汉语双音词习得问题，课题负责人和两名研究生曾针对本校预科学院的2015级和2016级初级水平预科生非洲学生为主要对象进行了初步调查，结果显示：在记忆策略上，非洲组和欧洲组之间不存在显著性差异，而亚洲组和非洲组之间存在显著性差异；采用适当的教学方法，非洲留学生（B）的词汇掌握数量从“能够讨论个人生活有关的话题”到“能够对一些基础性话题发表自己的意见和见解”所占比例（73％）明显高于对照组（C）46.7％（任晶晶2017）。母语拼音文字的汉语学习者双音复合词的习得特点值得进一步探讨分析，若将汉字文化圈和非汉字文化圈汉语学习者的双音词习得放在一起比较，必然会有更多的发现。这也是我们接下来要推进的课题之一。

在开展应用研究的过程中，课题组还针对汉语双音节词构词理据与留学生词汇习得之关系进行了调查分析。通过本次调查发现：（1）在构词语素均不陌生的情况下，词语的构词理据与留学生对词语的理解程度呈正相关，构词理据强，则留学生对于词义的理解相对容易；而词语的构词理据弱，理解起来存在更多的困难。（2）调查之前我们曾推测，对于一些蕴含中国文化特色的词语留学生也较难理解，但结果显示选择这一选项的数量是最少的（12.2％）。（3）在访谈中了解到，有些留学生自认为对某个词语理解是正确的，但其实与正确的词义大相径庭。（4）留学生对于词语的构词理据具有初步认识，虽然只是粗浅的了解，未经系统学习，但对于通过构词理据来学习词汇是有所诉求的（例如对于“目光”一词的解释，有的学生就从“眼里出来的光”推测到“看法”，已具有初步的理据意识）。与中国学生不同，留学生学习汉语不仅需要适应一套新的语言符号，还需要转换新的思维方式、新的语言规则，这并不是一件容易的事情。根据冯丽萍（2003）的研究，中级汉语水平的外国学生已经具有一定水平的语素意识，这种语素意识的发展来源于汉语水平的提高和汉语词汇量的积累，也来源于课堂上语言理论知识的讲解和训练。

但他们的汉语语素意识还处于发展的过程中，他们对合成词的词汇结构、对两个语素之间的语义关系还不敏感，在识别和记忆的时候大多习惯性地从整词出发，习得效果欠佳。

综上，汉语双音复合词本体研究和词汇教学研究联系紧密，相互促进、相互影响。结合学习的认知过程，分析学习者区分使用双音复合词的难点所在，考察造成习得偏误的难点与原因，有利于加强词汇教学的针对性。

参 考 文 献

【工具书部分】

阿利山德罗(Alexandre de Rhodes).《越罗葡词典》[Z].罗马出版社,1651.

北京语言学院语言教学研究所.《现代汉语频率词典》[Z].北京:北京语言学院出版社,1986.

北京语言学院语言教学研究所,《现代汉语频率词典》[Z].北京:北京语言学院出版社,2003.

岑玉珍、幺书君.《汉语副词词典》[Z].北京:北京大学出版社,2013.

侯学超.《现代汉语虚词词典》[Z].北京:北京大学出版社,1998.

雷航.《现代越汉词典》[Z].北京:外语教学与研究出版社,1997.

刘源.《现代汉语常用词词频词典》[Z].北京:宇航出版社,1990.

潘文阁.《汉越词词典》[Z].胡志明市:胡志明市出版社,2003.

陶维英.《汉越词典》[Z].胡志明市:文化通信出版社,2005.

王自强.《现代汉语虚词用法小词典》[Z].上海:上海辞书出版社.1984.

张斌.《现代汉语虚词词典》[Z].北京:商务印书馆,2001.

中国社会科学院语言研究所词典编辑室.《现代汉语词典》(第5版)[Z].北京:商务印书馆,2009.

中国社会科学院语言研究所词典编辑室.《现代汉语词典》(第6版)[Z].北京:商务印书馆,2012.

中国社会科学院语言研究所词典编辑室.《现代汉语词典》(第7版)[Z].北京:商务印书馆,2016.

郑怀德,孟庆海.《形容词用法词典》[Z].北京:商务印书馆,2003.

Oxford English Dictionary(*third ed.*)[Z]. Oxford: Oxford University Press. 2000.

【专著部分】

奥格登、理查兹.《意义之意义》[M].北京:北京师范大学出版社,1923.

陈望道.《修辞学发凡》[M].上海:大江书铺,上海教育出版社,1932、2006.

陈忠.《认知语言学研究》[M].山东:山东教育出版社,2006.

邓德超.《中学汉越词教与学》[M].越南:教育出版社,2000.

丁安琪.《汉语作为第二语言学习者研究》[M].北京:世界图书出版公司.2010.

丁声树.《现代汉语语法讲话》[M].北京:商务印书馆,1961.

董明.《古代汉语汉字对外传播史》[M].北京:中国大百科全书出版社,2002.

董秀芳.《词汇化:汉语双音词的衍生和发展》[M].成都:四川民族出版社,2002.

董秀芳.《词汇化:汉语双音词的衍生和发展》(修订本)[M].北京:商务印书馆,2011.

董秀芳.《汉语的词库与词法》[M].北京:北京大学出版社,2004.

番玉.《解释汉越词语义的方式》[M].越南:青年出版社,2000.

番玉.《汉越词解义技巧及错别字改正》[M].河内:青年出版社,2000.

高燕.《对外汉语词汇教学》[M].上海:华东师范大学出版社,2007.

郭良夫.《词汇》[M].北京:商务印书馆,2000.

国家汉办《汉语国际教育用音节汉字词汇等级划分》课题组.《汉语国际教育用音节汉字词汇等级划分》[M].北京:北京语言大学出版,2010.

胡明扬.《词类问题考察》[M].北京:北京语言学院出版社,1996.

胡裕树.《现代汉语》[M].上海:上海教育出版社,1962.

蒋绍愚.《近代汉语研究概况》[M].北京:北京大学出版社,1994.
蓝纯.《从认知角度看汉语和英语的空间隐喻》[M].北京:外语教学与研究出版社,2003.
黎春泰.《实用越南语词汇以及扩大汉越词量》[M].越南:教育出版社,2001.
黎锦熙.《新著国语文法》[M].湖南:湖南教育出版社,1924.
黎阮刘.《从汉字到字喃》[M].越南:顺华出版社,2002.
黎英俊.《从使用汉越词角度看语文教科书》[M].胡志明市:胡志明市出版社,1996.
黎玉轴.《越语正写字位》[M].西贡:文科大学出版社,1964.
李福印.《认知语言学概论》[M].上海:上海外语教育出版社,2008.
林承章.《英语词汇学引论》[M].武汉:武汉大学出版社,1987.
刘子瑜.《〈朱子语类〉述补结构研究》[M].北京:商务印书馆,2008.
刘珣.《对外汉语教学引论》[M].北京:北京语言大学出版社,2000.
吕叔湘.《汉语语法分析问题》[M].北京:商务印书馆,1979.
吕叔湘、朱德熙.《语法修辞讲话》[M].辽宁:辽宁教育出版社,1951.
吕叔湘.《中国文法要略》[M].北京:商务印书馆,1942.
吕叔湘.《现代汉语八百词》(增订本)[M].北京:商务印书馆,1999.
马伯乐.《越南语音韵史》.法国:远东大学出版社,1912.
马建忠.《马氏文通》[M].北京:商务印书馆,1983.
马真.《现代汉语虚词研究方法论》[M].北京:商务印书馆,2007.
孟琮、郑怀德.《汉语动词用法词典》[M].上海:上海辞书出版社,2012.
齐沪扬.《与名词动词相关的短语研究》[M].北京:北京语言大学出版社,2004.
齐沪扬.《现代汉语》[M].北京:商务印书馆,2010.
阮才谨.《越南语语音历史》[M].河内:教育出版社,1997.
阮善甲.《越南语词汇学》[M].河内:教育出版社,2002.
阮文康.《越南语的外来词语》[M].河内:教育出版社,2007.
阮文康.《跟外语接触以及接受外语因素的越南语》[M].河内:教育出版社,2001.
阮文修.《现代越语中的词及词汇》[M].河内:越南大学与中专出版社,1978.
邵志芳.《认知心理学:理论、实验和应用》[M].上海:上海教育出版社,2013。
沈家煊.《认知与汉语语法研究》[M].北京:商务印书馆,2006.
束定芳.《隐喻学研究》[M].上海:上海外语教育出版社,2000.
宋文辉.《现代汉语动结式配价的认知研究》[M].北京:北京大学出版社,2003.
孙晓明.《第二语言词汇习得研究》[M].北京:中央民族大学出版社,2008.
索绪尔.《普通语言学教程》[M].北京:商务印书馆,1980.
唐启运.《句子成分论析》[M].上海:上海教育出版社,1980.
王艾录、司富珍.《汉语的语词理据》[M].北京:商务印书馆,2001.
王力.《汉语史稿》[M].北京:中华书局,1958.
王力.《中国语言学史》[M].山西:山西人民出版社,1981.
王力.《汉语语法丛书:中国现代语法》[M].北京:商务印书馆,1985.
王力.《汉语语法史》[M].北京:商务印书社,1989.
王启龙.《现代汉语形容词计量研究》[M].北京:北京语言大学出版社,2003.
吴福祥.《敦煌变文12种语法研究》[M].郑州:河南大学出版社,2004.

吴为善.《汉语韵律框架及其词语整合效应》[M].上海:学林出版社,2011a.
吴为善.《认知语言学与汉语研究》[M].上海:复旦大学出版社,2011b.
吴颖.《轻轻松松学语法》[M].北京:北京语言大学出版社,2011.
肖奚强.《汉语中介语语法问题研究》[M].北京:商务印书馆,2008.
杨吉春.《汉语反义复词研究》[M].北京:中华书局,2007.
杨寄洲.《汉语教程》[M].北京:北京语言文化大学出版社,2002.
杨荣祥.《近代汉语副词研究》[M].北京:商务印书馆,2005.
俞士汶.《现代汉语语法信息词典详解》(第二版)[M].北京:清华大学出版社,2003.
袁毓林.《现代汉语祈使句研究》[M].北京:北京大学出版社,1993.
赵家新.《现代汉语心理形容词语义网络研究》[M].北京:中国社会科学出版社,2010.
赵艳芳.《认知语言学概论》[M].上海:上海外语教育出版社,2001.
赵玉兰.《越汉翻译教程》[M].北京:北京大学出版社,2002.
赵元任.《汉语口语语法》[M].北京:商务印书馆,1979.
张斌、张谊生.《现代汉语虚词》[M].上海:华东师范大学出版社,2000.
张伯江、方梅.《汉语功能语法研究》[M].北京:商务印书馆,1996.
张国宪.《现代汉语形容词功能与认知研究》[M].北京:商务印书馆,2006.
张敏.《认知语言学与汉语名词短语》[M].北京:中国社会科学出版社,2008.
张巍.《中古汉语同素逆序词演变研究》[M].上海:上海古籍出版社,2010 年。
张谊生.《现代汉语副词研究》[M].上海:学林出版社,2000.
张谊生.《现代汉语副词探索》[M].上海:学林出版社,2004.
张谊生.《现代汉语虚词》[M].上海:华东师范大学出版社,2000.
张永言.《词汇学简论》[M].武汉:华中工学院出版社,1982.
张志公.《汉语语法常识》[M].北京:中国青年出版社,1952.
张志公.《语法和语法教学:介绍"暂拟汉语教学语法系统"》[M].北京:人民教育出版社,1957.
周荐.《汉语词汇研究史纲》[M].北京:语文出版社,1995.
周荐.《汉语词汇研究百年史》[M].北京:外语教学与研究出版社,2006.
周小兵.《对外汉语教学入门》[M].广州:中山大学出版社,2009.
朱德熙.《语法讲义》[M].北京:商务印书馆,1982.
朱彦.《汉语复合词语义构词法研究》[M].北京大学出版社,2004.
朱志平.《汉语双音复合词属性研究》[M].北京大学出版社,2005.
Cohen, A. D. *Strategies in learning and Using a Second Language*[M].北京:外语教学与研究出版社,2000.
Leech, Geoffery. *Semantics*[M].李瑞华、王彤福、杨自俭、穆国豪译,上海:上海外语教育出版社,1987.
Leonard, Bloomfield. *Language*[M].袁家骅、赵世开、甘世福译,商务印书馆,1980 年版.
Geeraerts, Dirk. *Theories of Lexical Semantics*[M]. New York: Oxford University Press, 2010.
Goldberg, Adele E. *Construction: A construction grammar approach to argument structure*[M]. Chicago: The University of Chicago Press, 1995.
Lakoff George and Mark Johnson. *The masks of medicine: Metaphors we live by*[M]. University of Chicago Press, 1980.

Langacker, R. W. *Foundations of cognitive grammar*: *Theoretical Prerequisites*[M]. Stanford. CA: Stanford University Press, 1987.
Langacker, R. W. *Theoretical prerequisites*[M]. Stanford University Press, 1987.
Langacker, R. W. *Descriptive Application*[M]. Stanford University Press, 1991.
Langacker, R.W. *Foundations of cognitive grammar*[M]. Peking University Press, 2004.
Lakoff, G. & M.Johnson. *Metaphors We Live By*[M]. Chicago: University of Chicago Press. 1980.
Lakoff, George. *Woman*, *Fire and Dangerous Things*: *What Categories Reveal about the World*[M]. The University of Chicago, 1987.
O'Malley J. M., Chamot A U. *Learning Strategies in Second Language Acquistion*[M]. Cambridge University Press, 1990.
Oxford R. L. *Language Learning Strategies*: *What Every Teacher Should Know*[M]. New York: Newbury House Publishers, 1990.
Pienemann, M. *Language Processing and Second Language Development*: *Processability Theory*[M]. Amsterdam: John Benjamins, 1999.
Stern, H. H. *Fundamental concepts of language teaching*[M]. Oxford: Oxford University Press, 1983.
Talmy, L. *Toward a cognitive semantics*, *Vol.1*: *Concept Structuring Systems*[M]. The MIT press, 2000.
Talmy, L. *Towards a cognitive semantics*, *Vol.2*: *Typology and Process in Concept Structuring*[M]. The MIT press, 2000.
Taylor, John. *Linguistic Categorization*[M]. Oxford: Clarendon Press, 1989.
Zeno Vendler. *Linguistics in Philosophy*[M]. Cornell University Press, 2002.

【论文部分】

包小金.现代汉语述补结构的认知解释[D].首都师范大学硕士学位论文,2005.
毕银婷.浅论现代汉语偏义复词"动静"[J].《现代语文(语言研究版)》,2010(12).
白云.现代汉语同义单双音节词的标记及其模式演变研究[J].《晋中学院学报》,2015(5).
蔡群发.古汉语中偏义复词的构成及其作用[J].《咸阳师范专科学校学报》,2001(1).
曹海涛.述宾式复合名词的构造过程[J].《河南科技大学学报》,2006(1).
曹炜.汉字字形结构分析和义素分析法[J].《语文研究》,2001(3).
常洪.古代汉语词汇中的偏义复词[J].《阜阳师范学院学报》,2006(2).
陈宝国、彭聃龄.基线选择影响词语认知启动实验结果的研究[J].《心理学探新》,2002(2).
陈宝国、王立新、彭聃龄.汉字识别中形音义激活时间进程的研究[J].《心理学报》,2003(5).
陈昌来、占云芬."多少"的词汇化、虚化及其主观量[J].《汉语学报》,2009(3).
陈绂.谈对欧美留学生的字词教学[J].《语言教学与研究》,1996(4).
陈绂.谈日本留学生学习汉语复合词时的母语负迁移现象[J].《北京师范大学学报》,1998(6).
陈曼曼.同素近义单双音形容词及教学问题研究[D].安徽大学硕士学位论文,2015.
陈明富.古汉语形比句量值补语的历时考察[J].《古汉语研究》,2012(3).
陈全静.汉语并列式双音时间副词的词汇化及相关问题研究[D].上海师范大学博士学位论文,2011.

陈伟武.论先秦反义复合词的产生及其偏义现象[J].《古汉语研究》,1989(1).
陈贤纯.对外汉语中级阶段教学改革构想——词语的集中强化教学[J].《世界汉语教学》,1999(4).
陈晓桦.语气副词“反正”语义语用分析[J].《语文学刊》,2007(5).
陈晓燕.现代汉语词汇中反义语素并行构词现象说略[J].《盐城工学院学报(社会科学版)》,2004(1).
陈颖.述宾两字组的整合度高低及其层及分布[D].上海师范大学硕士学位论文,2008.
陈月明.现代汉语社交称谓系统及其文化印记[J].《汉语学习》,1992(2).
陈峥嵘、王立非.双语者词汇习得策略——个案研究[J].《山东外语教学》,2006(4).
程婧.现代汉语述程式的认知语言学研究[D].四川大学硕士学位论文,2007.
崔万基.现代汉语和韩国汉字语词汇对比研究[D].辽宁师范大学硕士学位论文,2003.
道尔吉.论古汉语的偏义复词[J].《内蒙古大学学报(人文社会科学版)》,2004(6).
董兵.浅析古汉语中偏义复词的作用及表达效果[J].《才智》,2010(36).
董秀芳.述补带宾句式中的韵律制约[J].《语言研究》,1998(1).
董秀芳.动词性并列复合式的历时发展特点与词化程度的等级[J].《河北师范大学学报》,2000(1).
董正存.反素情态副词的差异比较[A].《汉语研究与应用》(第三辑)[C].中国社会科学出版社,2005.
董正存.情态副词“反正”的用法及相关问题研究[J].《语文研究》,2008(2).
董正存.汉语全称量限表达研究[D].南开大学博士学位论文,2010.
杜纯梓.论偏义复词之说不科学[J].《湖南广播电视大学学报》,2004(2).
杜纯梓.论“偏义复词”[J].《古汉语研究》,2004(3).
杜可风.程度义“X不要不要的”结构探析[J].《语文学刊》,2016(6).
邓细南.谈古今汉语偏义复词的不同特点[J].《漳州师院学报》,1994(3).
丁忱.古汉语偏义复词浅论[J].《中学语文》,1980(6).
丁喜霞.“死亡”非偏义复词说[J].《语言研究》,2003(3).
丁喜霞.中古常用并列双音词的成词和演变研究[D].浙江大学博士学位论文,2004.
段氏兰英.汉越词对汉语教学的影响与教学策略[D].东北师范大学硕士学位论文,2012.
范晓.略论V-R[A].《语言研究与探索》[C].北京大学出版社,1985.
方一新、曾丹.反义复合词“好歹”的语法化及主观化[J].《浙江大学学报(人文社会科学版)》,2007(1).
方一新、曾丹.“多少”的语法化过程及其认知分析[J].《语言研究》,2007(3).
房艳霞、江新.外国学生利用语境和构词法猜测汉语词义的个体差异研究[J].《世界汉语教学》,2012(3).
丰玉芳.英语专业高低年级学生词汇学习策略比较研究[J].《外语界》,2003(2).
冯丽萍.中级汉语水平留学生的词汇结构意识与阅读能力的培养[J].《世界汉语教学》,2003(2).
冯丽萍.中级汉语水平外国学生的中文词汇识别规律分析[J].《暨南大学华文学院学报》,2003(3).
冯胜利.论汉语的“韵律词”[J].《中国社会科学》,1996(1).
冯玉映.越南语里单音节汉语词词义及其越化问题的初探[D].华东师范大学硕士学位论文,2004.
符淮青.词义和构成词的语素义的关系[J].《辞书研究》,1981(1).
干红梅.语义透明度对中级汉语阅读中词汇学习的影响[J].《语言文字应用》,2008(1).
甘瑞媛.韩中同形异义汉字合成词的对比分析[J].《广东社会科学》,2002(4).

高旷.从生成词库论角度看汉语的领属结构[J].《吉林省教育学院学报》,2013(7).
高晓菲.古今汉语偏勾俊涛.浅谈古汉语中具有格里什姆现象的偏义复词[J].《高等函授学报(哲学社会科学版)》,1999(6).
耿聪.现代汉语偏义复合词研究[D].黑龙江大学硕士学位论文,2013.
龚千炎.动结式复合动词及其构成的动词谓语句式[J].《安徽师大学报》,1984(3).
勾俊涛.古代汉语偏义复词管窥[J].《南都学刊》,2000(5).
郭锐.述结式配价结构与成分整合[A].沈阳、郑定欧.《现代汉语配价语法研究》[C].北京:北京大学出版社,1995.
郭胜春.汉语语素义在留学生词义获得中的作用[J].《语言教学与研究》,2004(6).
郭奕晶.反义相成词探究[D].山东师范大学硕士学位论文,2005.
郭亚莉、周星.二语词汇习得实证研究——直接学习与间接学习[J].《外语界》,2006(1).
高晓菲.古今汉语偏义式复合词对比研究[D].延边大学硕士学位论文,2011.
顾阳.生成语法及词库中动词的一些特性[J].《国外语言学》,1996(3).
韩晨宇.日本留学生汉语逆序词词汇通达的实验研究[D].北京语言大学硕士学位论文,2007.
韩应华.文言文中的偏义复词及其教学[J].《语文天地》,2000(11).
河贤智.中韩同形异义词、异形同义词的对比研究[D].天津师范大学硕士学位论文,2012.
黄德彰.试论汉语偏义现象[J].《乐山师专学报(社会科学版)》,1991(2).
黄海泽.双音化:偏义复词在演变中语素义的模糊与失落[J].《现代语文(语言研究版)》,2008(2).
黄河.常见副词共现时的顺序[A].《缀玉集》[C].北京:北京大学出版社,1990.
黄华.论现代越语中的汉越词[J].《现代外语》,1990(3)
黄晓琴.试论动结式的三种宾语[J].《汉语学报》,2006(3).
洪炜、冯聪.汉语二语学习者与汉语母语者的双字合成词识别过程差异研究[J].《现代外语》,2010(4).
侯孟青.语言渐变现象的研究——从语法梯度理论到语法化理论[J].《天津外国语学院学报》,2002(2).
吉成宪.小议中学文言文偏义复词[J].《现代语文(语言研究版)》,2006(5).
贾亚萍、李天贤,朱小玲.偏义复合词的认知分析——以"多少"为例[J].《现代语文(语言研究版)》,2011(11).
江新.词汇习得研究及其在教学上的意义[J].《语言教学与研究》,1998(3).
江新.汉语作为第二语言学习策略初探[J].《语言教学与研究》,2000(4).
江新.词的复现率和字的复现率对非汉字圈学生双字词学习的影响[J].《世界汉语教学》,2005(4).
江新.外国学生汉语字词学习的影响因素——兼论《汉语水平大纲》字词的选择与分级[J].《语言教学与研究》,2006(2).
江新.汉字频率和构词数对非汉字圈学生汉字学习的影响[J].《心理学报》,2006(4).
姜柔美.汉语与韩语同形异义、异形同义词的对比研究[D].长春理工大学硕士学位论文,2012.
姜泰希.韩汉两种语言中汉字词的比较[D].北京语言文化大学硕士学位论文,2000.
金秋.同素同义单双音节名词辨析[D].黑龙江大学硕士学位论文,2012.
金智惠.中韩同形异义词对比研究[D].吉林大学硕士学位论文,2003.
靖志茹.汉语偏义复词古今差异之研究[J].《河北师范大学学报(哲学社会科学版)》,2008(4).
康甦、宋广田.谈谈偏义复词[J].《山东师大学报(哲学社会科学版)》,1983(3).

柯莉.古汉语偏义复词研究[D].内蒙古大学硕士学位论文，2005.
雷冬平.近代汉语常用双音虚词演变研究及认知分析[D].浙江大学博士学位论文，2006.
黎锦熙.国语中复合词的歧义和偏义——古书疑义举例的理董和扩张[J].《女师大学术季刊》，1930(1).
李冰燕、杨英法.古今偏义复词的对比分析[J].《河北工程大学学报(社会科学版)》，2009(3).
李广琴.词汇量对第二语言习得的影响和词汇习得策略研究[J].《西安外国语学院学报》，2006(1).
李宏.副词“反正”的语义语用分析[J].《语言教学与研究》，1999(4).
李建玲.简析偏义词组与偏义复词的关系[J].《承德民族师专学报》，1996(1).
李进学.动宾复合词的词汇化的原因和机制分析[J].《社会科学论坛》，2007(10).
李进学、史小建.动宾短语词汇化为动宾复合词例说[J].《现代语文》，2008(9).
李进学.基于语料库的动宾复合词属性考察及其词汇化程度分析[J].《现代语文》，2012(10).
李军征.汉语动名述宾组配(1+2)的整合度高级及其熟语化倾向[D].上海师范大学硕士学位论文，2009.
李丽娜.关于留学生学习策略的调查报告[J].《汉语学习》，2004(3).
李临定.带“得”字的补语句[J].《中国语文》，1963(5).
李临定.动补格句式[J].《中国语文》，1980(2).
李临定.究竟哪个“补”哪个——“动补”格关系再议[J].《汉语学习》，1984(2).
李培.中级水平韩日留学生词汇学习策略与词汇学习效果的关系研究[D].北京语言大学硕士学位论文，2006.
李平.《世说新语》与《百喻经》中的动补结构[J].《语言学论丛》，1987(4).
李茜.同素同义单双音节连词研究[D].上海外国语大学硕士学位论文，2012.
李强.汉语形名组合的语义分析与识解——基于物性结构的探讨[J].《汉语学习》，2014(5).
李强.基于物性结构和概念整合的名词隐喻现象分析[J].《语言教学与研究》，2014(6).
李强.从生成词库论看动词“读”与名词的组合[J].《云南师范大学学报(对外汉语教学与研究版)》，2015(3).
李强.名词词义描写和研究需要什么样的语义学知识[J].《中文信息学报》，2015(5).
李强.生成词库理论研究述评[J].《外国语》，2016(3).
李强.从生成词库论看名词的词典释义[J].《辞书研究》，2016(4).
李泉.同义单双音节形容词对比研究[J].《世界汉语教学》，2001(4).
李泉.单音形容词原型性研究[D].北京语言大学博士学位论文，2005.
李索.《世说新语》中的述补结构[J].《河北师范大学学报》，1991(4).
李彤、王红娟.中级阶段外国留学生双音节动词偏误分析[J].《语言文字应用》，2006(2).
李小荣.对述结式带宾语功能的考察[J].《汉语学习》，1994(5).
李晓东.结果补语语义指向研究[D].首都师范大学博士学位论文，2008.
李雪.概念隐喻、概念转喻与词汇研究[J].《外语学刊》，2012(4).
李雪宁.分析汉越词异同与语言教学[J].《东南亚纵横》，2008(7).
李雅梅.泰国学生汉语词汇学习策略使用情况调查研究[J].《云南师范大学学报》，2008(2).
李亚男.现代汉语“述·结·宾”结构研究[D].扬州大学硕士学位论文，2011.
力量.《西游记》中的“得”字句[J].《淮阴师专学报(哲学社会科学版)》，1991(2).
梁春域.古汉语偏义复词浅说[J].《云南师范大学学报(哲学社会科学版)》，1988(1).

梁振杰.浅谈中学语文文言中的“偏义复词”[J].《焦作教育学院学报》,1998(1).
廖灵专.越南语中的汉越词及其语素变化探究[D].湖南师范大学硕士学位论文,2012.
廖灵专.越南语中的汉越词及其语素变化探究[J].《现代语文(语言研究版)》,2012(8).
林明华.汉越词初探[J].《东南亚研究资料》,1986(4).
林明华.汉语与越南语言文化[J].《现代外语》,1997(1).
林可、吕峡.越南留学生汉语学习策略分析[J].《暨南大学华文学院学报》,2005(4).
林焘.现代汉语补足语里的轻音现象所反映出来的语法和语义问题[J].《北京大学学报》,1957(2).(见北京语言学院语言教学研究所编《现代汉语补语研究资料》,北京语言学院出版社,1992)
刘博.韩国学生习得汉语心理动词偏误分析[D].广西民族大学硕士学位论文,2008.
刘才秀.浅谈汉语的反义复合词[J].《广州师院学报(社会科学版)》,1987(2).
刘春梅.留学生单双音节同义名词偏误统计分析[J].《语言教学与研究》,2007(3).
刘丹青.“唯补词”初探[J].《汉语学习》,1994(3).
刘道锋.古汉语好恶偏义复词的语义指向与语言拜物教[J].《唐山师范学院学报》,2005(6).
刘海燕.古汉语偏义复词的特点及作用[J].《新乡学院学报(社会科学版)》,2010(3).
刘海燕.浅谈古今汉语偏义复词的差异[J].《湖北第二师范学院学报》,2010(5).
刘坚、曹广顺、吴福祥.论诱发汉语词汇语法化的若干因素[J].《中国语文》,1995(3).
刘兰民.试论汉语造词理据在对外汉语教学中的应用[J].《山东省青年管理干部学院学报》,2001(5).
刘明权.浅谈偏义复词的修辞意义[J].《修辞学习》,1984(1).
刘盼遂.中国文法复词中偏义例续举[J].《燕京学报》,1932(12).
刘瑞明.由“偏义复词”新说“虚义趣连”[J].《喀什师范学院学报(社会科学版)》,2000(3).
刘荣琴.对外汉语课程中的词语理据教学[J].《安阳工学院学报》,2009(5).
刘叔新.汉语复合词内部形式的特点与类别[J].《中国语文》,1985(3).
刘元君.对外汉语教学视野下同素近义单双音节名词的差异分析[D].江西师范大学硕士学位论文,2013.
刘智伟.试析含同一语素的同义单双音节动词并存并用的原因[J].《河北师范大学学报(哲学社会科学版)》,2007(1).
刘智伟,谭晓云.谈含同一语素的同义单双音节动词的典释义:兼谈专项对外汉语学习词典编纂的必要性[J].《云南师范大学学报(对外汉语教学与研究版)》,2011(3).
刘志毅.网络新词的语义及其产生原因的研究——以“不要不要的”为例[J].《语文学刊》,2016(8).
柳燕梅.生词重复率对欧美学生汉语词汇学习的影响[J].《语言教学与研究》,2002(5).
鲁健骥.外国人学汉语的词语偏误分析[A].世界汉语教学学会.《第二届国际汉语教学讨论会论文选》[C].北京语言学院出版社,1987.
陆惠宁.浅谈偏义复词及其成因[J].《南宁师院学报(哲学社会科学版)》,1981(4).
陆俭明.“VA 了”述补结构语义分析[J].《汉语学习》,1990(1).
陆俭明.《现代汉语补语研究资料》序[C].北京:北京语言学院出版社,1992.
陆俭明、马真.形容词作结果补语情况考察(三)[J].《汉语学习》,1997(6).
陆兴.偏义复词的形成与中国传统文化[J].《南通教育学院学报》,1992(2).
罗青松.英语国家学生高级汉语词汇学习过程的心理特征与教学策略[A].《第五届国际汉语教学讨论会论文选》[C].北京:北京大学出版社,1997.
吕叔湘.汉语句法的灵活性[J].《中国语文》,1986(1).

吕叔湘、饶长溶.试论非谓形容词[J].《中国语文》,1981(2).
吕叔湘.现代汉语单双音节问题初探[J].《中国语文》,1963(1).
吕文华.谈结果补语的意义[J].《语言教学与研究》,1982(3).
吕文雯.现代汉语 V+N 双音复合名词语义分析[D].山东大学硕士学位论文,2008.
吕云生.论汉语并列复合词形成的条件与原因[J].《古汉语研究》,1990(4).
麻爱民.偏义复合词"窗户"探源[J].《内江师范学院学报》,2011(1).
马红云.浅谈偏义复词[J].《现代语文(语言研究版)》,2008(12).
马克承.汉字在越南的传播和使用[A].北京大学东方文化研究所.《东方研究》[C].成都:成都天地出版社,1994.
马庆株.结构、语义、表达研究琐议——从相对义、绝对义谈起[J].《中国语文》,1998(3).
马叔骏.谈"多少"[J].《汉字文化》,1999(4).
马希文.与动结式动词有关的某些句式[J].《中国语文》,1987(6).
马英新.动+名偏正式双音复合词的结构义及其释义研究[D].河北师范大学硕士学位论文,2012.
梅立崇.也谈补语的表述对象问题[J].《语言教学与研究》,1994(2).
梅那.同素近义单双音节语气副词习得偏误研究[D].南昌大学硕士学位论文,2010.
孟柱亿.韩汉两语中的误导词——蝙蝠词[A].《对韩(朝)汉语教学研究(1)》[C].延边.延边大学出版社,2005.
南红花.韩国语汉字形容词及与之对应的汉语词对比[D].延边大学硕士学位论文,2005.
农氏秋明.越南《汉语教程》中汉越词研究[D].上海师范大学硕士学位论文,2012.
潘允中.汉语动补结构的发展[J].《中国语文》,1980(1).
庞士俊、张喜麟.怎样翻译偏义复词[J].《语文月刊》,2007(5).
彭聃龄、李燕平、刘志忠.重复启动条件下中文双字词的识别[J].《心理学报》,1994(4).
彭伟量.偏义复词刍议[J].《湖北教育学院学报》,1994(1).
朴敏英.韩国汉字语研究[D].天津师范大学硕士学位论文,2005.
齐红飞.现代汉语反义合成词研究[D].河北师范大学硕士学位论文,2004.
齐红飞.反义合成词的词义考察[J].《现代语文(语言研究版)》,2009(4).
齐沪扬.现代汉语的空间系统[J].《世界汉语教学》,1998(1).
齐沪扬.语气副词的语用功能分析[J].《语言教学与研究》,2003(1).
齐晓峰.韩国语汉字词的母语迁移与教学对策——以《韩国语》中的双音节汉字词为中心[J].《北京第二外国语学院学报》,2008(2).
钱薇.HSK 动态作文语料库中同义单双音动词的偏误分析[J].《青年时代》,2015(3).
钱旭菁.词汇量测试研究初探[J].《世界汉语教学》,2002(4).
钱旭菁.汉语阅读中的伴随性词汇学习研究[J].《北京大学学报(哲学社会科学版)》,2003(4).
钱夏玲.现代汉语反义复合词全称量限研究[D].上海师范大学硕士学位论文,2013.
钱毓英."多少"语法功能演变略探[J].《语文学刊》,2007(5).
强薇.留学生汉语词汇学习策略研究[D].北京语言大学硕士学位论文,2005.
屈承熹.汉语副词的篇章功能[J].《语言教学与研究》,1991(2).
任坚.古汉语偏义复词的成因探析[J].《和田师范专科学校学报》,2009(4).
任晶晶.语块教学法在对外汉语听说课堂的运用——基于上海师范大学预科班听说课堂实践

[D].上海师范大学硕士学位论文,2017.
任磊.现代汉语反义对立式语气副词的逻辑分析[D].上海师范大学硕士学位论文,2012.
任敏.非受事动宾式复合词的结构义及其对语素义的影响[J].《辞书研究》,2015(3).
任鹰.动词词义在结构中的游移与实现——兼议动宾结构的语义关系问题[J].《中国语文》,2007(5).
阮光龙.现代越南语汉越词研究初探[D].上海外国语大学硕士学位论文,2013.
阮兰芳.越南语汉越词与现代汉语对应词词义的对比分析[D].湖南师范大学硕士学位论文,2012.
阮氏碧玉.越语汉越词与汉语对应词对比分析[D].广西师范大学硕士学位论文,2008.
阮氏金仁.越南语中汉语、法语外来词的研究对比[D].广西师范学院硕士学位论文,2010.
阮竹茎.从汉越词看历史上汉语词汇对越南语词汇的影响[D].天津师范大学硕士学位论文,2009.
申延涛.鲁迅杂文中同素同义单双音节副词研究[D].河北大学硕士学位论文,2011.
沈多瑞.古代汉语偏义复词中的两个问题[J].《天津师大学报》,1983(2).
沈家煊."语法化"研究综观[J].《外语教学与研究》,1994(4).
沈家煊."有界"与"无界"[J].《中国语文》,1995(5).
沈家煊.形容词句法功能的标记模式[J].《中国语文》,1997(4).
沈家煊.实词虚化的机制——《演化而来的语》评介[J].《当代语言学》,1998(3).
沈家煊.转指和转喻[J].《当代语言学》,1999(1).
沈家煊.语言的"主观性"和"主观化"[J].《外语教学与研究》,2001(4).
沈家煊.语用原则、语用推理和语义演变[J].《外语教学与研究》,2004(4).
沈家煊."糅合"和"截搭"[J].《世界汉语教学》,2006(4).
沈家煊.概念整合与浮现意义[J].《修辞学习》,2006(5).
沈家煊.汉语词类的主观性[J].《外语教学与研究》,2015(5).
石定栩.汉语的定中关系动+名复合词[J].《中国语文》,2013(6).
石慧敏.汉语动结式的整合度高低及其层级分布[J].《汉语学习》,2013(6).
石毓智.现代汉语的肯定性形容词[J].《中国语文》,1991(3).
史金生.语气副词的范围、类别和共现顺序[J].《中国语文》,2003(1).
束定芳,黄洁.汉语反义复合词构词理据和语义变化的认知分析[J].《外语教学与研究》,2008(6).
苏宝荣.词义研究与汉语的"语法——语义结构"[J].《语言教学与研究》,2002(1).
苏新春.论会意字与复合词的共同生成机制[J].《暨南学报》,1994(2).
宋姣.《初级韩国语》的汉字词与汉语词汇对比研究[D].延边大学硕士学位论文,2005.
宋尚美.汉韩同义词对比研究——以名词为例[J].《汉语学习》,2001(4).
宋炜.同素同义单双音节动词研究[D].陕西师范大学硕士学位论文,2014.
宋文辉.动结式在几个句式中的分布[J].《语文研究》,2004(3).
宋亚云.上古汉语性质形容词的词类地位及其鉴别标准[J].《中国语文》,2009(1).
宋玉柱.论带"得"兼语式[J].《江苏师范大学学报(哲学社会科学版)》,1979(6).
宋志平.语法梯度理论的研究及其意义[J].《外语与外语教学》,2000(11).
宋作艳.定中复合名词中的构式强迫[J].《世界汉语教学》,2014(4).
宋作艳、赵青青、亢世勇.汉语复合名词语义信息标注词库:基于生成词库理论[J].《中文信息学报》,2015(3).

宋作艳.从语言关联看生成词库的认知取向[J].《北京大学学报(哲学社会科学版)》,2017(3).
孙道功、祁文慧.偏义复词零词素的语境价值考察[J].《学术论坛》,2007(3).
孙德金.外国留学生汉语“得”字补语句习得情况考察[J].《语言教学与研究》,2002(6).
孙瑞梅.同义单双音节时间副词的使用条件[D].吉林大学硕士学位论文,2008.
孙晓明.投入因素对欧美学生汉语词汇学习的影响[J].《语言教学与研究》,2005(3).
谭达人.略论反义相成词[J].《语文研究》,1989(1).
陶氏茸.浅谈汉越词对越南汉语词汇教学之影响[D].苏州大学硕士学位论文,2011.
田学军.意义模式:研究现状及其新发展[J].《云南师范大学学报》,2009(1).
童山东.文言文中的偏义复词[J].《语文学习》,1980(7).
万献初.现代汉语并列式双音词的优化构成[J].《汉语学习》,2004(1).
汪梦翔、王厚峰、刘杨、饶琪.汉语动词资源馆(Chinese Verb Library)的构建[J].《中文信息学报》,2014(6).
王宝珠.古汉语复音词研究综述[J].《现代语文(语言研究版)》,2006(8).
王春茂、彭聃龄.合成词加工中的词频、词素频率及语义透明度[J].《心理学报》,1999(3).
王春茂、彭聃龄.重复启动作业中词的语义透明度的作用[J].《心理学报》,2000(2).
王冬梅.动词转指名词的类型及相关解释[J].《汉语学习》,2004(4).
王冠.反义语素合成词研究[D].东北师范大学硕士学位论文,2006.
王洪君.音节单双、音域展敛(重音)与语法结构类型和成分次序[J].《当代语言学》,2001(4).
王红旗.动结式述补结构配价研究[A].沈阳,郑定欧.《现代汉语配价语法研究》[C].北京:北京大学出版社,1995.
王红旗.动结式述补结构的语义是什么[J].《汉语学习》,1996(1).
王红霞.中级阶段留学生汉语词汇学习策略调查[D].复旦大学硕士学位论文,2012.
王还.汉语结果补语的一些特点[J].《语言教学与研究》,1979(2).
王俊毅.形容词带“得”字补语的考察[J].《延安大学学报(社会科学版)》,1996(2).
王力.汉越语研究[J].《岭南学报》,1948(1).
王立杰.词语的理据与词义理解兼及词语的理据研究在对外汉语词汇教学中的作用[J].《天津商业大学学报》,1999(1).
王禄.考察古汉越词的一些初步结果[J].《语言杂志》,1985(1).
王卯根.论偏义复词的包容关系类型[J].《语文研究》,2007(2).
王娜娜.不同注释信息对二语词汇习得及阅读理解的影响[D].江南大学硕士学位论文,2013.
王邱丕、施建君.程度和情状[J].《中国语文》,1990(6).
王世昌.现代汉语动宾式双音复合词研究[D].山东大学硕士学位论文,2011.
王天佑.“死活 + VP”格式及相关问题[J].《南华大学学报(社会科学版)》,2007(5).
王天佑.“死活”考释[J].《吉林师范大学学报》,2010(4).
王文斌.汉语并列式合成词的词汇通达[J].《心理学报》,2001(2).
王文玲.中韩双音节汉字词对比研究——以《标准韩国语》中的汉字词为中心[J].《考试周刊》,2012(62).
王文宇.观念、策略与英语词汇记忆[J].《外语教学与研究》,1998(1).
王寅.语法化的特征、动因和机制——认识语言学视野中的语法化研究[J].《解放军外国语学院学报》,2005(4).

王永革.浅谈古代汉语偏义复词的特点[J].《教育理论与实践》,2006(3).
王钟坤.从偏义复词看中国传统思维方式[J].《桂林师范高等专科学校学报》,2003(2).
魏丽.偏义复词的功能与认知探究[D].河北师范大学硕士学位论文,2009.
吴福祥.关于动补结构“V死O”的来源[J].《古汉语研究》,2000(3).
吴福祥.汉语语法化演变的几个类型学特征[J].《中国语文》,2002(6).
吴禄生.生成词库理论下轻动词构式的语义解读[J].《海外英语》,2012(21).
吴三立.古汉语复合词中的偏义[J].《学术研究》,1978(3).
吴为善.双音化、语法化和韵律词的再分析[J].《汉语学习》,2003(2).
吴为善、陈颖.述宾两字组的整合度高低及其层级分布[J],《汉语学习》,2007(5).
吴为善,吴怀成.双音述宾结果补语“动结式”初探——兼论韵律运作、词语整合与动结式生成[J].《中国语文》,2008(6).
吴为善.自致使义动结构式“VP + VR”考察[J].《汉语学习》,2010(6).
吴霞、王蔷.非英语专业本科生词汇学习策略[J].《外语教学与研究》,1998(1).
吴颖.同素近义单双音节形容词的差异及认知模式[J].《语言教学与研究》,2009(4).
吴应辉、杨叶华.缅甸汉语教学调查报告[J].《民族教育研究》,2008(3).
吴勇毅.汉语“学习策略”的描述性研究与介入性研究[J].《世界汉语教学》,2001(4).
吴占海.浅析现代汉语单双音节的双同的语素或词[J].《赤峰学院学报(汉文哲学社会科学版)》,1990(1).
伍和忠.动结式述补短语带宾语的情况探析[J].《广西师院学报》,1996(2).
夏凤梅.句内表层呼应与偏义复词产生的原因[J].《高等函授学报(哲学社会科学版)》,2004(1).
项昉初.反义联合双音词语的表意功能[J].《语文教学与研究》,2003(17).
肖晓晖.浅谈“偏义复词”的几个问题[J].《唐都学刊》,2003(2).
小门典夫.凉山彝语的性质形容词和状态形容词[J].《民族语文》,2002(4).
谢薇薇.从认知视角看汉语偏义复词语义现象[J].《文教资料》,2010(25).
谢樱.表程度的“A得C”构式分析[D].湖南师范大学硕士学位论文,2009.
熊金丰.动—名式偏正格名词与支配格名词的区别[J].《龙岩师专学报》,1997(2).
熊琦、张小克.缅甸汉语教学概况[J].《世界汉语教学》,2006(3).
徐烈炯、沈阳.题元理论与汉语配价问题[J].《当代语言学》,1998(3).
徐通锵.自动和使动——汉语语义句法的两种基本句式及其历史演变[J].《世界汉语教学》,1998(1).
徐越.汉语中的偏义词初探[J].《湖州师专学报》,1986(3).
徐朝华.古代汉语中的偏义复词[J].《天津师院学报》,1982(4).
徐子亮.外国学生汉语学习策略的认知心理分析[J].《世界汉语教学》,1999(4).
许光烈.汉语词的理据及其基本类型[J].《内蒙古民族师院学报》,1994(1).
许光烈.谈对外汉语的词汇教学[J].《五邑大学学报(社会科学版)》,2005.7(3).
许建础.汉语“复词偏义”现象研究[D].复旦大学硕士学位论文,2012.
许乐.面向对外汉语教学的同素同义单双音节形容词研究[D].沈阳师范大学硕士学位论文,2013.
许绍早.略论补足语[J].《吉林大学社会科学学报》,1956(2).
许宰宇.偏义复词和复词的偏义用法——兼谈刘瑞明、祝中熹二同志的分歧[J].《甘肃教育》,1982(9).

颜红菊.现代汉语复合词语义结构研究[D].首都师范大学博士学位论文,2007.
杨慧丽.含同一语素同义单双音节形容词研究[J].《语文学刊》,2009(13).
杨吉春.偏义复词“睡觉”意义的嬗变[J].《西北师大学报(社会科学版)》,2004(2).
杨建国.补语式发展试探[M].《语法论集》(第3集)[C].北京:中华书局,1959.
杨平.带“得”的述补结构的产生和发展[J].《古汉语研究》,1990(1).
杨石泉.动、补、宾的层次[J].《中国语文》,1986(4).
杨翼.高级汉语学习者的学习策略与学习效果的关系[J].《世界汉语教学》,1998(1).
杨玉霞.越南学生汉越词的负迁移研究[D].吉林大学硕士学位论文,2013.
姚丽娜.韩语中异形同义汉字词和对应汉语词的比较研究[D].延边大学硕士学位论文,2014.
叶荣勋.古汉语中的偏义复词也是一种积极修辞[J].《现代语文》,2006(12).
叶蔚蓝.现代汉语离合词研究[D].上海师范大学硕士学位论文,2006.
尹方园.“VA”动结式表层语义分析[D].湘潭大学硕士学位论文,2010.
尹艳燕.初探偏义复词[J].《楚雄师专学报》,2000(4).
俞扬.对偏义复词的再认识[J].《宁波师院学报(社会科学版)》,1992(2).
袁宾.含有偏义复词的常用语[J].《语文教学与研究》,1983(6).
袁毓林.述补式配价的控制——还原分析[J].《中国语文》,2001(5).
袁毓林.容器隐喻、套件隐喻及相关的语法现象——词语同现限制的认知解释算分析.《中国语文》[J], 2004(3).
袁毓林.基于生成词库论和论元结构理论的语义知识体系研究[J].《中文信息学报》,2013(6).
袁毓林.汉语名词物性结构的描写体系和运用案例[J].《当代语言学》,2014(1).
苑春法、黄昌宁.基于语素数据库的汉语语素及构词研究[J].《世界汉语教学》,1998(2).
岳俊发.“得”字句的产生和演变[J].《语言研究》,1984(2).
曾丹.反义复合词形成演变的认知研究[D].浙江大学博士学位论文,2007.
曾宪祝.“偏义”与“偏指、偏取”[J].《语文教学与研究》,1981(4).
曾晓洁.“偏义复词”修正议[J].《湖南文理学院学报》,2009(6).
詹人凤.动结式短语的表述问题[J].《中国语文》,1989(2).
张必隐.中文双字词在心理词典中的分解贮存[A].《全国第七届心理学学术会议文摘选集》[C].北京:中国心理学会,1993,42.
张登岐.“(动+补)+宾”结构对动词、补语和宾语的选择[J].《安徽教育学院学报》,1998(1).
张国宪.单双音节动作动词搭配功能差异研究[J].《上海师范大学学报(哲学社会科学版)》,1990(1).
张国宪.现代汉语的动态形容词[J].《中国语文》,1995(3).
张国宪.现代汉语形容词的体及形态化历程[J].《中国语文》,1998(6).
张国宪.延续性形容词的续段结构及其体表现[J].《中国语文》,1999(6).
张国宪.现代汉语形容词的典型特征[J].《中国语文》,2000(7).
张国宪.形动构造奇偶组配的语义、句法理据[J].《世界汉语教学》,2004(4).
张华.“上”“下”语义演化的认知考察[D].华中科技大学硕士学位论文,2004.
张慧芳.同素同义单双音节形容词的形式对应关系[J].《青年文学家》,2009(7).
张金桥.汉语词汇直接学习与间接学习效果比较——以词表背诵法和文本阅读法为例[J].《汉语学习》,2008(3).

张金桥.重复启动条件下汉语联合式合成词的词汇通达机制[J].《语言文字应用》,2009(3).
张金竹.现代汉语反义复合词的衍生和词汇化等级[J].《国际汉语学报》,2012(1).
张军、张家太.古汉语偏义复词说略[J].《辽宁大学学报(哲学社会科学版)》,1982(5).
张丽梅.论汉越词对越南人学习汉语词汇的影响[D].天津师范大学硕士学位论文,2009.
张丽萍.现代汉语口语/书面语单双音节组配模式[J].《青春岁月》,2015(14).
张念歆.汉语形名复合词的语义建构——基于物性结构与概念整合理论[J].《中文信息学报》,2015(6).
张平、桑丛丛.单双音节动词的词频、同素与同义关联研究[J].《华文教学与研究》,2011(3).
张谦.现代汉语反义语素合成词研究[D].河北大学硕士学位论文,2006.
张若莹.从中高级阶段学生词汇习得的偏误看中高级阶段词汇教学的基本问题[J].《首都师范大学学报》,2000(3).
张素玲.现代汉语区别词研究[D].上海师范大学硕士学位论文,2006.
张巍.韩国语同素逆序汉字词研究[J].《外语与外语教学》,2010(1).
张巍,朱倩园.留学生汉语联合式双音合成词识别实验分析[J].《汉语学习》,2016(5).
张巍.现代汉语中词的误解误用现象的类型、原因及其后果[J].《上海师范大学学报(哲学社会科学版)》,2016(6).
张新.关于古今偏义复词差异的比较[J].《连云港师范高等专科学校学报》,2001(1).
张秀松.从生成词库论看汉语词的逻辑多义性[J].《北方从论》,2008(3).
张延成."多少"是"多"还是"少"? ——偏义复词"多少"小史[J].《语文学刊》,2000.(2).
张谊生.副词的篇章连接功能[J].《语言研究》,1996(1).
张谊生.现代汉语副词的性质、范围与分类[J].《语言研究》,2000(2).
张谊生.论与汉语副词相关的虚化机制——兼论现代汉语副词的性质、分类与范围[J].《中国语文》,2001(1).
张永言.关于词的"内部形式"[J].《语言研究》,1981(1).
张云秋、王馥芳.概念整合的层级性与动宾结构的熟语化[J].《世界汉语教学》,2003(3).
张哲.汉语国际教育视野下的单双音节方位词对比研究[J].《齐齐哈尔大学学报(哲学社会科学版)》,2016(8).
张志毅.词的理据[J].《语言教学与研究》,1990(3).
章丽燕."有+N双"构式的整合度高低及其层及分布[D].上海师范大学硕士学位论文,2011.
赵长才.结构助词"得"的来源与"V得C"述补结构的形成[J].《中国语文》,2002(2).
赵春利.形名组合的静态与动态研究[D].暨南大学博士学位论文,2006.
赵春利.情感形容词与"得"字补语同现的原则[J].《语言教学与研究》,2012(4).
赵青青.基于生成词库理论的汉语隐喻式双音节名名复合词研究[A].《第十五届汉语词汇语义学国际研讨会论文集》[C].2014.
赵日新.形容词带程度补语结构的分析[J].《语言教学与研究》,2001(6).
赵贤贞.中韩汉字同形词对比研究[D].东北师范大学硕士学位论文,2007.
赵晓华.现代汉语支配式双音复合动词研究[D].广西大学硕士学位论文,2005.
赵燕华.新兴区别词的语义认证及其产生发展规律[D].广西师范大学硕士学位论文,2004.
赵永峰.认知社会语言学视域下的认知参照点与概念整合理论研究[J].《外语与外语教学》,2013(1).
郑厚尧.汉语双音复合词的词义与语素义关系研究[D].华中师范大学博士学位论文,2006.

钟如雄.偏义复词成因初探[J].《西南民族学院学报(哲学社会科学版)》,1991(5).
周荐.双字组合与词典收条[J].中国语文,1999(4).
周文杰.母语为英语的学生习得汉语动结式带宾语类结构偏误分析[D].湖南师范大学硕士学位论文,2013.
周晓林、庄捷、于淼.言语产生中双词素词的语音编码[J].《心理学报》,2002(3).
朱德熙.自指和转指[J].《方言》,1983(1).
朱德熙.现代汉语形容词研究[J].《语言研究》,1956(1).
朱文旭、肖雪、张静.凉山彝语 abab 式形容词研究[J].《中央民族大学学报(哲学社会科学版)》,2002(6).
朱勇、催华山.汉语阅读中的伴随性词汇学习再探[J].《暨南大学华文学院学报》,2005(2).
朱志平.双音词偏误的词汇语义学分析[J].《汉语学习》,2004(2).
祝敏彻."得"字用法演变考[J].《西北师大学报(社会科学版)》,1960(S1).
庄婷婷.汉语常用动宾式复合词研究[D].重庆师范大学硕士学位论文,2013.
宗守云、高晓霞."反正"的语篇功能[J].《张家口师专学报》,1999(1).
James, D.McCawley,汉语词类归属的理据[J].张伯江译,《当代语言学》,1994(4).
Pustejovsky. J.生成词库论简介[J].《当代语言学》,2009(3).
G. Libben. *Semantic Transparency in the Processing of Compounds: consequences for Representation, Processing and Impairment*[J]. Brain and Language. 1998.
Goossen. L. Metaphornymy. *The Interaction of Metaphor and Metonymy in Expressions for Linguistics*[J]. Cognitive Linguistics, 1990(3).
Goulden, R. P. Nation and J. Read. *How Large Can a Receptive Vocabulary Be?* [J]. Applied Linguistics. 1990. 11.4:341—363.
Gu Yongqi & R. K. Johnson. *Vocabulary learning strategies and language learning outcomes* [J]. Language Learning. 1996.
Haiman, J. *The Iconicity of Grammar: Isomorphism and Motivation*[J]. Language. 1980.
Laufer, B. *The Development of L2 Lexis in the Expression of the Advanced Learner*[J]. The Modern Language Journal. 1991.
Laufer, B. and P. Nation. *Vocabulary Size and Use: Lexical Richness in L2 Written Production* [J]. Applied Linguistics. 1995.
Nation, I. S. P. *Beginning to learn foreign vocabulary: A review of research* [J]. RELC Journal, 1982.
P. Zwitserlood. *The Role of Semantic Transparency in the Processing and Representation of Dutch Compounds*[J]. Language and Cognitive Processes. 1994.
Perlmutter. *Impersional passives and unaccusation hypothesis*[J]. Berkeley Linguistic Society. Berkeley: University of California, 1978(4).
Pollatsek, A. & Hyönä, J. *The role of semantic transparency in the processing of finnish compound words*[J]. Language and Cognitive Process, 2005(20)(1—2).
Pustejovsky. J. *Construction and the logic of concepts*[A]. In Pierette Bouillon & F. Busa(Eds). *The language of world meaning*[C]. Cambridge: Cambridge University Press, 2001.
Pustejovsky. J. *type theory and lexical decomposition*[J]. Journal of Cognitive Science, 2006(6).

Pustejovsky. J. & Jezek. *Semantics coercion in language: beyond distributional analysis*[J]. Italian Linguistics. 2008(1).

Pustejovsky. J. *The Generative lexion*[J]. Computational Linguistics. 1991(4).

Wangshan & Huangchu-ren. *Compositional Operations of Mandarin Chinese Perception Verb "kan"*[J]. A Generative Lexicon Approach. 2010(2).

Zhang, B. Y. & D. L. Peng. *Decomposed storage in the Chinese lexicon*[A]. In H. C. Chen & O. J. L. Tzeng(eds.). *Language Processing in Chinese*[C]. Amsterdam New York: North-Holland, 1992.

Zhou, X. L. & W. Marslen-Wilson. *Morphological structure in the Chinese mental lexicon*[J]. Language and Cognitive Processes, 10, 1995(6).

侯捷. 한국인학습자의중국어이음절어휘학습에관한연구 : 한중한자어를중심으로, 인제대학교일반대학원, 2014.

이용주.李庸周.한국한자어에관한연구 ; 어휘론적기능을중심으로. 삼영사, 1974.

薛智慧,현대. 韓・中同形異義語비교연구-고등학교중국어교과서를중심으로,원광대석사논문, 2008.

구가흔. 한국한자어용언과현대중국어어휘비교연구 ; 품사및의미비교를중심으로, 연세대학교대학원 ; 한국학협동과정, 2015.

김경해. 韓・中國語漢字比較研究:중국간체자로합쳐진한자를중심으로,강원대학교대학원, 2011.

김동호. 한국한자어와현대중국어어휘비교연구 ; 동형이의어・이형동의어를중심으로, 2014.

김진옥. 한국의한자와한문교육이중국어학습자에게미치는영향, 대구대학교, 2012.

남명애. 현대한・중이형동의어의구조연구, 경희대석사논문, 2009.

반서전. 현대한국어한자어와이에대응하는중국어단어의비교연구, 세명대학교대학원, 2013.

손정정. 한국한자어와현대중국어의비교연구-한국중학교국어교과서의한자어휘를대상으로, 강릉원주대석사논문,2009.

신미현.中國語量詞와韓國語單位名詞의對比研究,한양대석사논문, 2009.

이진선. 중급중국인학습자를위한한국어와중국어비교분석및교육방안연구, 인하대학교교육대학원, 2013.

왕배. 한국한자어와중국어어휘의대조연구, 대전대학교대학원, 2015.

정유진. 중국어와한국한자어비교분석: 어휘를중심으로, 동국대학교교육대학원, 2002.

지창란. 한국한자어와현대중국어어휘비교연구 : 고등학교중국어교재를중심으로, 계명대학교대학원, 2012.

최귀숙. 우리말漢字語彙에對應하는現代中國語語彙比較研究: 제7차교육과정에따른.中國語基本語彙表중심으로, 공주대학교교육대학원 ; 중국어교육전공, 2004.

한홍민. 중국인 학습자를 위한 2음절 한자어 교육연구, 전남대학교 대학원, 2013.

课题组成果

张巍.联合式同素逆序副词的历时考察及应用分析[J].《云南师大学报(对外汉语教学与研究版)》,2008(3).

张巍.韩国语同素逆序汉字词研究[J].《外语与外语教学》,2010(1).

张巍.日语中同素逆序形式汉字词研究[J].《宁夏大学学报》,2010(3).

张巍.派生构词音义的历时分析——以邋遢、落魄、垃圾及其同源词族为例[J].《上海师范大学学报》,2013(5).

张巍.*The Pragmatic Functions of Turning Discourse Markers* "*Danshi*", "*Keshi*", "*Buguo*"[J]. *International Journal of Knowledge and Language Processing*, V5N3 2014.

张巍.现代汉语中词语的误解误用现象的类型、原因及其后果[J].《上海师范大学学报》,2016(6).

张巍、朱倩园.留学生汉语联合式双音合成词识别的实验分析[J].《汉语学习》,2016(5).

张巍.指称类属的名词性后置式"之 X"的辨析与探源[J].《新疆大学学报》,2017(4).

张巍、王韵思.留学生汉语偏正式双音词识别规律的实验分析[J].《海外华文教育》,2017(1).

张巍、孙青.现代汉语常用述宾式动名两字组整合度分析及其在词汇教学中的应用[J].《对外汉语研究》第 17 期,2018(1).

曾福英.缅甸学生汉语词汇习得情况与词汇学习策略研究——基于仰光外国语大学本科一年级的调查[J].上海师范大学硕士学位论文,2014.

李倩倩.反素副词研究[D].上海师范大学硕士学位论文,2015.

阮玉碧.汉越词对越南学生学习双音汉语词的影响研究[D].上海师范大学硕士学位论文,2015.

曹宸扬.现代汉语偏义复词探究[D].上海师范大学硕士学位论文,2016.

孙青.基于生成词库理论的动名两字组组合关系研究[D].上海师范大学硕士学位论文,2017.

尧曦."形容词+得+程度补语"结构的认知研究[D].上海师范大学硕士学位论文,2018.

刘阳.基于生成词库理论的动结式带宾语研究[D].上海师范大学硕士学位论文,2018.

金俓潾.中韩同形异义双音词习得偏误分析[D].上海师范大学硕士学位论文,2018.

附　录　一

实验一　词语材料

1. 具有偏误情况的副词分类分布

A—AA　启动词　白　常　刚仅　偷

测试词　白白常常刚刚仅仅　偷偷

A—AB　启动词　本　必　不反　更　还　极

测试词　本来必须不要反而　更加还是极为

启动词　绝　另　没已　再　正

测试词　绝对另外没有已经再次正在

A—BA　启动词　全

测试词　完全

2. 减补副词

A—AA　启动词　白　常　刚仅　偷　偏

测试词　白白常常刚刚仅仅　偷偷偏偏

A—AB　启动词　必　更　还极　绝　没

测试词　必须更加还是极为　绝对没有

A—BA　启动词　快　全　常将　都　非

测试词　赶快完全时常即将　全都莫非

3. 对照非词

A—AA　启动词　都　必　还特　将　极

测试词　都都必必还还特特　将将极极

A—AB　启动词　独　更　快竟　重　不

测试词　独即更绝快连竟直　重稍不而

A—BA　启动词　全　另　特刚　故　曾

测试词　便全唯另全特时刚　要故次曾

实验二　短句材料

类型	考察词	实验语料	用法主要区别
音节	（情态） 白—白白	1）这话白讲了。 2）这话白白讲了。 3）这话没白讲。 4）＊这话没白白讲。	同:后面都可加双音节动词; 异:“白”后面不能只有一个单音节动词。

续表

类型	考察词	实验语料	用法主要区别
音节	（语气） 反—反而	5）他们反笑了。 6）他们反而笑了。 7）*他反生气了。 8）他反而生气了。	同:后面都可加单音节动词; 异:“反”后面一般加单音节词。
	（程度） 极—极为	9）生活极为艰苦。 10）生活极艰苦。 11）他生活极苦。 12）*他生活极为苦。	同:后面都可加双音节形容词; 异:“极”后面不加单音节形容词。
	（程度） 更—更加	13）更应该学习。 14）更加应该学习。 15）更应知礼节。 16）*更加应知礼节。	同:后面都可加双音节词; 异:“更加”后面不加单音节词。
语义	（情态） 白—白白	17）白白过了一生。 18）白过了一生。 19）不吃白不吃。 20）*不吃白白不吃。	同:付出没有收获; 异:“白”表示没付出代价有收获,用。 动作正在持续,用“正”。
	（频率） 常—常常	21）常去看望他。 22）常常去看望他。 23）这松柏常青。 24）*这松柏常常青。	同:表示频率; 异:“常”可以表示情况一贯如此。
	（频率） 再—再次	25）明天再见面。 26）明天再次见面。 27）您再吃一碗。 28）*您再次吃一碗。	同:表示动作重复; 异:“再”表示动作未然持续。
	（时间） 正—正在	29）大家正高兴。 30）大家正在高兴。 31）我正要出发。 32）*我正在要出发。	同:状态正在进行、持续; 异:没有持续性概念的动作,用“正”,不月“正在”。
句法	（语气） 本—本来	33）他本不想去。 34）他本来不想去。 35）*本他不想去。 36）本来他不想去。	同:都可以用在主语后; 异:“本来”可以用在主语前,“本”不能。
	（时间） 刚—刚刚	37）我刚到北京。 38）我刚刚到北京。 39）*刚我到北京。 40）刚刚我到北京。	同:都可以用在主语后; 异:“刚刚”可以用在主语前,“刚”不能。
	（否定） 没—没有	41）没到过长城。 42）没有到过长城。 43）*一句话也没。 44）一句话也没有。	同:用在动词前; 异:“没”不用于句尾。

续表

类型	考察词	实验语料	用法主要区别
句法	（范围） 另—另外	45）再另写一篇。 46）再另外写一篇。 47）＊另再写一篇。 48）另外再写一篇。	同:都可以用在“再”后面； 异:“另”不可以用在“再”前面,“另外”可以。
搭配	（频率） 常—常常	49）请你常来玩。 50）请你常常来玩。 51）最常用的书。 52）＊最常常用的书。	同:搭配动词性词语； 异:“常”前面可以搭配程度副词,“常常”不可以。
	（程度） 极—极为	53）极大的作用。 54）极为大的作用。 55）他极受欢迎。 56）＊他极为受欢迎。	同:搭配形容词； 异:“极”可以与动宾短语搭配“极为”不可搭配。
	（语气） 绝—绝对	57）绝对不会失约。 58）绝不会失约。 59）他绝对会失约。 60）＊他绝会失约。	同:搭配否定形式； 异:“绝”不搭配动词/形容词的肯定形式,“绝对”可以。
	（时间） 已—已经	61）会议已开始。 62）会议已经开始。 63）已经中秋节了。 64）＊已中秋节了。	同:搭配动词； 异:“已经”可以修饰名词,“已”不可以。
语体	（语气） 本—本来	65）本不是这件。 66）本来不是这件。 67）我本非一人。 68）＊我本来非一人。	“本”带有书面色彩。
	（语气） 反—反而	69）反不如以前。 70）反而不如以前。 71）今反不如前。 72）＊今反而不如前。	“反”带有文言味,多用于书面。
	（时间） 已—已经	73）已黑了下来。 74）已经黑了下来。 75）现天色已晚。 76）＊现天色已经晚	“已”多用于书面。
	（时间） 仅—仅仅	77）年龄仅十岁。 78）年龄仅仅十岁。 79）她年仅十岁。 80）＊她年仅仅十岁。	“仅”文言味。

附　录　二

缅甸学生汉语词汇学习策略调查问卷

姓名____________　　　　学号____________

民族____________

这是一份词汇学习策略调查问卷。请同学们根据自己的实际情况选择一个选项。这份调查的每个问题都有 5 个选项：

第一个选项 1 = 我从不这样(0%)

第二个选项 2 = 我偶尔这样(25%)

第三个选项 3 = 我有时这样(50%)

第四个选项 4 = 我常常这样(75%)

第五个选项 5 = 我总是这样(100%)

请同学们仔细阅读每一个问题，然后使用○这个标记表示自己的选择。

以下问题答案没有“对”或“错”，而且跟同学们的汉语成绩无关。但是同学们的选择一定要跟同学们的实际情况相符合。研究者会对同学们的真实情况绝对保密，请放心如实填写。

问题：

1 = 我从不这样(0%)　　　　2 = 我偶尔这样(25%)

3 = 我有时这样(50%)　　　　4 = 我常常这样(75%)

5 = 我总是这样(100%)

(1) 我重点学习常出现的汉语词的常用用法。　1　2　3　4　5

(2) 我在学习汉语的时候不是只用汉语思维，而是有时也把汉语翻译成母语来帮助理解和记忆。　1　2　3　4　5

(3) 我喜欢所有的汉语课程。　1　2　3　4　5

(4) 我可以克服和中国人交际时出现的不安和恐惧。　1　2　3　4　5

(5) 我喜欢听每一位老师的课。　1　2　3　4　5

(6) 我会通过反复朗读、反复书写来帮助记忆。或者做各种词汇练习来强化记忆。　1　2　3　4　5

(7) 我能适时、适当地调整我的词汇学习方法，改正不正确的地方，改进不足的地方。　1　2　3　4　5

(8) 我尽量在真实的语境中运用学过的生词。　1　2　3　4　5

(9) 对听到或看到的感兴趣的生词我都会查字典学习。　1　2　3　4　5

(10) 我把握一切机会和中国人交流，在听汉语和说汉语的过程重学习汉语词汇。　1　2　3　4　5

(11) 我通过联想把生词和学过的词联系起来记忆。比如:同义词、反义词、同类词、上下位词等。 1 2 3 4 5

(12) 我会通过把词汇和身体动作、视觉想象或听觉印象联系起来的方法记忆词汇。 1 2 3 4 5

(13) 我努力发现、甚至自己创造学习汉语的乐趣,以提高自己的学习兴趣。 1 2 3 4 5

(14) 我能合理安排记忆词汇的时间、数量和频率。 1 2 3 4 5

(15) 我会制定词汇学习的短期计划和长期计划。 1 2 3 4 5

(16) 我通过大量阅读汉语文章、重复接触学过的生词来加强对生词的记忆。 1 2 3 4 5

(17) 我确立学习的动机和目标,并常常一次激励自己坚持努力学习。 1 2 3 4 5

(18) 我不相信别人一定比我强,所以我认为我也能和别人一样学好汉语。 1 2 3 4 5

(19) 我在没有语伴和我交流时,自己和自己说汉语。 1 2 3 4 5

(20) 我会通过上下文语境来了解词的搭配和用法,把生词连同它出现的语境一起记忆,比如连句子一起记,而不是背它在词典里的意思。 1 2 3 4 5

(21) 我通过收听广播中的汉语节目来学习汉语词语。 1 2 3 4 5

(22)除了课本我还看我感兴趣的汉语课外读物,比如汉语小说、杂志、报纸等。 1 2 3 4 5

(23) 我听课从来不走神。 1 2 3 4 5

(24) 我通过大声朗读、边看边读边写,来调动口、耳、手、脑、全身心地记忆词汇。 1 2 3 4 5

(25) 我会在接触生词时尽量了解它的最初的基本意思和现在的常用义或引申义的由来,帮助我更好地理解和记忆它。 1 2 3 4 5

(26) 我注意和考虑自己在说汉语时候的用词,并常与中国人说话时用的词汇作比较。 1 2 3 4 5

(27) 我在学唱汉语歌曲时学习汉语词汇。 1 2 3 4 5

后　记

我是1999年考上陕西师范大学汉语言文字学专业读研究生的，感谢导师郭芹纳先生把我带进了语言学的大门，在学术上郭老师主张从共时、历时的角度去考察，使自己的研究视野不拘囿于一个狭小的静态的领域，而能溯流求源，推委竟本。2005年，先生知道我到了上海师范大学，嘱咐我说："你到了齐沪扬先生那里，我很高兴。跟着齐老师好好学习，好好工作！"20年来，先生一直关心我的学术成长、教学工作和生活。前不久还收到先生转来的文章、推荐的好书。

2002年我到复旦大学读博，师从吴金华（企玄）先生。先生专心治学，淡泊荣利，追求"清白做人，勤奋向学"；奖掖后学，毕业离校多年，我还时常收到先生专门发来的给研究生授课的讲义，并叮嘱我好好上课，安心做研究，不断提升自己。然，言犹在耳，人已远行……

企玄师曾劝勉说，一个人只要围绕一个富有新意的课题，在总结前人成果的基础上不断进取，久而久之，一定能推出有益于学界的成果。近年来，我在汉语的词汇语法方面关注较多，结合自己从事的汉语作为第二语言的教学实践工作，申报并获批国家课题"面向二语习得的汉语双音复合词构词及词汇语义的认知研究"。课题分别讨论了汉语双音复合词的构词理据、语义认知、概念整合、相关句法功能、识别实验和外国学生偏误及习得状况。以汉语双音复合词语素构成、语素义类、语素选择的倾向性以及双音复合词的历史发展作为主要研究对象，以词汇语义研究为核心，着眼于认知分析，分析汉语双音复合词的构词及其衍生机制，描述其语义特征，总结词汇语义的历时发展规律；在此基础上探讨汉语作为第二语言教学中双音复合词的教学和学生的习得特点及规律，结合汉语词汇习得的认知过程，分析学习者区分使用双音复合词的重点所在，考察造成习得偏误的难点与原因，可以加强词汇教学的针对性。

在课题的研究过程中，上海师范大学陈昌来教授也一直勉励和鞭策，并提出指导性意见，获益良多。

这本专著得以顺利出版，要感谢上海师范大学"高峰高原学科"和对外汉语学院领导的大力支持。

本书的研究，除了自己的辛勤耕耘，还要归功于课题团队的共同努力。参与课题研究和本书写作的有硕士生李倩倩、曹宸扬、孙青、刘阳、尧曦、曾福英（缅甸）、阮玉碧（越南）、金侄潾（韩国），他们在顺利完成学业的同时，也为课题的开展付出了辛勤的劳动，在此向他们表示诚挚的感谢。词汇的认知和习得有很多方面值得深入探讨，我应该积攒能量，带领学生继续努力拓展，希望本项研究成果能起到抛砖引玉的作用。

我还要感谢学林出版社的吴耀根先生，作为责任编辑，他热心、负责、和善、细致、敏锐，提了很好的建议，为本书的出版付出了辛勤的劳动，在此深表谢意。

张　巍

2021年2月

图书在版编目(CIP)数据

汉语双音复合词构词及词汇语义的认知研究/张巍
著.—上海:学林出版社,2021
ISBN 978-7-5486-1768-6

Ⅰ.①汉… Ⅱ.①张… Ⅲ.①汉语-复合词-构词法
-研究 ②汉语-词汇-语义-研究 Ⅳ.①H146.1 ②H13

中国版本图书馆 CIP 数据核字(2021)第 089794 号

责任编辑 吴耀根
封面设计 严克勤

汉语双音复合词构词及词汇语义的认知研究
张　巍　著

出　版 学林出版社
(200001　上海福建中路 193 号)
发　行 上海人民出版社发行中心
(200001　上海福建中路 193 号)
印　刷 上海商务联西印刷有限公司
开　本 720×1000　1/16
印　张 17.5
字　数 35 万
版　次 2021 年 6 月第 1 版
印　次 2021 年 6 月第 1 次印刷
ISBN 978-7-5486-1768-6/H·147
定　价 88.00 元